"역사 대중화의 선두에 있는 우리 시대의 탁월한 역사학자다." _〈중앙일보〉

"글로 승부하는 역사 분야 최고의 저술가." _〈한겨레〉

"고대사부터 근현대사까지 아우르는 파워라이터." _〈경향신문〉

"짜임새 있는 구조를 만들어내ᄂ   ." _〈시사저널〉

"넓이와 깊이를 동

"역사 서술의 질적

"역사에 대한 기존으   . _〈헤럴드경제〉

"역사책을 찾는 독자라면 그를 피해갈 수 없다." _〈세계일보〉

"굴절된 역사관을 정확한 근거와 관련 사료를 바탕으로 뒤집어낸다." _〈내일신문〉

"시대와 인물을 읽어내는 뛰어난 통찰력을 가진 저자." _〈독서신문〉

이덕일의
고금통의
①

이덕일의 고금통의 ①

1판 1쇄 발행 2014. 7. 25.
1판 3쇄 발행 2014. 9. 29.

지은이 이덕일

발행인 김강유
책임 편집 성화현
책임 디자인 길하나
제작 안해룡, 박상현
제작처 민언프린텍, 신안제책사, 금성엘엔에스

발행처 김영사
등록 1979년 5월 17일 (제406-2003-036호)
주소 경기도 파주시 문발로 197(문발동) 우편번호 413-120
전화 마케팅부 031)955-3100, 편집부 031)955-3250
팩스 031)955-3111

값은 뒤표지에 있습니다.
ISBN 978-89-349-6840-5 04910
        978-89-349-6842-9 (세트)

독자 의견 전화 031)955-3200
홈페이지 www.gimmyoung.com
이메일 bestbook@gimmyoung.com

좋은 독자가 좋은 책을 만듭니다.
김영사는 독자 여러분의 의견에 항상 귀 기울이고 있습니다.

이 도서의 국립중앙도서관 출판시도서목록(CIP)은 서지정보유통지원시스템 홈페이지
(http://seoji.nl.go.kr)와 국가자료공동목록시스템(http://www.nl.go.kr/kolisnet)에서
이용하실 수 있습니다.(CIP제어번호 : CIP2014020438)

이덕일의
고금통의

古今通義

①

오늘을 위한 성찰

이덕일 지음

김영사

어제의 역사는
오늘에도 그 뜻이 통한다

지금 처음 일어나는 일 같지만 과거에도 그와 유사한 사건이 있었던 경우가 흔하다. 《장자莊子》〈외편外篇〉에 예나 지금이 다르지 않다는 '고금불이古今不二'라는 말도 그래서 나왔다. 솔로몬도 〈전도서〉에서 "해 아래 새것이 없다"라면서 "새것이라 할 것이 있으랴. 우리 오래전 세대에도 이미 있었다"라고 말했다. 시대는 달라졌어도 사람 사는 세상은 마찬가지인 까닭이다. 이 때문에 선현들은 역사를 앞선 수레바퀴라는 뜻의 전철前轍이라고도 불렀다.

  거복車覆, 복거覆車는 전철에서 나온 말로, 수레가 엎어진다는 뜻이다. 또 여기에서 '복거지계覆車之戒'라는 사자성어가 나왔다. 앞서 가던 수레가 뒤집혔으니 경계하라는 뜻이다. 《한서漢書》〈가의賈誼 열전〉 중 "속담에 '앞 수레가 뒤집히니 뒤 수레가 조심한다'고 했습니다. 진秦 나라가 빨리 망한 것은 그 수레바퀴 자국轍跡으로 알 수 있습니다. 그런데도 피하지 않으면 이는 또 엎어질 것입니다"라고 한 데서 나온 말이다. 그래서 같은 실수를 거듭하지 않는 현명한 사람을 '상궁지조傷弓之鳥'라고 한다. 화살에 상했던 새라는 뜻인데, 《전국책戰

國策》〈초책楚策〉의 "화살에 상했던 새는 시위가 울리는 소리만 들어도 높이 난다"라는 말에서 나온 것이다.

그런데 세상을 살다 보면 앞의 수레가 엎어졌다는 이야기를 듣고도, 아니 심지어 눈앞에서 엎어지는 것을 보고도 다시 그 길로 가는 사람이 비일비재하다. 자신이 타는 수레가 아니니 괜찮으리라 생각하기 때문이다. 그러나 그 길을 좇는 진짜 이유는 이익이 있기 때문이다. 《맹자孟子》첫머리는 맹자와 양梁 혜왕惠王 사이의 이利와 의義에 대한 이야기로 시작한다. 원래는 위魏 혜왕이지만 하남성, 섬서성, 산서성 등지에 걸쳐 있던 강국 위나라가 서쪽의 강국 진秦에 쫓겨 대량大梁, 지금의 개봉으로 천도한 후 양 혜왕으로 불렸다. 패권 탈환에 절치부심하던 혜왕은 맹자에게 "선생께서 천리를 멀다 않고 오셨으니 장차 우리나라에 무슨 이익이 있겠습니까?"라고 물었다. 맹자는 "왕께서는 하필 이익을 말씀하십니까? 오직 인仁과 의義가 있을 따름입니다"라고 답했다. 이익에 눈이 멀면 사물이 제대로 보이지 않는 법이다.

《사기史記》〈삼왕세가三王世家〉에 나오는 '고금통의古今通義'는 예나 지금이나 관통하는 의義는 같다는 뜻이다. 지금 벌어지는 일의 미래도 옛일에 비추어 알 수 있다는 의미다. 의義는 원칙, 이利는 편법을 뜻하기도 한다. 《태종실록太宗實錄》5년 6월 조에는 경처京妻, 서울에서 얻은 부인 강씨 소생의 어린 아들을 후사로 세우려는 이성계에게 배극렴裹克廉

이 "적장자를 세우는 것이 고금에 통하는 의리입니다古今通義"라고 말하자 이성계가 좋아하지 않았다는 기록이 나온다. 태조 이성계가 적장자를 세우는 고금의 원칙을 버리고 사적 총애라는 편법을 선택한 결과 제1차 왕자의 난이 발생해 자신이 선택했던 그 아들이 죽고 만 것은 이런 원칙이 왕실에도 그대로 적용됨을 말해준다. 그래서 《세종실록世宗實錄》 11년 4월 조에서 사간원이 "벼슬로써 공을 보답하고 벌로써 악을 징치하는 것이 고금통의입니다"라고 말했던 것이다. 이것이 바로 국가 경영의 원칙이지만 이利를 보고 의義를 잊는 견리망의見利忘義에 수레는 지금도 자주 엎어진다. 내가 탄 수레나 내가 모는 수레만은 엎어지지 않으리라고 생각하는 사람은 항상 많았고 이런 사람들 때문에 세상은 늘 시끄러웠다. 그래서 공자가 이利를 보거든 의義를 생각하라는 '견리사의見利思義'를 가르쳤던 것이다.

《고금통의》를 다시 읽어보니 몇 년 전에 썼던 글인데도 마치 오늘 새로 쓴 듯한 내용이 적지 않은 이유도 글자 그대로 '고금통의'이기 때문이다. 인재 발탁의 중요성을 강조한 부분만 열거해도, "인재 탓을 하기보다는 인재를 알아보는 안목이 없음을 탓해야", "새로 장관이 된 인물은 표절 문제로 시끄러운", "인재를 보는 인사권자의 눈이 부족한 것인지 주위에 겨울 매미들만 있는지", "참신한 인재 발탁 없는 분위기 쇄신은 불가능", "성호 이익은 인재를 미리 확보해두었다가 쓰는 '저인대용貯人待用'을 제안"했다는 등 지금 한 말처럼 생생하다.

현재 쓸 만한 인재가 없다는 변명은 들리지만 '종당과 사돈붙이'를 넘어서 인재를 찾는다는 소식은 들리지 않는다. 민초의 시각으로 바라보면 어찌 인재가 없겠는가.

– 본서 1권 257쪽

그러나 그때나 지금이나 세상은 종당과 사돈붙이의 놀이판이지 '복거지계'를 외치는 사람들의 장은 아니다. 그래서 공자도 황하를 앞에 두고 "아름다운 물이 넓고도 넓구나. 내가 이 강을 건너지 못하는 것이 운명인가!"《사기》〈공자세가〉)라고 말하지 않았던가? 그래도 고금이 통하는 것이 인간의 역사이고, 언젠가는 금속의 사事를 고古에 비춰서 의義를 찾는 날이 올지도 모르겠다는 희망을 버리지 않았기에 이 편적篇籍을 세상에 상재한다.

2014년 7월

천고遷固 이덕일 기記

저자의 글 4

I __ 진실은 힘이 된다

때로는 조직적이고, 때로는 치밀하게 14 │ 돌에 새겨놓은 천문 지식과 사상 16 │ 고조선은 대륙의 지배자였다 18 │ 고주몽의 후손 20 │ 동해는 동해다 22 │ 벚나무 원산지 논쟁 24 │ 북위의 황후가 된 고구려 여인 26 │ 문소황후의 형제들, 북위를 장악하다 28 │ 고구려는 왜 한나라를 공격했나 30 │ 파리로 간 《직지심체요절》 32 │ 고려장은 실제 있었나 34 │ 석기 시대 문명은 국가가 아닌가 36 │ 치우와 황제의 대결 38 │ 티베트로 간 당나라 공주 40 │ 페이퍼 로드 42 │ 우리 고대사는 어떻게 축소됐는가 44 │ 악비는 왜 민족 영웅에서 퇴출됐나 46 │ 은나라는 한족의 나라가 아니다 48 │ 일본 곳곳에는 백제인의 유적이 있다 50 │ 갈석산은 어디에 있는가 52 │ 고민에 빠진 중국학자들 54 │ 일본의 나쁜 리더십 56 │ 만리장성은 어디까지 이어졌나 58 │ 대마도의 조선식 산성 60 │ 사대주의 사관과 제철 기술 62 │ 조공 무역의 진실 64 │ 최초의 한류 66 │ 동트는 동쪽의 음악 68 │ 정약용은 왜 정조의 죽음에 의문을 품었나 70 │ 경주 설씨의 선조 72 │ 조선의 국제 시인들 74 │ 이 땅에 온 흑인들 76 │ 환인 장군묘는 추모왕릉인가 78 │ 조선 강국 고려 80 │ 아시아 최고의 고층 탑 82 │ 고대 무기 제조술 84 │ 금으로 만든 사람 86 │ 싸우지도 않고 잃어버린 섬 88 │ 관전현에서 가장 오래된 고성 90 │ 3·1 운동의 이면 92 │ 사라진 고종의 비밀 금괴 94 │ 한국과 중국의 역사 서술은 어떻게 다른가 96 │ 분쟁 해결의 출발점은 역사에 있다 98

2 ― 어제의 마음으로 오늘을

잠들어 있는 대륙성을 깨워라 102 | 우리에게는 기마 민족의 피가 흐른다 104 | 역사는 신념을 가지고 행동하는 사람들이 만든다 106 | 반도 사관의 잔재 108 | 천자의 제국 고구려의 기상 110 | 광개토대왕릉비, 후손의 무지함을 꾸짖다 112 | 국사 신찬 114 | 민족의 원향 116 | 넓고 깊은 시야로 민족을 바라보라 118 | 이념이 난무하면 국력이 쇠한다 120 | 망우동 122 | 싸움을 하려거든 목숨을 걸어라 124 | 암울한 현실은 해학으로 넘긴다 126 | 인명보다 중요한 것은 없다 128 | 길 가는 사람도 아는 마음 130 | 남을 비판하려거든 자신의 허물부터 없애라 132 | 위기설이 잇따르면 두려움에 빠진다 134 | 발상의 전환 136 | 소신에 따른 선택 138 | 공을 위해 사를 던져라 140 | 권력과 인생 142 | 낮도적 144 | 하나의 삶도 소외될 수 없다 146 | 섬마을 선생님 148 | 행복을 느낄 수 있는 가장 좋은 방법 150 | 상속 재산 반환 소송 152 | 일부다처제 154 | 노인을 공경하기 위해 베풀던 잔치 156 | 귀향을 바라는 마음 158 | 부부 관계 160 | 늙은 선비만 보던 과거 162 | 믿음 164 | 스스로 거취를 돌아봐라 166 | 차이가 과해서는 안 된다 168 | 돈 대신 명예를 먹고 살아라 170 | 사사로움이 끼어들어서는 안 된다 172 | 조선 시대에 형벌 논란이 적었던 이유 174 | 일자리 창출 176 | 권위는 남이 만들어주지 않는다 178 | 한성 부윤 180 | 선조들의 제야 182 | 수명은 산같이, 재물은 바다같이 184 | 대동 사회를 위하여 186 | 무위이치 188 | 훈민정음 창제 원칙 190 | 작은 반성에서 큰 길이 열린다 192 | 정치의 품격 194 | 불교가 추구해야 할 가치 196 | 큰 부자는 하늘이 낸다 198 | 예술은 갑자기 이룰 수 없다 200 | 재난은 예고 없이 찾아온다 202 | 가벼운 것을 귀하게 여겨라 204 | 신분은 중요하지 않다 206 | 유공자 논공행상 208 | 무익지물 210 | 억울하게 죽은 생명에 대한 배려 212 | 조선 시대에도 철거 대책은 있었다 214 | 동일 범죄에는 동일 형량을 부과하라 216 | 남녀평등 218 | 재주만 믿고 남에게 교만을 부리지 마라 220 | 고대 국가의 진휼 정책 222 | 절기에는 농민의 지혜가 담겨 있다 224 | 우리는 소강 사회에 도달했는가 226

3__ 사람에게서 길을

직언할 수 있는 사람을 구하라 230 | 출신은 묻지도 따지지도 마라 232 | 사람을 탓하기보다는 안목을 탓해라 234 | 겨울 매미 236 | 수많은 은보다 사람 한 명을 얻는 것이 낫다 238 | 삶의 목적을 잃게 한 경쟁 체제 240 | 자격이 있는지부터 살펴라 242 | 노노족 244 | 뇌물 246 | 당파를 초월하라 248 | 참신한 인재의 필요성 250 | 목숨을 건 충신들 252 | 인품과 실력을 보고 등용하라 254 | 민생의 어려움을 아는 인재 찾기 256 | 뾰족한 것이 밖으로 삐져나온다 258 | 인사가 나라를 바꾼다 260 | 부정한 사람을 미워하는 동식물 262 | 여섯 유형의 바른 벼슬아치 264 | 여섯 유형의 그른 벼슬아치 266 | 기술자를 천시한 결과 268 | 분경 금지 270 | 상피법 272 | 능력이 있어도 이끌어주는 사람이 없으면 274 | 무관심은 때론 분노로 표출된다 276 | 인재 발탁의 또 다른 방식 278 | 장인 우대 280 | 정신이 건강해야 진짜 건강한 것이다 282 | 칼을 팔아서 송아지를 산다 284 | 민심이 곧 천심이다 286 | 원로 홀대 사회 288 | 개미구멍까지 살피는 인사 290 | 노비보다 못한 비정규직 292 | 역사를 편찬하는 인재의 기준 294 | 권력에 맞선 서리들 296 | 청렴한 관리가 꼭 유능한 것은 아니다 298 | 주변 인물을 보면 그 사람의 됨됨이가 보인다 300 | 안중근을 존경한 일본인들 302 | 옥돌도 감상가를 못 만나면 304 | 잠룡 306

4 — 역사 속 자기 경영

조선의 외국어 학습법 310 | 아름다운 말 312 | 말에는 행동이 뒤따라야 한다 314 | 독서의 맛 316 | 제왕의 피서 318 | 다독, 다작, 다상량 320 | 명문장은 책상에서만 얻어지는 것이 아니다 322 | 이웃집 벽을 뚫어서라도 공부 324 | 탁월한 임금의 조건 326 | 두 책벌레의 독서 지도법 328 | 독서 없이 성공한 사람은 드물다 330 | 서점과 독서 인구 332 | 머리 검은 것보다 마음이 젊어야 한다 334 | 면신례 336 | 인생의 길을 가르쳐주는 학문 338 | 젊어서 노력하지 않으면 늙어서 아는 것이 없다 340 | 일한 만큼 열심히 놀아라 342 | 남아수독오거서 344 | 가장 이상적인 피서법 346 | 책 읽기를 위한 휴가 348 | 현실 너머의 것을 보라 350 | 인생이란 풍파를 겪고도 살 만하다 352 | 자신의 상황을 자연스레 받아들이는 연습 354 | 신념만으로 이길 수 없는 것도 있다 356 | 사람이 악하게 되기는 너무 쉽다 358 | 왜 봉황은 나타나지 않는가 360 | 가장 좋은 교육은 부모가 모범을 보이는 것 362 | 높은 자리일수록 처신을 조심하라 364 | 진정한 나를 찾는 성찰의 시간 366 | 훈장 368 | 자신을 드러내지 말고 기다릴 줄도 알아야 370 | 시험 정형화의 문제 372 | 우리말의 순결성 374 | 산에서 물고기를 찾으려 하는가 376 | 반수생 378 | 배움에 학비가 부담이 되어서는 안 된다 380 | 일에도 순서가 있다 382 | 살아 있는 역사 현장의 장 384

5 ─ 어떻게 살 것인가

살 만한 곳을 찾아서 388 | 높은 곳만 지향하면 위기에 빠진다 390 | 남의 집 금송아지 392 | 낭패는 대부분 물욕과 색욕에서 비롯된다 394 | 어떻게 살 것인가 396 | 도는 빈 곳에 모인다 398 | 제왕들의 장수 비결 400 | 자신부터 돌아봐라 402 | 9대 동거 404 | 400년 세교 406 | 가장 보편적이고 오래 지속되는 것 408 | 사주팔자 410 | 숙려의 조건 412 | 임 보내는 구슬픈 노래 414 | 가족이 편안해야 바깥일도 잘 풀린다 416 | 동양의 마타 하리 418 | 속현 420 | 나이를 잊고 살아라 422 | 나와 다른 너를 인정해야 한다 424 | 해서는 안 될 일부터 구별하라 426 | 돈이 개입되면 문제가 생긴다 428 | 한 번에 그치지 말고 살피고 또 살펴라 430 | 인질은 후하게 대하라 432 | 서도 434 | 감수자도 436 | 복이 아니라 마음을 전하라 438 | 대한민국이라는 명칭에 담긴 정신 440 | 자연과의 동거 442 | 술자리에서도 지킬 게 있다 444 | 휴가 446 | 사람의 정신을 빼앗는 약 448 | 물신 숭배와 증오심 450 | 꺾일지언정 굽히지 않는다 452 | 식자 노릇 참 어렵다 454 | 장단점을 함부로 말하지 마라 456 | 정조와 이산 458 | 왕보다 어려운 자리 460 | 소수에게 재화가 집중된 태평성대 462 | 제 논에 물 대기와 처지 바꿔 생각하기 464 | 지나침은 미치지 못함과 같다 466 | 식량도 무기가 된다 468 | 장수 사회 470 | 술은 잘 마시면 약, 잘못 마시면 독 472 | 신문고 개방 474 | 조선의 사형죄 476 | 문제를 예측해 제거하라 478 | 역사의 어두운 면도 보아야 480 | 전관예우 482 | 날씨에도 하늘의 뜻이 담겨 있다 484 | 선택에는 대가가 따른다 486 | 겉과 속이 다른 눈물 488 | 노동 중시 철학 490 | 과거를 잊으면 재앙은 반복된다 492 | 예상치 못하게 뒤집히는 경우도 허다하다 494 | 복지 사회 건설을 꿈꾼 조봉암 496 | 어떻게 죽을 것인가 500

부록: 이 책에서 인용한 서적 502

古今通義

1—
진실은 힘이 된다

때로는 조직적이고, 때로는 치밀하게

사마천이 《사기史記》에서 선보인 기전체紀傳體가 중국 정사 서술의 표준이다. 황제에 대한 기紀와 제후에 대한 세가世家, 신하와 외국에 대한 서술인 열전列傳 순으로 쓴다. 열전에 실린 나라는 제후국이 아닌 독립국임을 입증하는 셈인데, 《구당서舊唐書》, 《신당서新唐書》의 〈동이東夷·북적北狄 열전〉에 고려高麗, 고구려와 발해渤海가 실려 있다. 중국은 또 《한서漢書》이래 외교 사절에게 조공朝貢이라는 희한한 표현을 쓰는데, 수평적 외교 관계를 수직적 관계로 왜곡하려니 외국에서 온 사절은 꼬박 기록하지만 외국에 보낸 사절은 특이한 경우가 아니면 생략하는 편법을 쓸 수밖에 없었다.

　《수서隋書》〈고려 열전〉에는 수隋 문제文帝가 597년 영양왕에게 "사자使者를 빈 객관客館에 앉혀놓고 삼엄한 경계를 펴 눈과 귀를 막아 영영 듣고 보지 못하게 했다"라고 항의했으며, 아들 양제도 영양왕에게 "칙사의 행차길이 변경藩境을 지나는데, 도로를 막아 사신을 거절했다"라고 항의했던 사실이 적혀 있다. 여기에서 수나라도 고구려에 사신을 자주 보낸 사실을 알 수 있다. 영양왕이 수의 사신을 막은 이유는 김부식이 《삼국사기三國史記》 영류왕 24년(서기 641년) 조에서 당 태종의 사신 "진대덕陳大德은 사신으로 온 것을 빙자해 나라의 허실을 엿보았으나 우리나라 사람들吾人은 알지 못했다"라고 쓴 것처럼 간첩이거나 거란·말갈 같은 고구려의 속국에 들어가 상국上國 행세를 하기 때문이었다.

몇 해 전 중국은 길림성吉林省 안도현安圖縣 길가에 '당唐 발해국渤海國 조공도朝貢道'라는 큰 비석을 세웠는데, '당의 발해국 간첩도'라고 쓰는 편이 더 정확할 것이다. 또한 실크 로드 옛길인 감숙성甘肅省 안서현安西縣에 '설인귀 서정비西征碑'를 세우기도 했다. 이처럼 중국은 국가적 차원에서 조직적이고 치밀하게 역사와 영토 뺏기에 나서고 있다. 대통령의 미지근한 유감 표명으로 그칠 사안이 아니라 구체적이고 실질적인 대안을 모색해야 할 것이다.

돌에 새겨놓은 천문 지식과 사상

1998년 3월 일본 나라 현 아스카에 있는 기토라 고분 천장에서 천문도 벽화가 발견됐는데, 7세기 말에서 8세기 초에 그려진 것으로 추정된다. 그 전까지 남송南宋 순우淳祐 7년(서기 1247년)에 만들어진 〈순우 천문도淳祐天文圖〉가 최고最古의 천문도였으나 그보다 5세기나 빠른 세계 최고 천문도가 발견된 것이다. 그러나 일본은 세계 최고 천문도가 고대 일본인의 작품이라고 주장하지 못했다. 일본의 미야지마 히로시宮嶋博史 교수는 면밀한 컴퓨터 작업 끝에 기토라 고분 벽화는 일본 하늘의 별자리가 아니라 고구려 수도 평양 하늘의 별자리라는 사실을 밝혀냈다. 30여 개의 별자리에 550개의 별이 그려진 기토라 천문도는 7세기 평양에서 관측된 별자리를 그린 작품이므로 기토라 천문도는 고구려인의 작품이라는 뜻이다.

이는 국보 228호인 〈천상열차분야지도天象列次分野之圖〉 덕분이다. 〈천상열차분야지도〉는 조선 개국 직후인 태조 4년(서기 1395년)에 만들어졌지만 기본 원전은 고구려 별자리였다. 〈천상열차분야지도〉 제작에 관여했던 권근權近은 《양촌집陽村集》에서 "고구려 천문도 석각본은 고구려가 망할 때 대동강에 빠졌지만 그 인본印本, 인쇄본은 고려에 계승됐다"라고 전한다. 천문도 입수는 천명天命이 내린 것으로 해석되던 시절이기 때문에 태조 이성계는 천문도 입수를 소원했는데, 마침 "그 인본을 바치는 사람이 있었다"라는 것이다. 크게 기뻐한 태조는 석각본 제작을 명령했는데 조선의 관상감 기록인 《서운관지書雲觀志》에는 이때 바친 〈기도구본 천문도箕都舊本天文圖〉(고구려 천문도)가 세월이 흘러 성도星度가 차이나자 이를 바로잡아 제작했다고 기록돼 있다. 〈천상열차분야지도〉는 기도箕都, 즉 평양의 별자리를 기본으로 만든 것이다.

《일본서기日本書紀》에는 백제 성왕聖王 23년(서기 545년) 역박사曆博士 고덕왕손固德王孫을 일본에 보냈고, 무왕 3년(서기 602년) 관륵觀勒이 역본曆本과 천문서天文書를 가지고 일본으로 갔다고 기록하는데, 백제 역시 천문학 강국이었다. 1만 원권 화폐에 〈천상열차분야지도〉를 그려 넣은 것처럼 천문 강국, 과학 강국의 전통이 계승되기를 바란다.

고조선은 대륙의 지배자였다

고려의 이규보李奎報는 〈남행월일기南行月日記〉에서 전북 익산의 금마면에서 "지석支石을 구경했다. 지석은 세속에서 전하기를 옛날 성인聖人이 고여놓은 것이라 하는데, 과연 기적奇迹으로서 이상한 것이었다"라고 전하고 있다. 지석은 곧 고인돌을 뜻한다. 우리나라는 고창, 화순, 강화의 고인돌 유적이 세계 문화유산으로 등재된 데서 알 수 있듯이 전 세계 고인돌의 절반에 육박하는 3만여 기가 군집하고 있는 고인돌 왕국이다.

　그간 고인돌에 대한 가장 일반적인 설명은 "청동기 시대의 대표적인 무덤으로, 주로 경제력이 있거나 정치권력을 가진 지배층의 무덤"이었다. 고창 고인돌에 대해서는 "서기전 400~500년경 이 지역을 지배했던 족장들의 가족무덤으로 짐작한다"라고 설명한다. 각지에 산재했던 부족 사회의 유물이지 고조선 유물이라는 설명은 어디에서도 찾아볼 수 없다. 고인돌은 만주의 요하遼河 동쪽에서 한반도와 일본 규슈 지역까지 분포한다. 이 광대한 지역에서 고인돌이라는 같은 무덤을 사용했지만 정치권력은 독립

적이었던 수많은 부족 사회로 존재했다는 이상한 설명이다.

이는 고조선의 강역을 대동강 일대로 국한했던 일제 식민 사학의 영향에서 벗어나지 못했기 때문이다. 그러나 정작 1만 4,000여 기나 되는 대동강 유역의 고인돌에 대해서도 고조선 무덤이라고 설명하지는 못하고 있다. 대동강 유역의 고인돌은 고조선의 유물이지만 다른 지역의 고인돌은 고조선과 무관한 독립적 족장 무덤이라고 설명할 수는 없는 까닭일 것이다.

사마천司馬遷은 《사기史記》에서 한漢나라 무제가 고조선을 정복하러 5만 7,000명의 대군을 보냈고, 고조선 태자太子, 세자가 아님는 사신 위산衛山을 만나러 패수浿水를 건널 때 1만 명의 군사를 거느렸다고 전한다. 당대인當代人 사마천이 황제 국가로 보는 고조선에 대해 우리는 족장 사회라고 보는 것이다. 고인돌은 고조선이 만주와 한반도 전체를 아울렀던 대제국임을 나타내는 유물의 하나로 시급히 자리 잡아야 한다. 그리고 고조선인에 대해 '기적奇迹을 만든 성인聖人'으로 본 고려인의 인식도 회복해야 한다. 그것이 선조에 대한 예의다.

고주몽의 후손

사극 〈주몽〉이 인기리에 방영된 적이 있다. 《삼국사기三國史記》는 고구려 시조 동명성왕東明聖王은 "성이 고씨高氏이고 이름이 주몽朱蒙 또는 추모鄒牟, 중해衆解"라고 적고 있다. 주몽의 성이 고씨라는 것인데 정작 국내에 거주하는 고씨는 대부분 제주 고씨로서 고주몽의 후손이 아니다. 신라 왕성王姓인 박朴, 석昔, 김金은 물론 경주 이씨 등 신라 6부의 여섯 성씨가 모두 현존하는 반면 고구려 고씨나 백제 왕성 부여씨 등은 그 후손이 끊어졌으니 역사의 패자敗者가 감당해야 할 무게가 한없음을 알 수 있다.

고주몽의 후손들이 살아 있는 곳은 중국 땅이다. 《삼국사기》 〈신라 문무왕〉 조는 당나라 장수 이세적李世勣이 보장왕과 왕자, 귀족 대신 등 20여만 명을 끌고 갔다고 전한다. 당나라는 이들을 만주 서쪽의 영주營州와 산동山東 반도에 집단적으로 거주하게 했다. 《자치통감資治通鑑》 〈당기唐紀〉는 "고구려 백성 중 다수가 반란을 일으켰다. 황제는 조칙으로 고구려인 3만 8,200호를 강江 · 회淮의 남쪽과 산남山南 및 장안 서쪽 여러 주의 광활한 지역으로 이

주시켰다'라고 적고 있다. 고구려 부흥 운동이 일어나자 고구려 인을 중국 여러 내륙 지역과 장안 서쪽 사막 지대로 이주시켰다 는 말이다.

이때 만주에 남아 있던 고구려 후예 중에 추모왕의 후손을 찾 을 수 있다. 《금사金史》〈장호張浩 열전〉은 "장호의 자字는 호연浩然으 로서 요양발해인遼陽渤海人이다"라며 "본래 성은 고씨로서, 동명왕 의 후예다東明王之後"라고 기록하고 있다. 장호는 금나라 해릉왕海陵王 과 세종世宗 2대에 걸쳐 상서우승상尚書右丞 등 최고위 관직에 있던 인물이다. 연변대학교 고영일高永一 교수의 《중국 조선민족사 연 구》(학연문화사, 2002년)에 따르면 하얼빈에 거주하는 고지겸高之謙은 고구려 장수왕의 59대 후손이라고 한다. 명나라 때 동녕위東寧衛 세습지휘사世襲指揮使였던 고설고高雪古도 장수왕의 후손이다. 심정만 이 아니라 혈연적으로도 고구려사를 우리 역사의 줄기로 삼기 위 해서는 고구려 후예들에 대한 체계적인 조사와 관리가 필요하다.

동해는 동해다

산하山河의 명칭은 그 시대 사람들의 가치관의 반영이다. 우리 역사 사료에 동해東海라는 명칭이 가장 먼저 나타나는 것은《삼국사기三國史記》〈동명왕〉조다. 재상 아란불阿蘭弗의 꿈에 하느님이 나타나 "동해 바닷가東海之濱의 가섭원迦葉原이 기름져 오곡이 잘 자랄 것이니 도읍으로 삼으라"라고 권고하자 임금 해부루에게 권해 천도遷都했다는 기사다. 이곳이 동부여인데, 옛 도읍지에는 천제天帝의 아들 해모수解慕漱가 내려와 도읍했다. 고려의 이규보李奎報는《동명왕편東明王篇》에서 이때를 한漢나라 신작神爵 3년, 즉 서기전 59년이라고 기록했다. 2,000여 년 전의 선조들도 동해라는 명칭을 사용했던 것이다.

《삼국유사三國遺事》〈연오랑延烏郎 세오녀細烏女〉조는 "동해 바닷가東海濱에 살던 연오랑 세오녀 부부가 일본으로 간 후 신라의 해와 달이 없어졌다"라고 전한다. 이름에 모두 까마귀 오烏 자가 있고, 해와 달이 없어졌다는 점에서 고구려 벽화 속의 삼족오三足烏, 즉 태양 속에 까마귀가 산다는 양오전설陽烏傳說의 하나로 볼 수 있다.

고려 태조 왕건은 재위 11년(서기 928년) 후백제 견훤에게 보낸 국서에서 "해동海東의 끊어진 대를 계승할 수 있게 될 것이오"라고 말하는데, 해동은 중국에서 볼 때는 서해의 동쪽이지만 고려에서는 동해와 함께 고려의 별칭이었다. 《고려사절요高麗史節要》 공양왕恭讓王 3년(서기 1391년) 조에는 도평의사사에서 "우리 동방의 돈으로 삼한중보三韓重寶, 동국통보東國通寶, 동국중보東國重寶, 해동중보海東重寶, 동해통보東海通寶 같은 것이 중국의 책에 기재돼 있습니다"라고 보고하는데, 해동과 동해가 모두 고려라는 뜻으로 사용된 사실을 알 수 있다. 조선의 《세조실록世祖實錄》 10년의 원구단에 제사하는 조항을 보면 제사 대상 중에 동해위東海位가 포함돼 있다. 동해는 서기전부터 현재까지 일관되게 동해로 불려왔다는 뜻이다.

몇 년 전 고 노무현 전 대통령이 일본 총리에게 동해를 '평화의 바다'로 부르자고 제안했던 사실을 잊어서는 안 된다. 지금 동북아는 역사 전쟁, 영토 전쟁이 현재 진행형인데, 이참에 동해뿐만 아니라 헌법상의 영토 조항과 간도 등 우리의 모든 영토 문제를 국시國是로 정리하는 계기로 삼아야 할 것이다.

벚나무 원산지 논쟁

현재 벚꽃 하면 대부분 왕벚나무를 뜻하는데, 이 나무의 원산지를 놓고도 한일 간의 원조 논쟁이 있다. 일본에서는 왕벚나무를 소메이요시노사쿠라染井吉野櫻라고 부른다. '소메이'는 현재의 도쿄 도시마豊島 구의 소메이 촌染井村에서, '요시노'는 나라의 요시노 산吉野山에서 각각 따와 식물학자 후지노 요리나가藤野寄命가 1900년에 합성해 만든 말이다. 현재 일본 학계는 나라의 요시노는 후지노가 잘못 합성한 것이라며 소메이 촌 설說을 더 지지하고 있다. 그러나 1914년 미국의 식물학자 어니스트 윌슨Ernest Wilson이 일본을 방문해 왕벚나무의 자생지自生地를 물었을 때도 일본 식물학자들은 요시노 산이나 오오시마大島 등으로 대답해 도쿄로 인식하지 않고 있었다.

제주도에 선교사로 온 프랑스인 에밀 타케Emile Taquet 신부는 1908년 한라산에서 왕벚나무를 발견했으며, 1912년에는 독일의 식물학자 베른하르트 쾨네Bernhard Koehne가 한라산 관음사觀音寺 부근에서 왕벚나무를 발견해 학계에 보고함으로써 제주도 자생지

설이 유력해졌다.

일제는 창경궁에 조직적으로 왕벚나무를 심고 창경원으로 격하한 후 일반에게 공개해 벚꽃 축제 열풍을 일으켰다. 그런데 미국에서 발행하던 《국민보國民報》 1943년 4월 28일 자는 아메리카대학교에서 열린 대한민국임시정부 수립 24주년 기념식에서 이승만 박사가 체리나무(벚나무)를 기념 식수했다면서 한 해 전에는 미국 내무 대신에게 워싱턴 포토맥 강가의 체리나무 원산지를 일본에서 한국으로 고쳐달라고 요청했다는 기사가 실려 있다. 호암湖岩 문일평文-平은 《화하만필花下漫筆》에서 "벚꽃이 조선에서 애상愛賞받은 적은 없었다"라고 하면서도 유명한 우이동 벚꽃은 효종이 북벌 때 궁재弓材로 쓰려고 심었다고 했으니 350여 년 전의 것이 된다.

전국 각지에서 열리는 벚꽃 축제의 유래가 일제 식민 통치의 일환이었다는 점 때문에 흔쾌하지 않다. 각 가정에서 벚꽃을 심는 경우는 극히 드물지만 대부분의 공공장소는 벚꽃 일색인 이유가 순전히 꽃이 좋아서 심었기 때문이라고 생각하지도 않는다. 꽃에까지 의미를 부여해야 하는 한일 역사의 단면이다.

북위의 황후가 된 고구려 여인

낙양洛陽으로 천도한 북위北魏의 중흥 군주 효문제孝文帝, 재위 471~499년
의 황후는 고구려 출신 고씨다. 《위서魏書》〈문소文昭황후 고씨 열전〉
에 따르면 그녀가 어릴 때 집 안에 서 있는데 창문으로 햇빛이 들
어와서 뜨겁게 비쳤다고 한다. 이를 피해 동서로 옮겼으나 햇빛은
따라와 비쳤다. 같은 일이 수차례 반복되자 부친 고양高颺은 요동
遼東 사람 민종閔宗에게 그 뜻을 물었다.

　요동 사람은 고구려 출신이라는 뜻이다. 그는 "이는 기이한
징조로서 말할 수 없이 귀하게 될 것이다"라고 답했다. "무릇 해라
는 것은 임금君人의 덕이요, 제왕의 상징이다. 햇빛이 여인의 몸
에 비치면 반드시 은명恩命이 미친다"라고 덧붙였다. 《삼국사기三國
史記》〈동명성왕東明聖王〉 조에서 부여 왕 금와金蛙가 하백河伯의 딸
유화柳花를 "방 안에 가두었더니 햇빛이 비쳤다. 몸을 이끌어 피하
니 햇빛이 또 따라가 비쳤다"라고 전하는 것과 흡사하다. 이렇게
낳은 주몽을 동명성왕이라고 칭한 것은 고구려인들이 태양을 숭
배했음을 말해주는데, 이런 전통이 북위로 이주한 고구려 사람들

사이에 계승돼 내려왔음을 뜻한다.

양달과 응달, 고조선의 수도 아사달 등은 모두 햇빛과 관련된 우리말이다. 햇빛을 받고 태어난 아들이 세종 선무제宣武帝, 재위 500~515년이고, 둘째가 광평왕廣平王, 딸이 장락長樂공주다. 문소황후는 효문제 태화太和 20년(서기 496년) 북행궁北行宮에서 수도 낙양으로 돌아오는 도중 돌연사하는데, 태자의 생모에 대한 선비족 탁발씨들의 견제가 심했다는 점에서 의문사다. 그녀의 재궁梓宮, 임금·황후의 시신을 넣던 관은 낙양 서쪽에 마련됐는데, 아들 세종은 즉위 후 모친을 문소황태후로 추존하고, 손자 효명제孝明帝는 효문제의 장릉長陵 가까운 곳으로 천장遷葬했다. 이것이 영릉寧陵인데,《중국후비능묘后妃陵墓》에 따르면 능 높이 23미터, 둘레 170미터의 거대한 규모라고 한다. 1946년 도굴 도중 묘지墓誌가 나와 황후의 능이라는 사실이 밝혀졌다. 설날에라도 제사 올리는 후손들이 있다면 황후의 혼령이 기뻐할 것이다.

문소황후의 형제들, 북위를 장악하다

고구려 출신 문소황후의 아들인 북위北魏의 세종 선무제宣武帝, 재위 500~515년는 즉위한 직후 고구려에 있던 외삼촌들을 부른다.《위서魏書》〈고조高肇 열전〉은 "세종은 아직 외숙外叔들을 만나지 못했다"라고 전하고 있는데, 고구려에 있던 외숙 고조와 고현高顯이 북위의 수도 낙양으로 달려와 화림도정華林都亭에서 황제인 조카와 감격적인 상봉을 한다. 세종은 문소황후의 부친 고양高颺에게 내렸던 발해공渤海公이란 작호를 고조의 장조카 고맹高猛에게 세습하게 한다. 세종은 고조에게 평원군공平原君公, 고현에게 징성군공澄城君公이라는 작호를 하사한다.《위서》〈고조 열전〉은 "고조의 동생 고현은 시중侍中을 역임했는데, 고려국 대중정이었다肇弟顯侍中高麗國大中正"라고 적었다. 고구려 고위층이던 이들이 일정한 세력을 거느리고 남하했을 가능성을 말해준다.

　　고조는 상서좌복야尙書左僕射, 영이부領吏部, 기주대중정冀州大中正에 오른 후 세종의 고모인 고평高平공주에 의해 상서령尙書令에 추천된다. 세종은 효문제의 동생인 함양왕咸陽王이 역모에 걸려 죽자 재산을 모두 고조에게 주어 물적 토대를 삼게 한다. 고조에게 비판적인 《위서》는 "고조는 (……) 붕당을 결성해 자신에게 붙는 자는 순서를 뛰어넘어 승진시키고, 배척하는 자는 대죄大罪에 빠뜨렸다"라고 적었는데, 이는 고조가 북위 조정을 장악했다는 뜻이다. 서기 514년 세종은 서쪽 촉蜀 지역을 정벌하면서 고조를 대장군에 임명해 군권까지 주었다. 그러나 이듬해 세종이 급서하면서 전세는 역전된다. 태위太尉였던 고양왕高陽王이 영군領軍 우충于忠 등과 짜고 조문을 위해 전장에서 달려온 고조를 살해한 것이다. 그러나 고조의 아들 고식高植은 중서시랑과 제주濟州 자사를 역임하고, 조카 고맹은 이모 장락長樂공주에 의해 부마도위가 되고 중서령中書令까지 역임한다.

국외 교포 700만 명, 국외 거주 한국인 국적자가 290만 명에 달하는 한민족의 세계화 시대에 고씨 일가는 일찍부터 국외에 진출해 성공한 선구적 사례다.

중국 사료 속에 중화 사관으로 감춰놓은 수수께끼들을 풀면 이렇게 숨겨졌던 민족사의 전혀 다른 모습이 드러난다. 선비족과 고구려는 한족漢族이 볼 때 같은 동호東胡 계열이다. 열린 시각으로 우리 역사를 바라보면 광활한 대륙이 보인다.

고구려는 왜 한나라를 공격했나

북만주 치치하얼齊齊哈爾에서 설원을 가로질러 북쪽으로 200킬로
미터쯤 가면 내몽고 접경 눈강嫩江시가 나오고, 여기에서 북서쪽
으로 비슷한 거리를 가면 악륜춘족鄂倫春族 자치기自治旗가 나온다.
아리하阿里河라는 다른 이름도 갖고 있는 도시다. 아리하 서북쪽
산 중턱에 선비족鮮卑族 탁발씨拓拔氏의 발상지로 1,000명 이상 수
용할 수 있는 알선嘎仙 동굴洞窟이 있다. 《위서魏書》〈오락후烏洛侯 열
전〉에 따르면 북위의 3대 황제 태무제太武帝, 재위 423~452년 때 대흥
안령大興安嶺 산맥 동쪽에 있던 오락후국에서 사신을 보내 이 동굴
이 탁발씨의 발상지라고 알리자 태무제는 즉각 중서시랑中書侍郞
이창李敞 등을 보내 제사를 지내게 했다. 《위서》〈예지禮志〉에도 축
문 내용이 실려 있는데, 벽면에 새긴 실제의 축문에는 "천자 신臣
탁발도拓拔燾는"이라며 지상의 천자 태무제가 황천의 신皇天之神에게
제사 지낸 내용이 나온다.

　북위 멸망 후 베일에 가려져 있던 알선 동굴은 1980년 7월
1,500여 년의 침묵 끝에 세상에 드러났다. 비슷한 시기인 장수왕

2년(서기 414년)에 세워졌으나 1,400여 년 만에 세상에 알려진 광개토대왕릉비廣開土大王陵碑의 사연이 생각나는 대목이다.

　　순암 안정복安鼎福은《동사강목東史綱目》〈조선명호朝鮮名號〉 조에서 "동방東方은 곧 백두산의 기슭이고 백두산은 선비산으로부터 뻗어내렸다'라고 흥안령興安嶺 산맥과 백두산을 이어서 설명했다. 《삼국사기三國史記》고구려 신대왕 4년(서기 168년) 조는 "한나라 현도 태수 경림耿臨이 침범해서 우리 군사 수백 명을 죽이자 왕은 스스로 항복해서 현도군에 복종할 것을 청했다'라는 의문의 구절이 나온다. 같은 해인《후한서後漢書》효영제孝靈帝 건녕建寧 원년元年(서기 168년) 12월 조에는 "선비와 예맥이 유주幽州와 병주 두 주를 공격했다鮮卑及濊貊寇幽幷二州"라는 기록이 있다. 유주는 현재의 북경 부근이고 병주는 그 서쪽이다.《한서漢書》나《후한서》는 고구려와 예맥을 같은 세력으로 기술하고 있다. 고구려 신대왕이 항복한 것이 아니라 선비와 함께 한나라를 보복 공격했음을 말해준다.

파리로 간 《직지심체요절》

세계 3대 박물관이 어디인가에 대해서는 견해가 다르지만 프랑스의 루브르 박물관과 영국의 대영 박물관이 들어간다는 데는 이론이 없다. 그러나 생각 있는 관람자는 두 박물관에 프랑스와 영국 유물보다 이집트나 아시아 지역에서 강탈해 온 유물이 훨씬 더 많다는 사실에 주목하게 된다. 두 박물관은 제국주의 시대의 비극을 온몸으로 증명하는 약탈 박물관인 셈이다. 비단 이집트나 아시아에서만 약탈한 것도 아니다. 루브르 박물관의 유명한 〈밀로의 비너스〉나 대영 박물관의 〈엘긴 마블스〉, 즉 19세기 초 터키 주재 영국 대사 엘긴이 가져간 파르테논 신전 유물인 〈파르테논 마블스〉는 그리스 유물이다.

문화재 강탈이 제국주의의 중요한 성격이었음은 나치가 'ERR'이라는 전리품 수집 특수 부대를 운영해 문화재 강탈에 나선 사실에서도 알 수 있다. 종전 후 프랑스는 나치에 빼앗긴 문화재 반환에는 열심이었지만 자신들이 강탈한 문화재 반환은 외면했다.

현재 파리 국립도서관이 소장하고 있는 고려 시대의 금속 활자본《직지심체요절直指心體要節》이나 외규장각 도서 등이 말해주듯이 우리나라는 이집트 못지않은 문화재 피강탈국이다. 그나마 루브르 박물관과 대영 박물관은 약탈 문화재를 전시라도 하지만 일제는 강탈해 간 엄청난 유물들을 도쿄와 교토 두 제국대학이나 궁내성宮內省 지하실 수장고 깊숙한 곳에 숨긴 채 장물 돌려보듯 관계자끼리만 감상하는 형편이다.

2009년 이집트에서는 영국과 프랑스 등에 로제타석을 비롯한 다섯 점의 약탈 문화재를 잠시 빌려달라고 요청했으나 거절당했다. 이집트는 1999년에도 로제타석 발굴 200주년을 맞아 돌려달라고 영국에 요청했지만 거절당했다. 제2차 세계대전 종전 직후 설치한 뉘른베르크 전범 재판소는 "교전 행위로 자행된 공유·사유 재산 약탈은 전쟁 범죄 행위"라며 약탈 문화재 반환 결정을 내렸으나 프랑스 같은 승전국에만 부분적으로 적용됐을 뿐이다. 강탈당한 문화재가 제자리에 돌아올 때 침략과 약탈로 얼룩졌던 제국주의 시대가 정신적으로 끝나고 공존과 평화의 21세기가 열릴 것이다. 전 지구적 약탈 문화재 반환 운동이 필요한 때다.

고려장은 실제 있었나

세종은 재위 18년(서기 1436년) 모친상을 당해 충청도 공주에서 여묘廬墓살이를 하고 있는 함길도 절제사 김종서金宗瑞에게 '기복출사起復出仕'를 명했다. 부모 상중喪中에 상복을 벗고 관직에 복무하는 것이 기복起復인데, 김종서는 육진六鎭 개척 때문에 기복출사했으나 보통 때 그랬다면 효를 저버린 패륜으로 간주돼 사론士論의 버림을 받았다. 조선 임금이 아침 일찍 대비전에 문안하는 것으로 하루 일과를 시작하는 것은 "효자 집안에 충신 난다"라는 말처럼 효도의 모범을 통해 충성을 이끌어내려는 고도의 통치 행위이기도 했다.

현재 대부분의 국어사전은 '고려장'을 "고구려 때 늙은 사람을 산 채로 광에 두었다가 죽은 뒤 그곳에 매장했던 것"으로 적고 있다. 그러나 《삼국지三國志》〈위지 동이전 고구려〉 조에는 고구려에서는 "장례는 후하게 하는데 금은과 재화를 모두 사자死者를 보내는 데 쓴다"라고 정반대 내용이 적혀 있고, 목은牧隱 이색李穡의 《농상집요農桑輯要》에도 "고려 풍속에 장례 때나 제사 때에는 고기를 먹지 않고 소식素食한다"라고 전하고 있다.

손진태孫晉泰의 《조선 민족설화의 연구》(을유문화사. 1947년)에 실린 중국 〈효자전孝子傳〉의 원곡原穀 이야기가 고려장 설화의 원형일 것이다. 원곡의 부친이 수레에 조부를 태워 갖다 버리자 원곡이 수레를 거두면서 "나중에 아버지를 갖다 버리기 위해서"라고 말해 부친을 크게 깨닫게 했다는 이야기다. 고려의 한 국왕이 고려장을 만들었다는 이야기는 불교 경전인 《잡보장경제일雜寶藏經第一》에 실려 있는 '기로국棄老國' 이야기가 원형인데, 위기에 빠졌던 기로국이 노인의 지혜로 위기에서 벗어났다며 효도를 강조하는 내용이다.

고려장은 실제 있었던 것이 아니라 이런 설화들이 '고릿적 이야기'라며 회자된 것을 실제로 믿은 데서 나온 착각일 뿐이다. 모 방송에서 부모를 외국으로 꾀어 재산을 빼앗고 버리는 '필리핀 고려장'을 방송해 충격을 주기도 했다. 불효를 모든 사면 대상에서 제외되는 십악+惡으로 다스렸던 조선처럼 관계 법률을 대폭 강화해 패륜 자식을 사회에서 격리해야 할 것이다.

석기 시대 문명은 국가가 아닌가

1502년 스페인이 등용한 크리스토퍼 콜럼버스Christopher Columbus,
1517년 스페인인 에르난데스 데 코르도바Hernández de Córdoba 등이
침략하기 전에 남아메리카에는 잉카 제국, 마야 제국 등이 존재
했다. 잉카는 '태양의 아들'인 황제를 지칭하는데, 남북 4,000킬로
미터에 면적이 약 95만 제곱킬로미터에 달하는 대제국이었다. 잉
카의 수도 쿠스코의 인구 20만 명을 비롯해 제국의 인구는 700만
명이 넘었다. 잉카 제국의 특징은 정교한 관료 조직과 교통망이
었다. 위로는 네 명의 부왕副王과 4만 가구를 지배하는 관리에서
부터 열 가구를 지배하는 말단 관리까지 정교한 관료 조직을 갖
고 있었다. 차스키라는 파발 제도로는 하루에 240킬로미터를 이
동할 수 있었는데, 덕분에 황제는 저녁 만찬에서 아침에 태평양
연안에서 잡은 신선한 물고기를 맛볼 수 있었다.

　　마야 제국도 잉카 못지않았다. 마야는 1년을 정확히 365일
로 나눌 정도로 천문학이 발달했으며, 마야인들은 0의 개념도 알
고 있었다. 주자主字와 접자接字의 맞춤으로 이루어지는 마야의 그

림 문자는 의미를 나타내는 경우와 음을 나타내는 경우가 있었는데, 이는 한자漢字의 조성 원리와 비슷하다. 그럼에도 잉카나 마야 제국에는 철기가 존재하지 않았다. 황금의 제국이라는 별명답게 풍부한 금과 은, 동 같은 광물이 있었으나 의식이나 장식용이었고 도구는 석기였다. 석기 시대에 이런 대제국을 건설했던 것이다.

우리 국사 교과서의 청동기 시대 상한 연대를 끌어올리는 문제가 논쟁의 대상이 되는 것은 국사 교과서가 '청동기 시대 때 국가가 형성된다'는 고정 관념을 갖고 있기 때문이다. 국사 교과서의 논리대로라면 95만 제곱킬로미터에 700만 명이 넘는 인구를 갖고 있었던 잉카·마야 제국은 석기 시대이므로 국가가 아니다. 석기 시대에도 국가가 존재했다는 세계사의 상식이 우리나라에서만 통하지 않는 것이다. 문제는 일제 식민 사학자들이 단군 조선을 부인하기 위해 고안한 '청동기 시대=국가 성립'이라는 등식이 아직도 고수되는 데 있다. 해방된 지 한 갑자가 넘었으면 일제 식민 사학의 틀에서 벗어날 때도 되지 않았는가.

치우와 황제의 대결

중국인들에게 역사의 시작은 삼황三皇 시대다. 삼황은 수인燧人씨, 복희伏羲씨, 신농神農씨인데, 각각 인황人皇, 지황地皇, 천황天皇이라고도 한다. 그러나 사마천司馬遷은 삼황을 신화로 단정해 《사기史記》에 싣지 않았다. 현재 《사기》에 수록된 〈삼황 본기〉는 사마천이 아니라 당나라 때 사마정司馬貞이 가필한 것이다. 타인의 저서에 마음대로 가필한 사료 조작의 한 예다.

사마천은 1대 황제黃帝, 2대 전욱顓頊, 3대 제곡帝嚳, 4대 요堯, 5대 순舜으로 이어지는 오제五帝부터 역사적 사실로 보았다. 그래서 《사기》는 황제족과 치우족의 대결로 시작하는데, 황제는 현한족漢族의 시조이고, 치우는 동이족東夷族의 일파인 구려족九黎族의 시조다. 《사기》 주석서인 《사기정의史記正義》는 "구려족의 임금 칭호가 치우다九黎君號蚩尤"라는 공안국孔安國의 주석을 싣고 있는데, 구려족의 거주 지역은 지금의 산동성, 하남성, 하북성으로 동이족의 거주 지역과 일치한다. 황제족과 치우족이 싸운 곳이 북경 서북쪽 120킬로미터 지점의 탁록涿鹿이라는 지역인데, 현재 황제

성黃帝城과 치우성蚩尤城 유적이 남아 있다. 황제성이 있던 지역에 중국인들은 중화삼조中華三祖를 모시는 삼조당三祖堂을 세웠다.

문제는 중화삼조에 원래 한족漢族의 조상이었던 신농씨와 황제 외에 동이족의 조상인 치우까지 포함했다는 점이다. 중국이 삼조당을 세운 것이 동북·서북·서남 공정을 진행하던 1995년이었다는 점은 의미심장하다. 치우를 한족漢族의 조상으로 편입시켜야 동북·서북·서남 공정의 논리가 완성된다고 보고 환부역조換父易祖를 단행한 것이다. 백제와 신라도 중국사라는 동북공정 논리의 뿌리를 캐보면 치우 문제에 가 닿게 된다. 그러나 남의 조상을 자신의 족보에 기재한다고 어찌 자신의 조상이 되겠는가? 이런 역사 왜곡은 사마천의 《사기》 첫머리에 의해 부정된다. 황제족과 치우족의 싸움으로 시작하는 《사기》는 중국사와 한국사가 다를 수밖에 없는 이유를 잘 말해주기 때문이다.

티베트로 간 당나라 공주

당唐나라 정사인《구당서舊唐書》〈토번吐蕃 열전〉에서 "장안長安, 현재의 서안에서 서쪽으로 8,000리 떨어져 있다"라고 전하는 토번이 현재의 티베트다. 티베트는 7세기 초 정복 군주 송짼감포松贊干布가 티베트 고원을 통일하며 강국으로 부상했다. 송짼감포가 20만 대군으로 공격하자 당 태종은 이부상서吏部尚書 후군집侯君集 등에게 보기步騎, 보병과 기병 5만 명을 주어 싸우게 했으나 송주松州에서 작은 승리를 거두었을 뿐이었다.

당 태종의 해결책은 문성文成공주를 송짼감포에게 보내는 것이었다.《구당서》는 송짼감포가 "군사를 퇴각시키며 사신을 보내 사죄하고 혼인을 청하니 당 태종이 허락했다"라며 현실과 거꾸로 기술했다. 태종은 고구려 침공에도 동참했던 강하왕江夏王 이도종李道宗에게 문성공주를 호송시켰는데,《구당서》는 송짼감포가 "군사를 백해柏海까지 이끌고 와서 도종에게 사위의 예를 취하면서 매우 공손하게 대했고, 중국 복식의 아름다움을 보고 위축되고 창피스러워했다"라고 강국 티베트에 붓으로 복수했다.

장장 3,000여 킬로미터에 달했던 문성공주의 혼인길은 수많은 야사를 만들었다. 다른 강은 모두 동쪽으로 흘러 청해호靑海湖로 들어가지만 문성공주의 눈물이 보태진 도류하倒流河만은 거꾸로 서쪽으로 흐른다는 이야기나 티베트 수도 라싸에 공주의 요청으로 지어졌다는 대소사大昭寺 앞의 버드나무도 그녀가 심은 것으로서 '공주 버드나무公主柳', 또는 '당나라 버드나무唐柳'라고 전해진다는 이야기 등이다. 송짼감포는 679년 세상을 떠나고 문성공주도 고향 땅을 못 밟아보고 이듬해 세상을 떠나는데, 서기 703년에는 측천무후도 양옹왕養雍王의 딸을 금성金城공주로 삼아 송짼감포의 손자 치데쭈짼棄隷蹜贊에게 다시 보냈을 정도로 티베트는 시종 당의 우위에 있었다.

티베트가 중국에 점령당한 것은 한국 전쟁 와중인 1950년 10월이다. 중국은 티베트 역사를 서남공정이라는 이름으로 이미 빼앗았다. 동북공정으로 공격받고 있는 우리에게 티베트 문제는 남의 일이 아닌 것이다.

페이퍼 로드

서기 720년에 편찬된 《일본서기日本書紀》의 〈추고 천황推古天皇〉 18년 (서기 610년) 조는 "고구려 왕이 승려 담징曇徵과 법정法定을 보내왔다. 담징은 오경五經을 알고 있었다. 또 채색彩色과 종이紙, 먹墨을 만들고 연애碾磑, 수력을 이용한 맷돌를 만들었다. 아마 연애를 만든 것은 이때가 처음일 것이다"라고 기록하고 있다. 이것이 일본에서 종이가 제조됐다는 최초의 문헌 기록이다. 그런데 "연애를 만든 것은 이때가 처음일 것"이라고 맷돌만 특별히 부기한 것은 제지술은 그 이전에 이미 전해졌다는 뜻인지도 모른다.

실제로 계성 종이 역사 박물관의 조형균曺亨均 관장은 이보다 훨씬 전에 우리 선조들이 일본에 제지술을 전했다고 설명한 적이 있다. 후쿠이福井 현 이마다테今立 지방의 지조신紙造神인 '가와카미 고젠川上御前 전설'과 오카모토岡太 신사神社에 관한 기록 등에 따르면 서기 500년경 일본의 문명 전달 통로였던 쓰루가 만敦賀灣으로 상륙한 우리 선조들에 의해 이마다테 지방에 제지술이 전해졌다는 것이다. 이 때문에 이 지역은 일본 제지 기술의 메카가 되는데,

'쓰루가'는 우리말 '들어가'의 이두식 표현이라 한다.

서방 세계에 제지술이 전파되는 데는 고구려 태생으로 중국 당나라 장군이 된 고선지高仙芝 장군의 역할이 몹시 중요하다. 그는 751년 유명한 탈라스 싸움에서 아랍에 패전하는데, 이때 사마르칸트로 끌려간 2만여 명의 포로 중에 제지 기술자가 있었던 것이다. 762년 중국 광주廣州로 돌아온 포로 출신 두환杜環이 쓴 아랍 기행문 《경행기經行記》의 일부가 《통전通典》에 전해지는데, 금은 세공사 등 다양한 기술자들이 끌려갔다고 말한다. 아랍의 사학자들도 포로 중에 아마亞麻, 대마大麻 등으로 종이를 만드는 사람들이 있었다고 말하는데, 당시 아랍은 양피지나 파피루스를 사용하는 수준이었다. 제지술은 사마르칸트와 바그다드를 거쳐 13세기경에 유럽에 전해져 르네상스 문명을 꽃피우는 중요한 역할을 한다. 한민족은 일본과 유럽 세계에 제지술을 전한 문명의 전파자, 즉 페이퍼 로드의 주역이었던 것이다.

우리 고대사는 어떻게 축소됐는가

외국의 한국 관련 서적이나 사이트를 보면 분통 터질 때가 많다. 한국사가 삼국 시대에 시작된 것으로 서술하기 때문이다. 게다가 어떤 매체들은 《삼국사기三國史記》 기록과는 달리 고구려는 1세기 후반, 백제는 3세기 후반, 신라는 4세기 후반에 건국됐다고 적고 있다. 일제 식민 사학자들이 고대 한반도 남부에 임나일본부라는 식민 통치 기구가 존재했다고 강변하기 위해 《삼국사기》 초기 기록이 거짓이라는 《삼국사기》 초기 기록 불신론'을 고안해냈는데, 이 허황된 논리가 광복 이후에도 버젓이 주류 이론으로 행세한 데서 기인한 현상이다.

일제 식민 사학자인 쓰다 소키치津田左右吉는 《삼국사기》 〈백제 본기〉 중 근초고왕近肖古王, 재위 346~375년 이전은 믿을 수 없다고 아무런 근거 없이 주장했다. 이 주장은 해방 후에 그의 한국인 제자에 의해 고이왕 27년(서기 260년)부터는 인정할 수 있다고 수정 제시됐고, 이것이 현재 외국 서적들에 백제가 3세기 후반 건국됐다고 기록하게 된 이론의 근거가 됐다. 그나마 건국 직후부터 중국과 투쟁했던 고구려는 중국 기록에 일찍 나타난다는 이유로 태조왕太祖王, 재위 53~146년 때부터는 사실로 인정받았지만 고구려 모본왕이 재위 2년(서기 49년) 현재의 북경 외곽인 북평北平, 어양漁陽, 상곡上谷 지역과 산서성山西省 성도省都인 태원太原을 공격했다는《삼국사기》기록은 중국의《후한서後漢書》〈광무제光武帝 본기〉25년(서기 49년) 조에 나옴에도 무조건 불신받고 있고, 태조왕 3년(서기 55년) "요서遼西 지역에 열 개 성을 쌓았다"라는 기록도 부인되고 있다. 신라가 4세기 후반에 개국했다는 기술도 내물왕奈勿王, 재위 356~402년 때 기록부터는 인정할 수 있다는 우리 학계 일부의 그릇된 인식이 낳은 결과물이다.

　　사이버 외교 사절단 반크가 세계 최대 온라인 백과사전인 엔사이클로피디아 등의 사이트에 올라 있는 삼국 건국 연대의 이런 오류 시정을 꾸준히 요구한 결과 바로잡은 바 있다. 학자들이 할 일을 대신한 것으로, 일부의 그릇된 인식을 걷어내고 국가 차원에서 앞장서서 해야 할 일이다.

악비는 왜 민족 영웅에서 퇴출됐는가

은허殷墟 유적지인 하남성河南省 안양현安陽縣 부근에 탕음현湯陰縣이란 곳이 있다. 골동품 상인들이 갑골문의 출토지라고 속여 많은 사람을 허탕 치게 했던 곳이다. 탕음현은 원래 남송南宋 장수 악비岳飛, 1103~1142년의 고향으로 유명해서 사당인 악비묘岳飛廟가 있다. 1129년 여진족의 금나라가 남하했을 때 강경 주전론을 펼쳤던 인물이 악비다. 악비의 대척점에는 온건 주화론을 펼쳤던 진회秦檜, 1090~1155년가 있었다. 《송사宋史》〈악비 열전〉은 '사신은 평가한다論曰'에서 "악비와 진회의 세력은 양립할 수 없었다"라면서 "제갈공명의 풍모가 있던 악비는 진회에 의해 죽고 말았다"라고 적고 있다. 당시에도 두 노선 중 어느 것이 옳았는지에 대해서는 설왕설래가 있었으나 악비 사후 300여 년 후에 발생한 '토목土木의 변變'은 악비를 한족漢族의 민족 영웅으로 떠오르게 했다.

명나라 영종英宗은 1449년 북방 몽골 제국의 야선也先이 남하하자 친정을 단행했다가 하북성河北省 회래현懷來縣 부근의 토목보土木堡에서 포로가 되고 만다. 뒤이어 즉위한 경제景帝가 이민족과

46

맞서 싸운 악비를 민족 영웅으로 띄우면서 1450년 악비의 고향 탕음에 사당을 조성했다. 사당 입구에 쇠로 만든 오궤상五跪像이 눈에 띄는데, 진회 부부 등 주화파 다섯 명이 무릎 꿇고 있는 철 상鐵像이다.

1952년 11월 모택동毛澤東은 북경으로 돌아가던 도중에 탕음 현에 특별히 정차해 악비를 기렸는데, 지금도 사당 안에는 모택 동의 시찰 장면 그림 옆에 '애국주의 교육기지愛國主意教育基地'라는 글씨가 쓰여 있다.

그런데 동북공정 등을 진행하며 중화 민족의 개념에 한족漢族 외에 몽골족, 만주족, 조선족 등도 모두 포함된다고 재규정하다 보니 만주족과 싸운 악비를 영웅으로 떠받드는 데 논리적 모순이 생겼다. 그래서 악비를 더 이상 민족 영웅이 아니라고 규정하자 한족 사이에서는 한때 거센 반발이 일었으나 그것이 제국주의 유 지에 도움이 된다고 생각했는지 필자가 최근 악비묘를 방문했을 때 다른 관람객은 없었다. 현실의 이익을 가장 높이 치는 중국인 다운 처신이다.

은나라는 한족의 나라가 아니다

몇 해 전 중국 하남성河南省 안양현安陽縣에 다녀왔다. 고대 은나라 수도인 은허殷墟 유적지가 있는 곳이다. 은허를 둘러싼 미스터리는 적지 않다. 은허에서 대량 출토된 갑골문甲骨文이 한자漢字의 원형이라는 사실을 중국인들은 20세기 초까지 전혀 모르고 있었다. 1899년 청나라 국자감國子監 좨주祭酒 왕의영王懿榮이 학질瘧疾에 걸리면서 가인家人이 특효약으로 구입해 온 용골龍骨이 갑골문이었다. 1900년 영국을 비롯한 8국 연합군이 북경을 침략해 광서제光緒帝가 태원太原으로 도주하자 왕의영이 항의 자결한 후 그의 문하생 유악劉鶚이 갑골문 연구를 계속해 그 정체가 세상에 드러났다.

갑골문의 가격이 글자 한 자당 은자銀子 두 냥兩 정도로 치솟자 골동품상들은 그 출토지를 철저히 비밀에 부쳤다. 1903년 갑골문에 관한 최초의 저서 《철운장귀鐵云藏龜》를 쓴 유악도 갑골문 출토지를 안양현이 아니라 그 남쪽의 탕음현湯陰縣 고유리성古羑里城이라고 적을 정도로 은허는 베일에 싸여 있었다.

사마천의 《사기史記》〈항우項羽 본기〉에 항우가 "원수洹水 남쪽 은허 위에서 맹약했다洹水南殷虛上已盟"라는 본문 기사가 있었을 뿐 아니라 《사기집해集解》를 비롯한 여러 주석에 "원수는 안양현의 북쪽에 있다. 옛 은나라 수도다"라는 등의 구체적 기사가 있지만 중국인들은 이를 완전히 무시하고 있었다.

그 이유는 은나라가 한족漢族의 나라가 아니라 동이족의 국가였기 때문이다. 《맹자주소孟子注疏》〈이루장구하離婁章句下〉에는 "맹자가 말하기를 은나라 순임금은 제풍諸馮에서 태어나서 부하負夏로 이주해 명조鳴條에서 세상을 떠났으니 동이인東夷之人이다"라는 구절이 있다. 중국에서 성인聖人으로 떠받들고 있던 순임금이 동이족이라는 것이다. 고대 국가 은殷이 동이족 국가라는 사실을 믿고 싶지 않았던 한족들은 의도적으로 이를 의식 속에서 지워버렸고, 사서史書에 무수히 등장하는 은허는 20세기 초까지 베일에 싸여 있어야 했다.

일본 곳곳에는 백제인의 유적이 있다

《일본서기日本書紀》 천지天智 2년(서기 663년) 9월 조는 백제 부흥군의 수도였던 주류성州柔城 함락 기사를 실으면서 "이때에 국인國人이 서로 '주류성이 항복했다. 일을 어떻게 하겠는가. 백제라는 이름은 오늘로써 끊어졌다. 조상의 무덤이 있는 곳을 어찌 다시 갈수가 있겠는가丘墓之所 豈能復往'라고 말했다"고 적고 있다. 구묘丘墓는 《한서漢書》 〈사마천司馬遷 열전〉의 "선인先人들을 욕되게 했으니 무슨 면목으로 부모의 무덤父母之丘을 찾을 수 있겠는가"라는 기사처럼 조상의 무덤이라는 뜻으로 사용된다. 백제는 옛 일본의 지배층들에게 '조상의 무덤이 있는 곳'으로 인식됐다.

한반도에서 가까운 후쿠오카福岡 현의 오노조大野城, 대야성 시에는 오노 산大野山이 있다. 시오지 산四王寺山, 사왕사산으로도 불리는데이 산에 거대한 조선식 산성(한식 산성)인 오노 성(대야성)이 있다. 《일본서기》 천지天智 4년(서기 665년) 조에는 "달솔達率 억례복류憶禮福留, 오쿠라이후쿠루, 달솔 사비복부四比福夫, 시히후쿠후를 축자국筑紫國에 파견해 대야성大野城, 오노 성과 연성椽城, 기 성을 쌓게 했다"라는 기록이 있다. 달솔은 백제 16 관등官等 중 2품인 고위 벼슬이니 이 기사는 오노 성 축성을 지휘한 사람이 백제인임을 말해준다. 이 성은 일왕 천지天智가 일본 구원군의 백제 출병을 직접 지휘했던 하카타 만博多灣 연안에 있는 다자이 부大宰府, 대재부의 배후 산성이다.

몇 년 전 필자는 오노 성에 직접 올라본 적이 있는데 백제나 고구려 산성에서 보이는 자연석을 엇물려 쌓은 거대한 성벽과 흙을 판축해 쌓은 거대한 토루土壘는 백제인의 작품이었다. 그때까지만 해도 일본인은 그런 성벽이나 토루를 만들 줄 몰랐다. 일본으로 퇴각한 백제인들은 대마도에 1차 방어선을, 이키 섬壹岐, 일기섬에 2차 방어선을 구축하고, 이들이 무너지면 후쿠오카에서 결전하기 위해 이 부근에 오노 성과 미노 성三野城, 삼야성, 기 성 같은 조선식 산성들을 쌓았던 것이다. 일본 열도 곳곳에 남아 있는 백제인들의 유적은 현재의 독도 논쟁이 자신들 조상의 무덤이 있는 본향本鄕을 얼마나 모독하고 있는가를 발로 느낄 수 있게 해준다.

갈석산은 어디에 있는가

중국 하북성河北省 창려현昌黎縣 갈석산碣石山에 가본 적이 있다. 이 일대에서는 가장 높은 해발 695미터의 바위가 많은 양산陽山이다. 필자가 여러 차례 이 산에 오른 것은 동북공정과 깊은 관련이 있기 때문이다. 이 산은 한漢나라가 고조선을 멸망시키고 세웠다는 낙랑군 수성현에 있었다는 산이다. 《사기史記》〈하夏 본기本紀〉 '태강지리지太康地理志'에는 "낙랑군 수성현에 갈석산이 있는데 만리장성의 기점이다樂浪遂城縣 有碣石山 長城所起"라는 기록이 있다. 갈석산이 있는 낙랑군 수성현이 만리장성의 동쪽 기점이라는 뜻이다. 현재 중국의 동북공정과 일본의 주류 사학은 물론 한국의 주류 사학까지도 낙랑군 수성현의 위치를 황해도 수안遂安으로 비정한다. 식민 사학자인 이나바 이와키치稻葉岩吉가 일제 강점기《사학잡지史學雜誌》에 〈진나라 장성의 동쪽 끝 및 왕험성 考秦長城東端及王險城考〉라는 논고에서 "낙랑군 수성현은 곧 지금의 수안"이고 "진나라 장성의 동쪽 끝은 지금의 조선 황해도 수안의 경계에서 비롯된다"라고 주장한 것이 지금껏 정설定說로 행세하는 까닭이다.

그러나 황해도 수안에 갈석산이 없자《동국여지승람東國輿地勝覽》〈수안군 산천山川〉 조에 나오는 '요동산遼東山'을 갈석산이라고 우겼다. 중국 사회과학원에서 발행하는 중국의 공식 견해를 대변하는《중국역사지도집中國歷史地圖集》은 이에 따라 낙랑군 수성현을 평양 부근에 표기했다. 중국 동북공정과 일제 식민 사학은 '침략주의'라는 한 난卵에서 나온 쌍둥이라고 보면 된다. 그러나《중국역사지도집》은 갈석산을 황해도가 아니라 하북성 창려현 부근에 표기해놓았다. 이 한 가지 사실로 "한강 이북이 중국의 역사 강역이었다"라는 중국 동북공정의 핵심 논리는 파탄 났다.

중국은 왜 갈석산을 황해도에 그려놓지 못했을까? 갈석산은 우리로 치면 설악산 정도 되는 유명한 산이어서 일반인들도 그 허구성을 쉽게 눈치채기 때문이다. 또 이 산은 아홉 명의 황제가 올라서 구등황제산九登皇帝山으로도 불리는데, 고조선을 침략하기 전 한漢 무제武帝, 고구려를 침략하기 전 수隋 양제煬帝와 당唐 태종太宗이 모두 이 산에 올라 전의를 불태웠다. 갈석산이 황해도 수안이라면 이들은 고조선과 고구려를 공격하기 전에 남쪽 황해도를 먼저 방문해 산을 올랐다는 이야기가 된다. 어찌 허망하지 않겠는가? 역사 왜곡은 이렇게 허망한 것이다. 더 허망한 것은 이런 허무맹랑한 이야기를 아직껏 정설로 떠받드는 우리 학계 일부의 역사의식 빈곤이다.

고민에 빠진 중국학자들

한사군漢四郡 중 낙랑군의 위치에 대해《사기史記》'태강지리지太康地理志'는 "낙랑군 수성현에 갈석산이 있다樂浪逐城縣 有碣石山"라고 전하고 있다. 그 갈석산은 현재 하북성河北省 창려현昌黎縣에 있다. 일제 식민 사학자들과 그 후예들은 아직도 황해도 수안에 있었다고 주장한다.

서기 207년 위魏나라 조조曹操는 유성柳城을 정벌하고 돌아가는 길에 갈석산에 올라 "동쪽 갈석산에 임해, 푸른 바다를 바라보노라東臨碣石 以觀滄海"라는 시를 남겼다. 조조를 '뛰어난 정치가·군사가·시인'으로 재평가했던 모택동毛澤東이 좋아했던 시인데, 현재도 갈석산 중턱에 음각돼 있다. 시 중의 '동東' 자는 동쪽 끝이라는 의미였다.《사기》는 진시황의 통일 제국에 대해 "그 땅이 동쪽으로는 바다와 고조선까지 이르렀다地東至海暨朝鮮"라고 말했다. 이때의 고조선은 어디쯤인가? 한漢나라 유안劉安이 지은《회남자淮南子》〈시측훈時則訓〉에는 "동방의 끝 갈석산으로부터 고조선을 지난다東方之極 自碣石山過朝鮮"라고 설명한다. 진시황을 비롯해 아홉 명의 중국 황제가 갈석산에 올랐던 이유가 고조선과 국경 부근이기 때문임을 말해준다. 조조가 바라본 창해가 2011년 원유 유출로 시끄러웠던 발해渤海다.

근래 중국 쪽 사람들을 만나보면 갈석산에 대한 고민이 깊어졌음을 느낄 수 있다. 필자 등이 쓴 책을 보고 하북성 창려현에 있는 갈석산 때문에 '한강 이북은 중국의 역사 영토였다'는 동북공정 핵심 논리가 무너지는 것은 물론 갈석산 서쪽의 광대한 영토가 되레 '한국 역사 영토가 된다'는 사실을 깨달은 것이다.

선비족이 세운 북위北魏의 정사인 《북사北史》〈고종 문성제高宗文成帝〉 태안太安 4년(서기 458년) 조는 문성제 탁발준拓拔濬이 동쪽으로 순행해 요서遼西 황산궁黃山宮에서 연회하고 다시 "갈석산에 올라 창해를 바라보고 산 위에서 군신들과 큰 연회를 베풀었다"라는 기록이 있다. 갈석산이 황해도 수안이라면 강대했던 고구려 장수왕은 재위 46년(서기 457년) 문성제 일행이 만주와 한반도를 지나 황해도까지 가는 것을 두 눈 뜨고 구경만 했다는 뜻이 된다. 있을 수 없는 일이다. 《북사》는 문성제가 잔치하면서 "갈석산의 이름을 낙유산이라고 바꿨다改碣石山爲樂遊山"라고 전한다. 중국도 갈석산을 없앨 수 없다면 낙유산으로 이름을 바꿀지도 모른다. 두 눈 똑바로 뜨고 지켜볼 일이다.

일본의 나쁜 리더십

1941년 12월 7일 《도쿄 아사히 신문東京朝日新聞》은 '일·미日米 회담 중대 국면', '교섭 본론 잠시 정체인가'라는 내용의 미·일 회담 기사를 싣고 있었다. 그러다 다음 날 아침 6시 대본영에서 느닷없이 "제국 육해군은 오늘 8일 새벽 서태평양에서 미·영국군과 전투 상태에 들어갔다"라고 발표했다. 이것이 진주만 공격으로 시작된 이른바 태평양 전쟁인데 도야마 시게키遠山茂樹 등이 《소화사昭和史》(1955년)에서 "전쟁 개시는 일본 국민에게도 기습이었다"라고 밝힌 것처럼 일본 국민에게도 개전은 청천벽력의 소식이었다.

히로히토裕仁 일왕은 12월 8일 정오에 "만세일계의 황위皇位에 오른 대일본 제국 천황은 충성 용맹한 너희에게 분명히 알린다"라는 문구로 시작하는 선전 교서를 발표하는데, 기습 개전은 11월 5일 히로히토와 총리 겸 내무상·육상을 겸임한 도조 히데키東條英機 내각이 함께했던 어전 회의에서 이미 결정한 〈제국 국책 수행 요령〉을 실천에 옮긴 것이었다. 개전 과정에 일반 국민은 철저하게 배제됐다. 이 전쟁으로 육군 114만 명, 해군 44만

명, 군무원 150만 명, 일반 국민 180만 명, 도합 500만 명에 가까운 일본인이 목숨을 잃었다(《太平洋戰爭による我國の被害綜合報告書》). 오키나와에는 여학생들이 목숨을 던지는 '백합 부대'까지 있었다. 그러나 그 결과로 한 치의 땅을 넓히기는커녕 그간 빼앗은 땅까지 모두 돌려주어야 했다.

필자는 일본이 미국의 10분의 1에 불과한 경제력으로 이런 전쟁을 일으킨 이유가 불가사의였는데, 이노키 마사미치猪木正道가 《군국 일본의 흥망軍國日本の興亡》(1995년)에서 이 전쟁을 '자폭 전쟁自爆戰爭'이라고 규정한 것을 보고 이해가 갔다. 1936년 8월 7일 총리 히로타 고키廣田弘毅와 외상外相, 육상陸相, 해상海相 등은 육군이 소련, 해군이 미국을 적국으로 상정해 군비를 대폭 증강한다는 '제국 외교 방침'을 결정했다. 이 무모한 '제국 외교 방침'에 일본인의 비극이 예견돼 있었다. 좋은 팔로십Followship에 나쁜 리더십이 일본 정치의 한 특징이다. 이런 나쁜 리더십을 축출할 때 일본인들이 대지진 당시 보여주었던 좋은 팔로십은 이웃 국가 사람들에게 아무런 공포 없이 순수한 감동으로 다가올 수 있을 것이다.

만리장성은 어디까지 이어졌었나

신의주 맞은편 중국 단동丹東시 압록강가에는 "만리장성의 동쪽 끝 호산성虎山城"이라는 입간판들이 서 있었고, 2012년 6월에는 고 구려와 발해 영역까지 그 길이가 확대되었다. 북한은 지금 중국 에 항의할 처지가 못 되니 우리가 손 놓고 있으면 만리장성은 황 해도 수안까지 내려올 것이다. 일제 식민 사학자인 이나바 이와키 치稻葉岩吉는 〈진나라 장성의 동쪽 끝 및 왕험성 고秦長城東端及王險城考〉 라는 논고에서 "진秦나라 장성의 동쪽 끝은 지금의 조선 황해도 수안의 경계에서 비롯된다"라고 주장했다. 진시황 때 쌓은 만리 장성이 황해도 수안까지 내려왔다는 허무맹랑한 이 주장에 따라 현재 중국 사회과학원에서 발행한 《중국역사지도집中國歷史地圖集》 은 만리장성을 황해도까지 그려놓고 있다. 더 큰 문제는 일제 식 민 사학에서 벗어나지 못한 한국의 주류 사학도 마찬가지라는 점 이다.

진秦 장성의 동쪽 끝이 어디인지는 사마천이 《사기史記》〈몽념 蒙恬 열전〉에서 분명히 밝혀놓았다. 즉, "장성을 쌓는데 지형에 따라 험난한 곳을 이용해 성채를 쌓았으며 임조臨洮, 감숙성에서 시작해 요동遼東까지 만 리에 이르렀다築長城 因地形 用制險塞 起臨洮 至遼東 延袤萬餘里"라는 구절이다. 황해도가 아니라 요동이 만리장성의 동쪽 끝이라는 기록인데, 현재의 요동은 요하遼河가 가로지르는 중국 요령성 요양遼陽시 동쪽 만주를 뜻한다. 그러나 진·한秦漢 시대의 요동은 지금보다 약 400여 킬로미터 서쪽이었다. 중국 고대의 지리서인《수경주水經注》는 "진시황이 태자 부소와 몽념에게 명해 장성을 쌓게 했는데, 임조에서 시작해 갈석에 이르렀다起自臨洮 至於碣石"라고 전하고 있다. 고대의 요동은 지금의 하북성 창려현에 있는 갈석산 지역이라는 뜻이다.

《사기》〈진시황 본기〉는 2세 황제 때 신하들이 진시황의 송덕비를 세우기 위해서 갈석산에 다녀온 것을 "요동에서 돌아왔다到碣石 (……) 遂至遼東而還"라고 표현하고 있다. 그래서 중국의 고대 사서들은 한사군 낙랑군의 위치를 "그 땅은 요동에 있다其地在遼東"라고 일관되게 기록하고 있는 것이다. 한반도 북부가 아니라 갈석산 지역이 한사군 낙랑군 지역이었다. 백번 양보해 현재 요하遼河 동쪽이 요동이라도 요양시 동쪽 만주가 만리장성의 끝이지 황해도 수안이 될 수는 없다. 이 문제는 과거사가 아니라 동북아 정세에 따라 북한 강역 전체의 소유권 문제로 비화할 수 있기에 중차대한 강역 문제로 다루어야 할 사안이다.

대마도의 조선식 산성

대마도에는 우리 역사와 관련된 유적이 적지 않다. 백제 승려가 창건했다고 알려지고 있는 수선사修善寺에는 대한제국 말기 의병을 일으켰다가 1906년 대마도에서 순국한 면암勉庵 최익현崔益鉉 선생 순국 기념비가 있다. 또한 대마도의 가장 번화가인 이즈하라嚴原町에는 덕혜德惠옹주의 결혼 기념비도 있다. 고종과 귀인貴人 양씨梁氏 사이에서 태어난 막내 덕혜옹주는 1931년 대마도 번주藩主의 아들 소 다케유키宗武志 백작과 강제 혼인했으나 광복 후 이혼당하는 등 불행한 삶을 살았던 비운의 왕녀였다.

대마도에는 이 외에도 김성일金誠一 시비 등 많은 유적이 있지만 가장 오래됐으면서도 관광객이 잘 찾지 않는 유적이 바로 미쓰시마마치美津島町 흑뢰성산黑瀨城山 꼭대기의 가네다노키 성金田城으로서 조선식 산성이라 불린다. 이 성의 축조 연대는 《일본서기日本書紀》 천지天智 6년(서기 667년) 조에 "대마국對馬國에 금전성金田城, 가네다노키 성을 쌓았다"라고 정확하게 기록돼 있다. 조선식 산성은 자연석을 서로 엇물려 쌓은 성벽과 흙을 판축版築해서 성벽처럼 만든 토루土壘,

그리고 성 안에 계류溪流나 우물이 있어서 장기 항전이 가능한 특징이 있다. 한마디로 고구려나 백제식 산성이다. 금전성은 이런 요소를 고루 갖추고 있는데 이 시기에 누가 대마도에 이 성을 쌓았던 것일까? 백제 수도 사비성이 660년 나당 연합군에 함락되고 의자왕이 당나라에 끌려가자 일본에 와 있던 왕자 부여풍扶餘豊이 귀국해 백제 부흥군을 이끈다. 백제 부흥군은 2만 7,000여 명의 왜 지원군과 합세해 663년 한반도 서해안의 백강白江, 《일본서기》는 백촌강白村江으로 기록 하구에서 맞붙는데, 이 국제 해전에서 나당 연합군이 승전함으로써 백제 부흥의 꿈은 수포로 돌아간다. 그러자 일본으로 퇴각한 백제 유민들이 나당 연합군의 공격을 예상하고 서일본西日本 각지에 백제식 산성을 쌓는다. 대마도의 가네다노키 성은 나당 연합군과 최전선에서 맞서는 백제 결사대의 주둔처였다.

나당 연합군의 공격에 맞서 대마도에 백제식 산성을 쌓은 백제인들, 그들의 마음으로 오늘의 독도 문제를 바라본다.

사대주의 사관과 제철 기술

현행 고등학교 국사 교과서는 "위만 왕조의 고조선은 철기 문화를 본격적으로 수용하였다(36쪽)"라고 중국 연나라 출신의 위만衛滿이 철기를 가져온 것처럼 서술하고 있다. 위만은 중국의 《사기史記》, 《한서漢書》, 《삼국지三國志》에서 인용한 〈위략魏略〉 등에 나오는데 그 어디에도 그가 철기를 갖고 왔다는 구절은 없다. 《한서漢書》〈동이東夷 열전〉 제75는 "진섭陳涉이 기병해 천하가 붕궤하자 연인燕人 위만이 조선으로 도피했다"라고 문명의 전달자가 아니라 도피자로 그리고 있다. 따라서 위만이 "철기 문화를 본격적으로 수용하였다"라는 구절은 사료적 근거가 전혀 없는 추측에 불과하다. 그 추측에 '모든 문명은 중국에서 왔을 것'이라고 지레짐작하는 사대주의 사관이 개재됐음은 물론이다.

이종호 박사는 《한국 7대 불가사의》(역사의아침, 2007년)에서 고조선은 철기 문화도 독자적으로 발전시켰다고 보고 있다. 철은 탄소 함유량을 기준으로 연철, 선철, 강철로 구분되는데, 강철이 가장 강인하고 만들기도 어렵다. 고조선에서는 용광로에서 직접 얻은 쇳물로 강철을 주조했는데, 이는 중국에서 갖고 있지 못했던 기술이다. 고조선의 제철 기술은 우리 민족 두 번째 국가 부여로 전해졌다. 《후한서後漢書》〈동이 열전 부여〉 조에는 "활, 화살, 칼, 창으로 병기를 삼았다以弓矢刀矛為兵"라는 구절이 있는데, 이는 부여도 제철 선진국이었음을 보여준다. 부여에서 갈라져 나온 고구려도 자연히 제철 선진국이었다. 고구려 안악 3호분 벽화에는 군사뿐만 아니라 말에도 철갑을 입힌 개마鎧馬 무사가 그려져 있다. 《후한서》〈동이 열전 한韓〉 조에는 "그 나라에는 철鐵이 생산되는데, 예濊, 왜倭, 마한馬韓이 모두 와서 사 간다"라고 전하고 있고, 《삼국지》〈위서 동이전 한〉 조에는 "시장에서 매매할 때는 모두 철을 사용하는데, 마치 중국에서 돈을 사용하는 것과 같다"라고 전하고 있다.

몇 해 전 포스코는 세계 철강 업체 가운데 최초로 파이넥스 공법으로 쇳물을 생산해냈는데, 이는 세계에서 가장 뛰어났던 선조들의 철강 제조 기술이 다시 재연된 것이다.

조공 무역의 진실

조선과 명明 사이의 교역이 조공朝貢 무역인데, 조선이 일방적으로 명에 진상품을 갖다 바친 것으로 생각하지만 큰 오해다. 조공 사절 횟수를 두고 벌어진 실랑이가 이를 말해준다. 조선은 '1년 3사使'를 주장한 반면에 명은 '3년 1사'를 주장했다. 조선은 신년의 하정사賀正使를 비롯해 1년에 세 번 가겠다고 주장하는데 명은 3년에 한 번만 오라는 것이다. 《태조실록太祖實錄》 2년(서기 1393년) 9월 조에는 명 태조 주원장朱元璋이 주문사奏聞使 남재南在에게 "3년에 한 번만 조회하라"라고 요구했다는 기록이 있다. 그는 고려 공민왕 21년(서기 1372년)에도 같은 요구를 한 적이 있었다. 조선의 '1년 3사' 요구는 정종 2년(서기 1400년)에야 받아들여졌고, 중종 26년(서기 1531년)부터는 동지사冬至使가 추가돼 '1년 4사'가 됐다.

3년 1사가 명나라의 무기가 된 이유는 조공이 조선에 경제적 이득이었기 때문이다. 조공품보다 명 임금의 사여賜與가 많은 것이 원칙이었다. 이런 공무역보다 더 큰 것이 사무역私貿易이었다. 조선은 역관譯官들에게 별도의 사행 비용을 지급하지 않고 인

삼 여덟 꾸러미를 판매할 수 있는 팔포八包 무역권을 주었는데, 이것이 역관들을 조선 제일의 갑부로 만든 원동력이다.

일본과 명 사이의 중개 무역도 큰 이익이었다. 명이 직접 교역을 허용하지 않았으므로 일본은 은을 가지고 동래 왜관에서 조선 역관들에게 중국 물품을 사야 했다. 조선은 일본의 은을 가지고 명에 가서 상품을 매매해 이중의 이익을 남겼다. 임진왜란 때 일본이 명에 강화 조건으로 조공 허락을 내건 이유가 여기에 있다. 조공 무역은 큰 경제적 이득이었으니 명의 '3년 1사'가 무기가 됐던 것이다. 명은 화자火者, 거세 남성 같은 곤란한 진상품을 요구하기도 했지만 대체로 명나라는 정치적 명분을 얻고 조선은 경제적 이득을 얻었다.

2010년 방한한 원자바오溫家寶 중국 총리가 "한중이 손을 잡으면 할 일이 매우 많다中韓合作 大有可爲"라고 한 적이 있다. 지당한 말이지만 진짜 큰일을 하려면 동북공정 같은 역사 문제로 도발하지 말아야 한다.

최초의 한류

필자는 몇 년 전에 영국에 갔다가 런던에서 남서쪽으로 130킬로미터쯤 떨어진 스톤헨지에 가보았다. 큰 것은 크기가 7.8미터, 무게는 50여 톤이나 나가는 거대한 고인돌군이다. 고인돌은 영국뿐만 아니라 프랑스 카르나크의 열석冽石을 비롯해 포르투갈, 덴마크, 네덜란드, 스웨덴 남부와 지중해의 미노르카, 몰타와 흑해 지역의 캅카스 등 전 유럽에 걸쳐 있는 유물이다. 이뿐만 아니라 아프리카의 에티오피아와 수단, 그리고 팔레스타인, 이란, 파키스탄, 티베트, 인도에도 분포한다. 고인돌 연구가인 하문식 교수에 따르면 인도 지역에서는 최근까지도 고인돌을 축조하는 풍습이 있다고 한다. 유럽인들은 고인돌 유적을 '잃어버린 유럽 문명'이라고까지 부른다. 고인돌을 영어로는 테이블 스톤Table Stone, 또는 돌멘Dolmen이라고 하는데 돌멘은 켈트어Celtic로 탁자라는 뜻의 돌Dol과 돌이라는 뜻의 멘Men의 합성어다. 켈트어가 고대 영어의 한 구성 요소를 차지하는 언어라는 점에서 돌멘이라는 언어 자체가 역사의 산물임을 알게 해준다.

영국의 스톤헨지는 학자들에 따라 서기전 3300년경부터 2900여 년에 시작해 1600여 년에서 1100여 년까지 장기간에 걸쳐 축조된 것으로 보는데, 스톤헨지 근처 에이번 강 주변 수십 기의 무덤의 주인공이 청동기 문화를 갖고 영국으로 들어온 아시아 계열 사람이라는 연구 결과가 비상한 관심을 끈다. 이런 견지에서 청동기 문명이 유럽에서 아시아로 전파된 것이 아니라 중국을 비롯한 극동 지역에서 알타이와 우랄 산맥을 거쳐 북유럽으로 전파됐다는 덴마크의 고고학자 옌스 보르사에Jens Worsaae, 1821~1885년의 견해는 주목할 만하다. 국내의 변광현 교수도 같은 주장을 하고 있다. 고인돌은 만주 지역과 한반도에 광범위하게 분포하며 중국에서는 한때 동이족의 거주지였던 산동 반도와 절강성浙江省에서 일부 발견될 뿐 한족漢族이 다수 거주하던 지역에서는 전혀 발견되지 않는다. 보르사에가 말한 유럽에 전파된 중국의 고인돌은 결국 고조선의 고인돌을 뜻하는 것이다. 유럽에 고인돌과 함께 청동기를 전한 민족은 우리 선조들인 것이다. 이런 점에서 고인돌 연구가 한류보다 파급 효과가 클 것이라는《고조선 사라진 역사》(동아일보사, 2014년)의 저자 성삼제 씨의 주장은 음미할 만하다. 유럽에 고인돌과 청동기를 전파한 사람들이 고조선인이라면 이는 우리 역사상 최초의 한류인 것이다.

동트는 동쪽의 음악

《논어論語》〈술이述而〉편은 "공자孔子가 제齊나라에서 소악韶樂을 듣고 3개월 동안 고기 맛을 잊었다三月不知肉味"라고 전하고 있다. 사마천司馬遷은 《사기史記》〈공자 세가〉에서 공자가 소음韶音을 듣고 배우는 3개월 동안 고기 맛을 잊었다고 설명한다. 소음, 즉 소악은 어떤 음악일까? 사마정司馬貞은 《사기》 주석서인 《사기색은史記索隱》에서 "순舜임금의 음악인 소소簫韶가 소음"이라고 설명한다. 어원語源 사전인 《사원辭源》도 '소韶 자'가 "순임금이 만든 악곡명樂曲名"이라고 적고 있다. 성인聖人으로 추앙받는 순임금이 만든 음악이 소음이다. 청 말의 사상가 강유위康有爲는 《공자개제고孔子改制考》에서 "소악은 순舜으로부터 내려왔는데 읍양揖讓, 예로써 사양함의 성덕盛德과 민주民主의 대공大公이 담겨 있어서 공자가 바라는 바가 담겨 있기에 《춘추春秋》에 수록했다"라고 적고 있다.

그런데 《맹자孟子》〈이루離婁〉 장은 "순임금은 제풍諸馮에서 나셔서 부하負夏로 옮기셨다가 명조鳴條에서 돌아가셨으니 동이 사람東夷之人也"이라고 말하고 있다. 순임금이 우리와 같은 동이족이라는 것이다. 후한後漢의 반고班固가 편찬을 주도한 《백호통白虎通》이라는 책이 있다. 반고는 이 책에서 《악원어樂元語》라는 책을 인용해 "동이의 음악은 조리朝離인데, 만물이 미미하게 땅을 뚫고 자라는 것萬物微離地而生"이라고 설명하고 있다. 동트는 동쪽의 음악, 새봄에 새싹처럼 돋아나는 음악, 아침에 생장하는 음악이라는 뜻이 담겨 있다.

당唐나라 두우杜佑가 편찬한 《통전通典》은 "고구려 악공樂工은 자줏빛 비단 모자를 새 깃鳥羽으로 장식하고 붉은 가죽신을 신었다"라면서 고구려는 네 사람이 춤추고, 백제는 두 사람이 춤춘다고 전하고 있다. 《삼국사기三國史記》〈악지樂志〉에서는 신라에는 삼죽三竹이라는 관악기, 삼현三絃이라는 현악기, 박판拍板과 대고大鼓 등의 타악기가 있었다고 전한다. 《삼국지三國志》〈고구려 열전〉에 "백성들은 노래와 춤을 좋아한다"라고 적고 있는 것을 비롯해서 동이족의 특징은 노래와 춤을 좋아하는 것이었다.

한국 젊은이들이 차이콥스키 콩쿠르 등 세계 음악계를 휩쓸고 있는 것은 순임금부터 내려오는 동이족의 음악적 혈통이 서양 음악과 접맥한 것이다. 모든 사물에는 뿌리와 DNA가 있다.

정약용은 왜 정조의 죽음에 의문을 품었나

필자가 오랫동안 정조 독살설 추적을 위해 각종 사료를 섭렵하면서 가장 이해가 가지 않았던 부분이 심환지를 내의원內醫院 제조로 그냥 둔 부분이었다. 《정조실록正祖實錄》에 정조의 와병 사실은 재위 24년(서기 1800년) 6월 14일 처음 등장한다. 그날 정조는 심환지에게 보낸 서신에서 '호래자식'이라고 욕한 내의원 제조 서용보徐龍輔를 불러 진찰을 받는다. 그런데 다음 날 서용보를 체차해 그에게 치료를 맡길 수 없다는 속내를 드러냈다. 그러나 심환지는 서용보를 계속 내의원 제조로 근무하게 했다. 이번에 공개된 서신은 그 의문을 상당 부분 풀어주었다.

정조가 사망 13일 전 심환지에게 와병 사실을 알린 것이 그가 정조의 의문사에 아무 관련이 없다는 근거라고 주장하는 것은 논리적 타당성이 완전히 결여돼 있다. 오히려 그간 알려졌던 것보다 정조의 의문사에 더욱 깊은 관련이 있다는 근거로 해석되어야 마땅하다. 정조의 병세는 하루 전에 이미 약방의 진찰을 받음으로써 공개된 사안이다. 더 중요한 것은 정조가 자신의 죽음을 전혀 예상하지 않고 있었다는 점이다. 정조 의문사의 연원은 사망 28일 전인 5월 30일 그믐날 경연에서 한 오회연교五晦筵教에 있다. 이 하교에서 정조는 사도세자 문제를 거론하면서 대대적인 정계 개편을 암시한다. 이는 이가환李家煥과 정약용丁若鏞처럼 천주교도라는 노론의 공세로 쫓겨났던 남인을 중용하려는 의지로 해석됐다.

노론 벽파가 당황한 것은 당연했다. 이런 구상이 사실이었음은 다산 정약용의 글로도 증명된다. 정조는 사망 16일 전인 6월 12일 밤 규장각 각리閣吏, 규장각 아전를 정약용에게 보내《한서선漢書選》을 전하면서 "너를 부르려고 주자소鑄字所의 벽을 새로 발랐다"라면서 "그믐께쯤이면 들어와 경연에 나올 수 있을 것이다"라고 말했다. 정조는 자신이 죽으리라고 생각하기는커녕 남인을 중용하는 정계 개편을 결심하고 있었다. 규장각 각리는 정약용에게 "전하의 안색과 말씀하시는 어조가 매우 온화하셨다"라고 정조의 동태를 전했다.

그러나 정조 곁으로 돌아갈 결심을 했던 정약용은 그믐이 되기 전에 정조가 사망했다는 청천벽력 같은 소식을 듣는다. 정약용이 정조 의문사에 관한 글을 남긴 것은 이런 배경이 있었다.

경주 설씨의 선조

태조 이성계는 재위 5년(서기 1396년) 11월 판삼사사判三司事 설장수偰長壽에게 계림鷄林을 관향貫鄕으로 내려준다. 경주 설씨偰氏의 탄생이다. 《태조실록太祖實錄》은 설장수를 '회골回鶻 사람'이라고 전하는데, 회골은 회흘回紇, 위올偉兀이라고도 하며 위구르uighur를 뜻한다. 《정종실록定宗實錄》 1년(서기 1399년) 10월 조는 설장수의 선조를 '회골 고창高昌 사람'이라고 전한다. 중국 북서쪽의 실크 로드도상에 분지 도시 투루판吐魯番이 있는데 그 부근에 있던 고창 왕국 출신이라는 뜻이다. 현재 흙으로 쌓은 고창 고성古城 유적지는 관광객들의 필수 코스다.

　《증보문헌비고增補文獻備考》의 '경주 설씨 항목'에는 "설씨의 선조는 대대로 설련하偰輦河에서 살았으므로 설偰을 가지고 성씨로 삼았다"라고 전하고 있는데, 이들이 우리 역사와 관련을 맺은 것은 고려 공민왕 때다. 경주 설씨의 시조는 원나라에서 참지정사參知政事를 지낸 설문질偰文質로, 그 손자 설손偰遜이 고려로 귀순하자 공민왕이 고창백高昌伯에 봉해준 것이 시작이다. 설손의 아들이 설장수인데 공민왕 11년(서기 1362년) 과거에 급제해 훗날 충의군忠義君에 봉해질 정도로 승승장구했다. 그러다 조선 개창에 반대해 이색 등과 귀양 갔다가 이성계의 '잠저潛邸 때의 지우知遇'라는 이유로 사면받고 다시 벼슬에 나왔다.

설장수는 태조 3년(서기 1394년) 역관들의 부서인 사역원司譯院 제조提調가 되자 역과譯科에 위구르偉兀어를 시험 과목으로 채택했다. 몽고어 역관은 위구르어까지 알아야 제1과로 급제할 수 있었다. 《신당서新唐書》〈회골 열전〉은 그 선조를 흉노라고 전하고 있는데, 흉노는 안녹산安祿山의 난 때 당 숙종肅宗의 요청으로 군사도 파견했던 강국이었다.

현재는 중국이 위구르를 점령해 신장 웨이우얼위구르 자치구를 설치하고, 서북공정을 진행해 그 역사를 중국사로 편입했다. 동북공정으로 공격당하고 있는 우리로서는 동병상련을 느낄 수밖에 없다.

조선의 국제 시인들

선조 22년(서기 1589년) 스물일곱의 나이로 불우하게 세상을 떠난 허난설헌許蘭雪軒이 그 이름을 남길 수 있었던 이유는 국제 시인이 었기 때문이다. 조선은 여성의 시작詩作을 금기시했다. 숙종 때 편찬된 《가림세고嘉林世稿》부록의 《옥봉집玉峰集》에는 전 승지 조원 趙瑗의 부실副室이던 이옥봉李玉峰의 억울한 사연이 전한다. 옥봉이 억울하게 끌려간 소백정의 아내를 위해 오언 절구 한 수를 써주 었다가 남편 조원에게 "남들의 귀와 눈을 번거롭게 했다"라는 꾸 짖음과 함께 쫓겨났던 것이다. 그러나 허난설헌은 《홍길동전》의 저자인 동생 허균許筠이 일부 시를 수습해 《난설헌집蘭雪軒集》으로 묶은 것을 명나라 사신 주지번朱之蕃에게 건네 중국에서 출간되면 서 국제적 명성을 얻기 시작했다. 숙종 37년(서기 1711년)에는 분 다이야 지로文台屋次郎에 의해 일본에서도 간행돼 인기를 얻었다. 훗날 연암燕巖 박지원朴趾源이 《열하일기熱河日記》〈피서록避暑錄〉에서 "규중 부인으로서 시를 읊는 것은 본래 아름다운 일은 아니지만, 외국조선의 한 여자로서 꽃다운 이름이 중국에까지 전파됐으니 가히 영예스럽다고 하지 않을 수 없다'라고 평한 것처럼 요절한 시인은 중국을 통해 명성이 역수입돼 부활할 수 있었다.

이덕무李德懋는 정조 2년(서기 1778년) 박제가朴齊家와 함께 사신 채제공蔡濟恭의 수행원을 따라 북경에 갔다. 초행길이지만 북경에 반정균潘庭筠 같은 지인들이 있었던 것은 이들이 국제 시인이었기 때문이다. 서얼이었던 이덕무, 박제가, 유득공柳得恭은 양반 출신 이서구李書九와 함께《건연집巾衍集》이라는 공동 시집을 펴냈는데, 정조 즉위년(서기 1776년) 유득공의 숙부 유련柳璉이 사신의 막관幕官으로 북경에 가면서 이 시집을 가져갔다. 반정균과 이조원李調元 등의 청나라 지식인들이 이 시집에 감동해《한객건연집韓客巾衍集》이라는 이름으로 청나라에서 간행하면서 북경에 그 문명이 전해졌고, 이덕무 등은 '사가시인四家詩人'이라는 칭호를 얻게 됐다.

한국문학번역원에서는 몇 년 전부터 한국 문학의 전면적 외국 진출을 꾀하고 있는데, 허난설헌이나 이덕무 등 현실에서 소외된 문인들의 작품이 국제적인 호응을 얻었다는 점이 하나의 시사점이 될 수 있을 것이다.

이 땅에 온 흑인들

《삼국사기三國史記》 신라 법흥왕 15년(서기 528년)에 불교 신자였던 양梁 무제武帝가 법복法服과 향을 보내왔는데, 신라 왕실은 그 용도를 알지 못했다. 일선군—善郡, 경북 선산군의 모례毛禮 집에 용도를 아는 사람이 있었으니 고구려에서 온 묵호자墨胡子다. 〈법흥왕 본기〉는 묵호자가 19대 눌지왕訥祗王, 재위 417~458년 때 와서 모례의 집 안 굴방에 숨어 있었다고 전하는데, 한 사람이 70~111년간 숨어 있을 수는 없으니 묵호자란 여러 승려의 통칭이다. 목숨 건 비밀 선교를 담당했던 '호자胡子'는 오랑캐(이민족)를 뜻하고 '묵墨'은 검다는 뜻이니 인도印度에서 온 검은 승려들인 셈이다.

신라 비처왕毗處王, 재위 479~500년 때도 아도阿道 화상和尚이 시종 셋을 데리고 모례의 집으로 왔는데, 《삼국사기》는 "그 모습이 묵호자와 비슷했다"라고 쓰고 있으니 역시 인도에서 온 승려다. 아도 역시 한 인물을 가리키는 고유 명사가 아니었다. 이보다 100여 년 전인 고구려 소수림왕 4년(서기 374년)에도 "승려 아도阿道가 왔다"라는 구절이 있기 때문이다. 소수림왕은 이듬해 이불란사伊弗蘭寺

를 창건해 아도를 이 절에 있게 하는데,《삼국사기》는 "이것이 우리나라 불법의 시초다"라고 쓰고 있다.

〈백제 본기〉 침류왕 원년(서기 384년) 조는 "진晉나라에서 마라난타摩羅難陀가 오자 침류왕이 맞아들여 예절로 공경했다"라고 전하면서 "불법이 이로부터 시작됐다"라고 말하고 있다. '호승胡僧'으로 표현된 마라난타 역시 인도 출신의 승려였다.

고려 고종 2년(서기 1215년) 승려 각훈覺訓이 편찬한《해동고승전海東高僧傳》은 '고기古記'를 인용해 법흥왕 14년(서기 527년) 아도가 모례의 집에 도착하자 모례가 놀라면서 고구려 승려 정방正方과 멸구자滅坵疵가 순교했다고 말했다는 기록이 있는데, 정방과 멸구자도 인도 출신의 승려로 추측된다. 왕권이 비교적 강했던 고구려와 백제는 통일적 사상 체계인 불교를 받아들일 수 있었지만 왕권이 약했던 신라는 기존 토착 종교의 거센 반발을 받았다. 고대 삼국의 불교는 모두 검은 피부의 인도 승려가 전파한 것이다.

환인 장군묘는 추모왕릉인가

고구려 시조 추모왕의 능은 어디에 있을까? '광개토대왕릉비'는 "추모왕은 왕위를 즐기지 않아 하늘에서 황룡을 내려보내 맞이하니, 홀본 동쪽 언덕에서 용의 머리를 디디고 서서 하늘로 올라가셨다"라고 전하고 있고, 《삼국사기三國史記》〈동명성왕 본기〉는 "재위 19년(서기전 19년) 가을 9월에 승하했으니 나이가 40세였다. 용산龍山에 장사를 지냈다"라고 전한다.

고구려의 첫 수도 환인桓仁 서남쪽에 본계시本溪市 소속으로 '쌀 창고 마을'이라는 뜻의 미창구촌米倉村이 있는데, 마을 북쪽에 현지에서 장군묘라 부르는 높이 8미터, 둘레 150미터의 왕릉급 무덤이 있다. 중국 쪽에서는 부인하지만 환인에 있는 왕릉이라면 추모왕릉이 분명하기 때문에 비상한 관심의 대상이었다. 최근 답사 때 이 마을에서 만난 조선족 노인은 20여 년 전 석실에 들어가니 왕王 자가 여러 개 쓰여 있었고, 쌍룡 벽화도 있었다고 증언했으며, 이는 중국 측 보고서와도 일치한다. 왕릉이라는 추측을 강하게 해주는 증거들인데, 문제는 연화 문양이다.

연화는 불교와 관련이 있다.《삼국사기》는 소수림왕 2년(서기 372년)에 진秦나라 왕 부견符堅이 불교를 전래했다고 전하니 이는 4세기 후반이다. 중국 측 학자들이 이 묘를 4세기 말에서 5세기 초에 조성된 무덤으로 보는 것은 이 때문이다. 그런데 최근 발굴 조사에서 이 무덤을 조성한 다음 훗날 다시 봉토를 열어서 묘실墓室 바깥쪽에 3.4미터 크기의 무문無紋 석비를 세웠다는 사실이 드러났다. 고구려인들이 무덤을 열고 다시 석비를 세웠다는 뜻이다. '광개토대왕릉비'는 "선조先祖 왕 이래 묘에 비를 세우지 않아 착오가 있었다"라면서 광개토대왕이 "선조 왕묘 위에 비석을 세우고 그 연호를 새겨서 착오가 없게 했다"라며 이때 일괄적으로 비석을 세웠다고 전하고 있다. 이 때문에 이 무덤이 광개토대왕 때 다시 수건修建한 추모왕릉이 아니냐는 해석이 나온다. 충분히 추론 가능한 해석이지만 이 선조의 유적 또한 중국인들이 배타적으로 관할하기 때문에 추측만 무성할 뿐 학문적으로 접근할 방법이 없는 현실이 안타깝기 그지없다.

조선 강국 고려

원나라는 고려에게 일본을 공격할 전함을 만들게 했다. 《고려사
高麗史》〈김방경金方慶 열전〉은 "일본 정벌을 위한 전선을 건조할 때
중국 남방식대로 만들면 공비工費와 제작 기간이 더 들기 때문에
온 나라 사람들이 걱정하자 김방경이 고려 방식으로 서둘러 제조
하게 했다"라고 전하고 있다. 고려 방식의 전선 제작이 공비가 싸
고 시간도 적게 걸렸다는 이야기다. 《고려사》에는 914년 "태조가
전함 100여 척을 더 건조했는데 그중 배 10여 척은 각각 사방이
16보步, 36.6미터이며 그 위에 다락을 세웠고 말을 달릴 만했다"라는
기록이 있다.

조선의 태종 13년(서기 1413년) 처음 등장하는 구선龜船, 거북선
이나 명종 10년(서기 1555년) 등장한 판옥선板屋船은 동아시아 최강
이었다. 판옥선은 그 이전의 맹선猛船과는 다르게 하체와 상장의
2층 구조였다. 임진왜란 때 일본 수군이 가장 꺼렸던 이순신의
거북선은 판옥선을 개량한 것이었다. 《선조수정실록宣祖修正實錄》
에 "판옥선에 판목을 깔아 거북 등처럼 만들고 그 위에는 우리 군

사가 겨우 통행할 수 있을 만큼 십자+후로 좁은 길을 내고 나머지에는 모두 칼이나 송곳 같은 것을 줄지어 꽂은(25년 5월 1일)" 것이 이순신의 거북선이었다. 게다가 거북선은 "나는 것처럼 빨랐다"라고 기록되어 있다. 얇은 삼杉나무로 만든 일본 전함은 소나무로 만든 판옥선의 상대가 아니었다. 조선 수군이 '부딪쳐 깨뜨리는' 당파撞破 전법을 애용한 것은 이 때문이다. 임진왜란 때 명나라 제독 진린陳璘이 이끌고 온 명나라 전함에 대해《선조실록宣祖實錄》 32년 2월 2일 조는 "중국 배는 선체가 작은 데다 뒤쪽에 있으므로 그저 성세聲勢, 명성와 위세만 보였을 뿐"이라고 전한다. 다만 진린과 등자룡鄧子龍 두 장수가 조선의 판옥선을 빌려 타고 싸우는 시늉을 했던 것이다.

　한국의 조선 수주량은 우리 장인들의 핏속에 선조들의 뛰어난 조선 기술이 전수되고 있기 때문이기도 하다. 최근 중국이 앞서 나가고 있지만 이순신의 거북선 같은 창의력을 발휘해 선전하리라 믿어 의심치 않는다.

아시아 최고의 고층 탑

《삼국유사三國遺事》〈황룡사 9층탑〉 조는 당나라에 유학 간 자장慈藏 법사에게 신인神人이 나타나 황룡사에 9층탑을 세우면 아홉 나라가 조공할 것이라고 말했다고 전한다. 황룡사는 솔거率去가 그린 노송老松에 새들이 와서 부딪쳤던 사찰이기도 한데, 선덕여왕은 백제의 장인匠人 아비지阿非知를 초청하고 이간伊干 용춘龍春에게 건탑을 맡겨 2년 만인 선덕여왕 14년(서기 645년) 탑을 완공했다. 일연은 "탑을 세운 후에 천지가 형통하고 삼한이 통일됐으니 어찌 탑의 영검이 아니겠는가?"라고 말하는데, 상륜부가 약 15미터, 탑신부가 약 65미터에 달하는 황룡사 9층 목탑은 당시 아시아 최고의 고층 탑이었다. 고려 명종 때의 문신 김극기金克己는 〈황룡사를 읊다黃龍寺題詠〉라는 시에서 "굽어보니 동도東都, 경주의 수많은 집이 벌집과 개미굴처럼 아득하게 보이네俯視東都何限戶蜂窠蟻穴轉濛"라고 목탑에 오른 감상을 읊었다.

비슷한 시기인 당 고종 영휘永徽 3년(서기 652년) 당나라에는 서안西安 자은사慈恩寺 대안탑大雁塔이 건축됐다. 현장玄奘이 인도에서 가져온 《당삼장唐三藏》 등을 보관하기 위한 것인데 목탑보다 만들기 쉬운 벽돌 전탑塼塔이다. 당초 5층이었으나 측천무후가 장안長安 원년(서기 701년) 10층으로 중수했는데 현재 7층만 남아 있고, 탑의 높이는 64미터, 기단 높이는 25미터로 5층이었을 당시는 황룡사 9층 목탑보다 낮았을 것이다.

백제 무왕(서기 600~641년) 때 창건된 익산 미륵사 서쪽 석탑도 한때는 7층설이 주장되다가 동탑지東塔址 주변 발굴에서 노반露盤이 발견돼 9층이었음이 밝혀졌다. 미륵사는 중앙에 목탑이 있었는데, 정확한 규모는 알 수 없지만 동서 석탑보다 높았을 것이다. 왜 9층을 선호했는지는 분명하지 않지만 《주역周易》에서 건초구乾初九, 즉 양수陽數의 극極을 9로 인식하는 것과 관련이 있을지도 모른다. 전 세계적으로 초고층 건축물 신축 경쟁이 계속되고 있는데, 우리는 콘크리트와 철근으로 범벅된 초고층보다 황룡사 목탑처럼 자연 친화적인 고층 건축물의 재현을 가지고 경쟁에 나서면 어떨까 싶다.

고대 무기 제조술

수隋나라 문제文帝는 나라를 세운 지 불과 7년 만인 589년 남조南朝의 진陳을 멸망시키고 중원을 통일했다. 220년 후한後漢의 붕괴로 분열 시대로 접어든 지 무려 369년 만의 통일이었다. 이에 대해 《삼국사기三國史記》 고구려 평원왕 32년(서기 590년) 조는 "왕은 진나라가 망했다는 말을 듣고 크게 두려워해 군비를 다스리고 군량을 쌓아 방어할 계책을 세웠다"라고 전하고 있다.

단재 신채호가 《조선상고사朝鮮上古史》에서 한국과 중국을 고대 동아시아의 양대 세력이라며 "만나면 어찌 충돌이 없으랴"라면서 충돌이 없는 때는 각기 분열돼 "내부 통일에 바쁜 때일 것이다"라고 말한 대로 중원이 통일되자 결전이 불가피하다고 생각한 고구려는 군비 확충에 나섰던 것이다.

《수서隋書》〈고구려 열전〉은 수 문제가 영양왕 8년(서기 597년) 국서를 보내 "왜 재화財貨를 써서 노수弩手를 빼어갔는가"라고 비난했다고 전한다. 노수는 총처럼 격발 장치로 발사하는 활인 노弩 전문가를 뜻하는데, 《수서》〈하조何稠 열전〉이 고구려 침략 때 "노수 3만 명을 데려갔다"라고 전하는 것처럼 쇠뇌는 수나라의 첨단 무기였다.

반면 《삼국사기》 신라 문무왕 9년(서기 669년) 조는 신라가 쇠 뇌 제작의 선진국이라고 전한다. 당唐의 사신이 신라의 쇠뇌 제작 자인 노사弩師 구진천仇珍川을 데리고 귀국했는데, 그가 당에서 만 든 목노木弩가 30보밖에 나가지 않자 당 고종이 "신라의 쇠뇌는 1,000보를 나간다는데 어떻게 된 것이냐"라고 물었다. 구진천이 재료가 다르기 때문이라고 답하자 신라에서 목재를 가져다 만들 게 했으나 이번에는 60보에 그쳤다. 구진천은 "목재가 바다를 건 너올 때 습기를 먹어서 그런 것 같다"라고 변명했는데, 《삼국사 기》는 "고종이 그가 고의로 만들지 않는다고 의심해 중죄를 주겠 다고 위협했으나 마침내 그 재능을 다하지 않았다"라고 전하고 있다.

이처럼 고대 무기 제조술은 적국에서 몰래 빼 오는 것은 물 론 우방국에도 절대 유출해서는 안 되는 절대 비밀이었다. 현재 도 마찬가지다.

금으로 만든 사람

우리나라에서 가장 숫자가 많은 김씨는 금金과 밀접한 관련이 있다. 《사기史記》 〈흉노匈奴 열전〉과 《한서漢書》 〈표기驃騎 열전〉은 한 무제武帝 때 흉노의 휴도왕休屠王을 정벌한 이야기를 전한다. 휴도왕을 죽이고 그가 사용하던 '제천금인祭天金人'을 거두었다는 것이다.

제천금인이 무엇일까? 《사기》 주석서인 《사기색은史記索隱》은 "금으로 사람을 만들어 하늘에 제사 지내는 것作金人以爲祭天主"이라고 설명하고 있다. 그만큼 흉노족은 금을 숭상했다는 뜻이다. 《한서》 〈김일제金日磾 열전〉은 휴도왕의 태자太子, 김일제가 한나라에 끌려와 황문黃門에서 말을 키웠는데, 망하라莽何羅라는 인물의 반란을 막은 공으로 투후秺侯에 봉해졌다고 전한다. 그가 현재 서안西安 무제의 능陵 곁에 묻힌 김일제인데, 김씨라는 성은 '제천금인'했던 선조들의 전통을 따른 것이다.

그런데 삼국 통일을 완성했던 신라 30대 문무왕文武王, ?~681년의 〈문무왕비문〉은 자신들의 뿌리를 '투후 제천지윤秺侯, 祭天之胤', 즉 '하늘에 제사 지내던 투후의 후예'라고 적고 있다. 중국사에서 투후는 오직 김일제와 그 후손들에게만 계승됐다는 점에서 신라 김씨는 흉노 왕자 김일제의 후손인 것이다. 아름다운 신라 금관을 비롯해서 신라의 놀라운 금 세공술은 금을 성씨로 삼을 정도로 중시했던 전통의 소산이다.

그러나 고려 이후 금은 별로 채굴되지 않았다. 《고려사高麗史》 충렬왕 3년(서기 1277년) 4월 조는 원나라 다루가치達魯花赤가 고려에서 금이 나온다는 말을 듣고 채취를 시켰지만 겨우 2돈 2푼을 얻었다고 전한다. 또 원나라 중서성中書省의 요구에 따라 홍주洪州 등지로 관원을 파견해 인부 1만 1,446명을 동원해 70일간 채취했지만 겨우 7냥 9푼을 얻었을 뿐이다.

최영은 "황금을 보기를 흙같이 하라見金如土"라는 부친의 가르침을 큰 띠紳에 써서 평생 차고 다녔다. 조선 건국 세력은 최영은 죽였지만 그의 청렴 정신은 계승해 금을 채취하지 않았다. 세종 4년(서기 1422년) 중국과의 조공 무역인 세공歲貢에도 우리나라는 금은이 산출되지 않는다고 주장해 무역 항목에서 빠질 정도였다. 평안도 성천成川과 황해도 수안遂安에서 한때 채취하기도 했지만 정조 23년(서기 1799년) 금지했다. 세계 경제 위기 속에 금이 홀로 독주하고 있다. 그야말로 금으로 사람을 만들어 하늘에 제사 지내던 흉노의 풍습이 세계를 뒤덮고 있는 듯하다.

싸우지도 않고 잃어버린 섬

두만강 하구의 녹둔도가 귀에 익은 것은 이순신李舜臣 장군 때문이다. 이순신은 선조 20년(서기 1587년) 유성룡柳成龍의 천거로 조산造山 만호가 되면서 녹둔도 둔전관을 겸임했다. 그해 8월 여진족의 기습으로 둔전 감관 이경번李景藩 등이 전사했을 때 이순신은 추격전을 펼쳐 적 여러 명을 전사시키고 끌려가던 60여 명의 백성을 탈환했다. 그러나 병사兵使 이일李鎰은 10여 명이 전사하고 106명이 잡혀간 책임을 이순신에게 돌려 죽이려 했다. 백사白沙 이항복李恒福의 〈고故 통제사 이공李公의 유사遺事〉에서는 이때 "친구 선거이宣居怡가 이순신이 죄를 면치 못할까 두려워 손을 잡고 눈물을 흘리며 술을 권해 놀란 마음을 진정시키려 하자, 정색하며 '죽고 사는 것은 명에 달린 것인데, 술은 무엇하러 마신단 말인가'라며 거부했다"라고 전한다. 다행히 이순신은 군사 증원을 여러 번 요청했지만 이일이 들어주지 않았다는 사실이 참작돼 백의종군白衣從軍으로 낮춰졌다.

녹둔도는 세종 때 이미 경흥부慶興府에 소속돼 있었는데, 성종 17년(서기 1486년) 이계동李季仝은 "조산 사람들이 봄에는 녹둔도에 들어가 농사짓고, 수확 후 돌아오는데, 왕래가 고생스러워 섬에 남아서 방수防戍하려 한다"라면서 "이 섬에는 진흙이 없어서 풀이나 지푸라기를 모래와 섞어서 벽에 바르는데, 비바람이 불면 무너져서 남는 것이 없다"라고 말했다. 그러나 중종 4년 유순정柳順汀이 "비옥해 경작할 만하다"라고 말한 것처럼 농지는 비옥했다. 김정호의 《대동여지도大東輿地圖》에도 분명히 조선 영토로 명기돼 있는 녹둔도에 대해 고종은 재위 20년(서기 1883년) 서북경략사西北經略使 어윤중漁允中에게 감계귀정勘界歸正, 영토를 살펴 바르게 하는 것을 명했다.

북한은 1990년 옛 소련과 영토 조약을 체결하면서 녹둔도를 넘겨주었는데, 러시아는 여기에 제방을 쌓았다는 소식을 들었다. 백두산 반쪽을 중국에 넘겨준 데 이어 녹둔도까지 넘겨주었으니, 박지원이 《열하일기熱河日記》〈도강록渡江錄〉에서 "조선의 옛 강토는 싸우지도 않고 오그라들었다朝鮮舊疆. 不戰自蹙矣"라는 한탄과 어찌 그리 똑같은지.

관전현에서 가장 오래된 고성

고구려 2대 유리명왕琉璃明王은 다물후多勿侯 송양松讓의 딸을 왕비로 삼았다가 사망하자 한인漢人 치희稚姬와 골천인鶻川人 화희禾姬를 계실繼室로 들였다. 유리왕이 사냥 간 사이 화희가 치희에게 "너는 한나라의 천한 첩婢妾으로 어찌 이리 무례한가?"라고 꾸짖자 치희는 도망갔다. 유리왕이 쫓아갔으나 치희가 돌아오지 않자 유리왕은 "훨훨 나는 꾀꼬리는 암수 서로 정답구나. 외로운 이 내 몸은 뉘와 함께 돌아갈까翩翩黃鳥 雌雄相依 念我之獨 誰其與歸"라는 〈황조가黃鳥歌〉를 부른다. 《삼국사기三國史記》에 따르면 이때가 유리왕 3년(서기전 17년)으로 국내성으로 천도한 재위 22년(서기 3년)보다 19년 전이었다.

학계 일각에서 고구려의 첫 수도인 흘승골성紇升骨城으로 추정하는 환인桓仁현 오녀산성五女山城에서 50여 킬로미터 떨어진 우모오진牛毛塢鎭 동쪽에 성정산城頂山이라 불리는 산이 있다. 이름이 상징하듯이 산꼭대기에 산성 유적이 있는데, 필자는 최근 고구려의 두 번째 수도 국내성이 있는 길림성吉林省 집안集安에서 이곳까지 찾아가봤다. 현지인들도 거의 모르는 산성이라 어렵게 찾아가니《관전여유지남寬甸旅遊指南》에서 오녀산성과 자매 산성이라고 표현한 이유를 알 수 있었다. 사방은 깎아지른 듯한 절벽이지만 정상 부분은 바둑판처럼 평평한 오녀산성 모습 그대로였기 때문이다.《관전현지寬甸縣志》는 "고구려 고성古城 유지遺址"라고 설명하고 있는데, 이곳이 바로 유리왕이 〈황조가〉를 불렀던 지역이라는 것이다. 산 중턱에 〈황조가〉를 새겨놓고 유리왕이 치희를 그리던 황조암黃鳥岩이라고 설명하고, 유리왕의 아들 대무신왕이 어머니 화희와 치희를 기렸던 효모방孝母房이라는 곳도 조잡하게 복원해놓았으나 대무신왕의 모친이 송양의 딸 송 씨라는《삼국사기》〈대무신왕〉조는 보지 않은 듯했다.

그러나 산성山城 성벽은 자연석을 다듬어 쌓은 고구려 특유의 산성이었으니 관전현에서 가장 오래된 고성이라는 표현은 맞았다. 고구려는 중국의 지방 정권이라는 동북공정 논리와 한국 관광객을 겨냥한 돈벌이가 접맥해 나타난 고구려 산성 유적이었다.

3·1 운동의 이면

3·1 운동 주도 인물은 천도교 대표 손병희孫秉熙와 기독교 대표 이승훈李昇薰을 제외하면 그다지 명망이 높다고 할 수 없었다. 그래서 구舊 대한제국의 명사들을 끌어모아 대표성을 높이려 했는데, 의외의 인물도 꽤 되었다.

《의암義菴 손병희 선생 전기》(1967년)에는 박영효朴泳孝, 한규설韓圭卨, 윤치호尹致昊, 윤용구尹用求, 김윤식金允植 등이 그 대상이었다고 적고 있다. 《조선총독부 관보官報》(1910년 10월 12일)에 따르면 일제는 1910년 10월 대한제국의 멸망에 공을 세운 76명의 조선인에게 작위와 은사금을 내려주는데, 철종의 사위 박영효와 한규설, 김윤식, 윤용구는 여기 포함된 수작자授爵者였다. 합방에 반대했던 참정대신 한규설과 윤두수尹斗壽의 후손 윤용구는 작위를 거부했으나 박영효와 김윤식은 아니었다. 수작자를 가담시키는 것도 의의가 있다는 뜻에서 박영효와 김윤식도 포함시켰다. 〈독립선언서〉를 작성한 최남선崔南善과 송진우宋鎭禹, 최린崔麟 등이 설득에 나섰는데, 한규설은 당초 "창덕궁 대궐 앞에서 자결하자면 따르겠으나 민족 자결은 모르겠다"라고 유보적 태도를 취하다가 윤용구의 거절 소식을 듣고 거부하는 등 모두 거부했다.

손병희는 심지어 이완용李完用까지 끌어들이려 했다고 회상했다. 측근들이 독립운동 모독이고, 비밀 누설 염려가 있다고 말리자 손병희는 "매국적賣國賊까지 독립을 원한다면 3,000만이 다 독립을 원하는 것이 되지 않는가"라면서 "매국적이지만 일인日人에게 누설할 사람은 아니다"라고 접촉했다. 이완용의 조카뻘 되는 천도교도 이회구李會九를 대동하고 찾아온 손병희에게 이완용은 "이제 새삼스레 그런 운동에 가담할 수 없다"라면서 "이번 운동이 성공하면 나는 이웃 사람에게 맞아 죽을 것인데, 그렇게 죽게 된다면 다행한 일"이라고 거절했다. 그러나 일인에게 누설하지는 않았다고 손병희는 회고했다.

이완용은 사실 독립협회 초대 회장에다 명필이었고 친러파였다. 《주역周易》에도 통달했던 이완용은 3·1 운동의 실패를 미리 읽고 이로써 독립 의기가 꺾일 것이라고 예상해 일인에게 누설하지 않았는지도 모른다. 반면 같은 수작자였던 김가진金嘉鎭은 전협全協의 제의를 받아들여 대동단大同團 총재로 취임하고 1919년 10월 10일 신의주를 거쳐 상해임시정부에 합류함으로써 73세에 임정 고문으로 독립운동가의 새 삶을 시작하는 인생 역전에 성공했다.

사라진 고종의 비밀 금괴

고종의 비밀 금괴에 대한 여러 증언이 있다.《대동칠십일갑사大東七十一甲史》라는 야사에도 실려 있는데,《대동칠십일갑사》는 우리 역사를 상제上帝 환인 시대부터 일본 항복 조인 전말까지 71갑자, 약 4,260년간으로 나누어 저술한 책이다. 이 책의 저자는 전북 부안 출신의 유학자 간재艮齋 전우田遇. 1841~1922년이거나 그와 가까운 인물로 보인다. 이 책의〈광무 황제 금옹金瓮 12통筒 순금 저장 사실〉이라는 부록에는 고종이 금괴 85만 냥을 열두 개의 항아리에 나누어 황실 재정을 담당하던 이용익李容翊에게 맡겨 매장하고, 이를 독립운동 자금으로 쓰기 위해 망명을 기도하다가 이 사실을 눈치챈 어주도감御廚都監 한상학韓相鶴과 그의 사돈 이완용李完用, 조선총독부의 밀계에 의해 독살됐다고 나온다.

거의 같은 내용이 독립운동가 선우훈鮮于燻의《사외비사史外秘史: 덕수궁의 비밀》에도 실려 있다.《대동칠십일갑사》가 공개된 시점이 1990년대 이후라는 점에서 다른 출처를 가지고 쓴 것이다. 이 증복李曾馥이 1958년 쓴〈고종 황제와 우당 선생〉이라는 글에는 고종이 우당友堂 이회영李會榮에게 러시아 하바롭스크에 한국 사관 학교를 설립할 비용 50만 환을 주었는데 국제 정세의 변화로 사관 학교는 설립하지 못하고 상해임시정부 설립과 파리 강화 회의 대표 파견 비용 등으로 사용했다는 기록이 있다.

2012년 최근 공개된 고종 황제가 보낸 친서를 보면 호머 헐버트Homer Hulbert, 1863~1949년 박사도 고종 황제의 비자금과 관련이 있는 인물이다. 1949년 정부 수립 직후 헐버트 박사의 한국 방문을 주선한 김을한金乙漢은《조선의 마지막 황태자 영친왕》(페이퍼로드, 2010년)에 헤이그 밀사 사건 당시 고종 황제가 막대한 내탕금을 독립운동 자금으로 헐버트 박사에게 맡겼고 그는 이 자금을 상해 노중露中은행에 예금했는데 대한제국 멸망 후 일제가 몰수했다는 헐버트 박사의 증언을 실었다. "당시 은행에 맡긴 모든 증서와 관계 서류는 지금도 잘 보관하고 있다"라고 덧붙인 헐버트의 한국 방문 주요 목적 중 하나가 바로 이 자금을 찾는 것이었으나 7일 만에 사망함으로써 뜻을 이루지 못했다. 이 역시 밝혀져야 할 우리 역사의 수수께끼가 아닐 수 없다.

한국과 중국의 역사 서술은 어떻게 다른가

중국에서 답사 다니며 박물관을 관람하다 보면 희한한 유물 표기를 자주 발견한다. 중국의 역사 영역이 아니었던 지역의 유물도 무조건 자신들의 것처럼 표기한다. 최근 답사한 운남성雲南省 지역이나 봄에 답사한 감숙성甘肅省 지역은 한漢나라의 영토가 아니었음에도 불구하고 이 지역에서 출토되는 모든 청동기는 한나라의 것으로 표기하는 식이다. 운남성이나 감숙성에서 출토되는 청동기는 유목 민족의 것으로서 농경 민족이었던 중국의 청동기와는 전혀 다른 문화임에도 무조건 자신들의 유물이라는 주장이다.

중국의 이런 표기법은 그 유래가 오래되어서 자국에 온 사신들은 무조건 조공朝貢을 바치러 왔다고 썼다. 수평적 외교 관계를 수직적 관계로 왜곡하려니 외국에서 온 사절은 꼬박 기록하지만 자신들이 외국에 보낸 사절은 특이한 경우가 아니면 생략하는 편법을 사용할 수밖에 없었다. 그래서 중국 기록에서 외국에 사절을 보냈는지를 알 수 있는 경우는 특수한 상황이 대부분이다. 《수서隋書》〈고구려 열전〉은 수隋 문제文帝가 영양왕에게 "수나라의 사자使者를 빈 객관客館에 앉혀놓고 삼엄한 경계를 펴 눈과 귀를 막아 영영 듣고 보지 못하게 했다"라고 항의했고, 그 아들 양제煬帝도 영양왕에게 "수나라 칙사의 행차길이 변경藩境을 지나는데, 고구려에서 도로를 막아 사신을 거절했다"라고 항의한 사실 등을 보아야 비로소 수나라도 사신을 자주 보냈다는 사실을 알 수 있다. 그런데 영양왕이 수나라의 사신을 막은 이유는 김부식金富軾이 《삼국사기三國史記》 영류왕 24년(서기 641년) 조에서 "당나라 사신 진대덕陳大德은 사신으로 온 것을 빙자해 나라의 허실을 엿보았으나 우리나라 사람들麗人은 알지 못했다"라고 쓴 것처럼 사신을 빙자한 간첩이거나 거란, 말갈, 숙신 같은 고구려의 속국에 허락 없이 들어가 이간질하려 했기 때문이다.

그러나 우리나라는 자국사를 좀 더 적극적·긍정적으로 서술하려 하면 반드시 국수주의 운운하는 딱지를 붙이니 이 역시 우리가 반드시 극복해야 할 패배주의이자 사대·식민 사학의 잔재가 아닐 수 없다.

분쟁 해결의 출발점은 역사에 있다

숙종 38년(서기 1712년) 세운 백두산정계비는 현재 진행형 문제다. 문제의 발단은 당시 조선 대표들의 부적절한 처신에 있었다. 청의 대표는 오라烏喇, 길림성 총관總管 목극등穆克登이고 조선 대표는 접반사接伴使 박권朴權과 함경도 관찰사 이선부李善溥였다. 그런데 박권과 이선부는 숙종 38년 5월 숙종에게 "접반사와 도신道臣, 관찰사이 뒤처질 수 없다는 뜻으로 재삼 굳게 청했으나 끝내 허락하지 않았습니다"라고 보고한 것처럼 정계비를 세울 때 백두산에 올라가지도 않았다. 《통문관지通文館志》는 중인 출신 역관譯官 김지남金指南, 김경문金慶門 부자만이 따라 올라가 "산꼭대기에 올라 손으로 가리켜 구획했다"라고 전하고 있다. 그래서 숙종 38년(서기 1712년) 6월 사헌부 장령 구만리具萬里가 박권과 이선부는 '몸이 쇠약하고 늙었다는 핑계'로 부하를 보냈다고 처벌해야 한다고 주장했다.

  이렇게 세운 것이 "서쪽은 압록이고 동쪽은 토문이다西爲鴨綠, 東爲土門"라는 백두산정계비다. 그럼에도 토문土門이 어디인가가 논란의 초점이 됐다. 순조 8년(서기 1808년) 서용보徐龍輔 등이 왕명으로 편찬한 《만기요람萬機要覽》〈백두산 정계〉 조는 〈여지도輿地圖〉를 인용하면서 "토문강 북쪽에 있는 분계강分界江에 정계비를 세우든지, 토문강의 발원지에 세워야 했다"라고 적고 있다. 《만기요람》은 또 "고려 때 윤관이 속평강速平江까지 영토를 확장했으며 그때 세운 비가 남아 있다"라고 전한다. 실학자 안정복安鼎福은 〈이가환李家煥에게 보낸 편지〉에서 "두 나라의 경계가 된 분계강은 두만강 북쪽 300리"라고 말하고 있다. 《고려사高麗史》 예종 3년(서기 1108년) 2월 조는 "윤관이 여진족을 평정하고 (……) 비를 공험진公嶮鎭에 세워서 경계로 삼았다"라고 전하고 있는데 이곳이 조선과 명·청 사이의 국경선이었다. 《세종실록世宗實錄》 21년 3월 6일 자는 세종이 명나라에 국서를 보내 "공험진 이남 철령까지는 그대로 본국 소속"이라고 말했다고 전한다. 세종 때도 두만강 북쪽 700리 지점인 공험진이 두 나라의 국경이었다는 뜻이다. 백두산정계비는 비록 공험진을 명시하지는 못했지만 토문강은 만주에 있는 강이었다. 대한제국 시절 조정에서 간도間島, 만주 관리사를 파견해 간도를 조선 영토로 삼아 관리한 것에는 이런 역사적인 연원이 있었다. 모든 분쟁 해결의 출발점은 역사에 있다. 지금도 우리가 역사에 주목해야 하는 이유가 여기에 있다.

古今通義

2——

어제의 마음으로
오늘을

잠들어 있는 대륙성을 깨워라

혜풍惠風 유득공柳得恭은 정조 9년(서기 1785년)에 쓴 《발해고渤海考》
서문에서 "부여씨(백제)가 망하고 고씨(고구려)가 망하자 김씨가 남
쪽을 차지하고, 대씨大氏, 대조영가 북쪽을 차지해 발해를 세웠다. 이
것이 남북국이니 마땅히 남북 국사가 있어야 하지만 고려가 편찬
하지 않았으니 잘못이다. 무릇 대씨가 누구인가? 바로 고구려인
이다"라고 말했다. 고려 이래 숙명처럼 받아들였던 반도 사관의
틀을 깨고 대륙 사관을 주창한 혁명적 사론이다.

반도 사관의 가장 큰 희생물은 고조선이다. 《신편 일본사연
표新編日本史年表》(第一學習社, 2000년)는 고조선을 아예 생략한 채 낙
랑·대방군으로 대치하고 그 위치를 평안남도와 황해도로 표시했
다. 일제 식민 사관의 논리가 지금도 살아 있는 것이다. 중국의
동북공정도 고조선을 반도에 가두려고 노력한다.

동북공정 이론 제공자의 한 명인 손진기孫進己는 《동북민족원
류 東北民族源流》의 〈조선족朝鮮族의 원류〉 편에서 "중국의 상商·주周
시기(서기전 11세기)에 원래 중국 요동 지역에 살던 동이인東夷人들

이 한반도로 이주하기 시작했다. (……) 요동식 석붕石棚, 고인돌 및 청동 단검(비파형 동검)이 한반도 북부에 분포된 것도 동이족의 한반도 진입 유적이다"라고 일제 식민 사관의 후예처럼 고조선을 한반도 북부로 가두었다. 그러나 그는 만주 대륙에서 한반도 남부까지 광범위하게 분포하는 비파형 동검과 고인돌이 고조선의 강역을 나타내는 표지 유물이라는 사실은 의도적으로 무시했다. 고조선의 대륙성이 드러나면 동북공정의 논리가 설 자리가 없어지기 때문이다.

한국 사학계도 얼마 전까지는 고조선 강역을 평안남도 일대로 보아왔으나 현재 국사학계의 대체적 견해를 나타내는 국사편찬위원회의 《한국사 4권》(1997년)은 "최근 요동 지역의 고고학적 발굴성과와 문헌 고증에 의거할 때 고조선의 초기 중심지는 현재의 요동 지역으로 보는 것이 옳으리라 생각된다"라고 더욱 전향적으로 정리하고 있다. 국사 교과서가 단군왕검을 단정적으로 기술한 것이 겨우 2007년이었다. 때늦은 감이 있지만 차제에 고조선 강역의 대륙적 성격에 대해서도 더욱 분명하게 기술해야 할 것이다.

우리에게는 기마 민족의 피가 흐른다

몽골인의 조상에 대해 중국 사서들은 서기 5~6세기 흑룡강黑龍江
상류 액이고납하額尓古納河 유역에 살던 실위인室韋人이라고 적고 있
다. 《북사北史》〈실위室韋 열전〉은 "실위국은 물길의 북쪽 천리에
있다"라는데, 같은 책 〈물길勿吉 열전〉은 "그 나라는 고구려 북쪽에
있는데 혹은 말갈靺鞨, 만주족이라고도 한다"라고 적고 있다. 고구려
영양왕이 재위 9년(서기 598년) 요하를 건너 수隋나라를 공격할 때
말갈 병사 1만 명을 거느리고 간 데서 알 수 있듯이 말갈은 고구
려 제후국의 하나였다. 《동사강목東史綱目》이 "실위국은 철鐵이 나
지 않아 고구려에서 공급받았다"라고 적고 있는 것처럼 몽골의
전신인 실위도 고구려와 밀접한 관계였다.

　　원나라 멸망 후 몽골은 대흥안령 서남 지방으로 이주하면서
달단韃靼이라고 불리는데, 함경도에는 달단동韃靼洞이라는 지명이
둘 있었다. 홍원洪原현 남쪽 30리의 달단동과 함흥 북쪽 50리의 달
단동인데, 그만큼 몽골 사람이 많이 살고 있었다는 뜻이다. 두 지
역 모두 조선의 개국과 관련이 있다. 홍원 달단동은 공민왕 11년

(서기 1362년) 이성계가 원元의 승상 나하추納哈出를 크게 패퇴시킨 곳이며, 함흥 달단동은 고려 원종 15년(서기 1274년) 경흥慶興에서 사망한 이성계의 선조인 목조穆祖 이안사李安社를 태종 10년(서기 1410년) 이장한 지역이다. 정약용丁若鏞이 《경세유표經世遺表》에서 함경도에서 달단의 말을 매매했다고 전하는 데서 알 수 있듯이 몽골은 고대부터 우리 생활 깊숙이 들어와 있었다. 몽골과 말갈, 그리고 우리는 중원의 한족漢族이 동이東夷와 동호東胡라고 불렀던 같은 민족이었다.

몇 년 전에는 방한한 몽골 대통령 부부가 규장각에 소장 중인 역관들의 교재《몽어노걸대蒙語老乞大》등을 열람하기도 했다. 조선 순조 때 박사호朴思浩가 쓴《심전고心田稿》에는 "달녀韃女, 몽골 여성들이 한녀漢女, 중국 여성들의 전족纏足을 비웃었다"라는 구절이 있다. 조선이 중국에 사대하면서도 전족은 한사코 거부한 것도 이런 기마 민족의 핏줄이 흐르고 있었기 때문인지도 모른다.

역사는 신념을 가지고 행동하는 사람들이 만든다

지금은 인천국제공항에서 중국 운남성雲南省 곤명昆明까지 직항으로 네 시간 반 정도면 갈 수 있지만 대한민국 초대 국무총리가 되는 이범석李範奭은 1916년 봉천奉天, 장춘에서 상해, 홍콩과 베트남의 통킹·하노이를 거쳐야 겨우 도착할 수 있었다. 1921년 1월 상해를 떠난 김좌진金佐鎭의 종제 김종진金宗鎭이 홍콩과 베트남을 경유해 곤명에 도착한 것은 그해 4월이었으니 두세 달 남짓 걸린 여정이었다. 배달무裵達武, 김정金鼎, 김세준金世晙, 최진崔震 등과 함께 간 이범석은 자서전 《우둥불》에서 "운남성에 들어가자면 패스포트를 네 번이나 위장해야 하고 돈을 바꿔야 했다"라고 썼다.

이들이 이런 번거로움을 무릅쓰고 곤명까지 간 것은 그곳에 운남雲南 육군강무학교陸軍講武學校, 즉 운남 육군군관학교가 있기 때문이었다. 외국인인 이들이 군관 학교를 겨냥할 수 있었던 까닭은 예관睨觀 신규식申圭植이 손문孫文을 통해 운남성 독군督軍 당계요唐繼堯에게 추천해주었기 때문이다. 신규식은 한국인으로는 처음으로 손문이 이끄는 동맹회同盟會에 가입하고 신해혁명에도 참가한 관계로 손문과 호형호제하는 사이였다.

이범석은《우둥불》에서 운남의 떡이 우리나라 인절미와 비슷하며, 운남의 김치도 우리나라 무김치와 비슷하다고 회고하는데, 의외로 우리 민족과 비슷한 풍습이 많은 데는 운남성의 주요 민족이 우리처럼 흰색을 숭상하는 백족白族인 것과 관련이 있을 것이다.

이범석과 김종진은 졸업 후 운남성에 남으라는 당계요의 권유를 뿌리치고 만주로 향한다. 이들이 군관 학교에 간 것 자체가 항일 무장 독립 투쟁을 위해서였기 때문이다. 이범석은 만주의 신흥무관학교와 김좌진이 이끄는 북로 군정서 사관연성소의 교관을 맡아 후학들을 가르치다가 이들과 함께 1920년 청산리 대첩에 참가해 큰 공을 세운다. 김종진 역시 만주로 가서 1929년 김좌진과 함께 한족총연합회를 조직한다. 80~90여 년 전 이들이 조국 광복을 꿈꾸며 군사 훈련에 청춘을 바친 곤명시의 운남 육군강무학교 교정에 서니 역사는 신념을 가지고 행동하는 사람들이 만드는 것이라는 평범한 사실이 새롭게 다가온다.

반도 사관의 잔재

내몽고 적봉赤峰시에서 동쪽으로 110킬로미터쯤 떨어진 곳에 오한기敖漢旗가 있다. 오한기는 고조선 역사에서 대단히 중요한 지역이다. 비파형 동검의 용범鎔范, 즉 거푸집이 출토됐기 때문이다. 거푸집이 나왔다는 사실은 비파형 동검의 생산지였음을 뜻하는 것으로 고조선의 중심 지역 중의 하나였음을 나타낸다. 오한기는 하가점夏家店 하층下層 문화의 한 부분이다. 하가점은 서쪽으로는 내몽고, 남쪽으로는 하북성河北省, 동북쪽으로는 요령성遼寧省에 이르는 광범위한 지역의 통칭인데, 중원의 청동기 문화와는 다른 성격의 문화다. 《오한기지敖漢旗志》(1991년)에 따르면 오한기에서는 무려 2,200여 개의 유적이 조사됐다고 한다. 청동기는 방사성 탄소 측정 연대에 따르면 서기전 24세기 전후에 시작하는 것으로 조사됐다. 이는 일연一然이 《삼국유사三國遺事》에서 기술한 고조선의 개국 연대와 맞아떨어지기 때문에 주목된다.

그간 우리 국사 교과서는 청동기의 상한 연대에 대해서 지나치게 중요성을 부여해왔다. 청동기 시대에 "사유 재산 제도와 계급이 나타나게 됐다'라면서 이때에야 국가가 성립된다는 전제를 깔고 있기 때문이다. 즉 청동기 시대에야 고조선이 수립될 수 있다고 가르쳤던 것이다. 그러나 이집트 고왕국이나 중남미의 잉카·마야·아즈텍 문명 등은 신석기 시대에 건국됐지만 이들이 국가가 아니라고 주장하는 무식한 학자는 아무도 없다. 유독 우리나라만 청동기 시대에 국가가 수립된다고 가르쳐왔는데, 그 이면에는 위만 조선만이 역사적 사실이고 단군 조선은 존재하지 않았다는 일제 식민 사학의 논리가 있다. 몇 년 전 그간 서기전 10세기로 소개했던 국사 교과서의 한반도 청동기 도래 시기를 서기전 2000~1500년으로 고쳐 기술했다. 이 또한 때늦은 감이 있는데 식민 사학에 젖은 일부에서는 오히려 문제를 제기했다. 그동안 한반도 여러 곳에서 서기전 10세기 이전의 청동 유물이 발표됐지만 무슨 이유에서인지 무시돼왔다. 이번 교과서 개정은 전향적인 내용이긴 하나 여전히 고조선의 중심지가 한반도였다는 반도 사관이 남아 있어서 아쉽다.

유득공柳得恭은 《발해고渤海考》 서문에서 "고려가 끝내 약소국이 된 것은 발해의 땅을 갖지 못했기 때문이다. 참으로 한탄스럽구나"라고 탄식했다. 고조선이 계속 논란의 여지가 된 것은 대륙사관을 상실했기 때문이다. 이제라도 반도 사관을 버리고 대륙사관을 회복해야 할 것이다.

천자의 제국 고구려의 기상

현재는 중국 땅인 길림성 집안輯安현에는 광개토대왕릉廣開土大王陵이 우뚝 서 있다. 능陵은 황제의 무덤을 뜻하므로 중국인들은 의도적으로 장군총將軍塚이라고 낮춰 부른다. 한 변의 길이가 34미터이고, 높이가 13미터로 4~5층 건물 정도의 높이인데, 석재 한 개가 큰 것은 5.7미터나 된다. 석재 전체의 무게는 2만 1,000톤 정도로 추정되는데 능 주위의 지면을 5미터가량 파고 자연석과 강돌을 다져 넣어 무게를 견딜 수 있게 고안했다. 자연 재질을 그대로 살리는 그랭이 공법을 사용하면서도 상단부로 올라갈수록 조금 작은 석재를 사용하는 들여쌓기와 석재의 가장자리를 파서 밑돌과 윗돌이 서로 맞물리게 하는 홈파기로 시공했기에 1,600년이라는 장구한 세월을 원형대로 버티고 서 있다.

같은 시기에 세운 것이 광개토대왕릉비다. 광개토대왕의 업적을 기리기 위한 것이면서도 "아! 옛날 시조 추모왕鄒牟王께서 창업하신 터다惟昔始祖鄒牟王之創基也"라고 시조 이야기부터 시작한다. 부여에서 남하하던 추모왕이 엄리대수를 건너는 이야기에 대한

《삼국사기三國史記》와 광개토대왕릉비의 시각이 비교된다. 《삼국사기》는 추모왕이 강에다 "나는 천제의 아들이고 하백의 외손이다. 오늘 도망가는데 뒤쫓는 자가 거의 닥치게 됐으니 어찌해야 하겠느냐?今日逃走 追者垂及如何 於是"라고 하소연했다고 전한다. 그러나 광개토대왕릉비는 "왕이 물가에 임해 말씀하시기를 '나는 황천의 아들이며 어머니는 하백의 따님이신 추모왕이다. 나를 위해 갈대를 연결하고 거북은 떠올라라爲我連葭浮龜'"라고 명령했다고 기록하고 있다. 그러자 "말씀에 감응해 갈대가 연결되고 거북이 떠올랐다應聲卽爲葭連浮龜"라는 것이다.

수만 톤의 석재가 원형을 유지할 수 있도록 각종 과학적인 건축 기법을 동원했던 현실주의자들이 시조에 대해서는 자연물에 명령할 수 있는 하늘의 아들天子로 신앙했다는 사실이 경이롭다. 이것이 바로 천자의 제국 고구려의 정체성이었다. 한국에서도 100층 이상의 초고층 빌딩 시대가 열리고 있다는데 핵심 기술은 고강도 콘크리트 기술이라고 한다. 세계 최고의 건축 기술을 가졌으면서도 자연물에 명령하는 시조의 후예라는 높은 자부심을 함께 지녔던 고구려인들의 기상이 새삼스럽다.

광개토대왕릉비, 후손의 무지함을 꾸짖다

일제 식민 사학의 주요 논리 중 하나가 《삼국사기三國史記》 앞부분은 김부식金富軾, 1075~1151년이 창작한 것이므로 믿을 수 없다는 이른바 '《삼국사기》 초기 기록 불신론'이다. 쓰다 소키치津田左右吉는 1913년에 쓴 〈삼국사기 고구려 본기 비판三國史記 高句麗紀의批判〉에서 "역사적 사실로서는 궁宮, 태조왕 이전의 국왕의 세계는 전혀 알 수 없다"라고 태조왕 이전의 기록을 모두 부인했다.

이런 《삼국사기》 초기 기록 불신론'을 결정적으로 부인하는 물증이 바로 아들 장수왕이 서기 414년에 세운 '광개토대왕릉비廣開土大王陵碑'다. '호태왕비好太王碑'라고도 하는데 김부식이나 이규보李奎報, 1168~1241는 이 비를 보지 못했다. 《신증동국여지승람新增東國輿地勝覽》〈평안도 강계부 황제묘皇帝墓〉 조에 "세상에서 전해 내려온 말로는 금金나라 황제묘라 한다"라고 적고 있는 것처럼 요遼·금金 황제릉으로 알고 있었다. 비문의 첫 부분은 "아! 옛날 시조 추모왕께서 창업하신 터전이다惟昔始祖鄒牟王之創基也"라고 시작하는데, 추모왕이 부여를 떠나 남하하는 도중 엄리대수라는 강이 앞을 가로막자 "나는 황천皇天의 아들이며 어머니는 하백의 따님이신 추모왕이다我是皇天之子 母河伯女郎 鄒牟王"라고 명해 갈대와 거북이 다리를 만들어 건넜다는 이야기가 기록돼 있다. 이 비를 보지 못한 김부식이 쓴 《삼국사기》〈고구려 시조 동명성왕〉 조에 이 내용이 그대로 기록돼 있다. 이뿐만 아니라 이규보는 26세 때인 명종 23년(서기 1193년) 4월 지금은 전하지 않는 《구삼국사舊三國史》를 보고 《동명왕편東明王篇》을 쓰게 됐다고 증언하고 있는데, 그의 《동명왕편》에도 이 내용이 그대로 나온다. 김부식이 아무리 뛰어난 상상력을 가졌더라도 '천제의 자손, 하백(물의 신)의 외손'이나 '갈대와 거북으로 만든 다리' 같은 이야기는 절대로 창작할 수 없다. 이규보도 마찬가지다. 두 사람이 이 능비를 보지 못했음에도 그 내용이 《삼국사기》와 《동명왕편》에 그대로 나온다는 것은 《구삼국사》처럼 고려 때까지 전해졌던 고구려 건국 사료를 보고 썼다는 뜻이다. 이규보는 《동명왕편》 서문에서 "세상에서 동명왕의 신이神異한 사적에 대해 어리석은 남녀들愚夫騃婦도 자못 능히 말한다"라고 전하고 있다.

만주 집안集安에 다시 가서 광개토대왕릉비를 대하니 아직도 식민 사학의 미망迷妄에 빠져 자신을 부정하는 후손들의 무지함을 그 거대한 비신碑身으로 꾸짖는 듯 우뚝하다.

국사 신찬

서기 720년에 편찬된 일본 최고最古의 역사서 《일본서기日本書紀》
에는 세 권의 백제 역사서를 인용한 기록이 자주 보인다. 그만큼
백제의 영향력이 강했다는 뜻이다. 백제 삼서三書라 불리는 《백제
신찬百濟新撰》, 《백제본기百濟本紀》, 《백제기百濟紀》가 그것이다. 이 책
들이 지금까지 전한다면 우리는 백제에 대해 지금보다 많은 정보
를 갖고 있을 것이다.

그런데 삼국은 언제 국사를 편찬했을까? 《삼국사기三國史記》
는 《고기古記》를 인용해 백제는 4세기 후반 근초고왕 때 박사 고
흥高興이 역사서 《서기書記》를 썼다고 전한다. 신라는 진흥왕 6년
(서기 545년) 대아찬 거칠부居柒夫 등이 《국사國史》를 편찬했다. 고구
려는 국초國初에 《유기留記》 100권이 있었고, 영양왕 재위 11년(서
기 600년)에 태학박사 이문진李文眞이 《신집新集》 다섯 권을 편찬했
다고 전한다. 안타깝게도 《서기》, 《국사》, 《유기》, 《신집》은 모두
현전하지 않는다. 이 사서들이 현전했다면 식민 사학자들이 《삼
국사기》 초기 기록 불신론 따위의 못된 장난을 치지도 못했을 것

이다.

삼국은 국력이 급속히 신장할 때 자국사自國史를 편찬했다는 공통점이 있다. 백제 근초고왕은 재위 26년(서기 371년) 겨울 고구려 평양성을 공격해 고국원왕을 전사시켰다. 신라 진흥왕은 한강 하류 지역을 장악하고 백제 성왕을 전사시켰다. 또한 경상남도 창녕에서 함경도 황초령까지 네 개의 순수비巡狩碑를 세우면서 자신을 황제의 자칭인 짐朕이라 부르고 태창泰昌이라는 독자적인 연호를 썼다. 고구려 영양왕은 어떤가? 중원을 통일한 수隋 문제文帝가 모욕하는 국서를 보내오자 재위 9년(서기 598년) 말갈 군사 1만 명을 거느리고 국경인 요하遼河를 건너 요서遼西를 선제공격했다. 수나라가 30만 대군으로 반격했지만 열에 여덟아홉 명을 전사시키는 대승을 거두고 2년 후에 《신집》을 편찬했다.

광복光復 69주년. 대한민국의 국력은 세계가 놀랄 정도로 크게 신장했지만 그간 국사 교과서는 일제 식민 사관에서 벗어나지 못했다는 비판을 지속적으로 들어왔다. 대표적인 것이 일인 학자 하야시 다이스케林泰輔가 1892년 《조선사朝鮮史》를 쓰면서 짜놓은 틀을 벗어나지 못하고 있는 점이다. 아직도 남의 시각으로 쓴 역사 서술 틀을 벗어나지 못하고 있으니 부끄럽기 그지없다. 국사 필수 과목화에서 그치지 말고 선조들의 국사 서술 정신을 되살려 새로운 국사를 신찬新撰할 때다.

민족의 원향

한가람역사문화연구소의 하계 답사 첫 일정으로 백두산白頭山에 오른 적이 있다. 백두산을 민족의 영산靈山으로 여기는 우리는 중국에서 일부러 장백산長白山으로 쓴다고 여기지만 오해가 좀 있다. 여진족(만주족)이 세운 금金, 1115~1234년나라의 정사인 《금사金史》〈본기本紀 세기世紀〉에도 "생여진 땅에는 혼동강混同江, 흑룡강과 장백산이 있다"라고 장백산이라는 표현을 쓰고 있기 때문이다. 봉우리에 늘 흰 눈이 쌓여 있어서 백白 자를 쓴 것이다.

1925년 육당六堂 최남선崔南善이 일제 식민 사학에 대항하는 불함不咸 문화론文化論을 제창하면서 주목한 것 또한 '백 자'였다. 그는 백은 태양과 하늘 등을 뜻하고, 태백太白, 소백小白 등 여러 백산은 태양신을 제사하던 곳인데, 그 중심을 백두산이라고 보았다. 불함이라는 말은 《산해경山海經》〈대황북경大荒北經〉에 "대황大荒 가운데 산이 있는데 이름이 불함不咸"이라고 처음 나온다. 백두산의 옛 명칭이 불함산인데, 최남선은 동방 문화의 원류가 붉 사상이고, 붉의 가장 오랜 자형이 불함이라고 말했다. 최남선은 1927년 〈백두산 근참기觀參記〉라고, 답사기에 '뵐 근觀 자'를 쓸 정도로 백두산을 신성시했다. 이 글에서 최남선은 "조선 인문의 창건자는 실로 이 백두산으로서 그 최초의 무대를 삼아서 이른바 '홍익인간'의 희막戲幕을 개시하고, 그 극장을 이름하되 신시神市라 했다'라고 말했다. 일연一然이 《삼국유사三國遺事》에서 단군이 내려와 신시를 세운 태백산太白山을 묘향산妙香山이라고 본 것은 잘못이라는 뜻이다. 실제로 《신당서新唐書》〈흑수말갈 열전〉에는 백두산에 대해 "태백산인데, 또한 도태산徒太山이라고도 부른다'라고 당나라 때 이미 태백산으로도 불렀음을 알 수 있다.

당 태종 때 편찬한 《북사北史》〈물길勿吉 열전〉은 "나라 남쪽에 종태산從太山, 백두산이 있는데, 중국어로는 태황산太皇山이라고 한다. 그곳 풍속에 이 산을 심히 경외敬畏해서 산꼭대기에서는 오줌을 누어 더럽히지 않고 산에 오른 자는 오물을 거두어 갔다'라고 전하고 있다. 《북사》는 또, "산 위에는 곰熊羆, 범豹, 이리狼가 있는데, 모두 사람을 해치지 않고, 사람도 감히 죽이지 않는다'라고 말해서 마치 사람과 곰, 범이 얽히는 단군 사화史話를 전해주는 듯하다. 지금은 비록 절반이 이국땅이 됐지만 백두산은 역시 민족의 원향原鄉이다.

넓고 깊은 시야로 민족을 바라보라

화산花山 이씨의 시조 이용상李龍祥은 안남국安南國, 베트남 혜종의 숙부였다. 고려 고종 13년(서기 1226년) 안남 궁중의 정변으로 황해도 옹진 화산에 정착했는데, 고종은 화산이라는 본관과 식읍을 하사했다. 고려 세자 왕심王諶, 충렬왕은 1274년 5월 원나라 수도 연경燕京에서 세조 쿠빌라이의 딸 홀도로게리미실忽都魯揭里迷失, 제국 대장공주과 결혼식을 올렸다. 고려로 시집오는 세계 제국의 공주를 호종했던 무슬림 삼가三哥라는 인물이 충렬왕으로부터 장순룡張舜龍, 일명 장백창이라는 이름을 하사받아 덕수 장張씨의 시조가 된다.

조선의 귀화 성씨로 유명한 이는 조선 개국 일등 공신 청해군靑海君 이지란李之蘭이란 인물로, 청해 이씨의 시조다.《태종실록太宗實錄》2년 4월 조의 〈이지란 졸기〉는 귀화 전 이름을 '두란첩목아豆蘭帖木兒'라고 적고 있는데,《연려실기술燃藜室記述》은 "몽고 이름은 고론두란첩목아古論豆蘭帖木兒"라고 몽골인인 것처럼 적고 있다.《세종실록世宗實錄》6년(서기 1424년) 10월 이지란의 아들 〈이화영李和英의 졸기〉에는 '여진인'이라고 못 박고 있다. 중국 남송의 장수

118

악비岳飛의 후손이라는 주장도 있다. 이는 여진이 아니라 한족漢族과 연결하려는 의도의 산물이다. 그 밖에 김충선金忠善은 임진왜란 때 가등청정加藤淸正 휘하의 좌선봉장이었던 사야가沙也可라는 일본인이 귀화 후 받은 이름이다.

조선에는 일반의 상상보다 귀화인이 많아서《광해군일기》 1년(서기 1609년) 4월 10일 조 사간원의 밀계密啓는 "귀화한 호인胡人들이 해서海西, 황해도로부터 경기, 호남, 호서의 해변 열읍에 이르기까지 없는 곳이 없다"라고 전하고 있다. 세종 때는 귀화인들이 "공사 노비 중에서 양인 남자에게 시집가서 낳은 여자에게" 장가보내는 것을 원칙으로 삼았을 정도로 귀화인에 대한 대책이 마련돼 있었다.

귀화 외국인들이 김씨, 이씨, 박씨, 최씨 등의 성씨를 선호하는 것으로 조사됐다. 우리 민족과 여진, 몽골, 거란 등은 중국에서 동이東夷, 또는 동호東胡라고 통칭했던 같은 민족이었다. 세계화 시대를 맞아 민족 개념을 다시 개방적으로 바꿀 때가 됐다.

이념이 난무하면 국력이 쇠한다

중국 운남성雲南省 곤명昆明시 동북쪽에는 명봉산鳴鳳山이 있다. 앵무산鸚鵡山이라고도 불리는 이 산 자락에는 도교 사원인 금전金殿이 있다. 금전에서 효종이 생각나는 것은 오삼계吳三桂 때문이다. 금전에는 오삼계가 사용했다는 칠성보검七星寶劍과 그가 250톤의 동을 사용해 건축한 중국 최대의 동전銅殿이 있다. 북벌 군주 효종은 재위 10년(서기 1659년) 송시열宋時烈과 단둘이 만나 북벌에 적극 나서줄 것을 요청했다. 이때 효종은 "주색을 끊고 경계해 정신이 맑고 몸도 건강해졌으니 어찌 앞으로 10년을 보장할 수 없겠는가"라면서 "정예 포병砲兵 10만을 기른 다음 기회를 봐서 곧장 쳐들어갈 계획"이라고 토로했다. 효종은 "그러면 중원의 의사義士와 호걸 중에 어찌 호응하는 자가 없겠는가"라고 말하는데, 일견 허황돼 보이는 북벌 계획은 여기에서 현실성을 획득한다.

효종은 송시열과 만나고서 한 달 후 의문의 죽임을 당한다. 그런데 15년 후인 현종 15년(서기 1674년)에 그가 생각했던 일이 실제로 발생했다. 오삼계가 주도한 '삼번三藩의 난'이 그것이다. 오삼계는 청나라와 맞서 싸우던 명나라의 마지막 주력군 사령관이었으나 이자성李自成이 북경을 점령하고, 의종毅宗이 자살하자 황제의 원수를 갚는다며 되레 청나라와 손잡고 이자성을 공격했다. 오삼계의 황제 복수 운운이 허위라는 것은 1662년 신종神宗의 아들인 계왕桂王을 곤명에서 목을 벤 사실에서도 알 수 있다. 이로써 청나라의 신임을 얻은 오삼계는 평서왕平西王에 봉해져 운남과 귀주貴州를 다스리게 된다.

그러나 청나라의 황제 강희제가 현종 14년(서기 1673년) 철번령撤藩令을 내리자 이에 반발해 봉기했고, 정남왕靖南王 경정충耿精忠, 평남왕平南王 상가희尙可喜가 동조해 '삼번의 난'으로 확대된다. 이때 백호白湖 윤휴尹鑴는 밀소密疏, 비밀 상소를 올려 하늘에서 내려준 기회라며 북벌을 주장했다. 효종이 생존했다면 서슴없이 북벌했을 것이지만 이미 문약화文弱化된 조선 사대부들에게 북벌은 구호로써 족한 것이었다. 난무하는 이념만큼이나 문약화된 조국의 현실을 우려하며 효종을 되새겨보았다.

망우동

'근심을 잊는다'는 뜻의 망우忘憂는《논어論語》〈술이述而〉편에 나온다. 공자孔子가 자신을 가리켜 "학문에 분발하면 먹는 것도 잊고 학문을 즐기면 근심을 잊어 늙음이 닥쳐오는 것도 알지 못하는 사람發憤忘食 樂以忘憂 不知老之將至"이라고 한 구절이다. 삼봉三峯 정도전鄭道傳도 망우라는 말을 좋아했던 선비였다. 그는 "집안이 가난하면 병 수양에 해롭지만 마음이 고요하면 근심 잊기 족하다家貧妨養疾 心靜定忘憂"라는 시와 "지난해의 오늘 밤엔 산사에 모여 담소하고 웃으면서 근심 함께 잊었지去年今夜山寺會 談笑縱謔同忘憂"라는 시를 남겼다. 조선 중기의 택당澤堂 이식李植, 1584~1647년도 "물길을 따르며 거스르며 감상하니 쌓였던 근심 잊어버렸네沿洄快心賞 宿昔忘憂瘭"라는 시를 남겼다.

홍만선洪萬選은《산림경제山林經濟》〈치약治藥〉편에서 훤초萱草, 원추리의 이칭이 망우초忘憂草라면서 임신부가 차고 다니면 아들을 낳는다는《거가필용居家必用》의 기록을 덧붙였다. 어머니의 거처를 수훤당樹萱堂이라고 한다. 어머니가 거처하는 북당北堂 앞에 훤초

(망우초)를 심어 걱정을 없앤다는 효심에서 나온 대명사다.

망우리라는 지명은 태조 이성계의 작명이다. 우암尤庵 송시열宋時烈은 〈희정당주차熙政堂奏箚〉에서 태조가 개국 초 무학無學 대사와 함께 자신의 수장壽藏, 생전에 준비하는 무덤으로 건원릉健元陵을 점지했다면서 "태조대왕께서는 '자손에 대해서는 장지葬地에 열두 개의 산등성이가 뻗쳤으니 내가 이 뒤로는 근심을 잊을 수 있겠다'라면서 서쪽 산등성이를 망우리忘憂里라고 지으셨으니 길지吉地임을 알 수 있습니다"라고 전한다.

망우리가 한때 공동 묘역이었던 것도 명당에 길지이기 때문이다. '망우개발촉진지구'를 '상봉개발촉진지구'로 바꾸는 것에 대해 "망우동에 살고 있는 주민들에게 더 이상 수치심과 분노를 일으켜서는 안 될 것"이라는 독자 투고도 있었다. 정작 수치스러운 것은 망우라는 지명의 유래를 모르고 부끄럽게 여기는 후손들의 무지다. 앞으로 각종 이름을 지을 때 참고할 만한 사례다.

싸움을 하려거든 목숨을 걸어라

왕권은 약하고 신권은 강했던 군약신강君弱臣强의 조선에서 많은 왕자가 비극적 삶을 살았다. 명종 즉위년(서기 1545년) 경기 감사 김명윤金明胤이 소윤小尹이라는 정파에서 계림군桂林君을 임금으로 추대하려 한다고 고변했을 때 사람들은 믿지 않았다. 성종의 서자 계성군桂城君의 양자인 계림군은 정치와는 거리가 멀었던 인물이었기 때문이다. 그러나 두려움에 빠진 그가 도주한 것이 고변을 사실로 만들었고, 그를 찾는 물색단자物色單子, 몽타주가 배포됐다. 함경도 안변安邊의 황룡산黃龍山에 은거해 승려로 지내던 그는 체포 후 "도망간 것이 아니라 출가한 것"이라고 주장했으나 능지처사陵遲處死당하고 말았다. 중종의 왕자 봉성군鳳城君도 《명종실록明宗實錄》의 사관이 "여러 왕자 중에서 가장 현명했기 때문에 을사년(서기 1545년)에 가장 참혹한 화를 만났다"(《명종실록》, 2년 윤9월 16일)라고 쓴 것처럼 자처自處, 자결의 운명을 걸어야 했다.

임진왜란 때 세자로서 분조分朝를 이끌고 활약했던 광해군은 막상 종전이 되자 선조의 천대를 받았다. 선조의 뜻이 인목왕후가 갓 낳은 영창대군에게 있었기 때문이다. 광해군이 문안을 하면 선조는 "중국의 책봉도 받지 못했는데, 왜 세자라고 칭하는가? 앞으로 문안하러 오지 말라"라고 꾸짖었는데, 이건창李建昌은《당의통략黨議通略》에서 "이 말을 들은 광해군이 땅에 엎드려 피를 토했다"라고 전한다. 명나라는 파병派兵으로 강해진 영향력을 확대하기 위해 친형 임해군臨海君을 핑계로 광해군 책봉을 미룬 것이다. 광해군은 이 싸움에 모든 것을 건 반면 임해군은 어정쩡한 자세를 취했다. 광해군 즉위 후 어린 영창대군뿐만 아니라 임해군도 사형당한 것은 피비린내 나는 싸움에 모든 것을 걸지 못했던 왕자의 비극이기도 하다.

그간 여러 후보가 대권을 꿈꾸다가 낙마하거나 스스로 사퇴한 적이 있었다. 정치판, 그것도 정상의 자리는 자신의 모든 것을 걸어도 쉽지 않은 자리라는 사실을 보여준다. 하물며 모든 것을 걸지 않고 어찌 그 자리에 오르겠는가?

암울한 현실은 해학으로 넘긴다

80년 전의 좌우 합작 민족 단일 전선 신간회新幹會의 초대 회장은 《조선일보》 사장이었던 월남月南 이상재李商在였다. 정인보鄭寅普는 〈월남 이 선생 상재 신도비명〉에서 "평생을 통해 가난이 심해서 어떤 때는 하루 한 끼의 밥도 먹지 못했지만, 뜻이 오히려 태연하셨다"라고 썼으며, 박승봉朴勝鳳의 〈월남 이상재 선생 행장〉에는 "민족에게 유익한 일이라면 (……) 죽고 사는 일에 관계가 없이 싫어하거나 괴로워해 회피하는 태도가 없었다"라면서 "중년 이후로 더욱 곤액困阨해서 서울에 있은 지 수십 년 동안에 집 두어 칸을 얻지 못하고 동서로 옮겨 다니면서 늙을 때까지 일정한 곳이 없었으나 그래도 태연했다"라고 쓰고 있다.

암울한 현실을 해학으로 풍자하는 것이 이상재의 장기였다. 일본의 정객 오자키 유키오尾崎行雄가 가회동 우거寓居를 찾아오자 "응접실로 가자"라며 낡은 돗자리를 들고 소나무 숲 속으로 데려갔다. 오자키가 "일본과 조선은 부부 사이인데, 남편이 조금 잘못했다고 아내가 들고 일어나서야 되겠소?"라며 3·1 운동을 비판하자 "정당한 부부가 아니고 폭력으로 이루어진 부부라면 어떻게 하겠소?"라고 답했다. 일본 시찰단 시절 도쿄의 병기 공장을 보고 "성경에 '칼로 흥한 자 칼로 망한다'라고 했으니 이것이 걱정이오"라는 말을 했다는 일화나 조선 주둔군 사령관 우쓰노미야 도쿠마宇都宮德馬가 감기 때문에 불편하다고 말하자 "아니, 감기는 대포로 못 고치시오?"라고 되받았던 일화는 압제에 시달리는 백성들에게 청량한 웃음거리였다.

민립대학 설립 모금 운동의 일환으로 하와이 교포들이 초청하자 "동포들의 뜻은 고마우나 나는 일본 여권으로는 하와이는커녕 천당에서 오래도 가지 않겠소"라고 거절할 정도로 원칙이 뚜렷했다. 청년들과 허물없이 지내는 그에게 누군가 청년들 버릇이 나빠진다고 걱정하자 "내가 청년이 돼야지 청년들보고 노인이 되라고 하겠나"라고 받기도 했다.

1927년 월남 이상재가 세상을 떠났을 때, 전 민족이 합심해 사회장을 치렀다. 원칙과 말을 수시로 바꾸면서도 독설을 내뿜는 정객들만 득실한 세상에서 수난의 민족에게 희망과 웃음을 선사했던 그가 그립다.

인명보다 중요한 것은 없다

조선에서 방화放火는 대부분 사형이었고 대사령大赦令 때도 사면되지 않는 상사소불원常赦所不原에 해당했다. 실화失火도 엄벌했는데 《대명률大明律》〈실화〉 조를 보면 자기 집을 태운 자는 볼기 40대, 남의 집을 실화한 자는 볼기 50대에 처했다. 종묘宗廟와 궁실을 태운 자는 실화라도 교형絞刑이었다. 세종 11년(서기 1429년) 좌사간 유맹문柳孟聞이 "우리 도성은 땅은 좁고 인구는 조밀하며, 집과 담이 서로 연접돼 있고, 초가草家가 열에 일고여덟이 되니 한번 화재가 나면 100여 호씩 연소連燒된다"라고 말한 대로 서울은 불에 취약했다.

그래서 세종은 재위 8년(서기 1426년) 지금의 소방방재청이라 할 금화도감禁火都監을 설치하고 종합적인 화재 방지책을 세웠다. 길을 넓혔으며 각 관청은 모두 방화수汲水桶를 담당하는 급수비자汲水婢子를 두었다. 민간은 다섯 집마다 한 명씩 장長을 두어 각 집이 모두 방화수를 준비했다가 불이 나면 함께 끄게 했다. 특히 바람 부는 날 화재를 알리는 종소리가 울리면 병조兵曹의 낭청郎廳과

진무鎭撫 등은 상관에게 보고하지 말고 부하들과 현장으로 달려가 금화도감의 지휘에 따라 진화 작업에 참여하게 했다.

고대 중국에서는 화재 때문에 밤에 불 켜고 일하는 것을 금지해 백성들이 괴롭게 여겼다. 그래서 〈바지 다섯 벌五袴〉이라는 노래까지 생겼다. 후한後漢의 염범廉范은 촉군蜀郡 태수太守로 부임해서 방화수를 준비시키고 밤에도 일하게 허용했다. 야간에도 일할 수 있게 돼 생활이 풍족해진 촉군 백성들이 "염숙도廉叔度, 염범의 자여, 왜 이리 늦게 왔는가. 불 사용을 금하지 않으니 백성들이 편하게 일하네. 평생 적삼도 없었는데, 지금은 바지만 다섯 벌이네廉叔度來何暮 不禁火民安作 平生無襦今五袴"라고 노래했다고 한다.

정종은 재위 2년(서기 1400년) 개경의 수창궁壽昌宮에 불이 나 여러 사람이 달려들자, "궁궐은 이미 불타서 구제할 수가 없으니, 사람이나 상하지 말게 하라"라고 지시했다. 최근 소방관들을 비롯한 안타까운 죽음이 잇따르고 있는데, 인명을 중시한 정종의 마음으로 대책을 수립할 때다.

길 가는 사람도 아는 마음

속셈이 뻔히 들여다보일 때 "그 마음은 길 가는 사람도 안다"라고
표현한다. 한자 성어로는 노인개지路人皆知, 또는 노인소지路人所知라
고 쓴다. 《삼국지三國志》 〈위서魏書〉 '삼소제三少帝' 편의 주석註釋은 위
나라 임금 조모曹髦, 241~260년가 상서尙書 왕경王經 등에게 왕위를 위
협하는 사마소司馬昭를 비판하면서 "그 마음은 길 가는 사람도 안
다路人所知也"라며 토벌을 명했으나 되레 사마소의 공격을 받아 죽
었다고 전한다.

조선 후기 장희빈의 아들 경종이 즉위하자 집권 노론老論은
사헌부 집의執義 조성복趙聖復을 시켜 자신들이 임금으로 삼으려는
왕세제王世弟 연잉군(영조)에게 '대리청정 시킬 것'을 주청하는 상
소를 올리게 했다. 태종 때 같으면 대리청정이란 말을 꺼낸 것
자체가 삼족三族이 족멸族滅했을 중죄이지만 노론에 눌린 경종은
그저 승낙과 취소를 반복했을 뿐이었다. 《경종실록景宗實錄》 1년
(서기 1721년) 10월 조는 행사직行司直 박태항朴泰恒 등 28명이 상소
를 올려 노론 대신들에 대해 "그 마음의 소재는 길 가는 사람도

안다其心所在, 路人所知"라고 강하게 비난하고 나섰다. 경종에 대한 역심이라는 뜻이다.

《정조실록正祖實錄》 즉위년(서기 1776년) 8월 조는 영남 유생 이응원李應元이 영조 38년(서기 1762년) 사대부도 아닌 나경언羅景彦이 사도세자를 고변하는 상변서上變書를 올렸을 때 그 글을 불태우지 않고 다급하게 영조에게 올린 것에 대해 "그 마음의 소재는 길 가는 사람도 역시 안다路人亦知"라고 비난했다. 세자를 죽이려는 노론의 음모라는 뜻이다.

몇 년 전 원자바오溫家寶 중국 총리가 티베트 독립 요구 시위를 "사마소의 마음은 길 가는 사람도 안다"라고 비난했다. 티베트인들의 독립 열망을 '사마소의 마음'으로 비유했다면 말은 맞지만 이 용어는 주로 부당한 속셈을 비난할 때 쓰므로 잘못된 인용이다. 독립 국가 티베트를 식민지로 삼은 중국의 속셈이야말로 전 세계의 '길 가는 사람'도 모두 아는 바다. 《삼국지》〈위서〉에 나오는 '이백위흑以白爲黑', 즉 "흰 것을 검다고 한다"라는 말이 적격이다.

남을 비판하려거든 자신의 허물부터 없애라

임금에게 바치던 '진상품進上品'은 최고의 제품을 뜻하지만 검소함을 미덕으로 삼은 임금 또한 적지 않다. 민간에서 성장했던 영조도 그중 한 명이다. 영조가 재위 20년(서기 1744년) 5월 병이 들어 약원藥院 도제조 유척기兪拓基 등이 와내臥內, 침실에 들어와 영조의 생활 모습을 본 적이 있었다. 목면으로 만든 침의寢衣, 잠옷에 이불 하나 요 하나가 모두 무늬 없는 면주綿紬로 만든 것이었으며 병풍도 없었다. 《영조실록英祖實錄》은 "여항閭巷, 민간의 호귀豪貴한 집보다도 못했다"라면서 "여러 신하가 물러 나와 임금의 검소한 덕을 찬탄하지 않는 이가 없었다"라고 전하고 있다.

정조 20년(서기 1796년) 서유구徐有榘는 우연히 정조의 수라상을 보게 됐다. 그는 〈일득록日得錄〉에서 "마침 어선御膳이 올라왔는데 반찬이 두세 그릇에 지나지 않았고 그릇은 모두 흠이 있고 일그러진 것이었다"라고 전한다. 정조는 재위 17년(서기 1793년) 11월 왕실의 음식을 진상하던 사옹원司饔院 부제조 서매수徐邁修에게 "요즘 조신朝臣들이 일상으로 쓰는 도자기가 모두 갑번匣燔이며 하인

132

배들까지도 그것을 본받는 자가 많다는데 사실인가?"라고 물었다. 갑번이란 경기 이천의 사옹원 분원에서 만든 특제 도자기를 말한다. 서매수가 "참으로 그런 폐단이 있습니다"라고 말하자 "보통으로 구워 만든 그릇도 쓸 만한데 하필 갑번을 따로 만들 필요가 있겠는가"라면서 제조를 금지했다. 정조는 자신의 어선 그릇을 보고 놀라는 신하들에게 "법만 가지고 저절로 시행될 수 없고, 말로 가르치는 것은 몸으로 가르치는 것만 못하기에 내 허물을 없앤 뒤에 남을 비판할 수 있다는 뜻에서 이렇게 하는 것"이라고 말했다. 김조순金祖淳은 〈일득록〉에서 "부지런히 일하고 검소함을 밝히는 것이 우리 왕가의 법도다"라는 정조의 말을 전해준다.

영·정조 때는 농업 생산력의 발달로 나라 전체의 부富가 크게 신장되었다. 불황이 계속되고 있지만 보릿고개가 있던 1960~1970년대에 비할 바는 아니다. 영·정조의 생활 태도로 우리 자신을 돌아볼 때다.

위기설이 잇따르면 두려움에 빠진다

인조 2년(서기 1624년) 1월 군사를 일으킨 이괄李适은 20일 만에 서
울을 점령할 정도로 기세를 떨쳤으나 그해 2월 중순 부하 장수들
에게 목이 베어지고 말았다. 그러나 같이 군사를 일으켰던 한명
련韓明璉의 아들 한윤韓潤이 후금으로 도망가자 후금군이 침략하리
라는 위기설이 크게 유포됐다. 사헌부는 인조 2년 3월 "근래 와언
訛言, 유언비어이 크게 일어 도성 백성이 다투어 성 밖으로 나가 짐을
진 자가 문을 메우고 길을 막아 마치 적병이 성을 핍박하는 때와
같습니다"라고 보고했다. 사헌부는 "그믐까지 돌아오지 않는 벼슬
아치는 영원히 서용하지 말고, 사자士者는 과거 응시를 금지하고,
도망간 서민의 집은 살고 싶어 하는 백성에게 주자"라는 강경책
으로 대응했다.

숙종 17년(서기 1691년) 말에는 "호사胡使, 청나라 사신가 길을 빌릴
것"이라는 말이 유포되면서 비변사가 북한산에 산성을 쌓자고 건
의하자 "인심이 크게 소요해 마치 조석朝夕을 보장하지 못할 듯이
어수선한" 소동이 일었다. 숙종은 이듬해 1월 "시골로 도망간 사

대부 명단을 조사해 아뢰라'라고 명했다.

위기설이 잇따르면 누구나 두려움에 빠진다는 성어成語가 '증삼살인曾參殺人'이다. 공자의 제자로 증자曾子라고도 불리는 증삼은 '일일삼성一日三省'이라는 명언을 남겼고, 원나라 곽거경郭居敬이 선정한 24효孝에 뽑힌 효자다.《전국책戰國策》〈진책秦策〉에 따르면 증자가 비費 땅에 있을 때 동명同名의 비費 사람이 살인을 저질렀는데, 증자 모친에게 "증삼이 살인했다"라고 고하자 어머니는 "내 아들은 살인하지 않는다"라고 태연히 베를 짰다. 그러나 두 사람, 세 사람이 거듭 고하자 베틀의 북杼을 버리고 담장을 넘어 도망갔다는 고사다.

그동안 유포된 많은 위기설이 진위와 상관없이 사실로 여겨지는 데는 민심과 엇나가는 정부의 책임이 크다. 인조 2년의 위기설은 유언비어였지만 2년 후에 정묘호란丁卯胡亂(서기 1627년)으로 현실이 됐다. 유언비어라는 생각에 조정에서 손을 놓은 결과다. 병자호란 같은 사태가 재연되지 말라는 법은 없다. 과감한 민심 수습책이 필요할 것이다.

발상의 전환

임진왜란 당시 백성들의 곤궁은 필설筆舌로 표현할 수 없을 정도였다. 선조 27년(서기 1594년) 1월 사헌부는 "기근이 극심해 사람의 고기를 먹으면서도 전혀 괴이하게 여기지 않습니다"라고 보고했으며, 의병장 조경남趙慶男은 《난중잡록亂中雜錄》에서 "명나라 군사한 명이 배부르고 술 취해서 구토를 하자 굶주린 백성 천백 명이 일시에 달려가서 머리를 박고 주워 먹었다"라는 목격담도 남겼다. 그러나 조정의 벼슬아치들은 전란으로 농사를 못 지었기 때문이지 자신들의 책임이 아니라며 수수방관했다.

도체찰사 유성룡柳成龍은 달랐다. 그는 압록강 중강진中江鎭에 국제 무역 시장을 개설하면 부족한 식량 문제를 상당 부분 해결할 수 있다고 생각했다. 면포綿布, 무명를 비롯한 조선의 생산물과 명나라의 곡물을 교환하려는 생각이었다. 조선은 사무역을 저지르면 사형에 처할 정도로 사무역을 엄금하던 나라였지만 유성룡의 강력한 주장대로 압록강에 국제 무역 시장인 중강개시中江開市를 개설하자 상황이 달라졌다. 조선 후기 편찬된 《만기요람萬機要覽》

〈중강개시〉 조는 "당시 조선의 면포 한 필 값은 피곡皮穀, 겉곡식 한 말도 되지 않았으나 중강진에서는 쌀 20여 말이 넘었다"라면서 "요동 왼쪽 지방의 미곡이 조선에 많이 들어와 생활을 온전하게 한 자가 매우 많았다"라고 적고 있다.

당시 소금 문제도 심각했다. 소금을 만들어 국가에 바치는 염호鹽戶들이 대부분 도주했기 때문이다. 유성룡은 군자부정軍資副正 윤선민尹先民의 건의를 받아들여 생산하는 소금의 반만 국가에 바치고 나머지는 염호에게 주는 정책으로 바꾸자고 주장했다. 그러자 도망갔던 염호들이 나타나 소금을 생산했고, 이를 호남, 호서, 충청도로 가지고 가 곡식으로 바꾸어 굶주린 지역의 백성들에게 나누어주어 수많은 백성을 살렸다. 유성룡의 발상의 전환이 수많은 백성을 기근에서 구제했던 것이다.

지금도 물가 상승, 주택 문제 등으로 수많은 서민이 고통받고 있으나 정부는 자신들의 책임이 아니라는 듯 수수방관하고 있다. 발상의 전환에 따른 특단의 대책을 마련해야 한다.

소신에 따른 선택

이순신李舜臣의 어린 시절이 빈한하지 않았다는 연구 결과가 발표됐지만 그 생애의 더욱 큰 수수께끼는 무과를 선택한 이유다. 그의 현조玄祖 이변李邊은 최고의 학자가 맡는 홍문관 대제학이었고, 그의 증조 이거李琚는 청요직淸要職 대간臺諫을 역임했다. 《기년편고紀年便攷》는 조부 이백록李百祿을 조광조趙光祖의 당여黨與인 기묘사류己卯士類라고 전한다. 이런 문신 집안 자제로서 무과를 선택하는 경우는 드물었다.

이순신은 무과 필기시험인 무경武經에서 만점을 받아 문재文才를 드러내지만 조선은 문신인 도체찰사都體察使와 순찰사巡察使가 무신을 지휘하는 나라였다. 이분李芬이 쓴 《이 충무공 행록行錄》은 "어려서 반드시 전쟁놀이를 하며 놀았는데, 여러 아이가 공을 장수로 떠받들었다. 처음에 두 형을 따라서 유학儒學을 공부했는데, 그 길로 성공할 수 있었으나 매번 붓을 던지고 싶어 했다"라고 전한다. 같은 기록은 22세 되던 명종 21년(서기 1566년) 겨울 "처음으로 무예를 배웠다"라고 말한다. 22세 때 무과로 전과했다는 뜻이다. 승지 최유해崔有海가 쓴《이 충무공 행장》도 "형들을 따라 시와 글을 배웠으나 탐탁하게 여기지 않아 그만두고 무예를 닦기 시작했다"라면서 무과 급제 후 성묘 갔을 때 여러 하인이 묘 앞의 쓰러진 석인石人을 세우지 못하자 혼자서 일으켜 세웠다는 일화를 적고 있다. 대제학 이식李植이 쓴《시장諡狀》은 "글을 읽으면 큰 뜻을 통달했으나 문자만 새기는 글공부는 대수롭게 여기지 않아 마침내 무예에 종사했다"라고 전한다. 유성룡柳成龍은 이순신을 죽이려는 선조에게 "한동네 사람이어서 어려서부터 잘 아는데 (……) 평일에 대장大將이 되기를 희망했습니다"라고 변호했다. 원래 무관이 되고 싶었다는 것이다.

이러한 이야기들은 이순신의 무과 응시가 호무好武 성향 때문임을 드러내는 기록들이다. 유성룡은《징비록懲毖錄》에서 한산도 승첩의 영향을 적은 후 "이 모든 일이 이순신이 단 한 번의 싸움에서 이긴 공이니, 이것이 어찌 하늘의 도움이 아니겠는가!"라고 평가했다. 한 지사志士가 소신에 따라 한 급 낮은 무과를 선택한 것이 조선을 살렸던 것이다.

공을 위해 사를 던져라

황산벌의 영웅은 계백階伯이었다. 계백은 "처자들이 잡혀가서 노비가 될까 두렵다"라면서 아내와 자식을 다 죽이고 결사대 5,000명과 황산벌로 향했다. 군사들에게 춘추 시대 월越왕 구천句踐이 5,000명의 군사로 오吳왕 부차夫差의 70만 대군을 꺾은 예를 들면서 독전해 신라군을 꺾었다.

황산벌의 전세는 화랑 관창官昌의 등장으로 바뀐다. 《삼국사기三國史記》〈관창 열전〉은 장군 품일品日이 아들 관창을 불러 "너는 비록 나이는 어리지만 의지와 기개가 있다"라면서 독전했고, 관창은 백제 진영으로 돌진했다가 사로잡혔다고 전한다. 계백이 어린것을 동정해 살려 돌려보내자 관창은 손으로 우물물을 떠 마신 후 다시 돌진했다. 계백이 목을 베어 말안장에 매달아 보내자 품일은 소매로 아들 머리의 피를 닦으며 "내 아들의 모습은 산 것과 같구나. 나랏일에 죽었으니 후회가 없겠다"라고 말했고, 이를 보고 감동한 신라군이 백제군을 격파했다.

이는 잘 알려진 사실이지만 관창보다 먼저 죽은 김반굴金盤屈

에 대해서는 잘 모른다. 김유신金庚信의 동생인 김흠춘金欽春은 황산벌 전투에서 거듭 패하자 아들 반굴을 불러 "신하가 돼서는 충성이, 자식이 돼서는 효도보다 더한 일이 없는데, 나라가 위급함을 보고 목숨을 바치는 일은 충성과 효도를 모두 완전하게 하는 일이다"라고 독전했다. 반굴은 곧바로 백제 진영으로 돌진해 싸우다가 죽었다. 상관의 아들이 죽는 것을 목도한 품일이 관창에게 반굴의 뒤를 따를 것을 요구했고, 두 장군의 아들이 죽는 것을 목도한 신라 군사들이 궐기해 전세를 뒤엎었던 것이다.

황산벌 전투는 백제와 신라의 노블레스 오블리주를 대표한 계백과 김흠춘·반굴 부자, 품일·관창 부자가 공公을 위해 사私를 던진 현장이었다. 훗날 김반굴의 아들 영윤슈胤도 신문왕神文王 4년(서기 684년) 고구려 부흥군과 싸우다가 전사했는데, 신문왕은 그의 전사 소식을 듣고 "이런 아버지가 없었으면 이런 아들이 없었을 것이니 그 의열義烈은 칭찬할 만하다"라고 말했다.

매해 황산벌 전투처럼 치열한 삶이 반복되고 있는데, 진정 재현돼야 할 것은 백제와 신라 지배층의 노블레스 오블리주이다.

권력과 인생

같은 집현전 학사 출신이었지만 성삼문成三問, 박팽년朴彭年 등의 사육신이 명분을 좇은 반면 정인지鄭麟趾와 신숙주申叔舟는 현실을 택했다. 그러나 현실의 승자는 당대에는 물론 후대까지 많은 비난의 표적이 됐다. 조선 중기 이덕형李德馨은《죽창한화竹窓閑話》에서 단종을 죽인 "죄를 논한다면 정인지가 으뜸이 되고 신숙주가 다음이다"라고 비난했다.《해동악부海東樂府》는 신숙주가 "59세로 임종할 때 한숨 쉬며 '내 인생도 마침내 여기에서 그치고 마는가'라고 탄식했으니 후회하는 마음이 싹터서 그러했다 한다"라고 전한다. 죽음을 목전에 두고 후회했다는 것이지만 같은 상황이 반복된다 해도 그들은 명분보다는 현실, 즉 권력을 택할 가능성이 더 크다. 그러나 현실을 택한 인생도 마지막 길목에 다다르면 무상을 느끼기 십상이다.

　사육신을 죽이고 그들의 재산과 부녀자들까지도 공신들에게 나누어주었던 세조도 마찬가지였다. 세조는 죽기 넉 달 전인 재위 14년(서기 1468년) 5월, "내가 잠저로부터 일어나 창업의 임금이 돼 사람을 죽이고 형벌한 것이 많았으니 어찌 한 가지 일이라도 원망을 취함이 없었겠느냐?"라면서 "《주역周易》에 '소정小貞은 길吉하고 대정大貞은 흉凶하다'고 했다'라고 저승길 두려움을 고백했다. 《주역》〈둔괘屯卦〉 구오九五의 이 효사爻辭에 대해 왕필王弼은 《주역주周易注》에서 "작은 일에서는 곧으면 길하지만 큰일에는 곧아도 흉하다'라고 설명했다. 세조는 죽음을 앞두고 눈물 흘리는 일도 잦았다.

　　죽음을 목전에 두고서야 권력 무상을 깨닫는 것이 인간의 반복되는 속성 중 하나지만, 한漢나라 무제는 조금 달랐다. 그는 한창때 분하汾河에 배를 띄우고 〈추풍사秋風辭〉를 불렀는데 마지막 구절은 허무였다. "환락이 극에 달했지만 슬픈 생각이 많도다. 젊음이 얼마이리요 늙는 것을 어쩌겠는가歡樂極兮哀情多 小壯幾時兮奈老何." 무제가 많은 업적을 남긴 것은 젊어서 이미 권력 무상을 느꼈기 때문인지도 모른다.

　　지금의 권력자들도 이 생각을 한다면 세월과 역사 앞에 조금은 겸허해질 수 있으리라.

낮도적

조선 중기 이기李墍, 1522~1600는 당파로는 북인에 속했는데 청백
리였다. 이기가 오늘의 검찰 총장 격인 대사헌일 때 종로를 지나
가는데 말이 주저앉았다. 그 후 사람들은 말이 힘이 없어서 주저
앉으면 대사헌의 말이라고 일컬었을 정도로 그는 청렴했다. 이기
는 《송와잡설松窩雜說》에서 부패한 벼슬아치를 '낮도적晝賊'이라고
풍자했다. 서울에서 먼 함경도는 중앙의 통제가 잘 닿지 않았다.
감시 없는 권력은 부패하기 마련이어서 함경도의 지방 수령들은
탐학이 극심했고 백성들은 수령을 '낮도적'이라고 불렀다. 함경도
사람이 서울에 올라와서 성균관成均館을 보고 같이 온 사람에게
"여기는 무슨 고을이기에 관사官舍가 저리 높은가?"라고 묻자 "여
기는 고을이 아니고 조정에서 '낮도적'을 모아서 키우는 못자리秧
일세"라고 답했다는 일화다.

호보리狐父里도 도둑촌을 가리킨다. 명明나라 왕세정王世貞의 시
에 "호보리에는 벼슬아치들이 어찌 그리 많은가冠蓋幾多狐父里"라는
시구가 있다. 《여씨춘추呂氏春秋》〈개립介立〉편에 굶어 죽기 직전의

한 선비가 호보狐父의 도적이 주는 밥을 먹고 살아났는데 정신을 차린 후 도적의 밥이라는 사실을 알고 토하다가 죽었다는 고사에서 나온 말이다. 도적질하는 벼슬아치를 조금 점잖은 말로 의관지도衣冠之盜라고 한다. 관복 입은 도둑이라는 뜻이다. 《명사明史》〈사걸謝杰 열전〉에 따르면 사걸이 우부도어사右副都御史로서 지방을 시찰할 때 뇌물을 바치며 추천받으려는 자가 있었다. 사걸이 "뇌물을 받고 추천하는 것은 전쟁을 부르는 도둑干戈之盜이고 천거한 후에 뇌물을 받는 자는 관복 입은 도둑衣冠之盜이다"라고 물리쳤다. 명나라의 장한張瀚이 편찬한 《송창몽어松窗夢語》에는 "바깥 민족의 침공을 제거하기는 쉽지만 중국의 도적을 제거하는 것은 어렵다. 중국의 도적을 제거하기는 쉽지만 중국의 관복 입은 도둑을 제거하는 것은 어렵다去中國衣冠之盜難"라는 말도 있다.

다산茶山 정약용丁若鏞은 강진 유배 시절에 지은 《경세유표經世遺表》〈정전제에 대한 의논井田議〉에서 "지금 도둑질로 재물을 얻는데 무릇 도둑질로 얻은 만금萬金은 정당하게 얻은 일금一金을 당할 수 없다. (……) 비적飛賊이나 큰 도둑이 하룻밤에 천금千金을 얻어도 한 달을 보전하지 못하는 것은 그 재물이 정당하지 못하기 때문이다"라고 말했다. 우리 사회 곳곳에는 이른바 관피아로 대표되는 여러 막장 드라마가 있다. 세상은 달라졌건만 이 낮도적들만 세상 바뀐 줄 모르고 어둠의 세계에서 살고 있었던 셈이다.

하나의 삶도 소외될 수 없다

《삼국사기三國史記》 신라 유리왕 5년(서기 28년) 11월 조는 "왕이 국
내를 순행巡行하다가 한 노파가 굶고 얼어 죽으려는 것을 보고,
'내가 하찮은 몸으로 왕위에 있으면서 백성을 기르지 못해 노약
자를 이 지경에 이르게 했으니 나의 죄다'라면서 자신의 옷을 벗
어서 덮어주고 밥을 밀어 먹였다'라고 전한다. 유리왕은 유사有司,
담당 관리에게 환鰥·과寡·고孤·독獨과 늙고 병들어서 자활할 수 없
는 이를 위문하고 식량을 주어 부양하라고 명하는데,《삼국사기》
는 "이웃 나라의 백성들이 이를 듣고서 찾아오는 이가 많았다'라
면서 "이 해에 민속이 즐겁고 편안해 〈도솔가兜率歌〉를 지으니 이
것이 가악歌樂의 시초'라고 전하고 있다. 노약자를 보살피자 이웃
백성들이 귀화하고, 〈도솔가〉를 지어 태평성대를 노래했다는 것
이다.

환과고독이란 맹자孟子가 제齊 선왕宣王에게 "아내가 없는 늙
은 홀아비를 환鰥, 지아비가 없는 늙은 홀어미를 과寡, 늙어서 자
식이 없는 노인을 독獨, 부모 없는 아이를 고孤'라고 설명한 대로

(《맹자》〈양梁 혜왕惠王〉) 하소연할 데 없는 사궁민四窮民을 뜻한다. 주周 문왕文王은 정치할 때 이 네 부류의 백성들을 가장 우선했기에 성인으로 추앙됐다. 기상 이변으로 기우제祈雨祭 등을 지낼 때 제사만 올린다고 하늘이 감응하지는 않는다. 청淸 강희제康熙帝 49년(서기 1710년) 간행된 백과사전인 《연감유함淵鑑類函》〈청우請雨〉조에는 기우제를 지낼 때 "억울한 죄수를 풀어주고 실직한 자를 서용할 것, 환과고독을 구휼할 것, 부역과 조세를 감할 것, 인재를 등용할 것, 간사한 자를 물리칠 것, 과년한 남녀를 결혼시키고 젊은 과부와 홀아비를 재혼시킬 것, 수라상의 반찬을 감하고 풍악을 갖추지 않을 것" 등을 함께 시행해야 한다고 적고 있다. 지상의 소외된 인간이 구제돼야 하늘이 감응한다는 뜻이다.

복지 논쟁이 계속되지만 별 감흥이 일지 않는 이유는 이들 사궁민四窮民에 대한 고민이 보이지 않기 때문이다. 환과고독이 업신여김을 당하는 것은 힘이 없기 때문이다. 《서경書經》〈강고康誥〉에 "주 문왕은 늙은 홀아비와 과부를 업신여기지 않았다不敢侮鰥寡"라고 전하고 있다. 중산층 이상의 힘 있는 표에 밀려 이들은 복지 논쟁에서도 소외되는 느낌이다. 《시경詩經》〈소아小雅〉편에 "부자는 괜찮지만 이 외로운 사람들이 애처롭다哿矣富人 哀此煢獨"라는 노래가 있다.

섬마을 선생님

섬 유배流配는 괴로운 형벌이었지만 그 지역 주민들로서는 대과大科에 급제한 일류 교사에게 배울 수 있는 유일한 기회였기 때문에 축복이기도 했다. 순조 1년(서기 1801년) 정치적 박해를 받아 흑산도로 유배된 정약전丁若銓은 《자산어보玆山魚譜》 서문에서 "나는 흑산도에 유배돼 있어서 흑산이라는 이름이 무서웠다. 집안사람들의 편지에는 흑산을 번번이 자산이라 쓰고 있었다. 자玆 자는 흑黑 자와 같다"라고 쓸 정도로 흑산도 유배를 두려워했다.

당시 흑산도 인구는 700여 명이었는데 동생 정약용丁若鏞이 〈선중씨 묘지명先仲氏墓誌銘〉에서 "형님은 상스러운 어부들이나 천한 사람들과 친하게 지내면서 다시는 귀한 신분으로서 교만 같은 것을 부리지 않았기 때문에 더욱 섬사람들이 기뻐하며 서로 싸우기까지 하면서 자기 집에만 있어주기를 원했다"라고 쓸 정도로 정약전을 환영했다. 정약전이 환영받은 근본 원인은 흑산도 사리 언덕에 그가 아이들을 가르치던 복성재復性齋, 사촌 서당가 남아 있듯이 훌륭한 선생님이었기 때문이다.

정약전은 순조 14년(서기 1814년) 정약용의 해배解配 소문이 돌자 동생에게 바다를 두 번 건너게 할 수 없다며 흑산도 앞의 섬 우이도로 이주하려 했다. 흑산도 사람들이 결사반대하고 나서자 우이도 사람들은 안개 낀 야밤에 배를 대고 정약전을 모셔 갔다. 안개가 걷히면서 이 사실을 알게 된 흑산도 사람들은 급히 추격대를 조직해 다시 정약전을 모셔 왔다. 정약전은 1년 가까이 흑산도 사람들을 설득해 겨우 우이도로 이주했으나 정약용은 해배되지 못했고 정약전은 순조 16년(서기 1816년) 6월 우이도에서 세상을 떠나고 말았다. 정약용이 이굉보李紘父에게 "온 섬의 사람이 모두 마음을 다해 장례를 치러주었다"라고 쓴 것처럼 섬사람들은 불행했지만 진정한 선생님에게 예의를 다했다.

몇 년 전 교육부에서 도서 벽지 근무 교사에게 주는 가산점을 줄이겠다고 하자 도서 벽지 근무 교사들의 전근 신청이 잇따랐다는 소식이 있었다. 유배객의 신분으로 섬사람에게 감동을 준 정약전의 교육 정신과 벽지 교사들에 대한 교육부의 배려가 모두 아쉬울 뿐이다.

행복을 느낄 수 있는 가장 좋은 방법

"자식은 오복五福이 아니라도 이齒는 오복에 든다"라는 속담이 있다. 선조들의 경험에서 나온 말이지만 정작 이는 오복에 포함되지 않는다. 오복은 사마천의 《사기史記》〈송미자宋微子 세가〉 조에 처음 나온다. 수명壽, 재산富, 강녕康寧, 덕을 좋아하는 것攸好德, 제명에 죽는 것考終命을 뜻한다. 강녕은 정현鄭玄, 127~200년이 《사기집해史記集解》에서 '평안平安'이라고 간단하게 정의했고, 공자孔子의 후손이자 중국 고대 한漢나라 사람인 공안국孔安國은 덕을 좋아하는 것이 '복의 길福之道'이라고 의미심장하게 정의했다.

행복을 느낄 수 있는 가장 좋은 방법은 불행과 비교하는 것이다. 《사기》〈오복〉 조 다음 조항이 '여섯 가지 크게 불길한 것'이라는 뜻의 육극六極이다. 흉하게 일찍 죽는 것凶短折, 병질病疾, 근심憂, 가난貧, 악惡, 약한 것弱이 그것이다. 공안국은 악惡을 추하고 더러운 것醜陋, 약弱을 우둔하고 나약해서 굳세지 못한 것愚懦不壯毅이라고 정의하고 있다. 육극과 비교해 행복을 찾는 것은 극단적인 방법으로서 진정한 행복이라고 볼 수 없다.

옛 선비들은 오벽五僻에서 벗어난 상태를 행복으로 여겼다. 오벽은 사람이 갖기 쉬운 다섯 가지 편벽된 점을 뜻하는데, 친절과 사랑親愛, 천시와 증오賤惡, 두려움과 공경畏敬, 슬픔과 동정哀矜, 오만함과 게으름敖惰을 뜻한다. 현대인들은 친절과 사랑 등이 병에 포함되는 것을 이해하기 어렵겠지만 이런 편벽된 마음을 모두 물리친 상태를 도道에 들어간 평정한 행복이라고 옛 선비들은 생각했던 것이다.

'행복'과 관련된 여러 권의 책이 베스트셀러에 오를 정도로 현대인들은 행복을 갈구하지만 서울 시민의 행복도는 세계 10대 도시 중 최하위라고 한다. 물질에 편벽됐기 때문에 과거보다 풍부해졌음에도 마음으로는 불행하다고 느끼는 것이다. 덕을 좋아하는 것, 즉 남에게 베푸는 것이 '복의 길'이라는 공안국의 언명에서 행복의 참가치를 찾을 때다.

상속 재산 반환 소송

조선에서 자손에게 재산을 상속했다가 되돌려 받으려 할 경우 어떻게 처리했을까? "천하에 옳지 않은 부모는 없다天下無不是底父母"라는 원칙에서 되돌려 받게 돼 있었다. 그러나 단종 즉위년(서기 1452년) 이숙번李叔蕃의 부인 정 씨의 재산 반환 소송은 큰 논란이 일었다. 이숙번은 태종 15년(서기 1415년) 부인과 공동으로 강순덕姜順德에게 시집간 장녀에게 재산을 상속해주고 세종 22년(서기 1440년) 사망했다. 아이가 없던 장녀는 조카 강희맹姜希孟을 양자로 삼았는데, 장녀가 사망하자 재산이 강희맹에게 돌아갈 것을 우려한 모친 정 씨는 아들 이정李楨과 다른 딸들이 가난해졌다면서 반환을 요구했으나 사위가 거부하자 소송을 제기했다.

부부가 공동 서명한 문권文券을 남편 사후에 아내가 고칠 수 있느냐는 점이 논쟁의 대상이었다. 모든 국가 기관이 논쟁에 나섰는데 이조吏曹 판서 민신閔伸은 "남편이 준 유산을 빼앗을 수 없을뿐더러 강희맹을 양자로 삼은 것은 장녀 이 씨"라면서 반환할 수 없다고 주장했다. 반면 호조戶曹 판서 윤형尹炯은 "부모가 재산

을 마음대로 처리하지 못하면 강상綱常이 무너진다"라며 반환해야
한다고 주장했다. 공조工曹 판서 이사철李思哲은 "이숙번의 전지와
노비는 이숙번의 뜻에 따르고 정 씨의 재산은 정 씨의 뜻에 따르
자"라는 절충안을 제시했으나 집현전 부교리 유성원柳誠源 등은 "부
부가 함께 재주財主가 돼 나누어준 것을 뒤에 다시 고치는 것이 어
찌 불가한가?"라면서 반박했다. 의정부에서 "부모가 재산을 상속
했다가 다시 빼앗아도 자손은 부모의 명령에 따라야 한다"라면서
정 씨의 손을 들어주었고, 나아가 분재 문권分財文券, 상속 문서 반환을
거부한 사위 강순덕을 강상죄 위반 혐의로 사헌부에 추핵하는 것
으로 정리했다. 강희맹의 모친이 세종의 장인 심온沈溫의 딸이므
로 세종이 이모부임에도 이런 판결이 내려졌던 것이다.

수원 지방 법원에서 재산을 상속했다가 불효를 이유로 반환
을 요구한 80대 부모에게 증여 취소 판결을 내렸었는데, 상급심
에서 뒤집혔다는 소식이 있었다. 우리 선조들의 가치관에 반하는
판결이다. 이 문제는 조선의 법리대로 돌아가는 게 옳을 것 같다.

일부다처제

태종의 처남 민무구閔無咎, 민무질閔無疾 형제는 태종 7년(서기 1417년) 사형을 당했지만 이 비극적 사건의 뿌리는 태종이 재위 2년(서기 1402년) 성균악정成均樂正 권홍權弘의 딸을 후궁으로 맞으려 한 데 있었다. 이때 원경왕후 민씨가 "제가 상감과 함께 어려움을 지키고 화란禍亂을 함께 겪어 국가를 차지했는데, 이제 나를 잊음이 어찌 여기에 이르셨습니까?"(《태종실록太宗實錄》, 2년 3월 7일)라고 항의하면서 태종의 마음이 처가에서 떠나기 시작했다.

《예기禮記》〈곡례曲禮〉편은 "천자는 후后, 부인夫人, 세부世婦, 빈嬪, 처妻, 첩妾"의 부인을 둔다고 규정하는데, 이들이 육궁六宮이다. 《주례주소周禮注疏》에는 "천자는 육궁을 두는데, 3부인, 9빈, 27세부, 81어처御妻"라고 기록하고 있다. 이 숫자만 120명이며, 게다가 첩은 제한이 없었다. 《혼의昏義》에 따르면 "제후諸侯는 아홉 부인을 둘 수 있으며, 경대부卿大夫는 1처 2첩, 선비士는 1처 1첩을 둘 수 있었다. 《경국대전經國大典》〈내명부內命婦〉 조는 정1품 빈부터 종4품 숙원淑媛까지 8계품이 후궁인데, 품계가 없는 왕비까지

합해 제후는 아홉의 여성을 둔다는 규정에 맞춘 것이다. 조선의 스물일곱 임금 중에 후궁을 두지 않은 유일한 임금은 18대 현종 뿐이었다. 현종은 명성왕후 김씨에게서 후사後嗣 숙종과 세 공주를 낳았을 뿐 어느 후궁도 두지 않았다.

파리 외방 선교회에서 로마 교황청에 보고한 문서에 따르면 정조 8년(서기 1784년) 이승훈李承薰이 북경의 천주당을 찾아와 영세받기를 요청하자 장마티외 드방타봉-Jean-Mathieu de Ventavon 신부는 "복음이 가르치는 순결은 여러 여자를 데리고 사는 것을 용인치 않는다"라고 말했고, 이승훈은 "법적인 아내밖에 없고 또 다른 여자를 결코 얻지 않겠다"라고 대답했다고 전한다. 조선의 양반 천주교도들에게 일부일처제는 교리의 하나였다.

미국에서 일부다처제 신봉 종교 신자들이 미성년 소녀를 부인으로 맞아 경찰이 수사했던 적이 있었다. 200년 전에도 복음으로 금지됐던 일부다처제라니 세상을 거꾸로 사는 사람들이다.

노인을 공경하기 위해 베풀던 잔치

남극성을 노인성老人星, 또는 수성壽星이라고도 불렀는데, 수명壽命을 관장하는 별로 여겼기 때문에 크게 높였다. 《수서隋書》나 《당서唐書》 같은 고대 역사서의 〈천문지天文志〉에는 추분秋分날 아침에 병방丙方, 정남에서 동으로 15도에서 노인성이 나타나 춘분春分날 저녁에 정방丁方, 정남에서 서쪽으로 15도에서 사라진다고 기록하고 있다. 조선은 고려의 예를 따라 추분과 춘분 때 남교南郊에서 노인성에 제사를 지내다가, 태종 21년(서기 1411년)부터는 고대 주周나라의 예를 따라 추분날만 제사를 지내는 것으로 바꾸었다. 노인성이 나타나면 나라가 평안해지며 임금의 수명이 길어진다고 믿었던 까닭에 제사를 지내다가 그만큼 노인을 우대하는 시대 풍조의 반영이기도 했다.

세종은 재위 14년(서기 1432년)부터 매년 음력 8월 중 길일을 택해 양로연養老宴을 베풀었다. 80세 이상 노인이 참석 대상이었다. 재위 14년 8월 27일의 양로연 때 승정원에서 "신분이 천한 노인은 초청하지 말자"라고 청했으나 세종은 "양로養老는 늙은이를 귀하게 여기는 것이지 높고 낮음을 계산하는 것이 아니다"라면서 종들까지 참석하게 했다. 뇌물죄贓罪를 지어서 이마에 자자刺字된 노인들만 초청을 거부했으니 뇌물죄를 지으면 사람으로 취급하지 않았음을 알 수 있다. 세종은 이날 86명의 노인들이 모두 근정전勤政殿에 자리 잡을 때까지 어좌御座에 앉지 않고 서서 기다렸고 자신에게 배례拜禮하지 말라고 명했다. 연로하다는 이유 하나로 종들까지도 근정전에 앉아서 임금이 내리는 음식과 술을 들었으니 성대한 정사政事였다. 다음 날에는 소헌왕후 심씨가 관가와 개인집의 여종 118명을 포함해 모두 228명의 할머니를 초청해 양로연을 베풀었으니 그때도 여성이 남성보다 수명이 훨씬 길었음을 알 수 있다.

노인을 중국에서는 삼로오경三老五更이라고도 했는데 황제가 태학太學에 초청해 직접 옷소매를 걷고 희생犧牲, 제물로 바치는 산 짐승을 베어 대접했다. 이를 단할袒割이라 한다. 65세 이상 독거노인이 계속 늘고 있는데, 세종의 마음으로 돌아볼 대상이다.

귀향을 바라는 마음

옛 선비들은 가을바람이 불면 관직을 내던지고 귀향을 꿈꿨다. 그래서 가을바람秋風이라는 시어는 귀향을 그리는 마음으로 해석한다. 고려 말 목은牧隱 이색李穡은 〈동강조어東江釣魚〉라는 시에서 "가을바람 일기를 기다릴 것 없이 장한처럼 고향으로 돌아가고 싶구나不待秋風起 願從張翰歸"라고 노래했다. 여기에 나오는 장한張翰이 추풍을 귀향 바람으로 만든 장본인이다. 《진서晉書》〈장한張翰 열전〉에 따르면 진晉나라 장한은 낙양洛陽에서 벼슬살이를 하던 중 가을바람이 일자 고향 오중吳中, 현재의 강소성 남부와 절강성 북부의 채소, 순챗국蓴羹, 농어회鱸鱠가 그리워졌다. 장한은 "인생은 자신의 뜻에 맞게 사는 것이 중요한데, 어찌 수천 리 밖에서 좋은 벼슬名爵을 구하며 얽매일 필요가 있겠는가"라면서 벼슬을 버리고 귀향했다. 그래서 순챗국과 농어회도 낙향을 그리워하는 시구로 사용된다.

조선 초기 문신 서거정徐居正은 〈순채가蓴菜歌〉라는 시에서 "가을바람 불기를 기다리지 말고 돌아가면 좋으리不待秋風歸去好"라고 노래했다. 그러나 호구지책糊口之策을 그만두고 낙향한다는 것이 쉬운 일이 아니기는 그때나 지금이나 마찬가지다. 《세설신어世說新語》 〈언어言語〉 조에는 진晉나라 육기陸機가 왕무자王武子를 방문했을 때 마침 양락羊酪, 타락죽과 명주인 수곡數斛이 앞에 있었다고 전한다. 왕무자가 "경卿의 고향 강동江東에서는 무엇이 이것과 견줄 만합니까?"라고 묻자 육기는 "순챗국이 있는데 다만 소금과 콩을 넣지 않습니다"라고 답했다. 그러나 《진서》 〈육기陸機 열전〉에 따르면, 오吳나라 출신 육기陸機는 계속 벼슬에 연연하다가 진晉나라에서 화禍를 당해 죽게 됐다. 죽기 직전에야 "화정華亭의 학鶴 우는 소리를 언제나 다시 들을 수 있겠는가"라고 탄식했다. 그래서 '화정의 학'은 화를 당하기 전에 빨리 귀향하라는 뜻으로 사용된다.

청음淸陰 김상헌金尙憲도 "가을바람 불어오면 바로 관직 던지고 월계에서 고깃배 사겠노라 이미 약속했다네擬待秋風便投劾 越溪曾約買漁舟"라고 읊었지만 척화파 영수로서 심양까지 끌려가 숱한 고초를 겪고 난 후에야 낙향할 수 있었다.

이 나라는 낙향 바람 대신 정치 바람만이 거세다. 정치권에 대한 실망 때문이겠지만 가을바람에 순챗국과 농어를 그리워한 옛 선비들은 어떤 느낌일까?

부부 관계

고종 13년(서기 1876년) 구로다 기요타카黑田淸隆는 조선 대표 신헌申櫶
과 강화도 조약을 체결했다. 조선의 관세권과 사법권이 부인된
불평등 조약이었는데 구로다는 그 대가로 2,000엔의 상금을 받
는다. 1878년 3월 28일 농상무農商務대신 구로다는 만취 상태로
귀가하다가 정중하게 맞지 않는다는 이유로 부인을 칼로 베어 죽
였다. 폐병을 앓고 있던 아내는 빨리 나올 수 없는 형편이었다.
이 사건을 보도한 《마루마루친분團團珍聞》은 판매 금지됐지만 소문
은 급속도로 퍼져 나갔다. 내무대신 오쿠보 도시미치大久保利通는
"구로다가 그럴 사람이 아니다"라며 대경시大警視 가와지 도시요시
川路利良에게 조사를 지시했다. 가와지는 구로다 부인의 관을 열어
"타살 흔적이 없다"라고 외친 뒤 얼른 덮어버렸고 이렇게 사건은
끝났다. 하지만 의혹은 계속됐다.

조선에서 이런 사건이 발생했다면 어떻게 됐을까? 일본은
혼인하면 부인이 남편 성을 따르지만 조선은 그렇지 않았다. 가
문을 대표해 시집가는 것이기에 묘비에도 본관本貫을 썼다. 혼인

은 집안 사이의 결합이기에 살해는커녕 서로 존대했으니 구타 사건도 발생할 수 없었다. 실제 살해했을 경우 당연히 사형이었다. 그러나 구로다는 이 사건 이후에도 계속 승진해 1896년에는 내각 총리대신까지 올랐으니, 일본은 알 수 없는 나라다.

선조 무렵 문신 유희춘柳希春의 《미암일기眉巖日記》에는 조선 중기의 부부 관계가 잘 드러나 있다. 유희춘 부부는 선조 1년(서기 1568년) 부인 송덕봉宋德奉의 친정어머니 제사를 함께 모신다. 처가도 친가와 똑같이 존중했다는 뜻이다. 선조 3년(서기 1570년) 유희춘은 서울에서 홍문관 부제학으로 근무하면서 여색을 가까이 하지 않았다고 편지로 생색냈다. 그러자 송덕봉은 "군자가 행실을 닦고 마음을 다스리는 것은 성현의 가르침이지 어찌 아녀자를 위해 힘쓴 일이겠소"라는 답장을 보냈다. 송덕봉은 선조 4년(서기 1571년) 전라 감사가 된 유희춘에게 전라도 담양의 친정 부모 묘소에 석물石物을 세워달라고 요청했다. 유희춘이 "반드시 사비로 세워야 한다"라고 답변하자 〈착석문斲石文〉을 보내 "사가私家에서 변통할 수 있다면 당신에게 부탁했겠소?"라면서 "시어머니가 돌아가셨을 때 몸과 마음을 다해 장사 치렀다"라면서 석물 단장을 재차 요구했다.

이때만 해도 시가와 처가 봉양은 며느리와 사위의 공동의 의무였다. 조선 중기만 해도 부부는 평등했던 것이다.

늙은 선비만 보던 과거

조선 당쟁사 《당의통략黨議通略》의 저자 이건창李建昌은 열네 살 때
인 고종 3년(서기 1866년) 과거에 급제해 최연소 급제 기록을 세운
다. 이는 특별한 경우이고 책벌레 김득신金得臣은 현종 3년(서기
1662년) 59세로 겨우 급제했고, 그 외에 평생 과거에 매달리다 인
생을 마치는 과거 낭인이 적지 않았다. 이런 노년 자원을 국사에
활용해야 한다는 생각에서 기로과耆老科를 신설한 임금이 영조였
다. 재위 32년(서기 1756년) 63세였던 영조는 대왕대비 인원왕후
김씨의 칠순 생신날 환갑 넘은 신하와 종친 들을 거느리고 진하
한 후 역시 환갑이 넘은 선비만 대상으로 과거를 실시했다. 보통
장원 급제의 경우 6품이 주어졌으나 기로과의 장원 이가우李嘉遇
에게는 특별히 정3품 첨중추僉中樞를 주었다.

　　나이 많은 비서들과 지내고 싶었던 영조는 70세인 재위
39년(서기 1763년) 기로과 출신 고몽성高夢聖을 특별 승진시켜 승지
로 삼았다. 실록의 사관史官은 고몽성에 대해 "늙고 잔약하다고 하
지 않을 수 없어 사람들이 많이 비웃었다"라고 젊은 엘리트의 시

각에서 비판하고 있다. 영조는 나아가 79세 때인 재위 48년(서기 1772년)에는 정원 여섯 명인 승정원에 기로과 출신만 네 명을 배치하고, '머리 흰 네 사람의 집'이라는 뜻의 '사호각四皓閣'이라는 어필 현판까지 내렸다. 이듬해 기로과 출신 민수집閔洙集이 영조의 몸을 보색保嗇, 몸을 보호하고 아낌하라고 상소한 것에 대해 사관은 "이 소를 올린 것은 오직 공을 바라는 마음이었다"라고 비판했지만 영조의 장수를 바라는 진심이 담겨 있었다. 영조 48년(서기 1772년) 기로과의 문과 급제자가 여섯 명인 데 비해 무과는 무려 626명이 뽑혀 건장한 노익장을 과시했다.

지금 우리 사회는 평균 수명은 대폭 늘어났지만 정년은 오히려 짧아지는 모순에 직면해 앞으로 노인 문제가 큰 사회 문제가 될 것이라는 지적이 잇따르고 있다. 영조의 시각으로 이 문제를 바라보면 답이 나올 것이다. 기로과의 최고령 급제자는 고종 27년(서기 1890년)의 정순교丁洵敎로 1805년생이니 당시 85세였다.

믿음

우리 전통 사회는 사람 사이의 믿음을 중시했다. 보거保擧는 사람 사이의 믿음을 제도화한 것이다. 과거를 거치지 않은 사람이라도 보증하는 사람을 믿고 등용하는 제도가 바로 보거다. 이때 보증자를 거주擧主라고 하는데 태종 5년(서기 1405년) 제정된 '보거의 법保擧之法'에 따르면 문반인 동반東班은 6품, 무반인 서반西班은 4품 이상이 거주가 될 수 있었다. 본관과 출신, 과거 임용 경력, 그리고 문무 어디 분야에 능력이 있는지 자세하게 적어서 천거했다. 이런 신원 보증서를 보단자保單子 또는 보결保結이라고 했다. 3년마다 열리는 식년시式年試나 나라의 경사 때 베푸는 증광시增廣試에 응시할 때도 보단자가 필요했는데, 보증자가 없을 경우 거주지의 장長이 대신 서는 것이 취보取保다.

　쉽게 보증할 수 없는 것은 그가 불법을 저질렀을 경우 거주도 연대 책임을 졌기 때문이다. 그러나 선의의 희생자 발생을 우려해 태종 12년(서기 1412년)부터는 자기가 부리던 사환使喚이나 역사歷史가 분명하지 않은 사람을 천거했을 때는 연좌되지만 그렇지 않을 경우는 연좌되지 않게 했다. 그러나 이 경우도 강상綱常에 관련되거나 뇌물죄를 저질렀을 경우는 거주가 연좌됐다.

연대 보증은 옥사獄事에도 적용됐다. 가벼운 죄나 병이 있을 경우 보증인을 세우고 석방했는데, 이를 보방保放이라고 했다. 죄인을 보증하는 인물을 책보責保라고 하고, 자신의 보증 아래 석방된 죄인을 맡는 것을 보수保授라고 한다. 태종 18년(서기 1418년) 장흥고長興庫 직장直長 이사문李思文이 장흥고의 식모인 다모茶母와 간통했다가 사헌부에 수감됐는데 장모 김 씨의 요구로 보방한 것이 이런 사례. 가뭄이나 홍수 같은 자연재해나 날씨가 무척 덥거나 추울 때도 죄수를 석방했으며, 이때도 보방해 재범의 우려를 덜고자 했다.

기업은행에서는 2007년 경제적 연좌제로 불리는 연대 보증을 폐지했다. 보증인에게 위험을 떠넘기는 이런 후진적 금융 관행 폐지는 제2 금융권으로도 확산되고 있는데, 한편으론 보방 같은 긍정적 측면의 계승도 검토돼야 할 것이다.

스스로 거취를 돌아봐라

국왕의 비서 기관 승정원承政院의 별칭이 은대銀臺이고, 승지承旨의 별칭이 후설지관喉舌之官이었다. 은대는 영화롭다는 뜻이고, 후설은 임금의 입을 맡은 관리라는 뜻이다. 영광스러운 자리이지만 일은 고됐다. 조선 초의 문신 성현成俔은 《용재총화慵齋叢話》에서 "승지들은 사경四更, 새벽 2시경이 되면 궐문에 와서 궁문 열기를 기다려서 들어가고, 밤이 깊어서야 집에 돌아갔다"라고 전한다. 또한 매일 한 명씩 입직入直, 숙직했는데 세조 때 이호연李浩然이 입직하면서 술에 취해 대답하지 못한 이후 두 명씩 입직했다. 3일마다 입직이니 고된 업무의 반복이었다.

연산군 때 무오사화를 주도해 훗날 사림으로부터 배척받았던 윤필상尹弼商도 세조 때는 명승지였다. 추운 겨울밤 죄수들이 얼어 죽을 것을 염려한 세조가 형방 승지였던 윤필상에게 "서울과 가까운 지방의 죄수를 중죄와 경죄로 나누어 속히 기록해 보고하라"라고 하자 "형옥에 관한 일은 이미 그 숫자를 모두 알고 있습니다"라고 평소 휴대하던 수첩을 보고 아뢰었다. 세조는 정희

왕후에게 "나의 보배로운 신하다"라고 칭찬했고, 이때부터 출셋길을 달렸다고 《연려실기술燃藜室記述》은 적고 있다. 윤휴尹鑴는 《백호전서白湖全書》 〈만필漫筆〉에서 "과거에 승지를 납언納言으로 부른 것은 임금이 신하에게 도움을 청하고 바로잡는 뜻이 있었지만 후대의 승지라는 말은 임금의 명령을 받들어 순종한다는 뜻만 있는 것"이라며 납언이 더욱 좋다고 말했다.

승지 윤국형尹國馨이 상주尙州 목사로 좌천되자 승정원의 서리 수십 명이 그의 말 머리에서 일제히 절하며 술잔을 올렸다. 승정원에서 지방 수령으로 나가는 것은 전례 없는 일이기에 한탄한 것이라고 윤국형은 《문소만록聞韶漫錄》에서 전하고 있다.

고위 공직자들의 부적절한 처신이 세간의 조롱거리가 된 적이 적지 않다. 수신修身이 안 된 상태에서 치국治國의 자리에 오르니 이런 문제가 발생하는 것이다. 능력 밖의 연줄로 올라간 사람들은 스스로 거취를 돌아보는 계기로 삼아야 할 것이다.

차이가 과해서는 안 된다

조선의 양반 사대부가 벼슬을 꿈꾼 것은 권력과 명예, 부富까지
한 손에 거머쥘 수 있기 때문이었다. 실제 그들의 보수는 얼마
정도였을까? 벼슬아치의 보수를 녹봉祿俸이라고 하는데, 녹祿은
정1품부터 종9품까지 18과科 관리들에게 지불하는 봉급이고, 요
料라고도 불린`봉俸은 특수 관직이나 잡직, 임시직에게 준 것이
다.《경국대전經國大典》에 따르면 정1품 정승들은 세 종류의 봉급
을 받았다. 중미中米, 조미糙米, 전미田米, 황두黃豆, 소맥小麥 등의 곡
식과 명주明紬, 정포正布 등의 옷감, 지폐인 저화楮貨가 그것이다.
중미는 백미白米보다 덜 찧은 중급 쌀, 조미는 현미玄米, 전미는 좁
쌀, 황두는 콩, 소맥은 보리다. 명주는 명주실로 짠 면포綿布고,
정포는 품질이 좋은 베를 뜻한다.

춘하추동의 맹삭孟朔인 정월, 4월, 7월, 10월이 지급일인데
급여 날짜도 품계마다 달라서 정1품에서 종2품까지는 7일이었으
며, 3품부터 9품까지는 8~14일까지 직급에 따랐다. 정1품의 1년
치 녹봉은 중미 열네 석, 조미 마흔여덟 석, 전미 두 석, 황두 스

물세 석, 소맥 열 석, 명주 여섯 필, 정포 열다섯 필, 저화 열 장이었다. 중미, 조미, 전미를 모두 합쳐 쌀은 1년에 64석에 지나지 않는다. 한 석을 쌀 한 가마니로 계산하면 1,088만 원밖에 되지 않는데, 현재 쌀값이 상대적으로 눅은 것을 감안해도 적은 액수다. 나머지 황두, 소맥, 명주, 정포, 저화를 다 합쳐도 쌀값만큼은 되지 않았을 것이니 연봉 2,000만 원이 될까 말까 한 금액이다. 《경국대전》〈호전戶典〉에 따르면 저화 한 장은 쌀 한 되였다. 세종 조의 유명한 청백리 정승 유관柳寬이 비 새는 방에서 살았다는 유명한 일화가 있는데, 최하위 9품은 어떠했겠는가. 1년에 조미 여덟 석, 전미 한 석, 황두 두 석, 소맥 한 석, 정포 두 필, 저화 한 장으로 굶지 않으면 다행이었다. 정승과 비교하면 약 일곱 배 정도 차이가 난다.

일부 기업의 임원 보수가 일반 사원과 100배 이상 차이가 나는 경우도 있다고 한다. 남다른 성과에 대한 인센티브라면 모르겠지만 같은 조직 내 직급 급여의 차이로는 과하다는 생각이 든다.

돈 대신 명예를 먹고 살아라

조선의 사간원司諫院은 사헌부司憲府와 함께 양사兩司 또는 대간臺諫으로 불렸다. 보통 사헌부 관원은 대관臺官, 사간원은 간관諫官으로 불렸는데 둘 다 백관에 대한 탄핵권이 있는 막강한 부서였으나 기능은 조금 달랐다. 사헌부는 언론 기능 외에 수사권까지 있었으나 사간원은 언론이 주된 기능이었다. 그래서인지 사헌부는 위계질서가 엄격했고, 사간원은 성현成俔이 《용재총화慵齋叢話》에서 "존비尊卑의 예절이 없었다"라고 전할 만큼 상하 간에 허물이 없었다. 서거정徐居正이 《필원잡기筆苑雜記》에서 "사간원은 날마다 술 마시는 것으로 일을 삼았다"라고 전할 만큼 음주를 일삼기도 했다. 여말 선초麗末鮮初의 문신 조운흘趙云仡이 "한 잔 한 잔 또 한 잔 대사간이 술에 취해 봄바람 앞에 쓰러지네一杯一杯復一杯 大諫醉倒春風前"라고 대사간의 음주를 노래할 정도였다. 대관臺官은 흑의黑衣 입은 하인이 인도하고, 간관諫官은 홍의紅衣 입은 하인이 인도하는데, 금주령 때 홍의 입은 하인이 술 취한 채 흑의 입은 하인에게 "나는 날마다 취해서 얼굴이 붉기 때문에 옷도 붉지만, 너는 너의 대관臺官처럼 썰렁하게 술을 마시지 않아서 얼굴이 늘 검은빛이기 때문에 옷도 검은 것이다"라고 조롱했을 정도로 사간원은 금주령도 아랑곳하지 않았다.

　그럼에도 사간원이 존경받은 이유는 고위직은 물론 임금에게도 쓴소리를 사양하지 않았던 강직함 덕분이었다. 그래서 연산군 재위 12년(서기 1506년) 폐지됐는데, 중종반정 당일 다시 창설됐던 자랑스러운 기록도 갖고 있다. 또 다른 이유는 백관 탄핵권이 있음에도 청한淸寒했기 때문이다. 사간원은 표피豹皮 한 장을 여러 아문에 돌아가면서 세를 주어 공금으로 사용했기 때문에 '사간원표피司諫院豹皮'라는 말이 생겼다고 《지봉유설芝峯類說》은 전하는데, 녹피鹿皮를 빌려주기도 했다. 심지어 사간원 뜰의 배나 대추를 각 관서에 팔아서 비용을 마련했다고도 전한다. 막강 권력의 사간원은 돈이 아니라 명예를 먹고 살았으므로 모두의 존경을 받았던 것이다. 우리 사회도 사간원 같은 부서 하나쯤 갖고 있으면 어떨까 싶다.

사사로움이 끼어들어서는 안 된다

영조는 재위 48년(서기 1772년) 3월 성균관 대사성 자리에 공천公薦된 세 사람의 후보를 보고 깜짝 놀랐다. 공천권자인 이조 판서 정존겸鄭存謙과 이조 참의 이명식李命植이 천거한 조정趙晟, 김종수金鍾秀, 서명천徐命天의 삼망三望, 세 후보자이 모두 노론 청명당淸名黨 소속이었기 때문이다. 셋 중 한 명만 1위 후보자인 일망一望으로 올려야 하는데 셋 다 일망이었고, 셋 모두 처음 후보자 명단에 오른 신통新通이었다. 보통 한 명이 신통이고 두 사람은 과거에도 물망物望에 올랐던 경력자를 주의注擬하는 것이 관례였다. 이는 세 명 중에 한 명을 낙점落點하는 임금의 인사권에 대한 도전이었다. 즉 대사성에 대한 인사권을 임금이 아니라 노론 청명당 당수가 갖겠다는 뜻이었다.

이는 탕평책이라는 영조의 인사 원칙에 대한 반발이었다. 영조의 탕평책은 소론 온건파와 노론을 고루 기용하는 것으로서 호대쌍거互對雙擧라고 불렸다. 영조 26년(서기 1750년) 6월 소론 영의정 조현명趙顯命은 "신은 '호대互對'라는 두 글자를 형에게서 전해받아 이로써 전하를 섬겨왔습니다'라고 말했다. 조현명의 형 조문명趙文命이 영조에게 건의한 인사 원칙이 호대쌍거라는 뜻이었다. 호대쌍거는 세 명을 주의할 때 각 당파를 골고루 포함하고, 한 부서 안에도 각 당파를 고루 포진했다. 판서가 노론이면 참판은 소론을 등용하는 식의 인사 방식이었다. 노론 청명당도 물론 논리는 있었다. 무원칙한 탕평책이 아니라 의리에 바탕해 공천해야 한다는 주장이었다. 문제는 그 의리는 공적인 의리가 아니라 자신들의 당파적 의리에 불과하다는 점이었다. 좋게 봐서 당천黨薦이었고, 정확히는 개인의 이해를 대변하는 사천私薦이었다.

영조는 사천私薦을 실행한 정존겸을 회양淮陽, 이명식을 장연長淵, 그리고 배후에서 조종한 청명당 당수이자 전 영상 김치인金致仁을 해남海南으로 유배 보내 "한 붕당을 세 군데로 흩어놓으며" 청명당을 붕괴시켰다.

그간 비례 대표 당선자들의 감추어졌던 이력이 드러나 물의를 일으켰던 적도 있고, 지방 선거 공천자 중에 전과자가 무수해 문제가 된 적도 있다. 영조처럼 공천公薦을 빙자한 사천私薦을 바로잡는 장치의 마련이 시급하다.

조선 시대에 형벌 논란이 적었던 이유

조선의 법관法官은 수사 기관인 의금부, 형조, 한성부, 사헌부 소속 관리였다. 반면 법을 판정하는 일은 잡과雜科 출신의 율관律官이 맡았다. 율관들의 소속 부서가 사율원司律院인데, 조선 초에는 율학律學이었다가 세종 16년(서기 1434년) 형조의 건의에 따라 사율원으로 개칭했고, 세조 12년(서기 1466년) 다시 율학律學으로 돌아갔다. 사율원은 의금부 같은 수사 기관에서 수사 기록인 문부文簿를 보내오면 《경국대전經國大典》, 《대명률大明律》, 《율학해이律學解頤》 등의 법률서와 조율照律, 죄를 법률과 대조하는 일해 형벌을 논단論斷했다.

삼권이 분립된 현재의 관념으로 이해하기 어려운 것은 사율원의 지위가 대단히 낮았다는 점이다. 조선은 장관長官의 직급에 따라 관청의 품계도 정해지는데 수사 기관인 의금부는 종1품, 형조·한성부는 정2품, 사헌부는 종2품 관청이었다. 사율원은 종8품 아문衙門으로 대궐 후원의 꽃과 과실을 관리하는 장원서掌苑署의 정6품보다도 훨씬 낮았다. 종1품 판사判事가 장관인 의금부에 대해 《경국대전》〈이전吏典〉은 "임금의 명을 받아 죄인을 신문하는 일을 맡는다"라고 판결 기관이 아니라 수사 기관임을 분명히 하고 있다. 성종 10년(서기 1479년) 형조에서 "율학(사율원)이 나라의 형률刑律을 맡아 무릇 입법이나 조장條章, 법규에 강구하지 않는 것이 없습니다"라고 말한 대로 법률 판단은 사율원 관할이었다.

사율원이 품계가 낮다고 그 판결을 수사 기관이 바꿀 수는 없었다. 사욕私慾이 개재됐다는 의심을 받기 때문이었다. 사율원은 품계가 낮았기에 해당 법조문을 기계적으로 적용했다. 그래서 조선에서는 신분이나 재산에 따라 형벌이 달라지는 '유전무죄有錢無罪, 무전유죄無錢有罪' 논란이 드물었다. 감형은 오직 임금의 권한이었는데, 이때도 그 사유가 분명해야 했다.

대법원 양형위원회의 분석에 따르면 법원이 화이트칼라 범죄에 대해서 관대하다는 통설이 통계로 입증됐다. 재량권 남용이라는 의심을 사지 않을 수 없는데, 낮은 품계의 사율원에 법률 상각商搉, 헤아려서 결정함을 맡긴 선조들의 지혜가 돋보인다.

일자리 창출

연암燕巖 박지원朴趾源은 55세 때인 정조 15년(서기 1791년) 경상도 안의安義 현감으로 부임했다. 그 자신이 가난했으므로 백성들의 고초를 잘 알고 있었는데, 이를 잘 보여주는 일례가 있다. 부임 초기 현에서 40리 떨어진 함양咸陽군의 제방堤防 보수를 위해 500여 명의 백성을 부역赴役 보내야 했다. 전에도 몇 차례 보냈으나 진척은 되지 않고 지지부진했는데, 박지원이 〈함양 군수에게 보내는 답서〉에서 "고양高陽의 밥을 먹고 파주로 부역 간다"라는 격이라고 쓴 것처럼 자신의 양식을 가지고 함양까지 가서 부역해야 하니 능률이 오를 리 없었다. 박지원이 이때 열 사람당 솥 하나씩을 배치해 식사를 제공하면서 직접 작업을 독려하자 과거 대엿새 걸리던 일이 하루 만에 끝났다고 연암 일대기인《과정록過庭錄》은 전하고 있다.

《경국대전經國大典》〈호전戶典〉은 부역에 대해 "무릇 토지 8결에서 역부役夫 한 명을 내는데 1년에 6일을 넘지 않는다"라고 규정하고 있다. 부역이 합법적인 세금이라는 시대의 상식을 깬 인물이 정약용丁若鏞과 정조였다. 정조는 재위 16년(서기 1792년) 부친 상으로 시묘살이하는 정약용에게 수원 화성華城의 축성 설계도 작성을 명했다. 이때 정약용은 〈성설城設〉을 작성하면서 부역이 아닌 임금 노동제를 제안했다. 정조는 이를 받아들였으나 평소 정조의 정책을 지지하던 영중추부사 채제공蔡濟恭까지 "이번 화성 성역城役은 국가의 대사로서 사체事體로 말하면 나라는 백성에게 역사를 맡기지 않을 수 없고, 도리로 말하면 백성은 나라를 위해 부역을 하지 않을 수 없습니다"라고 반대했다. 정조는 "단 한 명의 백성도 부역시키지 않으려는 것은 내가 뜻한 바가 있기 때문이다"라며 거부했다. 게다가 정조는 화성 근처에 만석거萬石渠라는 저수지를 만들고, 그 물을 이용하는 대유둔大有屯이라는 큰 농장을 건설했다. 먹고살 것이 없던 백성들은 대거 화성으로 모여들었고, 정조 18년(서기 1794년) 정월부터 10년 계획으로 시작됐던 성역은 불과 34개월 만인 정조 20년(서기 1796년) 10월 완성됐다. 일자리 창출과 관련해 테네시 강 개발 계획이 언급되는데 그보다 130년 이상 빠른 이 사례를 먼저 참고해야 할 것이다.

권위는 남이 만들어주지 않는다

오늘날의 검찰과 비슷한 기관이 조선의 사헌부司憲府다. 《경국대전經國大典》〈예전禮典〉에는 5품 하관이 3품 상관에게 절을 해도 상관은 맞절을 하지 않는다는 규정이 있다. 그러나 "당상관이라도 사헌부와 사간원 관리는 우대해서 답례한다"라는 예외 조항이 있다. 사헌부 대사헌은 종2품에 불과하지만 《연려실기술燃藜室記述》〈관직전고官職典故〉는 사헌부 관원이 "정색하고 조정에 서면 모든 관료가 떨고 두려워한다"라고 전할 정도로 권위가 있었다. 사헌부 정6품 감찰監察에 대해 성현成俔은 〈감찰청벽기監察廳壁記〉에서 "감찰이 왔다는 소리만 들려도 사람들이 다 몸을 움츠리고 무서워했다"라고 전한다.

이런 권위는 남이 만들어주는 것이 아니다. 조정 회의 때도 사헌부 관료들은 남보다 먼저 들어갔다가 다른 관료들이 다 나간 후에 따로 나갔다. 뒤섞이면 청탁이 있을까 염려했기 때문이다. 〈관직전고〉는 사헌부 관료는 "편복便服으로 거리에 나서지 못했고, 친구 초상 때도 반혼返魂, 장례 후 신주를 집으로 모심할 때 장막을 교외에 쳤어도 감히 나가서 곡하지 못했다"라고 전한다. 친구의 장례식 참석도 꺼려야 할 정도로 처신에 엄격했다. 이수광李睟光의《지봉유설芝峰類說》등은 사헌부 감찰에 대해 "남루한 옷에 좋지 않은 말과 찢어진 안장, 짧은 사모에 해진 띠를 착용했다"라면서 "비록 귀족이나 명사名士일지라도 사헌부의 이런 구규舊規, 관례를 조금도 변화시키지 않았다"라고 전한다. 부유한 집안 출신도 사헌부 관료가 되면 가난한 벼슬 생활을 숙명으로 받아들이는 전통이 있었다. 왜냐하면 조선의 수사권은 사헌부의 독점물이 아니었기 때문이다. 의금부와 형조는 물론 한성부와 포도청도 수사권이 있었다. 사헌부는 다른 수사 기관들과 경쟁하며 혹독한 자기 관리로 대표 수사 기관이 된 것이었다.

몇 년 전 부산저축은행 변호인이 전직 대검 중수부장이라는 보도가 있었고, 검찰 총장 청문회를 보면 그들이 일반 공무원보다 도덕성에서 별반 나은 것 같지도 않다. 저축은행 국정 조사 출석 거부라는 소식까지 접하면 검찰이 시대가 변했다는 사실 자체를 인식하지 못하고 있는 것이 아닌가 생각된다. 조선에서 권력 기관을 상호 견제하게 한 것은 한 기관이 사회 정의를 자의적으로 판단하지 못하게 하기 위해서였다. 사헌부가 수사를 방기하면 즉각 다른 수사 기관이 나서 수사했다. 선조들의 이런 철학을 현재에 되살려 수사권을 분산하는 것이 시대 흐름에도 맞고, 사회 정의 실현에도 가까울 것이다.

한성 부윤

지금의 서울 시장 격인 한성漢城 부윤府尹은 정2품으로서 다른 도의
관찰사(종2품)보다 한 등급 높았다. 최초의 한성 부윤은 태조 4년
(서기 1395년) 6월 13일 임명된 정신의鄭臣義였다. 정신의의 이후 행
로는 순탄하지 못해서 그해 10월 명나라 사신 일행으로 남경南京
에 갔다가 국서에 "명나라를 모멸하는 문구가 있다"라는 '표전문
사건'에 연루돼 이듬해 11월까지 구류됐다. 귀국 후에도 태조 7년
(서기 1398년) 발생한 제1차 왕자의 난에서 정도전鄭道傳 일파로 몰
려 영해진寧海鎭, 경상도 영덕에 유배됐다. 복귀 기록이 없는 것으로 봐
서 그곳에서 사망한 것으로 보인다.

초대 한성 부윤은 비참한 최후를 맞이했지만 서울은 계속 발
전해서 세종 6년(서기 1424년) 4월 한성부는 "도성 내에 인구는 많
지만 땅은 비좁아人多地窄" 집터를 둘러싼 분쟁이 심하다고 보고했
다. 한성부의 인구는 성안과 성 밖 10리를 뜻하는 성저십리城底十里
를 기준으로 말하는데, 《세종실록世宗實錄》 17년(서기 1435년) 7월
10일 조에 따르면 "한성부에 적籍을 둔 호구戶口는 도성 안이 1만

9,552호이고, 성저십리城底+里가 2,339호"로 도합 2만 1,891호였다. 이는 개인이 아니라 호수戶數, 가구 수를 뜻하는 것으로 보인다. 현종 13년(서기 1672년) 10월 30일 조는 한성부의 호수는 2만 4,800호에 남자 9만 8,713명, 여자 9만 3,441명으로 도합 19만 2,154명이라고 보고하고 있다. 당시 20만 명이면 세계적으로도 큰 도시에 속했다. 세종 6년(서기 1424년) 한성부는 재정을 담당하는 호조戶曹와 상의해 택지를 조성해 집 없는 사람에게 주는 방안을 마련했다. 이렇게 형성된 주택지가 동대문 근처의 숭신방崇信坊, 창인방昌仁坊 등이다. 집터를 무료로 나누어주니 터만 받고 집은 짓지 않는 얌체족이 생겼다. 다른 사람이 집을 지으려면 자신의 땅이라고 밀어냈다. 그래서 세종 11년(서기 1429년) 3월 한성부는 택지를 받은 후 3개월 내에 집을 짓지 않으면 집 지을 의사가 없는 것으로 보고 다른 사람에게 넘겨주었다. 부랴부랴 집 짓는 사람들이 늘어났으리라.

한성부의 복지 정책도 지금 못지않았다. 세종 8년(서기 1426년) 7월에는 성내에 친족도 없이 구걸을 하는 24명에게 매일 지미支米, 정규적으로 주는 쌀 한 되씩을 주었다.

서울 시장 후보 선출은 항상 관심의 초점이 되어왔다. 서울 시장을 대권大權의 징검다리로 여겨 시정의 속살을 만신창이로 만들 인물만은 삼가줬으면 좋겠다.

선조들의 제야

중국의 폭죽은 예부터 유명했다. 정조 15년(서기 1791년) 정사 김
이소金履素를 따라 북경에 갔던 백두白頭 선비 김정중金正中은 기행
문 〈기유록奇遊錄〉에서 "북경에는 섣달그믐 저녁부터 정월 대보름
밤까지 폭죽爆竹놀이를 하는 관례가 있어 딱총紙銃으로 귀신을 쫓
는데, 포砲 소리보다 더 큰 웅장한 소리가 아침이 다하고 밤이 새
도록 끊이지 않았다'라고 전하고 있다.

제야除夜의 폭죽놀이는 중국만의 풍습이 아니었다. 고려 말
의 학자 이규보李奎報, 1168~1241년의 〈수세守歲〉라는 시는 고려 말의
제일除日 풍습을 전해주고 있다. "대문 위에 복숭아나무를 꽂는 것
이 얼마나 괴상한가. 뜰 가운데 폭죽 소리 몹시 싫증 난다. 벽온
단辟瘟團 먹고 온역瘟疫 피한다는 것도 헛말이지만, 술 마시는 즐거
움 위해 사양하지 않았네門上揷桃何詭誕 庭中爆竹奈支離 庭瘟丹粒猶虛語 爲倒醇醨
故不辭."고려 말 제일에는 대문 위에 복숭아나무를 꽂고, 폭죽을 터
뜨리고, 벽온단을 먹었는데, 모두 귀신을 쫓는 벽사辟邪 행위다.

조선 중기 청음淸陰 김상헌金尙憲의 〈제석除夕〉이라는 시에 "폭

죽 소리 속에 한 해가 저문다爆竹聲中歲欲除"라는 구절은 조선 중기에도 폭죽을 쏘았음을 말해준다. 제석 전날부터 궁중에서는 관상감觀象監이 대포를 쏘는 '연종포年終砲'를 주관하고, 불화살火箭을 쏘고 징과 북을 치는 것도 모두 역귀를 쫓는 대나大儺 행사였다. 제야에 집 안팎과 부엌 등에 불을 밝혀두는 이유도 마찬가지였다. 《동경몽화록東京夢華錄》은 부엌 귀신이 마지막 날 밤 집안사람들의 죄를 천신天神에게 고한다는 풍설이 있어 이를 막기 위해 불을 밝혀두는 것이라고 전하고 있다. 이날 밤 잠을 자지 않고 밤을 세는 수세守歲를 하는 것도 원래는 귀신의 출입을 감시하는 뜻이었는데, 합리성을 존중했던 유학자들에 의해 한 해를 반성하는 의미로 바뀌었다.

한 해의 마지막 날에는 우리 사회를 각종 갈등으로 몰아넣는 증오 귀신들이 들어오지 못하게 막고 지나온 날을 반성하며 밤을 새우는 것도 선조들의 뜻을 잇는 방법이리라.

수명은 산같이, 재물은 바다같이

입춘 때 대문에 '입춘대길立春大吉', 또는 '건양다경建陽多慶' 같은 글
귀를 크게 써서 붙여두는 풍습이 있다. 입춘첩立春帖, 줄여서 춘첩
春帖이라고도 하고 도부桃符라고도 한다. 도부桃符는 복숭아나무로
만든 두 개의 판자에 신도神荼와 울루鬱壘라는 두 귀신 이름을 써
서 문 위에 걸어두면 나쁜 기운邪氣이 집 안으로 들어오지 못한다
는 뜻이라고 《설부說郛》〈울루鬱壘〉 조는 전하고 있다. 우리나라에
서는 입춘첩과 함께 호랑이와 까치가 같이 있는 민화를 문에 붙
이기도 한다. 이것이 입춘방立春榜이다. 호랑이는 악귀를 물리치
고 까치는 좋은 소식을 전하는 새라 함께 그린다.

　　조선 초기 문신 서거정徐居正의 〈입춘立春〉이라는 시에는 "대궐
에서 내린 채번彩幡에는 채화가 따라오고 이웃에서 보낸 춘반春盤
에는 오신채가 섞여 있네北闕賜幡隨彩勝　西鄰送菜錯盤辛"라는 구절이 있
다. 입춘 때 임금이 백관百官에게 금金, 은銀, 비단 등으로 만든 머
리꾸미개를 내려주는 것이 채번이다. 입춘날 이것을 달고 입조入朝
해서 하례賀禮를 올리는데 화번華幡이라고도 한다. 오신채는 특이

한 향내가 나는 다섯 가지 훈채葷菜, 향내 나는 채소를 뜻한다. 오신에 대해서는 견해가 일치하지 않지만 민가에서는 파, 마늘, 부추, 여뀌, 겨자를 친다. 입춘날 오신을 섞은 채소 요리를 이웃에 선물하는 것이 춘반春盤이다. 불가佛家나 도가道家에서는 오신채를 오훈채五葷菜, 또는 훈채葷彩라고 해서 금기 음식으로 친다. 음욕淫慾과 분노憤怒를 일으키기 때문이라는데 불가에서는 마늘, 달래, 무릇興渠, 자총慈蔥, 김장파, 부추 등을 쳤고, 도가에서는 마늘, 부추, 운대蕓薹, 고수胡荽, 염교薤 등을 쳤는데 어떤 훈채는 빠지고 다른 훈채가 들어가는 등 일치하지는 않는다.

입춘첩은 양쪽 문에 대구對句로 써서 붙이는 것이 일반적이다. "수명은 산같이壽如山, 재물은 바다같이富如海" 같은 글귀나 "부모님은 천년 수명父母千年壽, 자손은 만대 번영子孫萬代榮" 같은 글귀는 가정의 복을 비는 것이다. "나라는 태평하고 백성은 편안하고國泰民安, 집마다 살림이 넉넉하기를家給人足" 같은 춘첩은 나라와 가정의 두루 평안을 비는 대구다. 또한 "비바람이 순조롭고雨順風調, 시절이 태평하고 풍년이 들기를時和歲豐" 같은 구절도 있다. 시화세풍時和歲豐은 이명박 정권 출범 첫해의 사자성어로 삼았던 시화연풍時和年豐과 같은 뜻이다. 정조 임금은 "입춘첩 새로 써서 풍년을 기원하노라立春新帖願豐年"라는 시구를 남겼다. 매년 입춘이면 느끼는 것이지만 사라진 좋은 풍습이 너무 많다.

대동 사회를 위하여

조선 선조 때의 선비 정여립鄭汝立은 벼슬을 그만두고 전라도 진안鎭安 죽도竹島로 낙향해서 서실書室을 짓고 대동계大同契를 조직했다. 노서魯西 윤선거尹宣擧는《혼정편록混定編錄》에서 "정여립은 전주, 태인, 금구金溝 등 인근 고을의 여러 무사武士와 공사公私 천인賤人들까지 상하를 통해서 계를 만들어 대동계大同契라고 이름 지었다"라고 전한다. 대동계는 매월 15일에 모여 활을 쏘면서 "육예六藝는 폐할 수 없다"라고 말했다. 육예에는 예禮, 악樂, 서書, 수數와 함께 말이나 전차를 모는 어御와 활쏘기인 사射도 들어간다. 임진왜란 5년 전인 선조 20년(서기 1587년) 왜구가 습격하자 전주 부윤府尹 남언경南彥經은 정여립의 도움을 청했다. 《혼정편록》은 "정여립이 한 번 호령하는 사이에 군대가 다 모여 감히 뒤처지는 자가 없었다"라면서, 왜적을 물리친 후 정여립이 "훗날 오늘 같은 변고가 있으면 각각 부대를 이끌고 한시에 도착하도록 하라"라고 말했다고 전한다.

대동계는 지방관의 요청으로 왜구를 격퇴했던 공개 조직이었으나 2년 후인 선조 22년(서기 1589년) 반대 당파에 의해 정여립을 역모로 몰아 죽이는 도구로 악용됐다. 대동계가 역모의 결정적 증거로 사용됐으므로 이후 대동大同이라는 말은 금기가 될 법한데도 그렇지 않았다.

대동이라는 용어는 정여립 사형 20여 년 후인 광해군 즉위년(서기 1608년)에 대동법이라는 세법으로 다시 살아났다. 대동법은 국가, 왕실에 바치는 각종 진상품進上品인 공납貢納을 쌀로 통일해서 내는 세법이다. 과거의 공납은 부자와 빈자의 구분 없이 비슷한 금액이 가호마다 부과돼 가난한 백성의 원성이 자자했다. 대동법은 농토의 많고 적음을 기준으로 부과했으므로 조세 정의에 가까웠는데 그 시행 관청이 '백성에게 널리 은혜를 베푸는 관청'이라는 뜻의 '선혜청宣惠廳'일 정도로 가난한 백성이 환영했다.

정여립은 왜 대동이란 용어를 썼을까? 대동은 동양의 개혁 정치가들이 지향했던 이상 사회였다. 동양 사회는 대동大同, 소강小康, 난세亂世 순으로 분류된다. 중국 공산당은 2003년 당시를 소강 사회로 평가하면서 앞으로는 대동 사회로 나아가야 한다고 주장했다. 중국식 사회주의의 진로를 동양 고전에서 찾았다는 뜻이다. 한국 사회도 미래 방향을 둘러싼 진통이 계속되고 있지만 동양 고전에서 답을 찾으려는 시도는 좌우 어느 쪽에서도 하지 않는다. 대동, 소강, 난세의 편린이나마 살펴보면 우리 사회의 진로에 대해 조금은 깊이 있는 고민을 할 수 있을 것이다.

무위이치

동양 유학 사회에서 이상으로 삼았던 대동大同 사회는 어떤 모습일까?《예기禮記》〈예운禮運〉편에 구체적으로 묘사되고 있다. 공자孔子가 농사의 신인 신농 씨神農氏를 제사하는 사제蜡祭에 빈賓으로 참석하고 나서 관關, 성문 위에서 쉬다가 서글프게 탄식했다. 자유子游가 그 까닭을 묻자 공자는 먼저 "대도大道가 행해졌던 때는 천하가 공공의 것이었다天下爲公"라고 말했다. 대도가 행해졌던 요순堯舜 임금 때는 세상이 모두의 것이라는 천하위공天下爲公 사상이 지배했다는 뜻이다.

공자는 구체적으로 "어질고 능력 있는 자를 뽑아서選賢與能 신의를 가르치고 화목을 닦게 하니 사람들은 자신의 부모만을 부모로 여기지 않았고, 자신의 자식만을 자식으로 여기지 않았다"라고 말했다. 자신의 부모나 자식만을 식구로 여기지 않는 천하일가天下一家 사상이었다. 공자는 "노인들은 편안하게 일생을 마치게 했으며, 젊은이는 다 할 일이 있었고 어린이는 잘 자라날 수 있었으며, 과부, 홀아비, 병든 자를 불쌍히 여겨서 다 봉양했다. 남자는 직업이 있고 여자는 시집갈 자리가 있었다"라고 말했다. 모든 약자를 봉양하는 복지 사회의 전제는 "젊은이는 다 할 일이 있었으며 (……) 남자는 직업이 있는" 사회였다. 풍부한 일자리가 복지 사회의 전제라는 사실을 2,500년 전의 공자는 명확하게 인식했다. 공자는 또 "재물을 땅에 버리는 것을 싫어했지만 반드시 자기를 위해 쌓아두지는 않았다. 몸소 일하지 않는 것을 미워했지만 반드시 자기를 위해서만 일하지는 않았다"라면서 노동의 보편성과 소유의 공공성을 설파했다. "그래서 바깥문을 열고 닫지 않았으니 이를 일러 대동이라고 한다"라고 공자는 설명했다.

대동 사회에 울려 퍼지는 노래가 격양가擊壤歌다. 1세기 때 왕충王充이 지은 《논형論衡》〈예증藝增〉편에 나온다. 50세의 사람이 길에서 "크도다, 요임금의 덕이여!"라고 임금을 찬양했다. 그러자 땅을 두드리던擊壤 사람이 "해 뜨면 나가서 일하고, 해 지면 돌아와 쉬네. 우물 파서 물 마시고 밭 갈아서 밥을 먹는데, 임금의 힘이 나와 무슨 상관이냐日出而作 日入而息 鑿井而飮 耕田而食 帝力於我何有哉"라고 반박했다. 한마디로 임금이 있는지 없는지 모를 정도로 잘 돌아가는 무위이치無爲而治의 세상이 대동 사회다. 《시경詩經》〈대아大雅〉편에 "봉황은 저 높은 산봉우리에서 울고 오동나무는 저 조양 땅에서 자라네鳳凰鳴矣 于彼高岡 梧桐生兮 于彼朝陽"라는 노래가 있다. 봉황은 태평한 시대에만 나타나는 새다. 청와대 문양에 봉황을 그린 뜻을 아는 사람 얼마나 될까마는.

훈민정음 창제 원칙

《훈민정음訓民正音》 서문은 "비록 바람 소리나 학의 울음소리, 닭 울음소리, 개 짖는 소리까지 모두 쓸 수 있다"라고 말하고 있다. 귀에 들리는 모든 소리는 다 적을 수 있다는 뜻이다. 그런데 현행 한글 맞춤법 통일안에 따르면 영어의 'L과 R', 'P와 F', 'B와 V', 'G와 Z', 'E와 Y'를 구분할 수 없다. 우리 사회가 영어 교육에 숱 한 투자를 하고도 효과가 미미한 근본적 이유가 훈민정음 창제 원칙을 버린 데 있다.

　세종 28년(서기 1446년) 발간된 훈민정음 사용 설명서인《훈 민정음 해례본解例本》에 따르면 이런 모든 발음을 구분할 수 있다. 세종은《훈민정음 해례본》 서문에서 "정음正音을 만드는데 (……) 단지 그 소리를 따라 그 이치를 다할 따름"이라고 소리를 따라 적 으라고 말하고 있다.《훈민정음 해례본》에는 몇 가지 표기 원칙 이 나오는데 그중 하나가 병서並書 원칙이다. 한마디로 초성初聲을 자유롭게 쓰라는 것이다. 이에 따르면 'L과 R', 'G와 Z' 등의 발음 문제가 해결된다. 예를 들어 L을 'ㄹ'로 적는다면 R은 'ㄹㄹ', 또는

'ㅇㄹ' 등으로 구분해서 적으면 된다. 《훈민정음 해례본》의 연서 連書 원칙에 따르면 'P와 F', 'B와 V' 등의 발음 문제도 해결된다. 순음脣音, 입술소리 'ㅁ, ㅂ, ㅍ, ㅃ' 아래 'ㅇ'을 연서해 '망, 방, 퐁, 뼁' 같은 순경음脣輕音을 만들라는 것인데, 예를 들어 B를 'ㅂ'로 쓰면 V는 '망'으로 적어 구분하라는 뜻이다. 세종은 우리 겨레에게 없는 발음이 다른 겨레에게는 있다는 사실을 알고 있었다. 세종이 훈민정음으로 한자음을 적는 운서韻書에 많은 공력을 들여 《동국정운東國正韻》을 만든 것이 이를 말해준다.

세종의 훈민정음 표기 원칙은 1912년 조선총독부에서 고쿠분 쇼타로國分象太郎 같은 일본인 학자들과 한인 학자들을 시켜 보통학교용 언문 철자법을 만들면서 크게 훼손됐다. 여기에 1933년 한글 맞춤법 통일안에서 'ㄹ'이 첫소리가 되지 못하게 하고 일부 모음 앞에서 'ㄴ'이 첫소리가 되지 못하게 하는 두음 법칙 따위를 채택하면서 또 훼손됐다. 지난 100여 년간 가장 많이 퇴화한 언어가 한글이라고 해도 과언이 아니다. 세종이 만기萬機를 친림하는 바쁜 와중에 훈민정음을 만든 이유는 '제 뜻을 펴지 못하는 15세기 조선 백성'을 위해서였다. 지금은 '제 발음을 펴지 못하는 21세기 대한민국 국민'을 위해 훈민정음 창제 정신으로 돌아갈 때다. 《훈민정음 해례본》(상주본)에 대한 법원 판결이 끝났음에도 그 내용이 공개되지 않는 것이 유감이다. 《훈민정음 해례본》은 개인만의 것이 아니라 민족의 자산이다.

작은 반성에서 큰 길이 열린다

한국인에게 새벽은 남다른 시각이다. 약 100년 전인 1907년 1월 6일부터 10일간 평양 장대현교회에서 시작된 부흥 사경회는 길선주吉善宙 장로의 회개를 계기로 '대부흥 운동'으로 발전하는데, 한국인 최초의 일곱 목사 중의 한 명인 그는 젊은 시절 선교仙敎에 심취해 여러 해 동안 입산수도하며 새벽 기도깨나 했던 인물이다. 선교사 조지프 데이비스는 《선교사The Missionary》(1910년)에서 "평양에서는 길 목사와 장로 한 사람이 교회당에 와서 새벽 기도를 드리는 습관이 있다'라면서 한국인 특유의 새벽 기도를 기독교와 접맥한 인물이 길선주라고 적고 있다.

교회사 연구자들은 평양 대부흥 운동이 1903년 원산 창전교회에서 열린 각 교파 합동 기도회에서 선교사 로버트 하디Robert Hardie, 한국명 하리영河鯉泳의 회개가 씨앗을 뿌렸다고 보고 있다. 자신의 선교가 효과가 없었던 이유가 한국인에 대한 백인으로서의 우월 의식과 자만심에 있었다는 회개였다. 김영희金永羲는 《좌옹 윤치호 선생 약전佐翁尹致昊先生略傳》(조선기독교감리회총리원, 1934년)에서 선교사들의 우월 의식을 '양대인洋大人'이라는 표현으로 설명한다. 선교사들의 '양대인 의식'은 가난하지만 자부심 강한 한국 민족에게 반발을 샀는데, 하디가 이를 회개하면서 선교사들 사이에 회개의 물결이 일었다. 1907년 부흥 사경회에서 길선주 장로가 "형제들을 질시했으며 방위량邦緯良, William Blair 선교사를 미워했다"라고 자복하자 다른 교인이 '자기 아내를 사랑하지 못한 죄'를 고백했고, 다른 회개 대열이 줄을 이었다. 평양 대부흥 운동은 '축첩蓄妾, 조혼早婚, 음주, 흡연' 등을 금하는 기독교 사회 윤리관 정립으로 발전하는데, 곽안전郭安全은 《한국교회사》(대한기독교서회, 1961년)에서 이를 계기로 그간 여러 손실을 입혔던 사람들에게 사과하고 손해를 배상하는 현상이 일어났다고 적고 있다.

교회사 연구자들은 평양 대부흥 운동이 "한국 교회와 교인의 도덕성 향상에 크게 기여했다"라고 평가한다. 현재 개신교계에서는 대부흥 운동을 계승하려 움직이고 있는데 그간 물적·양적 팽창에 치우쳤다는 비판을 거울 삼아 개신교가 한국 사회의 도덕성 향상을 다시 선도할 수 있도록 거듭나야 할 것이다.

정치의 품격

《예기禮記》〈곡례曲禮〉는 "남자는 20세에 관례冠禮를 하고 자字를 지으며, 여자는 혼인을 약속하면 계례筓禮를 하고 자를 짓는다"라고 쓰고 있다. 관례는 머리에 관冠을 쓰는 의식이고, 계례는 비녀를 꽂는 의식이며, "자를 짓는 것은 그 이름을 공경해서"라고 설명하고 있다. 자는 보통 부모나 존장자尊長者가 지어주었는데, 원래는 손아랫사람도 부를 수 있었다. 그러다 자도 아랫사람이 부르기를 꺼리게 되면서 호號를 사용했다. 호는 세상에 뜻을 잃은 은자隱者들이 이름을 감추기 위해서 지었다.

《한서漢書》〈왕공량공포王貢兩龔鮑 열전〉에는 한고조漢高祖가 동원공東園公, 기리계綺里季, 하황공夏黃公, 녹리선생甪里先生 4인은 한나라 부흥에 공이 있어서 불렀으나 상락심산商雒深山에 숨어서 나오지 않았다고 기록하고 있다.

기록상 우리나라에서 가장 먼저 호를 쓴 인물은 원효元曉, 617~686년로서 《삼국사기三國史記》〈원효 열전〉에는 "환속해 자호自號를 소성거사小性居士라고 했다"라고 전한다. 호는 사는 집이나 마을,

또는 산이나 하천 등을 가지고 짓는 등 작호作號에는 제한이 없었다. 다수가 좋아하는 호는 따로 있어서《한국인명 자호사전》(임종욱, 이회문화사, 2010년)에 따르면 중경重卿은 10명, 자화子和는 11명, 달부達夫는 12명, 효백孝伯은 13명, 대이大而는 14명, 자고子固는 15명, 여명汝明은 16명, 호연浩然은 17명, 길보吉甫는 18명이 사용했고 가장 많은 명중明仲은 21명이었다.

임금도 호가 있어서 정조는 홍재弘齋이니, 그의 문집이《홍재전서弘齋全書》인 이유를 자연히 알게 된다. 태조 이성계는 재위 7년 (서기 1398년) 동북면 도선무순찰사 정도전에게 군신 관계를 뛰어넘는 친근감의 표시로 '송헌거사松軒居士' 명의로 편지를 보냈다.

언제부터인지 유력 정치인을 영문 이니셜이나 이름으로 부르는데, 이니셜은 무의미한 발음 체계에 불과하고 성인 이름으로 부르기는 민망하다. 아호雅號를 사용하면 서로 말을 조심할 것이니 그만큼 우리 정치의 품격도 높아질 것이다.

불교가 추구해야 할 가치

물과 육지에서 헤매는 고혼과 아귀에게 불법을 강설하고 음식을
베푸는 의식인 수륙재보다 그 규모가 크면서도 잘 알려지지 않은
것이 무차 대회無遮大會다. 조선 성종 1년(서기 1470년) 광평대군의
부인 신 씨가 남편의 명복을 빌기 위해 간행한 책이《수륙무차평
등재의촬요水陸無遮平等齋儀撮要》인데, '수륙'과 '무차'라는 말이 함께
들어 있어 양자 사이의 연관성을 시사한다. 책의 "무차 평등無遮平
等"이라는 말처럼 무차 대회는 남녀노소, 귀천의 차별 없이 모든
백성을 상대로 설법과 잔치를 베푸는 것이었다. 불교는 인연을
중시하지만 무차 대회는 인연이 있거나 없거나를 가리지 않고 제
도하는 법회였다. 그야말로 성범聖凡, 도속道俗, 귀천貴賤, 상하上下
의 구분 없이 불법과 재물을 베푸는 대법회였다.

그러나 무차 대회는 사대부의 강한 반발을 받았다. 성종 25년
(서기 1494년) 성종의 친형 월산대군의 부인이 흥복사興福寺, 원각사에
서 무차 대회를 열자 대간臺諫에서 연일 간쟁한 사실이 이를 말해
준다.

명종의 모후 문정왕후가 명종 20년(서기 1565년) 4월 초파일 양주 회암사에서 거행하려던 무차 대회는 사연이 깊다. 문정왕후는 명승 보우普雨와 함께 승과僧科를 부활시켜 임진왜란 때의 승장勝將 휴정休靜, 서산 대사, 유정惟政, 사명 대사을 배출하는 등 유교 국가 조선에서 불교 중흥에 힘쓴 왕비였다. 조선 후기 유학자들은 이 때문에 문정왕후를 여왕이라고 빈정댔다. 《명종실록明宗實錄》은 문정왕후가 베풀려던 무차 대회 때 "승려들이 사방에서 모여들어 몇 천 명이나 되는지 모를 정도였다"라고 적고 있지만, 이때의 무차 대회는 거행되지 못했다. 문정왕후는 명종의 외아들 순회세자가 명종 18년(서기 1563년) 요절하자 그 뒤를 이을 손자를 기원하기 위해 무차 대회를 준비했었다. 그러나 《명종실록》이 "자전이 계율戒律을 따라 수십 일 동안 목욕재계하고 소식素食, 고기를 먹지 않는 것하다가 병환이 났다"라고 전하는 것처럼 지나친 정성이 병을 불렀던 것이다. 문정왕후의 승하로 무차 대회는 무산됐으나 신분제 사회에서 모든 백성의 강복降福을 기원했던 무차 대회의 정신은 현대 불교가 추구해야 할 가치로 손색이 없다.

큰 부자는 하늘이 낸다

"부지런한 부자는 하늘도 못 막는다"라는 속담은 근면하면 부자가 된다는 뜻이다. 그러나 "부자도 한정限定이 있다"라는 속담은 재산이 한없이 불지는 않음을 뜻한다. 그래서 "큰 부자는 하늘이 낸다"라는 말이 있다. 황현黃玹이 《매천야록梅泉野錄》에서 "북경北京 사람들은 지금도 그의 이름을 들먹인다"라고 전할 정도였던 임상옥林尙沃은 하늘이 낸 큰 부자였다. 《개벽》1923년 8월 호는 임상옥이 판서判書 박 모朴某가 궁했을 때 모친상을 당하자 4,000냥을 주어 장사를 치르게 한 것이 거부가 될 계기가 됐다고 전한다. 박 모는 이조 판서 박종경朴宗慶인데, 그는 누이가 순조의 생모 수빈綏嬪 박씨인 데다 대왕대비 정순왕후 김씨의 총애를 입었던 실세였다. 임상옥은 박종경의 후원으로 국경 지방의 인삼 무역권을 독점하면서 거부가 됐다.

그러나 임상옥의 진가는 돈을 쓰는 방식에 있었다. 《일성록日省錄》순조 32년(서기 1832년) 6월 10일 자는 그가 2,070냥을 희사해 이재민을 살렸다고 전하며, 의주 부윤府尹 남이형南履炯은 그가 이전에도 거금을 쾌척했다고 보고하고 있다. 임상옥은 이 공로로 곽산郭山 군수에 제수되는데, 그 후에도 수재가 발생하자 거액의 의연금을 내어 헌종 1년(서기 1835년) 종3품 평안도 귀성龜城 부사로 승진했다. 그러나 비변사에서 전년 섣달의 전최殿最, 인사 고과에서 중고中考에 들었다며 승진에 반대해 귀성 부사 부임은 무산됐다. 호암湖岩 문일평文一平은 1939년에 쓴 〈임상옥〉이라는 글에서 그가 다리를 건설하고 배를 희사한 사례 등을 들고 있지만 양인 출신의 고위직 진출을 눈뜨고 볼 수 없던 사대부들이 그를 끌어내린 것이었다.

《의주군지義州郡誌》는 벼슬에서 물러난 임상옥이 "빈민 구제와 시주詩酒로 여생을 보냈다"라고 전한다. 그의 시 중 한 구절이 "재물은 물처럼 평등해야 하고 사람은 저울처럼 곧아야 한다財上平如水人中直似衡"이다. 한국 경제가 급팽창하면서 하늘이 낸 부자들이 많이 나타났지만 임상옥처럼 돈을 썼다는 이야기는 들어보지 못했다. 그러니 존경받는 거부가 없는 것이다.

예술은 갑자기 이룰 수 없다

조선 중기 최립崔岦은 《간이집簡易集》의 첩면帖面에서 "우리나라의 명화는 재능이 뛰어난 종실宗室에서 많이 나왔다"라고 하면서 석양정石陽正과 학림수鶴林守를 예로 들었다. 석양정 이정李霆은 매죽梅竹으로 이름났고, 학림수 이경윤李慶胤, 영윤英胤 형제는 수석水石으로 이름났다. 다산茶山 정약용丁若鏞이 〈영명위永明尉의 화첩에 네 절구를 쓰다〉라는 시를 남겨 정조의 딸 숙선옹주淑善翁主의 남편 영명위 홍현주洪顯周도 그림에 뛰어났던 것을 알 수 있다. 신분은 높지만 정치에 관여하기 어려운 처지를 그림에 대한 열정으로 표출한 것이리라.

정약용은 태학생太學生인 윤용尹愹의 그림책을 평한 〈발취우첩跋翠羽帖〉이라는 글도 남겼다. 윤용이 자신의 그림을 너무 애지중지하자 사람들이 "비취翡翠, 물총새가 제 깃羽을 사랑하는 것과 같다"라고 비웃은 데서 취우첩翠羽帖이라는 말이 나왔다. 다산은 윤용이 화조도花鳥圖나 축수도畜獸圖, 짐승 그림를 잘 그렸다면서 "그가 호랑나비나 잠자리 등을 잡아 그 털과 분粉가루까지 그 세밀한 데를 묘사했다'라고 세밀화의 대가로 설명하고 있다.

그런데 다산은 "끝이 무지러진 붓秃筆으로 수묵水墨을 듬뿍 묻혀 형태와 달리 기괴하게 그려놓고도 '사물의 내면을 그린 것이지 그 겉모습을 그린 것이 아니다以畫意不畫形'라고 이름 붙이는 자들과는 비교할 바가 아니다'라고 당시의 한 화풍도 비판했다.

윤용의 조부는 〈자화상自畫像〉으로 유명한 정약용의 외조부 공재恭齋 윤두서尹斗緒였다. 윤두서의 재능은 아들 윤덕희尹德熙에게 전해졌다가 다시 손자 윤용에게 이어진 것이다. 그래서 정약용은 "예藝는 갑자기 이룰 수 없는 것이다'라고 덧붙이고 있다.

조선 후기의 유명한 그림 평론가였던 동계東谿 조귀명趙龜命은 이병연李秉淵이 소장한 화첩의 발문에 "그림을 소장한 자蓄畫者는 완상翫賞하고 나서 마음에 흡족하면 주객主客이 하나가 된다'라고 말했다. 볼로냐 아동 도서전을 비롯해 여러 도서전에서 한국 그림책이 주목받는다는 보도가 여러 번 있었다. 그림을 중요한 소양중의 하나로 여겼던 선인들의 전통이 다시 꽃피고 있는 것이다.

재난은 예고 없이 찾아온다

옛사람들은 자연 현상이 순리대로 흐르지 않으면 맺힌 것이 있기 때문이라고 생각했다. 《주례周禮》〈춘관 소종백春官小宗伯〉에 "무릇 천지의 큰 재앙에는 사직社稷과 종묘宗廟에 제사를 지낸다"라는 구절처럼 이런 때는 맺힌 기운을 풀어주기 위해 제사를 지냈다. 《고려사高麗史》 현종 14년(서기 1023년) 5월 조에는 "금주金州, 김해에 지진이 있었다. 이때부터 지진이 발생한 지역에 해괴제解怪祭를 지내기 시작했다"라며 '괴이한 것을 푸는' 해괴제에 대해 전하고 있다. 과문寡聞한 탓인지 중국 사서史書나 문헌에서는 본 적이 없으니 우리 전통의 제사였으리라 짐작된다.

대궐 안의 부엉이가 울거나 사람이 벼락에 맞거나 바닷물이 갑자기 붉어질 때도 해괴제를 지냈다. 그러나 이황李滉의 문집인 《퇴계집退溪集 고증 3권》에 "3~4개 이상의 읍에서 지진이 발생하면 가운데 위치한 읍에 해괴제를 지낸다"라는 기록처럼 지진 때 주로 지낸 제사였다.

조선 현종 9년(서기 1668년) 6월 23일 평안도 철산에 해일과 지진이 발생하고 황해도, 충청도, 전라도, 경상도에 동시에 지진이 발생하자 예조禮曹의 청에 따라 해괴제를 지낸 것이 대표적이다. 같은 해 10월 청나라에 갔던 사은사謝恩使가 산동성山東省 무원撫院, 등주과 강남江南 세 성省, 궁중에 지진이 발생해 산동성 담성郯城 한 곳에서만 1,000여 명이 보고했다. 반청反淸 사상의 대신들은 "청나라가 반드시 지탱하지 못할 것"이라고 기뻐하는데, 사신史臣은 "이때 우리나라에 재이災異가 거듭 발생하고 기근과 전염병으로 백성들이 계속 죽어가는데 이를 근심하지 않고 청나라에 이변이 일어났다는 소식을 듣고 상하가 희색이 만면했다"라면서 "집이 불타는데 처마 밑의 제비가 걱정하지 않는 격"이라고 비판하고 있다. 실제로 2년 후인 현종 11~12년(서기 1670~1671년)에 각종 자연재해에 우역牛疫, 구제역과 여역癘疫, 전염병까지 덮친 경신庚申 대참변이 발생했다. 당시에는 원인을 몰랐지만 최근에는 16~19세기 전 세계적 소빙기小氷期의 여파로 해석한다.

현재 지구촌 곳곳에서 자주 나타나고 있는 재해의 원인을 정확히 알 수는 없다. 그러나 거듭되는 재해는 우리가 이미 거대한 물결의 귀퉁이에 들어서 있는지도 모른다는 생각을 들게 한다. 이웃 일본의 재해가 남의 일이 아닌 이유다. 해괴제를 지냈던 선조의 마음으로 일본의 진재震災 극복을 돕고 앞으로 닥칠지도 모를 재난에 만반의 대비를 할 때다.

가벼운 것을 귀하게 여겨라

중국 전국戰國 시대 사람 백규白圭라는 인물은 중국 고대 경영학의 원조로 꼽힌다. "시세가 변할 것을 낙관한다"라는 '낙관시변樂觀時變'의 원칙에 의한 '치생지술治生之術'을 주장했는데, 풍년에도 구입하고, 흉년에도 구입한다는 것으로 "남들이 버릴 때 취하고, 남들이 취할 때 함께 한다人棄我取. 人取我與"라는 그의 경제학 원칙은 진한秦漢 대 이후 중국의 경제·경영학에 큰 영향을 미쳤다.

백규가 맹자孟子에게 "세금을 20분의 1만 받고자 하는데 어떻게 생각하십니까?"라고 묻자 맹자가 "그것은 맥貊의 방법이오"라면서 반대했다는 기록이 《맹자》〈고자장구告子章句〉에 나온다. 여기에서 맥은 고조선을 뜻하는데 고조선의 세금이 그만큼 헐했음을 나타낸다.

조선 태종은 도성 여러 곳에 인위적인 상가를 조성했다. 경복궁에서 종루鐘樓, 종루에서 숭례문崇禮門, 남대문과 흥인문興仁門, 동대문 등의 길 양쪽에 2,000여 칸의 상가를 지어 상인들에게 임대했다. 이를 시전市廛이라 하고 여기에서 장사하는 상인을 공랑公廊 상인

또는 정주定住 상인이라고 불렀다. 경시감京市監에서 시전을 감독하며 물가를 조절하고, 청제감淸齊監에서 시가의 청결을 감독했다. 상인들은 국가에 일종의 점포세인 공랑세公廊稅를 냈는데,《경국대전經國大典》에는 건물 한 칸마다 봄·가을에 각각 저화楮貨 스무 장씩을 받고, 좌고坐賈, 즉 자리를 잡고 있는 상인들에게는 한 달에 저화楮貨 네 장씩을 받도록 규정하고 있다.

《예기禮記》〈왕제王制〉편에는 "시장의 점포에 대해서는 세금을 받되 그 상품에 대해서는 세금을 받지 않았다市廛而不稅"라고 기록하고 있는데 조선의 상업세는 이보다 더 쌌다.《경국대전》은 "보통 베 한 필이 저화 스무 장에 해당하며, 저화 한 장은 쌀 한 되에 해당한다"라고 규정하고 있다. 1년에 쌀 40되가 점포세였으니, 현재 80킬로그램에 17만 원 정도인 소비자 가격으로 계산하면 1년에 불과 6만 8,000원인 셈이다. 이처럼 우리나라의 전통 조세 정책은 가벼운 것을 귀하게 여겼다.

신분은 중요하지 않다

홍만선洪萬選의 《산림경제山林經濟》에는 '우물에 들어가 죽다入井死'라는 항목이 있다. 여름 5~6월에 우물 청소에 나섰다가 우물 속 깊은 곳의 숨은 기운伏氣 때문에 갑자기 숨이 막혀 죽는 이야기다. 이때 경련을 일으키면 배꼽 좌측과 우측에 뜸을 뜨라고 하며 '허방許方'을 소개하는데, 조선에서 허방은 《동의보감東醫寶鑑》의 허준許浚과 《침구경험방鍼灸經驗方》의 허임許任을 뜻한다.

침과 뜸으로 유명했던 허임의 부친은 《광해군일기光海君日記》에서 관노官奴라고 적고 있는 악공樂工 허억복許億福이고, 모친은 사비私婢였다. 임진왜란 생활상 기록인 《쇄미록瑣尾錄》을 쓴 오희문吳希文은 임천林川 군수 박춘무朴春茂의 소개로 허임을 만나 "서로 인사하고 들어가서 마주 앉아 존칭을 썼는데 조금도 사양하는 빛이 없었다"라면서 나중에 의녀에게서 그 부친을 알고 나서 "너무 지나치고 몹시 분하다"라고 쓰고 있다. 선조宣祖가 비망기備忘記에서 "침을 잘 놓는다고 일세를 울리는 사람"이라고 말한 허임은 나중 2품까지 오르지만 오희문은 끝내 벼슬길에 오르지 못했다.

임천 군수 박춘무도 《선조실록宣祖實錄》에 "임금을 진찰하고 침과 뜸을 놓아 효과가 있었다"라고 쓴 상민常民 출신이었다. 허임을 지방관에 제수하자 양사兩司는 출신을 문제 삼으며 극력 반대했는데 광해군은 재위 1년(서기 1609년) "하늘이 인재를 내리는 데 어찌 귀천을 구분하겠는가"라며 임명을 강행했다.

조선 중기의 명신名臣 이경석李景奭의 부친 이유간李惟侃은 《우곡일기愚谷日記》에서 아들 이경석의 다리에 난 종기를 여러 의사가 치료하지 못했으나 허임만 치료했다면서 명불허득名不虛得이라고 찬탄하고 있다.

여러 해 전에 서울시에서 신의라고도 불리는 구당 김남수 옹에게 침사 자격증만 가지고 뜸까지 떴다며 자격을 정지하자 소송을 제기한 적이 있었다. 한의학의 이런 비방秘方을 제도권 내로 끌어들일 의료법 개정이 시급한데, 그 전에라도 이런 비방 보존에 힘쓰는 것이 행정 관청 본연의 임무 중 하나라는 사실을 주지해야 한다.

유공자 논공행상

임진·정유재란이 끝남에 따라 유공자에 대한 논공행상論功行賞이 필요했다. 선조 34년(서기 1601년)부터 37년(서기 1604년)까지 공신 심사가 진행됐는데, 문신은 호성공신屬聖功臣, 무신은 선무공신宣武功臣으로 책봉했다. 선무공신이 무장에 대한 포상이고, 호성공신은 글자 그대로 '임금聖을 뒤따른屬 공신들'에게 내린 칭호였다. 당연히 선무공신이 많아야 함에도 호성공신은 86명인 데 비해 선무공신은 18명에 지나지 않았다. 이는 "강토를 회복한 것은 모두 중국 군대의 공이다. 우리나라 사람은 한 일이 없다. 이는 내가 사실에 근거해 한 말이다"(《선조실록宣祖實錄》, 34년 3월 17일)라는 국왕 선조의 논리에 따른 것이었다. 전란 내내 도성을 버리고 도주하기 바빴으며, 압록강 건너 요동으로 도망가려는 요동내부책遼東內附策을 주창했던 선조의 희한한 생존 논리였다. 그나마 선조는 선무공신 없이 호성공신의 끄트머리에 몇몇 무장만을 붙이려 했으나 이항복李恒福이 "호성공신의 말석에다 부친다면 여러 장수가 필시 불만스러워할 것입니다"라며 반대함에 따라 선무공신을 따로 책봉한 것이었다.

이미 사망한 이순신, 권율, 원균 세 명만이 선무공신에 책봉됐는데, 원균은 당초 2등이었으나 선조가 "이순신과 공이 같다"라고 주장해 1등으로 승급됐다. 백성이 추앙하는 전쟁 영웅 이순신은 선조로서는 철저하게 부인해야 하는 대상이었다. 호성 1등 공신은 정곤수鄭崑壽와 이항복인데, 일반인에게 생소한 정곤수는 청병진주사請兵陳奏使로 명의 구원병 파병을 성사한 공으로 책봉됐으니 역시 선조의 논리다. 문신인 사관史官이 "호종한 신하들은 많이 참여시키고 싸움에 임한 장사들은 소략하게 했으니, 공에 보답하는 방도를 잃었다고 할 만하다"(《선조실록》, 36년 2월 12일)라고 비판할 정도였다. 곽재우郭再祐 같은 전쟁 영웅은 물론 배제됐는데, 그나마 선조에게 죽지 않은 것이 다행이었다.

충무공 이순신의 공신 책봉 교서가 한때 행방이 묘연해서 논란이 된 적이 있었다. 선조의 증오를 피해 일부러 자살했다는 설이 끊이지 않았던 이순신의 기구한 운명이 계속되는 듯하다.

무익지물

옛날에도 값비싼 외국 명품이 있었다. 그런데 그런 명품에 대한 평가는 좋지 않았다. 성호星湖 이익李漢은 《성호사설星湖僿說》 〈봉사 무역奉使貿易〉 조에서 외국 명품을 무익지물無益之物, 즉 "쓸데없는 물건"이라고 불렀다. 이익은 "고려 공민왕恭愍王 때부터 중국에 사신으로 가는 자들이 은화銀貨를 많이 가지고 가서 채단彩緞, 수놓은 비단 같은 무익지물들을 사 왔는데 식자識者들도 권귀權貴들의 청탁을 물리칠 수 없었다"라고 전하고 있다.

자라낭紫羅囊도 명품의 뜻으로 사용된다. 자줏빛 비단으로 만든 향이 나는 주머니가 자라낭이며 진晉나라 때 사현謝玄이 어려서부터 차고 다녔다. 이를 걱정한 숙부叔父 사안謝安이 그 마음을 상하지 않게 장난으로 내기를 해서 불태워버렸다는 일화가 송나라 진경陳敬이 쓴 《향보香譜》에 전한다.

명품을 장물長物이라고도 불렀다. 일상생활에 쓸데없는 사치품이라는 뜻이다. 점필재 김종직金宗直의 시에 "평생 장물長物 하나 없고 책 한 묶음만 있을 뿐이네平生無長物 只消書一束"라는 구절이 이를 말해준다. 책에 욕심이 많은 선비들은 책에 호사를 부리기도 했다. 상아象牙로 만든 책갈피인 아첨牙籤이 그것이다. 서거정徐居正은 〈소요정이 부친 시운에 차하다次逍遙亭見寄詩韻〉라는 시에서 "또 아는 것은 그윽한 집에 장물이 있는데 아첨 만 축이 서가에 가득 찼네且識幽居長物在 牙籤萬軸滿書床"라고 노래했다.

명품名品이라는 말은 원래 좋은 품질의 벼루나 꽃, 차 등에 붙이는 이름이었다. 조선 초기 문신 성현成俔은 〈자석산 아래를 지나며過紫石山下〉라는 시에서 "그대는 보지 못했는가, 단계의 삼종이 모두 신품인 것을君不見端溪三種皆神品"이라고 읊었다. 단계端溪는 중국 광동성廣東省에 있는 계곡인데, 여기에서 나는 벼루가 천하 명품이어서 신품神品으로까지 불렸다.

허균은 〈병화사瓶花史〉라는 글에서 '꽃을 품평하는 자評花者'가 꽃의 등급을 '염품艶品, 은품隱品, 선품禪品, 명품'으로 분류했다고 전한다. 도리桃李꽃을 요염한 염품, 국화를 은근한 은품, 연꽃을 좌선하는 선품, 모란과 작약을 명품으로 분류했다는 것이다.

2012년 루이비통이 세계 최초로 인천공항에 매장을 개장했다. 선조들이 봤다면 '무익지물점無益之物店', '장물점長物店'이라고 비판했을지도 모를 일이다.

억울하게 죽은 생명에 대한 배려

조선에서 살인죄는 어떻게 처리했을까? 조선의 형법전인 《대명률大明律》〈인명人命〉조가 그 처벌 규정인데, 〈모살인謀殺人〉조는 "살인을 계획한 자는 목을 베는 참형斬刑, 계획을 도운 자는 목을 매는 교형絞刑, 돕지 않은 자는 장杖 100대에 유배 3,000리에 처한다"라고 규정하고 있다. 사형을 참형과 교형으로 등급을 나누어 놓은 것이다. 돕지 않은 자는 계획을 알고도 신고하지 않은 자를 뜻한다. 현재의 폭행 치사에 해당하는 투구鬪毆 살인에 대해서는 "손발로 때렸는지 금인金刃, 쇠붙이으로 죽였는지를 막론하고 교형"이었고, 고의로 살인한 "고살자故殺者는 참형"이었다. 《당률唐律》은 "무기兵刃를 사용한 자는 고살자와 같이 참형에 처한다"라고 무기 사용을 더 강하게 처벌하고 있다.

연쇄 살인은 어떻게 처벌했을까? 《대명률》의 '일가 셋을 죽인 죄殺一家三人'가 여기에 해당하는데 "사지를 찢어 죽이는 능지凌遲에 처하고 재산은 살해된 자의 집안에 준다"라고 규정하고 있다. 연산군 5년(서기 1499년) 이방李芳의 처자 등 네 명이 살해당한 사건이 발생했을 때 주범 김이강金伊江뿐만 아니라 살인에는 가담하지 않았지만 시신 유기에 참여했던 이생李生도 사지가 찢겨 죽었다. 사형은 사약으로 죽이는 사사賜死, 교형, 참형, 능지로 나뉘어 있었으나 때로는 사면되는 경우도 있었다. 《대명률》〈존류양친存留養親〉조는 "사형 판결을 받았지만 조부모와 부모가 늙고 병들었으나 그 이외에 모셔야 될 사람이 없을 경우 죄명을 상세히 갖춰 올려서 윤허를 받아 사면한다"라고 기록하고 있다. 살인은 사형이 원칙이지만 정상 참작도 있었다는 말이다.

그 누구보다 죄인을 살리기 위해 무수한 노력을 했던 임금이 정조였다. 그런 정조도 대리청정 시절인 영조 52년(서기 1776년) 서울 중부中部의 노奴 금이金伊의 임상휘林尚輝 살인 사건에 대한 보고를 받고 "살인자는 죽음으로써 죽은 자의 생명을 보상하는 것이다死以其償死者之命"라고 말했다. 죽은 자의 생명을 귀하게 여기기 때문에 살인자를 사형시킨다는 뜻이다. 억울하게 죽은 생명에 대한 배려는 흔히 간과되는 현재의 사형제 논란에 대한 충고처럼 들린다.

조선 시대에도 철거 대책은 있었다

《중종실록中宗實錄》의 사관史官은 연산군이 "사직북동社稷北洞에서 흥인문興仁門, 동대문까지 인가를 모두 철거해 표를 세웠다"라면서 민가 철거를 폭정의 증거로 내세웠다. 연산군은 실제로 재위 9년(서기 1503년) 11월 민가 철거를 명령했다. 그러나 그 실상은 정적政敵들의 주장과는 사뭇 달랐다. 우선 철거 대상이 궁궐 담장에서 100척尺 이내에 있는 불법 주택과 선왕의 후궁들이 사는 자수궁慈壽宮, 수성궁壽成宮 인근 민가였다. 비록 불법 주택이었지만 연산군은 먼저 병조, 공조, 한성부漢城府의 당상관堂上官을 보내 철거의 당위성을 설득했다. 각각 문무 정3품 통정대부通政大夫와 절충장군折衝將軍 이상의 품계인 당상관은 최고위 관료였다.

당상관들이 국법을 거론하면서 철거를 위협했을 것 같지만 그렇지 않았다. 첫째, 보상금을 지급했다. 병조 판서 강구손姜龜孫은 연산군의 명에 따라 큰 집大家은 무명 50필, 중간 집中家은 30필, 작은 집小家은 15필, 아주 작은 집小小家은 10필씩을 주었다. 둘째, 새로 집을 지을 수 있는 대토代土를 마련해주었다. 셋째, 연산군은 겨울임을 감안해 "집을 비운 백성이 편하게 거주할 곳安接處을 마련해 아뢰어라"라고 명했다. 이 명에 따라 도성 안의 경저京邸나 빈집이 겨울 나는 장소로 제공됐다. 경저란 지방의 경저리京邸吏가 머물던 지방 관아의 서울 출장소였다. 그럼에도 불구하고 철거에 대한 신중론이 계속 일자 봄까지 철거를 연기했다.

세조도 재위 8년(서기 1462년) 1월 창덕궁 후원을 확장하면서 철거 대상인 73채의 인가에 식량을 주고, 3년 동안 세금을 면제해주었으며 한성부에 그들이 원하는 빈 땅을 대토로 주게 했다. 세조는 건축 자재까지 지급하려 했으나 신하들의 반대로 무산됐다. 조선에서 철거는 합리적인 보상 대책 후에야 이루어졌다. 세입자가 지불한 권리금도 인정하지 않는 시행사는 웃는 반면, 우는 세입자와 공권력이 충돌하는 비극은 벌어지지 않았다. 유학에 바탕한 인정仁政이 국시였기 때문이다. 2009년 벌어진 용산 참사를 잊어서는 안 될 것이다.

동일 범죄에는 동일 형량을 부과하라

현재 한국의 사법 체계에 대한 민초들의 불만은 크다. 우리 선조의 사법 체계는 어떠했을까? 국왕의 말이 곧 법이었을 것이라고 생각하거나 사법이 행정으로부터 독립하지 못했으리라고들 많이 생각한다. 사실은 그렇지 않았다.

먼저 조선은 수사권을 가진 여러 기관을 상호 견제시켜 사건의 조작이나 은폐를 원천적으로 막았다. 형조刑曹, 한성부漢城府, 사헌부司憲府가 삼사三司라고 불렸던 사법 기관인데, 지금과 비교하면 형조는 법무부, 한성부는 서울시, 사헌부는 검찰에 해당한다. 의금부義禁府와 포도청, 장례원掌隸院도 수사권이 있었다. 그러나 수사 대상이 서로 달랐다. 형조, 의금부, 사헌부는 중대 사건을 다뤘고 포도청은 강·절도 사건을 주로 다뤘으며, 장례원은 노비 도망 사건 등을 다뤘고, 한성부는 민사 소송을 많이 다뤘다.

수사를 담당하는 삼사는 모두 대과大科 출신으로 구성돼 있지만 판결을 담당하는 사율원司律院은 잡과雜科인 율과律科 출신으로 구성돼 있었다. 동일한 범죄에 동일한 형량이 부과되는 양형 기준이 철저했던 조선 사법 시스템의 비결이 여기에 있었다. 대과 출신이 수사한 내용을 잡과 출신이 제멋대로 늘리거나 줄일 수 없었기 때문이다. 잡과라고 전문성이 떨어지지는 않았다. 율과는 1차에 해당하는 초시初試와 2차에 해당하는 복시覆試를 통과해야 했는데, 《경국대전經國大典》, 《대명률大明律》, 《당률소의唐律疏議》, 《율학변의律學辨疑》 같은 법전과 판례집, 그리고 법의학서인 《무원록無寃錄》 등이 시험 과목이었다. 특정 범죄에 해당하는 처벌 규정이 담긴 법조문이 정조正條로서 이를 찾아 형량을 정하는 것이 조율照律이다. 딱 맞아떨어지는 정조가 없는 경우 유사한 조문을 끌어다 쓰는 비부比附를 실시하는데 실제보다 무겁게 판결하는 것이 실입失入, 가볍게 판결하는 것이 실출失出이다. 비부에도 《예기禮記》의 "사면은 무거운 것을 따르고, 비부는 가벼운 것을 따른다 赦從重. 附從輕"라는 원칙이 있었다.

잡과 출신으로 구성된 사율원은 동일 범죄에는 가능한 동일 형벌을 적용해 구설수에 오르는 것 자체를 피하려 했다. 그래서 국왕이라도 사율원에서 보고한 형량은 대부분 수용하는 것이 관례였다. 이런 사법 체계를 지금 그대로 재현할 수는 없겠지만 사건의 실체적 진실을 찾고, 같은 사건에는 동일 형량을 부과해 사법 정의를 실현하려 한 선조의 의지를 되새길 수는 있을 것이다.

남녀평등

명함을 주고받다 보면 모친 성을 함께 쓴 다성多姓 명함을 받을 때가 있다. 모친 성 병기併記로 남녀평등을 지향하려는 뜻이다. 취지는 좋지만 한국인의 성씨에는 모친 성씨 병기가 남녀평등으로 연결되기 쉽지 않은 사정이 있다. 한국인의 성씨는 공동의 조상을 모시는 겨레붙이를 뜻하는 성姓과 조상의 옛 거주지를 뜻하는 본관本貫의 의미가 담겨 있는데, 둘을 합쳐 성관姓貫이라고 부른다. 서양과 일본 여성은 혼인 후 남편의 성을 따랐지만 우리나라 여성은 그렇지 않았던 이유도 여성을 성관 집단의 일원으로 간주했기 때문이다. 성이나 본관 모두 부계 혈통으로 이어져온 점이 모친 성씨 병기가 남녀평등의 의미로 이어지기 어려운 이유다. 모친의 성씨 또한 부계 혈통으로 이어져왔기 때문이다.

성관이 형성 당시 그 지역의 지배자임을 뜻한다는 점도 한국인의 성씨 문제를 복잡하게 한다. 성관 자체가 한때 지배층이었음을 의미하기 때문에 한국인의 의식 속에 성관제가 뿌리 깊게

박힌 것이다. 성관이 천민賤民에게까지 확대돼 지배층의 의미를 상실한 후에도 양반이었다는 증거로 믿고 싶어 했다. 여성도 부계 혈통으로 이어져온 성관제에 큰 거부감을 느끼지 않는 이유는 성관을 과거 양반이었다는 증거로 받아들이기 때문이다.

모친 성씨 병기는 현실적으로 부계 혈통으로 이어진 부친의 성 옆에 역시 부계 혈통으로 이어져온 모친의 성을 쓰는 것을 의미한다. 양천 허許씨처럼 시조가 김수로왕의 왕후 허황옥許黃玉인 경우에도 2대부터는 철저하게 부계 혈통으로 이어져왔다.

"자녀는 부친의 성과 본을 따라야 한다"라는 민법 조항의 헌법 불합치 판정에 따라 호주제가 폐지되고 모친의 성도 따를 수 있게 됐다. 사실 우리 역사에서 남성이 상속권을 비롯해 제사권 등을 독점한 것은 17세기 인조반정 이후의 일이다. 신라 시대에는 여왕이 있었고, 조선 전기의 많은 여성이 남성과 동등하게 재산을 상속받았으며, 시댁에서 친정 부모의 제사도 지냈던 것처럼 남녀에게 평등한 권리가 있었다. 조선 후기 노론에서 일제 강점기로 이어지는 그릇된 역사의 흐름 속에서 빼앗겼던 여성의 권리가 민주화 바람을 타고 되살아난 것이다. 남성 우위 관점은 불과 300~400년 된 잘못된 관습에 불과하다. 남녀관에 관한 한 17세기까지 우리 선조들의 관점은 합리적이었다.

재주만 믿고 남에게 교만을 부리지 마라

화가들은 예로부터 자부심이 남달랐다. 조선 초기 산수화로는 안건安堅, 인물화로는 최경崔涇을 쳐줬는데, 최경은 현전하는 작품이 없어 널리 알려지지 않았지만 일본 덴리天理 대학교가 소장하고 있는 〈몽유도원도夢遊桃源圖〉를 그린 안건 못잖았다. 최경은 세조의 장남 의경세자의 임종 직전 초상화를 그렸는데, 나중 임금이 된 성종이 "살아 있는 부친을 보는 것 같다"라며 대간의 논박을 무릅쓰고 벼슬을 내릴 정도였다. 그러나 성현成俔은 《용재총화慵齋叢話》에서 동시대의 화가 배연裵連이 평소 최경의 그림을 인정해주지 않아 서로 미워하는 사이가 됐다고 전한다.

이항복李恒福은 젊은 시절 화재畫才를 살리기 위해 삼절三絶로 불리던 김제金禔를 찾아갔다. 자신의 그림은 소매 속에 넣고 먼저 김제의 친한 친구가 써준 편지를 건넸으나 김제는 그림을 구하려는 것으로 오인해서 읽어보지도 않고 오만하게 대했다. 이항복은 자신의 그림은 전달하지도 못하고 물러 나와 그림 배우기를 포기했는데, 《연려실기술燃藜室記述》은 이 일화를 전하면서 "재주를 믿고 남에게 교만을 부리는 짓은 이 무리에게 늘 있는 모습"이라고 비난하고 있다. 사대부들에게 '이 무리'라는 천시를 받았지만 또한 사대부들을 무시할 수 있었던 유일한 직군職群이 화가였다. 사대부가의 종이었던 이상좌李上佐는 그림 솜씨 하나로 중종 때 원종공신原從功臣까지 됐으니 이런 자부심이 이해될 만도 하다.

조선 후기 최북崔北은 이름 북北 자를 둘로 쪼개 칠칠七七이라는 호로 삼았다. 순조 때 영의정 남공철南公轍, 1760~1840년은《금릉집金陵集》에서 최칠은 잘 그린 그림인데도 돈을 적게 주면 화를 내면서 그림을 찢어버리고, 흡족하지 못한 그림인데도 돈을 많이 주면 돈을 도로 가지고 가게 하면서 "저자는 그림값을 알지 못한다"라고 비웃었다면서 "칠칠은 성격이 뻣뻣하고 오만해 남에게 고개를 숙이지 않았다"라고 전한다.

대한민국 미술대전이 돈으로 얼룩졌던 적이 있었다. 극도의 자부심과 실력으로 신분제 세상에 맞섰던 선배 화가들에게 부끄럽기 그지없다.

고대 국가의 진휼 정책

고려 말 목은牧隱 이색李穡은 〈낮에 앉다晝坐〉라는 시에서 "장수는 지리를 사랑했다莊叟愛支離"라고 말했다. 장수는 장자莊子를 높여 부른 호칭이고 지리는 《장자莊子》 〈인간세人間世〉에 나오는 장애인 지리소支離疏를 뜻한다. 지리소는 장애인이기 때문에 병역兵役은 물론 각종 부역賦役도 면제받았고 나라에서 구호양곡도 받아서 마음 편하게 장수를 누렸다는 인물이다. 장자는 장애인으로 태어나 유유자적하게 사는 지리소의 인생을 좋아했다는 뜻이다. 이는 고대 국가가 장애인을 극진하게 보살폈기에 가능한 일이다.

다산茶山 정약용丁若鏞은 유배지에 왔다가 돌아가는 아들 학유學遊에게 노자路資 삼아 집안의 계율을 써주는데贐學遊家誡 여기에 옛날 선왕들이 사물을 활용하는 지혜가 있었다면서 장애인 등용 방식을 설명했다. "맹인에게는 음악을 관장하게 하고, 다리를 저는 사람에게는 대궐 문을 지키게 하고, 환관宦官들에게 궁궐 안을 출입하게 하고, 다른 여러 장애인에게도 모두 적당한 임무를 맡겼다"라면서 "그 이유를 깊게 생각하고 연구하는 것이 마땅하다"라고 말했다.

왕정王政이 제대로 펼쳐지는지는 홀아비, 과부, 고아, 자식 없는 늙은이를 뜻하는 환과고독鰥寡孤獨과 장애인 정책 여부로 판명났다. 장애인 우대 정책은 조선보다 고려가 더 나았다. 고려 성종成宗은 재위 10년(서기 991년) 10월 서도西都, 평양에 행차하면서 민정을 살펴 "중병이 든 자篤疾와 장애인癈疾者에게 약을 내려주었다"라는 기록이 있고, 고려 예종睿宗도 재위 원년(서기 1105년) 9월 80세이상 노인과 의부義夫, 절부節婦, 효자, 순손順孫 같은 의행자들과 함께 환과고독과 중병 든 자, 장애인을 대궐 마당으로 초청해 직접 잔치를 베풀고 물품을 하사했는데, 이런 기록이 많다. 그래서 성호 이익李瀷은 〈고려 때의 진휼 정책高麗賑政〉에서 "환과고독은 모두 관에서 구휼하고 이외에도 온갖 장애인도 모두 국가에서 부양했으니 백성을 우대하는 정사가 지금(조선)에 비해 조금 나은 정도가 아니었다"라고 높게 평가하고 있다.

2011년 영화 〈도가니〉 상영을 계기로 장애인에 대한 관심이 크게 늘었고, 사회 복지사 중에는 헌신적인 인물이 많다. 하지만 사회 복지 시설 운영진 중에는 인화학교 경영진 같은 인간 말자末子들이 적지 않다는 사실도 우리 사회의 알려진 비밀이다. 복지 정책에 대한 접근 방식 자체를 되돌아보고 점검해야 할 것이다.

절기에는 농민의 지혜가 담겨 있다

입하立夏는 여름의 초입을 뜻하는데, 입춘立春, 입하, 입추立秋, 입동立冬을 사립四立이라고 한다. 사립에 춘분春分, 하지夏至, 추분秋分, 동지冬至를 합하면 팔절八節이 된다. 팔절에 부는 바람이 팔풍八風이다. 입춘에 부는 바람이 조풍調風이고, 춘분에 부는 바람이 명서풍明庶風, 입하에는 청명풍清明風이 분다. 하지에 경풍景風이 불고, 입추에는 양풍凉風이, 추분에는 창합풍閶闔風이 불고, 입동에는 부주풍不周風, 동지에는 광막풍廣莫風이 분다.

여름을 주명절朱明節이라고 한다. 청靑, 황黃, 적赤, 백白, 흑黑이 오색五色인데 이 중에서 붉은색이 여름의 색이기에 붉은 주朱 자를 쓰는 것이다. 《예기禮記》〈월령月令〉에는 "입하일立夏日에 남교南郊에서 여름 기운을 맞이하면서 〈주명가朱明歌〉를 부른다"라고 전하고 있다. 이 때문에 옛날에는 황제가 입하날 남교로 나가 여름을 맞으면서 〈주명가〉를 불렀다.

선조들이 절기를 중시한 이유는 농사의 시기를 중시했기 때문이었다. 조선 후기 홍만선洪萬選이 지었다는 《산림경제山林經濟》

〈참외甛苽〉조에는 "3월에 소금물로 참외씨를 씻어 따뜻한 데 두었다가 마른 땅에 심는다"라면서 "속방俗方에는 입하 전 3~4일에 심는다"라고 덧붙이고 있다. 속방이란 농민들이 사용하는 방법이라는 뜻이다. 목화도 입하 무렵 심기 시작한다. 고려 때는 입하날부터 임금에게 얼음을 진상했다. 그만큼 입하 더위가 만만치 않다는 뜻이다. 옛날에 얼음은 빙표氷標가 있는 관료만 먹을 수 있는 귀한 음식이었는데, 경상도 의성義城군 남쪽에 빙산氷山과 빙혈氷穴이 있었다고 한다. 광해군 때 김시양金時讓이 함경도 부계涪溪. 종성에서 귀양살이하면서 쓴 《부계기문涪溪記聞》은 "문소현聞韶懸. 의성의 산에 구멍이 있는데 이를 빙혈이라고 한다"라고 기록하고 있고, 조선 후기 허목許穆도 《미수기언眉叟記言》〈빙산기氷山記〉에서 문소현의 빙산에 대해 "이 산은 입춘 때 찬 기운이 처음 생겨 입하에 얼음이 얼고 하지 막바지에 더욱 단단해진다"라고 쓰고 있다. 《세종실록지리지世宗實錄地理志》에도 "의성현 남쪽 34리 지점에 빙산사氷山寺가 있고, 석혈石穴이 있는데 입하 후에 비로소 얼음이 언다"라고 전하고 있다. 현재 의성군 춘산면에는 빙계리에 빙산사지 5층 석탑氷山寺址五層石塔이 있는데, 통일 신라 때 세운 빙산사가 그 모체이니 예부터 유명했던 자연의 선물임을 알 수 있다.

우리는 소강 사회에 도달했는가

대동大同 사회보다 조금 못한 세상이 소강小康 사회다. 조선 태종은 재위 7년(서기 1407년) 종3품 이하 문신들의 시험 때 직접 시무책時務策을 출제하면서 "내가 부덕否德한 몸으로 한 나라 신민臣民의 임금 자리에 올랐는데 비록 덕교德敎를 백성들에게 미친 것은 없지만 이른 아침부터 밤늦게까지 거의 소강小康을 이루기를 생각하고 있다"라고 말했다. 정도전도 태조의 입을 빌려 대신 출제한 과거 시험 문제인 전시책殿試策에서 "우러러 전대前代, 고려를 본받아 꼭 소강을 이루려고 기약한다"(《삼봉집三峰集》)라고 말했다. 조선뿐만 아니라 고려도 소강 사회를 지향했다는 뜻이다.

대동 사회는 요堯임금, 순舜임금이 다스리는 사회를 뜻하고, 소강 사회는 우禹, 탕湯, 문왕文王, 무왕武王, 성왕成王, 주공周公이 다스리던 시대를 뜻한다. 요순이 다스리는 무위지치無爲之治보다는 못하지만 그럭저럭 살 만한 세상이다. 자유子游에게 대동 사회의 모습을 설명한 공자는 이어서 소강 사회의 모습을 설명한다. 공자는 "지금은 대도大道가 모습을 감추니 천하는 자기 집안의 것이 됐다"라고 한탄했다. 이 부분이 대동과 소강의 가장 큰 차이다. 천하가 공공을 위하는 천하위공天下爲公 사회가 대동 사회라면 천하가 자기 집안을 위하는 천하위가天下爲家 사회가 소강 사회였다. 공자는 소강 사회는 자기 어버이만을 어버이로 여기고 자기 자식만을 자식으로 여기며 재화와 힘을 자기만을 위해 쓴다고 말했다. 천자나 제후 같은 대인大人은 자리를 세습하는 것을 예禮로 삼고, 성곽과 해자垓字를 파서 스스로 굳게 지키는 사회다.

그러나 소강 사회도 그럭저럭 살 만한 사회로 보았다. 공자는 그 이유를 "예의를 벼리로 삼아서禮義以爲紀, 군신君臣 사이가 바르게 되고, 부자父子가 돈독하게 되고, 형제가 화목하고 부부가 조화를 이룬다"라고 말했다. 우, 탕, 문왕, 무왕, 성왕, 주공 여섯 군자君子는 예를 삼가지 않은 이가 없어서 의義가 드러나고 믿음이 이루어졌는데, 공자는 "만약 이를 따르지 않는 자가 있으면 집권자라도 백성에게 재앙으로 여겨져서 쫓겨났다"라면서 "이를 일러 소강是謂小康"이라고 한다고 《예기禮記》〈예운禮運〉편에서 말했다.

중국 공산당은 2003년 대략 소강 사회는 이룩했다면서 앞으로 대동 사회를 지향하겠다고 선언했다. 중국이 유교 국가가 될 듯한 주요한 근거의 하나다. 중국이 문화 대혁명 같은 난세亂世를 벗어난 것은 맞지만 지금이 소강 사회라는 데는 고개가 갸우뚱하다. 우리 사회도 소강 사회에 도달했다고 할 수는 없겠지만.

古今通義

3＿

사람에게서 길을

직언할 수 있는 사람을 구하라

승정원承政院은 대통령 비서실이다. 여섯 명의 승지承旨가 있었는데, 실장 격인 도승지都承旨나 나머지 승지와 부승지 모두 정3품이었다. 담당 분야가 따로 있어서 좌승지는 호조戶曹, 우승지는 예조禮曹, 좌부승지는 병조兵曹, 우부승지는 형조刑曹, 동부승지는 공조工曹를 담당했고, 도승지는 이조吏曹를 담당했다. 품계는 같지만 도승지에게 감히 희언戲言, 농담하지 못했고, 불경했을 경우 벌로 술자리인 벌연罰宴을 베풀어야 했다.

승지를 임금의 목구멍과 혀를 맡았다는 뜻에서 후설지직喉舌之職이라고 불렀다. 그러나 임금의 명령을 무조건 따르지 않았다는 점이 지금과 다르다. 임금의 명령을 따르는 승순承順도 하지만 임금의 명령을 거부하는 헌가체부獻可替否도 했다. 줄여서 헌체獻替인데, 임금이 해야 할 일은 진헌進獻하지만 그렇지 않은 일은 "안된다"라고 한다는 뜻이다. 임금의 전지傳旨를 다시 봉해서 반납하는 것이 봉환지법封還之法이다.

성종 9년(서기 1478년) 흙비土雨가 내리고 운성隕星, 별똥이 떨어지자 대간에서 하늘의 견책이라며 임금이 수성修省할 것을 권했다. 그러자 도승지 임사홍任士洪은 "운성과 흙비는 모두 운수運數에 불과하다"라면서 수성할 필요가 없다고 성종 듣기 좋은 소리를 했다. 대간에서 "임사홍의 말은 모두 옛 간신의 말"이라고 반격했고 성종은 대간의 손을 들어주었다. 반면 선조 22년(서기 1589년) 승지 윤국형尹國馨은 선조의 아들 임해군臨海君 등이 남의 재물을 빼앗고 뇌물과 청탁을 받는다고 직언했다가 상주 목사로 좌천됐다. 승정원 서리 수십 명이 그의 말 머리에서 절하면서 전별 술잔을 올리며 "승지로서 수령倅으로 나가는 사람을 본 적이 없어서 한탄스럽다"라고 위로했다. "사람들이 이 일을 서로 전하면서 미사美事로 삼았다"라고 《문소만록聞韶漫錄》은 전한다. 필자가 《조선 왕을 말하다》(역사의아침, 2010년)에서 성종을 그나마 절반은 성공한 군주로, 선조는 실패한 군주로 분류한 데는 이런 배경이 있었다.

정권에서 민심이 떠나는 일이 반복되고 있다. 가장 중요한 이유가 "내가 해봐서 안다"는 만기친람형 대통령의 통치 스타일 때문이다. 이런 스타일의 공통점은 윤국형처럼 직언하는 승지를 곁에 두지 않는다는 점이다. "안 된다"라고 말할 사람을 곁에 둘 때 잠시 괴로울지 몰라도 나라도 편하고 정권도 성공한다.

출신은 묻지도 따지지도 마라

중국 역사가 진인각陳寅恪, 1890~1969년은 당唐 황실의 계보가 한족漢族이 아니라 선비족임을 밝혀냈다. 《구당서舊唐書》와 《신당서新唐書》의 왕실 계보가 조작됐다는 것이다. 당고조 이연李淵의 조부 이호李虎는 선비족이 세운 서위西魏의 대장군이었다. 북방 유목 민족 출신으로 중원을 차지한 이들은 비한족非漢族이라는 약점을 강점으로 활용했다. 출신을 따지지 않고 모두에게 기회를 주는 개방성과 다양성의 원칙을 확립한 것이다. 심지어 패전국 유민들에게도 기회를 주었다. 원한에 사무쳤던 고구려를 멸망시킨 당나라는 보장왕을 비롯한 20여만 명을 당으로 끌고 갔다. 《구당서》〈고종 본기〉는 이들을 중국 내 여러 지역에 분산 안치했다고 전하는데, 이 지역에 고구려 유민들의 정착촌이 건설된다. 고구려 부흥 운동을 막기 위해 여러 지역으로 분산한 것이지만 이들 중에서도 당나라 고위층으로 성장하는 인물이 여럿 나온다.

《구당서》〈고선지高仙芝 열전〉은 "(고선지의) 부친 고사계는 처음 하서군河西軍에 종군했는데, 여러 번 공을 세워 사진십장四鎮十將

과 제위 장군諸衛將軍이 되었다'라고 전하고 있다. 순응을 거부한 이들은 고려노高麗奴로 몰렸지만 고사계처럼 포로에서 장군까지 오른 인물도 있었다. 당 현종의 동지였던 왕모중王毛仲, 곽국공霍國公 왕사례王思禮, 백제 유민 출신 대장군 흑치상지黑齒常之가 그런 인물 들이다. 안녹산安祿山은 이란계 소그드 계통이었고, 투르크突厥, 말 갈 출신도 많았다. 이런 개방 정신이 당나라를 세계 제국으로 만 들고, 장안長安을 세계의 수도로 만들었던 것이다. 신라 문무왕도 고구려 왕족 안승安勝을 보덕국왕報德國王으로 봉하고 고구려 유민 들에게 현재의 익산으로 추정되는 금마저金馬渚에 집단 정착촌을 마련해준 사례가 있다.

국내 탈북 입국자 수가 2만여 명을 넘어섰고, 예전부터 수도 권 인근에 정착촌을 건설해야 한다는 목소리가 있었다. 탈북 입 국자가 한국 사회의 주류로 편입될 수 있는가 여부는 우리 사회 의 통일 자격을 묻는 시금석이기도 하다. 이 문제에 대한 전향적 인 사고의 전환이 필요하다.

사람을 탓하기보다는 안목을 탓해라

우리 역사에서 외국인들을 가장 우대했던 임금은 고려 4대 광종이다. 광종에게 후주後周에서 온 쌍기雙冀는 정치 고문이었다. 쌍기가 지공거知貢擧로서 주관한 과거는 관료가 신분이 아닌 실력으로 등용되는 중요한 전기가 됐다. 《고려사高麗史》〈서필徐弼 열전〉은 "광종은 귀화해 온 중국인들을 특별히 후대해서 신하들의 주택을 취택해주기도 하고, 처녀들도 주어 장가들게 했다"라고 전할 정도였다. 당시 중국은 오대십국五代十國이라 불리는 분열기였으므로 고려의 외국인 우대 소식을 들은 중국인들은 앞다투어 귀화했다.

문제는 옥석을 가릴 능력이 부족했다는 점이다. 그래서 최승로崔承老는 6대 성종에게 올린 시무책에서 "남북의 용렬한 자들이 서로 다투며 찾아와 의탁했는데, 그들의 지혜와 재능의 유무를 따지지 않고 일률적으로 특별한 은총과 대우를 해주었다"라고 비판했다. 후주에서 시어侍御 청주수淸州守로 있던 쌍기의 부친 쌍철雙哲까지 고려에 찾아오자 좌승佐丞으로 임명했으나 《고려사》가 "그

234

후의 일은 전해지지 않는다'라고 전하는 것처럼 두드러진 업적을 남기지는 못했다.

광종의 귀화인 우대 정책은 장점도 있었으나 그 부작용도 작지 않았다. 곧은 말로 자주 간쟁하던 서필徐弼이 광종에게 "지금 귀화해 온 사람들은 관직을 골라서 벼슬하고 집을 택해서 거처하는 반면에 세신世臣 고가故家들은 도리어 거주할 곳을 잃은 사람이 많습니다"라고 항의하고, 최승로가 "중국의 교화는 존중한다고 하나 중화中華의 좋은 법은 섭취하지 않았고, 중국의 선비들을 대우했으나 중국의 현명한 인재를 쓰지 못했다'라고 비판한 것처럼 내국인에 대한 역차별을 낳았던 것이다.

오늘날에도 외국인도 장관으로 등용할 수 있게 되었는데, 사회 발전에 도움이 된다면 안 될 것은 없지만 국내에 적임자가 없을 때나 생각할 문제다. 자원도 자본도 없이 인재 하나로 여기까지 온 나라에서 인재 탓을 하기보다는 인재를 알아보는 안목이 없음을 탓해야 할 것이다. 차별에 신음하는 외국인 노동자, 외국에서 시집온 며느리에 대한 대책이 훨씬 시급하다.

겨울 매미

유비劉備의 삼고초려三顧草廬는 잘 알려져 있지만 그보다 먼저 은殷나라 탕왕湯王이 이윤伊尹을 초빙했던 사실은 잘 알려지지 않았다. 《맹자주소孟子注疏》〈만장萬章〉에 따르면 이윤은 유신有莘이라는 곳의 농부였는데, 노예였다는 이야기도 있다. 탕왕이 세 차례나 사신과 후한 폐백을 보내 초빙하자 출사한 이윤은 하夏나라를 무너뜨리는 데 결정적 공을 세웠다. 사마천司馬遷의 《사기史記》〈은殷 본기〉에는 "이윤이 다섯 번이나 거절한 뒤에야 탕의 신하가 됐다"라고 전한다. 오고초려五顧草廬인 셈이다.

강태공姜太公은 낚시꾼의 이칭異稱이지만 단순한 낚시꾼이 아니었다. 《사기》〈제태공齊太公 세가世家〉는 주周 문왕文王이 사냥을 나갔다가 위수渭水에서 낚시질하던 강태공 여상呂尙을 만나 크게 기뻐하며 중용했다고 전한다. 문왕은 강태공을 "스승師으로 모시고, 받들어尙 모시고, 아버지父로 모셔서 사상부師尙父라고 불렀다"라고 할 정도였는데, 강태공은 무왕武王을 도와 은나라 주왕紂王을 정벌했다. 《사기》는 "후세에 용병술과 주나라의 권모를 말하는 자들은 모두 그를 주모자로 존숭했다"라고 평하고 있다.

국정의 성공과 실패의 요체는 인재 등용에 있다.《후한서後漢書》〈두밀杜密 열전〉에 따르면 고향 태수太守 왕욱王昱이 유승劉勝을 칭찬하자 두밀은 "유승은 대부大夫가 됐을 때 빈객賓客을 맞으면서 빈객이 선善한 것을 알면서도 천거하지 않고, 악惡한 사실을 듣고서도 말하지 않았으니 실정을 숨기고 자신만을 아낀 것隱情惜己으로 마치 겨울 매미寒蟬와 같은 자였다"라고 비판했다. 그래서 인재를 천거하지 않는 자를 겨울 매미, 즉 한선寒蟬으로 부른다.

민주화 이후 여러 정권을 겪었지만 매번 인사 때문에 시끄럽다. 국민의 자리에서 바라보지 않고, 권력자의 자리에서 바라보니 인사 때마다 부정 축재, 전관예우, 표절 등이 단골로 등장한다. 인재를 보는 인사권자의 눈이 부족한 것인지 주위에 겨울 매미만 있는지는 알 수 없지만 현 정국의 중대성을 인식하지 못하는 인사 정책이 안타깝기 그지없다.

수많은 은보다 사람 한 명을 얻는 것이 낫다

역사상 가장 호사스러웠던 인물 중의 한 명이 진晉 무제武帝 때 인물 석숭石崇이다. 금곡金谷이라는 말은 석숭을 뜻하는 말로 사용됐다. 석숭이 낙양洛陽 서북쪽 계곡에 금곡원金谷園이라는 별장을 지었기 때문에 생긴 말이다. 《녹주전綠珠傳》은 계곡 내에 금수金水가 흐르기 때문에 금곡이라고 전한다. 석숭은 1,000여 명의 미인 중에서 수십 명을 선발했는데, 그중에서도 가장 아꼈던 애첩이 녹주였다. 녹주는 피리를 잘 불고 '명군明君'이라는 춤도 잘 추었다. 명군은 흉노匈奴 황제에게 시집가야 했던 비운의 미녀 왕소군王昭君을 뜻한다. 소昭 자가 진나라 문제文帝의 이름이기 때문에 소昭 자를 비슷한 명明 자로 바꾼 것이다. 그런데 석숭의 호사 생활은 다름 아닌 녹주 때문에 파탄에 처한다. 녹주를 달라는 권신 손수孫秀의 요구를 거절했기 때문에 모함에 빠져 처자 열다섯 명과 함께 처형당했다. 수레에 실려 처형장인 동시東市로 끌려가던 석숭이 "종놈들이 내 재산을 탐냈기 때문이다"라고 억울해하자, 압송하는 사람이 "재산이 해를 끼치는 줄 알았으면 어찌 일찍이 분산하

238

지 않았는가'라고 충고했다는 일화가 전해진다.

　시의 귀신詩鬼이라고 불렸던 당唐나라 이하李賀는 부귀한 집안의 자제들을 풍자한 〈소년을 조롱함嘲少年〉이라는 시를 지었다. 이 시에서 그는 "태어나 반 권 책도 읽지 않았지만, 다만 황금을 쥐고 귀한 신분 사들이네生來不讀半行書 只把黃金買身貴"라고 비판했다. 세습 부자에 대한 이런 반감 때문에 자식에게 황금보다는 지식을 물려주라는 교훈이 생겨났다. 《한서漢書》 〈위현韋賢 열전〉은 공자의 고향인 노魯나라 추鄒읍 사람 위현이 네 아들을 모두 공부시켜 동해 태수太守나 승상丞相 같은 고위 관직을 역임하게 했다고 전한다. 그래서 추읍의 선비들이 "황금이 가득한 상자를 자식에게 물려주는 것이 경서 한 권 가르치는 것만 못하다遺子黃金滿籯 不如一經"라고 칭송했다.

　조선에서 광산 채굴을 엄금했던 것은 배금拜金 풍조가 성행할까 우려했기 때문이다. 영조 5년(서기 1729년) 함경도 안변安邊 금곡金谷에서 은銀이 많이 생산되니 광산을 열어 채취하게 하자고 호조에서 청하자 영조는 당唐나라 권만기權萬紀가 은銀을 채취하자고 청했을 때 당 태종이 "수백만 꿰미의 은을 얻는 것보다 어진 인재 한 사람을 얻는 것이 낫다"라고 거절한 사례를 상기시키면서 허용하지 않았다. 여러 재벌가에서 돈을 둘러싼 형제간의 다툼이 지금도 반복되고 있다. 사회 구성원들의 자발적 동의가 없는 부는 칼날 끝에 놓인 것이라는 사실을 석숭의 사례는 보여준다.

삶의 목적을 잃게 한 경쟁 체제

상여를 멜 때 부르는 만가輓歌는 자살자의 영혼을 위로하기 위해 만들어졌다. 《사기史記》〈전담田儋 열전〉에 따르면 전횡田橫은 한漢 고조 유방劉邦이 중원을 차지하자 해도海島로 도피했다. 유방의 회유를 받고 낙양洛陽 30리 지점 시향尸鄕까지 나왔지만 "유방을 섬길 수 없다"라면서 자살했다. 그러자 사람들이 〈해로가薤露歌〉와 〈호리가蒿里歌〉를 지어 전횡의 혼을 위로한 것이 만가의 시작이다. 진晉나라 최표崔豹의 《고금주古今註》는 〈해로가〉를 "풀잎 위의 이슬은 쉽게 마르지만 마른 이슬은 내일 아침이면 다시 생기는데, 사람 죽어 한 번 가면 언제 돌아오나上朝露何易晞 露晞明朝還復滋 人死一去何時歸"라고 전한다. 〈호리 무덤 속가〉는 "무덤 속은 누구의 집자린가. 혼백을 거둘 땐 똑똑하고 어리석음 따지지 않네. 귀신은 어찌 그리 재촉이 심한가. 인명은 잠시도 머물지 못하네蒿裏誰家地 聚斂魂魄無賢愚 鬼伯一何相催促 人命不得少踟蹰"라는 노래다. 《고금주》는 원래 한 노래였는데 한漢 무제 때 가객歌客 이연년李延年이 둘로 나누어 〈해로가〉는 왕족들의 장사 때, 〈호리가〉는 사대부와 서인庶人의 장사 때 불렀는데, 세상에서 이를 만가라 칭했다고 적고 있다.

《예기禮記》〈단궁檀弓〉편은 외사畏死, 염사厭死, 익사溺死는 조문하지 않는다고 전한다. 후한後漢 때의 학자 정현鄭玄 등의 주석에 따르면 외사는 죄가 두려워서 죽은 자살이고, 염사는 압사壓死인데 바위나 남의 담 밑에 서지 않아야 할 군자가 잘못 처신하다 죽었다고 생각했기 때문에 조문하지 않아야 한다고 했다. 효자는 배 타고 멀리 가지 않아야 하기에 익사도 조문하지 않는다.

형식은 자살이지만 내용은 타살도 있다. 정조 때 편찬된《심리록審理錄》에는 풍덕豊德 사는 과부 김 씨가 겁탈당할 뻔하자 수치와 분노로 17일 동안 곡기를 끊고 죽은 사건이 나온다. 정조는 "칼로 찌르고 발로 찬 것과는 다르지만 정녀貞女를 욕보여 죽게 했으니 살인과 마찬가지"라면서 범인을 사형했다.

카이스트 학생들의 자살도 형식은 자살이지만 내용은 타살이다. '철학이 보이지 않는다'는 비판은 문제의 본질을 지적한 것이다. 철학도 없이 경쟁 체제로 내몬 것이 삶의 목적을 잃게 한 것이다. 삶의 목적이 뚜렷하면 절대 자살하지 않는다. 철학이 부재한 현재의 한국 교육 체제 자체를 관에 넣고 만가를 부르는 것이 그들의 억울한 영혼을 위로하는 길이다.

자격이 있는지부터 살펴라

조선 시대 과거의 꽃은 3년마다 돌아오는 자子, 묘卯, 오午, 유酉의 해인 식년式年에 치러지는 식년 문과다. 식년 문과는 초시初試, 복시覆試, 전시殿試로 나뉘며, 초시는 식년 전해인 상식년上式年 가을에, 복시는 식년 봄에 치러졌다. 시험 장소를 1소所와 2소所로 나누었는데, 시관試官의 자제나 친척이 응시할 경우 서로 다른 곳에서 치르게 해 부정행위를 방지했다. 문과 초시 합격자의 정수는 240명으로, 서울 40명, 경상도 30명, 전라도와 충청도 25명씩 등 지방으로 분배됐고, 관시館試에도 50명이 분배됐다.

관시는 성균관 유생을 대상으로 한 시험이다. 성균관은 생원·진사에게 입학 자격이 주어졌는데, 생원·진사시는 전국에서 700명씩 1,400명이 합격 정원이었다. 원점圓點이 300점 이상이어야 관시 응시 자격이 있었다. 식사 때 성균관 식당에 비치된 도기到記에 아침과 저녁 두 끼를 표시해야 원점 하나를 주었으니 일종의 출석부였다. 240명을 서울에 모아 33명을 뽑는 것이 식년 문과 복시, 즉 회시會試였다.

문과 복시의 수험생들은 조흘강照訖講에 통과해야 다음 시험을 볼 자격이 주어졌다. '조照'는 확인을 뜻하며, '흘訖'은 글자 그대로 확인을 '마쳤다'는 뜻인데, 이 합격증이 있어야 다음 단계 시험에 등록하는 녹명錄名을 할 수 있었다. 소과의 조흘강은《소학小學》을 뒤돌아서 외우는 배강背講이었고, 복시는《가례家禮》와《경국대전經國大典》을 펴놓고 읽는 임문고강臨文考講이었다. 《가례》를 읽는 이유는 유학자로서 자격이 있는지를 살피려는 것이었고,《경국대전》은 조선의 헌법을 숙지하고 있는지를 살피려는 목적이었다.

헌법재판소장 선출이 헌법과 각종 절차 위반으로 얼룩진 적이 있었는데, 이것은 대한민국의 수치다. 조선 시대 같으면 조흘강에서도 떨어질 사람들이 대한민국의 헌법을 좌우하고 있는 격이니《경국대전》에 부끄럽다. 헌법은《경국대전》처럼 길지도 않으니 헌법을 외우는지 먼저 배강을 실시한 다음에 청문회 본 절차를 진행해야 할 것인가.

노노족

조선에서 노익장을 과시한 임금은 영조英祖, 1694~1776년였다. 83세까지 살았으므로 임금 중 최장수인 것은 물론이고, 재위 33년(서기 1757년) 정성왕후 서씨가 사망하자 1759년 66세의 나이로 15세의 정순왕후 김씨와 재혼할 정도로 정력도 뛰어났다. 그러나 영조의 장수 비결은 금욕 생활이었다. 영조는 재위 20년(서기 1744년) 5월 와병으로 와내臥內에서 뜸을 맞는 바람에 침실 모습이 공개됐는데, 사관은 "임금이 목면으로 된 침의寢衣를 입고 소자모小紫帽를 썼으며 이불 하나 요 하나가 모두 명주로 만든 것이었고, 병장屛障, 병풍도 없었다"라면서 "기완器玩도 없어서 화려하고 몸을 편하게 하는 제구가 여항閭巷의 호귀豪貴한 집만도 못했다. 여러 신하가 물러 나와 임금의 검소한 덕을 찬탄하지 않는 이가 없었다"(《영조실록英祖實錄》, 20년 5월 2일)라고 전하고 있다. 영조는 제사 때도 술 대신에 식혜를 쓰게 하는 등 음주도 멀리했는데, 금욕과 금주 생활로 조선의 대표적인 노노족No老族, 잘 늙지 않는 세대 임금이 됐던 것이다.

조선에서 또 한 명의 노노족은 88세까지 살았던 미수眉叟 허목許穆, 1595~1682년이다. 그는 현종 1년(서기 1660년) 효종의 국상 때 서인들의 1년 복설이 틀리다고 주장하며 실질적으로 벼슬길에 처음 나섰을 때 66세였다. 그는 과거를 거치지 않은 유일遺逸로서 삼공三公인 우의정까지 올랐는데 그가 판중추부사를 사직하고 낙향한 것이 84세 때인 숙종 4년(서기 1678년)이었으니 가히 영원한 현역이었다. 예송 논쟁에 패배해 삼척 부사로 좌천됐으나 "큰 바다 끝없이 넓어 모든 냇물 모여드니 무궁히 크도다"로 시작하는 동해척주비東海陟州碑를 세워 삼척 백성들의 숙원인 수해를 막았다는 일화에서 알 수 있듯이 벼슬에는 초탈하되 백성을 사랑했던 공직관이 장수의 비결이었다.

83세의 고령으로 숙종이 장희빈 소생 아들을 원자로 책봉하려는 것에 정면에서 맞섰다가 사사賜死당한 우암尤庵 송시열宋時烈, 1607~1689년은 주자학에 대한 신념과 열정이 장수의 비결이었다. 조선 노노족의 공통 특징은 일에 대한 열정과 자리에 대한 초탈이었다. 지금도 참고할 만하다.

뇌물

조선은 관리가 뇌물을 받는 장죄臟罪를 중죄로 다스렸다. 수뢰 액수가 1관貫, 엽전 1,000문 이하도 장杖 70대였으며, 40관이면 장 100대에 도徒, 노역형 3년이었고, 80관 이상이면 교형絞刑, 교수형이었다. 한 번 장죄를 범하면 죽을 때까지 폐고廢錮, 벼슬에서 배제됨될 뿐만 아니라 뇌물 받은 관리들의 명부인 장안臟案에 올려 자손들의 벼슬길까지 막았으니 한 번 걸리면 집안이 망하는 것이었다. 심지어 대사령 이후에 발각되더라도 처벌은 면했지만 장안에는 기록해 자손들의 앞길까지 막았다.

　세종 8년(서기 1426년) 장물의 수량이 780관에 달했던 조말생趙末生에 대해 사헌부는 교형을 주청했으나 세종은 "직책을 수행한 지가 20년이 됐다"라며 귀양에 그쳤다. 대사헌 권도權稻가 "죽여도 부족할 정도"라고 거듭 주청했으나 사대부 죽이는 것을 꺼렸던 세종에 의해 겨우 목숨을 건졌다. 성종 1년(서기 1470년) 성종은 장물죄를 범한 김정광金廷光의 목을 베라는 사헌부의 계청에 장 100대에 먼 변방邊方의 종으로 삼고 장안에 기록하는 것으로 감형減刑했다.

그러나 백성의 것을 가로챘을 경우에는 용서가 없었다. 성종 25년(서기 1494년) 하양河陽 현감縣監 김지金漬는 수세원收稅員으로 뽑히자 백성들에게 걷은 면포綿布 66필匹과 종이 1,150권卷을 사용私用한 혐의로 사형을 선고받았다. 아들 김호문金好文이 대신 죽겠다면서 임금이 농사의 작황을 둘러보던 관가觀稼 때도 애호哀號하며 구명을 호소했다. 성종이 재론에 부쳤으나 대부분 사형을 주창했고 성종 역시 "이를 용서하면 백성이 해를 입어도 구할 수 없을 것"이라며 사헌부의 계청대로 사형했다.

중국의 전 식품약품감독관리국 국장이 뇌물 수수죄로 사형된 일이 있었다. 우리도 1억 원 이상 수수했을 경우 무기 또는 10년 이상 징역에 처하는 특정범죄가중처벌법이 있지만 실제로 엄벌받는 경우는 드물었다. 최근 수뢰 공무원 처벌을 강화하겠고 한 법원 방침을 주목해봐야 하며, 그 실행 또한 지켜볼 일이다.

당파를 초월하라

당적을 지녔던 최초의 임금은 북인北人 임금 광해군일 것이다. 그
와 북인은 임진왜란 극복에 많은 공을 세웠지만 소수 당파의 정
권 독점은 심한 반발을 낳았다. 정권에서 소외된 서인과 남인은
인조반정을 일으켜 광해군을 축출했다. 광해군이 서인 영수 이항
복李恒福, 남인 영수 이원익李元翼 등에게 정승 자리를 주고 행정 부
처인 육조六曹를 북인에게 주는 식의 유연한 정국 운용을 했다면
쫓겨나지 않았을 개연성이 높다.

　　당적을 자주 바꾼 임금은 숙종이다. 그는 즉위 초 남인을 지
지했다가 재위 6년(서기 1680년)에는 서인에게 정권을 주는 경신환
국庚申換局을 단행했다. 재위 15년(서기 1689년)에는 남인 장희빈의
왕자 생산을 계기로 남인에게 정권을 다시 주는 기사환국己巳換局
을 단행했다. 숙종은 재위 20년(서기 1694년)에는 갑술환국甲戌換局
으로 다시 서인 정권을 세우고, 서인이 노론과 소론으로 갈릴 때
는 노론을 지지했다. 기사환국 때 효종의 외손자 홍치상洪致祥 등
열여덟 명이 사형당한 것처럼 숙종이 한번 당파를 바꿀 때마다

많은 비극이 발생했다.

국왕 당적 보유의 비극이 극명하게 드러난 이가 영조다. 노론의 도움으로 즉위한 영조는 소론이 경종 독살 혐의를 제기하자 소론도 등용하는 탕평책으로 정국 파탄을 막았다. 그러나 재위 31년(서기 1755년) 소론 강경파가 자신을 비난하는 대자보를 붙인 나주羅州 객사客舍 사건이 발생하자 탕평책을 붕괴하고 소론을 내쫓았다. 그 결과는 재위 38년(서기 1762년) 소론 성향의 아들 사도세자를 뒤주에 가두어 죽이는 비극으로 나타났다. 사도세자의 아들 정조는 부친을 죽인 노론과 타협하는 통합의 정치를 실천하며 미래를 지향했다. 그 결과 정조는 조선 후기에서 가장 성공한 임금이 됐다.

우리 국민은 특정 당적을 지닌 대통령에게 표를 주지만 일단 당선이 되면 소속 당파를 초월한 국정 운영을 원하는 성향이 강하다. 그러나 이런 국민들의 바람은 선거 후 번번이 배신당했다. 선거 때는 국민 화합을 외치며 표를 구걸하다가 당선 후에는 언제 그랬냐는 듯이 특정 정파의 이해만 대변하는 배신의 정치가 반복된다. 정조처럼 당파를 초월하는 통합의 정치로 미래를 지향하는 대통령을 언제나 볼 수 있을 것인가?

참신한 인재의 필요성

난국은 참신한 인재 등용으로 타개할 수 있다. 선덕여왕에 대해
김부식金富軾은 《삼국사기三國史記》 〈사론史論〉에서 "여자가 왕으로
있고도 망하지 않은 것이 다행"이라고 비판했다. 그러나 《삼국유
사三國遺事》는 선덕여왕이 재위 14년(서기 645년) 황룡사 9층탑을 완
성했는데, 1층은 일본日本, 2층은 중화中華, (……) 9층은 예맥穢貊
이라는 식으로 주변 아홉 나라를 진압하려는 목적이라고 전한다.
선덕여왕은 9개국 복속이라는 새로운 어젠다를 제시하고 그 실
현을 위해 폐출당한 진지왕의 손자 김춘추金春秋와 가야계 김유신
金庾信 등 사회 비주류를 과감하게 중용해 통일의 초석을 놓았다.

태조 이성계李成桂도 떠돌이 지식인이었던 정도전鄭道傳을 중
용해 개국에 성공했을 뿐만 아니라 《세종실록世宗實錄》 5년 11월
조에 황희석黃希碩의 가인家人, 노복으로 기록된 박자청朴子靑을 발탁
했다. 궁문宮門 입직入直 군사였던 박자청이 태조의 이복동생 이화
李和가 임금의 명령 없이 입궁하려는 것을 구타당하면서까지 막자
정4품 호군護軍으로 발탁한 것이다. 태종은 박자청이 건축에 탁월

한 재주가 있는 것을 알고 재위 8년(서기 1408년)에는 공조 판서로 승진시켰다. 서울은 정도전이 설계했다면 건축은 박자청이 했다고 해야 할 정도로 대부분의 도성 건물은 그의 손을 거쳤다. 세종은 즉위년(서기 1418년) 8월 그를 종1품 의정부 참찬까지 승진시켰는데, 노비 출신이 1품까지 올라간 것이니 조선 초의 실용 정신을 짐작할 수 있다. 《세종실록》의 사신史臣은 박자청에 대해 "미천한 데서 일어나 다른 기능 없이 다만 토목 공사를 감독해 지위가 재부宰府, 재상까지 이르렀으니 중의衆議를 누를 수가 없었다"라고 비판했지만 '중의'는 천출賤出이 재상이 된 데 대한 사대부들의 시기심에 지나지 않는 것이었다.

선덕여왕과 태조, 태종, 세종의 인사관은 현시대에 많은 교훈을 준다. 혜강惠崗 최한기崔漢綺가 《인정人政》〈선인문選人門〉에서 "만 마디 말로써 백성에게 선善을 권하는 것은 한 사람의 현인賢人을 천거해 선을 권하는 것만 못하다"라고 말했듯이 참신한 인재 발탁 없는 분위기 쇄신은 불가능하다.

목숨을 건 충신들

단종 복위復位 기도 사건을 사육신死六臣 사건으로 통칭하는 것은 추강秋江 남효온南孝溫, 1454~1492년이 쓴 《육신전六臣傳》에서 비롯됐다. 남효온은 대과大科에 응시하라는 말에 문종의 비 현덕顯德왕후의 능인 소릉昭陵이 복위되면 응시하겠다면서 거부했고, 주위의 만류를 무릅쓰고 《육신전》을 펴냈다. 단종이 죽임을 당했을 때(서기 1457년) 네 살이었던 그가 《육신전》을 펴낼 수 있었던 것은 스승이 김종직金宗直, 1431~1492년이었기 때문이다. 김종직은 생전에 항우에게 죽임을 당한 의제를 단종에 비유하고 수양대군을 항우에 비유한 〈조의제문弔義帝文〉을 썼는데, 연산군 4년(서기 1498년) 그의 제자였던 김일손金馹孫, 1464~1498년이 이를 "충분忠憤이 깃들어 있다"라며 《성종실록成宗實錄》에 실으려고 하다가 발생한 것이 무오사화戊午士禍다. 남효온이 왜 여섯 명만을 추렸는지는 분명하지 않지만 당나라를 무너뜨리고 후량後梁을 세운 주전충朱全忠에게 죽임을 당한 좌복야左僕射 배추裵樞 등 여섯 명의 사적이 《신오대사新五代史》〈당육신전唐六臣傳〉에 실려 있는 것에 착안했을 가능성이 있다.

김시습金時習, 1435~1493년의 문집인 《매월당집梅月堂集》 〈유적수보遺蹟搜補〉에는 "삼각산에서 공부하던 김시습이 단종의 손위遜位 소식을 듣자 문을 닫고 나오지 않은 지 3일 만에 크게 통곡하면서 책을 불태워버리고 미친 듯 더러운 곳간에 빠졌다가 그곳에서 도망해 행적을 불문佛門에 붙이고 여러 번 그 호를 바꾸었다'라고 전하고 있다.

남효온의 《육신전》에 실린 '성삼문成三問, 하위지河緯地, 박팽년朴彭年, 유응부俞應孚, 이개李塏, 유성원柳誠源'은 정조 15년(서기 1791년) 단종의 무덤인 장릉莊陵에 배식단配食壇을 세울 때 육신六臣으로 추향됨으로써 국가의 공인을 받았다. 또한 '남효온, 김시습, 이맹전李孟專, 조여趙旅, 원호元昊, 성담수成聃壽' 등 '세상에서 말하는 생육신'도 동시에 장릉에 추향됐다. 사육신은 죽음으로 세조에게 항거한 충신이고 생육신은 벼슬을 버리거나 과거를 거부하는 것으로 자신의 인생을 버리며 부당한 세상에 맞섰던 충신이다. 공천 다툼이 벌어지면 이 충신들을 거론하고는 하는데, 이들은 자신을 합리화하기 위해 끌어들여도 괜찮은 인생들이 아니다.

인품과 실력을 보고 등용하라

인재가 초빙에 응하기를 갈구한다는 뜻의 고사 중에 "한 번 목욕할 때 세 번이나 머리카락을 잡으며三握髮" "한 번 식사할 때 세 번이나 밥을 뱉으며三吐哺"라는 말이 있다. 《사기史記》〈노주공魯周公 세가世家〉에 나오는 말인데, 주공周公이 조카 성왕成王을 대신해 섭정할 때 선비士가 왔다는 말을 들으면 세 번씩이나 목욕과 식사를 중단하고 맨발로 뛰어나가 맞았다는 것이다. 주공은 봉지封地인 노魯 땅으로 가는 그의 아들 백금伯禽에게 이렇게 하면서도 "오히려 천하의 현인을 잃을까 걱정했다"라고 훈계하고 있다. 주공이 왜 성인聖人으로 추앙받는지를 말해주는 고사다.

최한기崔漢綺는 《선인문選人門》에서 "만인 중에서 특별히 한두 사람을 뽑을 때 온 세상이 다 놀라는 것은 잘된 선거가 아니고 만백성이 다 신복하는 것이 잘된 선거이며, 그 당류黨類만이 잘됐다고 칭찬하는 것은 잘된 선거가 아니고 어리석은 사람들까지 다 칭찬하는 것이 잘된 선거다"라고 말했다. 장長에 대한 충성이나 소속 당파보다는 인품과 실력을 보고 등용하라는 말이다. 미수眉叟

허목許穆은 《기언記言》 〈말과 용모로 인재를 취하는 것을 논하는 疏論言貌取人疏〉에서 병조兵曹의 무사를 뽑을 때 대상자의 용모와 말을 가지고 뽑는 것은 좋지 않다면서 '칼 쓰기擊劍, 말타기, 활쏘기'로 사람을 뽑는 것만 못하다고 주장했다. 용모와 말로 뽑으면 외모와 말에 능한 자가 뽑히기 때문이라는 것이다.

《맹자孟子》〈등문공滕文公〉 조에는 "천하를 위해 사람을 얻는 것을 인仁이라고 한다爲天下得人者謂之仁"라는 구절이 있다. 인재 발탁이 인으로까지 높여진 것은 천하를 위한 일이기 때문이다. 인재를 얻으려면 어떻게 해야 하는가? 《주역周易》〈둔괘屯卦〉는 "귀한 몸이 미천한 곳까지 낮추면 크게 민심을 얻는다以貴下賤 大得民也"라고 말한다.

정권의 가장 큰 잘못이 인사라는 여론 조사 결과는 10년 전이나 5년 전이나 지금이나 똑같다. 이제부터라도 자신을 낮추고 인재를 우대한 주공의 마음으로 돌아가는 것이 해결책일 것이다.

민생의 어려움을 아는 인재 찾기

백성의 버림을 받은 국왕을 독부獨夫라고 하는데 하夏나라의 걸桀왕과 은殷나라의 주紂왕을 꼽는다. 《국조보감國朝寶鑑》〈태종〉 조에는 태종이 세자에게 "걸주桀紂를 어찌해서 독부라고 하는가?"라고 묻자 "인심을 잃어서 그렇습니다"라고 답하는 대목이 나온다. 이에 태종이 "걸주는 천하의 주인이 됐지만 인심을 잃고 나자 하루아침에 독부로 전락하고 말았다. 나와 네가 만약 인심을 잃는다면 필시 하루아침도 이 자리에 있지 못하게 될 것이니 소홀히 해서야 되겠는가"라고 훈계했다.

선거 때에는 경제 활성화, 서민 생활 안정 등을 주창하며 표를 구걸하다가 막상 당선되면 고소영, 강부자 같은 인사들을 선호해 정권의 인기가 바닥을 긴 적이 많았다. 인사가 망사가 된 셈인데, 지금도 다르지 않다. 인사 문제에 많은 관심을 갖고 있던 조선 후기 실학자 성호星湖 이익李瀷은 소수의 벌열閥閱이 자리를 독차지하는 현실을 개탄하면서 "오늘의 벼슬아치들은 모두 종당宗黨, 친척당과 사돈붙이가 아님이 없다"라고 비판했다. 일부 특권층이 벼슬을 독차지하는 인사 구조를 비판한 것이다. 이익은 〈농사꾼 중에서 인재를 발탁하자薦拔畎畝〉라는 글에서 "그러므로 공경公卿들에게 미천한 사람들의 농사일을 알게 하려면 반드시 벌열이라는 칼자루 하나를 깨뜨려 없애고, 몸소 농사의 어려움을 아는 자 가운데 덕망 있는 인재를 가려 높여서 등용해야만 기대할 수 있을 것이다"라고 갈파했다. 민생의 어려움을 아는 인재를 등용하라는 이야기다.

유비劉備가 세 번씩이나 찾아갔을 당시 제갈량은 일개 농사꾼에 지나지 않았다고 《삼국지三國志》〈제갈량諸葛亮 열전〉은 전하고 있다. 농군 제갈량에게서 나온 것이 천하삼분지계天下三分之計였다. 성호 이익은 인재를 미리 확보해두었다가 쓰는 '저인대용貯人待用'을 제안하면서 "전형銓衡, 인사을 맡은 자로서 시골 인재를 추천하지 않은 자는 벌을 주자"라고까지 주장한다.

현재 쓸 만한 인재가 없다는 변명은 들리지만 '종당과 사돈 붙이'를 넘어서 인재를 찾는다는 소식은 들리지 않는다. 민초의 시각으로 바라보면 어찌 인재가 없겠는가.

뾰족한 것이 밖으로 삐져나온다

자신을 천거하는 자천自薦을 영탈穎脫이라고도 한다. '뾰족한 것이
밖으로 삐져나오다'라는 뜻으로서 《사기史記》〈평원군平原君 우경虞卿
열전〉에 나오는 말이다. 조趙나라의 공자公子였던 평원군 조승趙勝
은 휘하 빈객이 수천 명이나 되는 것으로 유명했던 인물이다. 진
秦나라가 한단邯鄲을 포위하자 조승은 초楚나라에 구원군을 요청
하러 가면서 함께 갈 20명의 빈객을 선발하는데, 모수毛遂가 자신
을 천거하면서 "주머니 속의 뾰족한 것이 밖으로 삐져나올 것處囊中
乃穎脫而出"이라고 말한 데서 유래한다. 실제로 모수는 조나라와 초
나라를 서로 합종하는 큰 공을 이루었다.

　곽외郭隗도 자천의 대명사다. 《사기》〈연燕 소공召公 세가世家〉
에 따르면 연나라 소왕昭王이 천하의 현자를 구하자 곽외가 "먼저
이 곽외부터 쓰면 저보다 현명한 사람들이 어찌 천 리 길을 마다
하겠습니까?"라고 자천했다. 연 소왕이 곽외를 스승으로 삼자 악
의樂毅가 위魏나라에서 오고 추연鄒衍이 제齊나라에서 오는 등 많은
현자가 몰려들었다. 당나라의 시인 한유韓愈가 재상宰相에게 세 차

례나 자천하는 글을 올렸다는 고사처럼 중국에서 자천은 그리 드물지 않은 일이었다.

그러나 염치를 중시했던 조선은 달랐다. 조선 중기 허봉許篈이 쓴 《해동야언海東野言》은 유자광柳子光이 "처음에 갑사甲士에 소속돼 건춘문 파직把直, 문지기이 됐다가 자천하는 상소를 올리니, 세조가 그 사람됨을 장하게 여겨 발탁해 등용했다. (……) 그 성품이 음흉해 사람을 잘 해치고자 했다"라고 유자광의 자천을 비난하고 있다. 인조 때 반정공신 이귀李貴가 자신을 이조 판서에 자천하자 사헌부 집의 김세렴金世濂이 탄핵하다가 현풍玄風 현감으로 좌천당했는데, 정경세鄭經世가 김세렴을 '당대 제일의 인물'이라고 칭찬한 것처럼 조선에서 자천은 금기였다.

문화체육관광부가 사실상 자천제인 공모제의 폐단을 보완하기 위해 타천他薦도 병행한다는 소식이 있었다. 그러나 그 후로 몇 년이 지난 지금까지 훌륭한 인재가 발탁되었다는 소식은 듣지 못했다. 여론 호도용 발표에 불과하고 관피아는 영원하다는 방증에 불과하다.

인사가 나라를 바꾼다

정조는 재위 12년(서기 1788년) 지중추부사 채제공蔡濟恭을 우의정으로 임명했는데, 《정조실록正祖實錄》은 "어필로 특배特拜했다"라고 적어 삼망三望의 후보자 중에 고른 것이 아니고 정조가 직접 임명했음을 말해주고 있다. 정조는 "지금 경을 정승의 직에 제수하는 것이 내가 어찌 경을 개인적으로 좋아해 이런 거조가 있는 것이겠는가. (······) 즉시 숙배해 부족하고 어두운 나를 도와 널리 시사時事를 구제하라"라고 당부했다.

정조는 비서실인 승정원에 어필을 용정龍亭에 싣고 북 치고 피리 부는 무리를 앞세우고 채제공의 집에 가서 이 하유를 전하라고 명했으나 노론이 장악한 승정원은 남인 출신 정승 출현에 반대해 정조의 전교를 되돌리는 것으로 명을 거부했다. 노론이 채제공의 정승 임명을 그토록 반대한 것은 역설적으로 그만큼 그의 능력이 뛰어나기 때문이었다. 과연 채제공은 정조와 손을 잡고 거대 당파 노론이 장악한 과거 지향 정국을 미래로 이끌었다. 채제공은 정조 15년(서기 1791년) 노론의 자금줄인 관상官商들이 장악한 배타적 상행위 독점권인 금난전권禁亂廛權을 폐지하고 사상私商들의 상행위를 허용하는 신해통공辛亥通共을 주도해 조선의 상업 발전에 획기적 전기를 가져왔다.

광해군 15년(서기 1623년) 서인들은 인조반정을 일으켰으나 경기 감사 박자흥朴自興이 진압 군사를 모으는 등 강한 반발에 부딪혔다. 반정 일등 공신인 이서李曙는 이때 "갑자기 광해군을 폐출하고 새 임금을 세웠다는 소식을 들은 나라 사람들은 새 임금이 성덕이 있는 줄 알지 못했으므로 상하가 놀라 어쩔 줄을 몰랐다. (……) 오리梧里 이원익李元翼이 전 왕조 때의 원로로서 영상에 제수돼 여주로부터 입조入朝하자 백성들의 마음이 비로소 안정됐다'라고 전하고 있고,《당의통략黨議通略》도 "이원익이 반정 다음 날 한강 북쪽에서 가마를 타고 조회에 들어오니 이때서야 인심이 진정됐다'라고 전하고 있다. 서인의 반대 당파인 남인 영수 이원익을 영의정으로 삼자 인심이 안정됐다는 이야기다. 정승 인사가 얼마나 중요한지를 보여주는 사례들로서 현 정국에도 교훈이 될 만한 이야기다.

부정한 사람을 미워하는 동식물

정유재란 때 일본에 잡혀갔던 노인魯認의 《금계일기錦溪日記》에는 그가 일본의 사조신謝兆申, 예사화倪士和 등 여러 수재秀才, 즉 조선으로 치면 성균관 태학생 격인 과거 준비생들과 조선의 과거 제도에 관해 대화를 나누는 장면이 나온다. 뒤돌아서 암송하는 배강背講 때 조선에서는 "녹비鹿皮로 장막을 만들어 안팎을 가린 뒤에, 오대烏臺, 사헌부 어사御史 두 명이 해치관獬豸冠을 쓰고 장막 밖 좌우에 갈라 앉는다"라는 설명이다. 그리고 거자擧子, 과거 응시생를 불러들여 두 어사 사이에 앉히고 시험을 본다. 해치관을 쓴 사헌부 어사가 과거 시험 감독관이었다. 조선에서 백관을 규찰, 탄핵하고 법을 집행하던 사헌부 관헌들은 해치관을 썼다.

사헌부 관리들이 해치관을 쓴 것은 《후한서後漢書》〈여복지輿服志〉에 근거한다. 《후한서》는 "해치는 신양神羊을 뜻하는데, 능히 굽고 곧은 것을 구별하므로 초왕楚王이 이를 잡아 그 가죽으로 관을 만들어" 법관들이 썼다고 전한다. 해치가 곧고 굽은 것을 구별하므로 법을 집행하는 법관의 모자로 사용했다는 것이다. 한자 어원語源 사전인《사원辭源》은 해치가 양일 수도 있고, 사슴일 수도 있다고 전한다.

해치관은 중국에서 유래했지만 해치 자체는 만주 지역에 살던 짐승이다. 중국 한漢나라의 양부楊孚가 쓴《이물지異物志》에는 "동북의 황량한 변방에 해치라는 이름의 짐승이 있다. 뿔은 하나인데, 성질이 충직해 정직하지 못한 자를 보면 부딪고, 사람의 말을 들을 때 부정不正한 말을 하는 자를 부딪는다"라고 전한다. 해치는 동북, 곧 만주에 살던 짐승이라는 뜻이다.

부정한 사람을 미워하는 동물이 해치라면, 그러한 식물로는 지녕초指佞草가 있다. '아첨하는 것을 가리키는 풀'이라는 뜻인데, 간사한 사람이 조정에 들어오면 몸을 구부려 가리킨다 해서 붙여진 이름이다. 해치나 지녕초는 밝고 정의로운 사회를 바라는 동식물인 것이다. 서울시가 상징 동물을 해치로 바꾸려 한 적이 있는데, 외형뿐만 아니라 그 뜻까지 본받아 정의가 넘치는 도시로 만들려 노력해야 할 것이다.

여섯 유형의 바른 벼슬아치

한漢나라 유향劉向, 서기전 77~서기전 6년이 지은 《설원說苑》의 1권은 임금에 대한 군도君道이고 2권은 신하들에 대한 신술臣術이다. 그는 바른 벼슬아치를 여섯 유형으로 나누어 육정六正, 그른 벼슬아치를 육사六邪로 분류했다. 서기전 1세기 때의 분류이지만 군주君主만 국민으로 바꾸면 지금 만든 듯 생생하다.

육정 중 첫째는 어떤 조짐이 나타나기 전에 미리 알아채고 예방하는 벼슬아치로서 군주를 편안하게 하는 성신聖臣이다. 성신이 한둘만 있었어도 촛불 시위 같은 것이 다 예방됐을 텐데, 유교 사회의 성인聖人인 주공周公 같은 인물을 뜻하니 지금 정치가로서는 언감생심焉敢生心이다. 둘째는 사심 없이虛心 군주에게 장기적인 대책을 진언하고 성사해 군주를 착한 길로 이끄는 어진 양신良臣이다. 셋째는 새벽부터 밤까지 몸을 돌보지 않고 일하면서 현인賢人을 추천하고 옛날의 덕스러운 정사德行를 군주에게 권하는 충신忠臣이다. 넷째는 성공할 일과 실패할 일을 일찍 간파해 잘못될 일을 예방하고 구제함으로써 화를 복으로 전환해 군주가 아무런 걱정이 없도록 하는 지신智臣이다. 다섯째는 법을 받들면서 직무를 성실히 수행하되 봉록俸祿과 하사품은 사양하고 의복과 음식을 절검節儉하는 정신貞臣이다. 봉급도 반납하고 절검하면서도 국가 예산은 아껴 나라를 부유하게 하는 벼슬아치라는 뜻이다. 여섯째가 국가가 혼란에 빠졌을 때 아첨하지 말고 면전에서 군주의 잘못을 간언해서 죽기를 사양하지 않아 비록 몸은 죽어도 나라가 편안해질 수 있다면 후회하지 않는 직신直臣이다.

현 공직자 중에 이 여섯 유형에 하나라도 속하는 인물이 몇 명이나 있는지 의심스럽다. 조선의 성종은 재위 6년(서기 1475년) 야간 경연經筵에서 《고려사高麗史》를 강독하다가 김심언金審言, ?~1018년이 고려 성종에게 육정, 육사의 내용을 담은 봉사封事, 밀봉한 상소문를 올렸다는 사실을 알고 정부 각 관사의 청사 벽에 이를 써 붙이라고 지시했다. 지금 다시 써 붙여야 할 필요가 있다.

265

여섯 유형의 그른 벼슬아치

한나라 유향이 《설원》에서 분류한 여섯 유형의 그른 벼슬아치는 무엇인가? 첫째가 벼슬은 좋아하지만 공사公事보다는 사익私益에 힘쓰면서 늘 시세의 부침을 관망해 처신하는 구신具臣이다. 숫자만 채우는 신하라는 뜻인데 현재도 사방에 널려 있음을 알 수 있으리라. 둘째는 군주의 언행은 무조건 칭송하면서 남몰래 군주가 좋아하는 것을 갖다 바쳐 군주의 눈과 귀를 즐겁게 하지만 뒤에 닥칠 환란은 돌아보지 않는 유신諛臣, 아첨하는 신하이다. 셋째는 말 잘하고 낯빛은 좋지만巧言令色 어진 이를 미워할 뿐만 아니라 자기편을 진출시키려면 단점은 숨기고 장점만 나열하고, 반대편을 쫓아내려면 장점은 숨기고 단점만 나열해 군주에게 상벌을 잘못 시행하게 해서 호령號令이 서지 않게 하는 간신奸臣이다. 넷째는 남의 잘못을 꾸며낼 수 있을 만큼 머리가 좋고, 남을 기쁘게 할 수 있을 만큼 말도 잘하지만 집안에서는 골육지친骨肉之親을 이간질하고 집 밖에서는 나라를 혼란스럽게 하는 참신讒臣, 남을 참소하는 신하이다. 다섯째는 권력과 세도를 장악해 국사의 경중輕重도 사문私門의 이익을 기준으로 삼고, 당파를 만들어 군주의 명령도 무시하고 자신만 귀하게 여기는 적신賊臣이다. 군주를 국민으로 바꾸어 해석하면 지금도 여러 정치가가 떠오를 것이다. 여섯째는 간사한 말로 아첨해 군주를 불의不義한 곳에 떨어지게 하고 붕당朋黨을 만들어 군주의 총명을 가리고, 옳고 그름과 흑백의 구분도 없어서 군주의 잘못이 국내에 퍼지고 외국에까지 들리게 하는 망국지신亡國之臣이다. 나라를 거듭 국제적 망신거리로 전락시킨 여의도 사람들에게 해당하는 항목일 것이다.

성호星湖 이익李瀷은 〈육정육사六正六邪〉라는 글에서 모든 벼슬아치는 육정이 아니면 육사에 해당하니 공정한 사람에게 어디에 해당하는지 분류하게 하자고 주장했다. 그러면 어찌 두려워 반성하지 않겠냐는 것이다. 육정에 해당하는 벼슬아치를 표창하고 육사를 퇴출시키는 제도 마련이 시급하다. 국민이 계속해서 속 썩는 종노릇만 할 수는 없다.

기술자를 천시한 결과

임진왜란 후 포로로 잡혀간 피로인被擄人 쇄환 문제가 중요하게 대두했다. 선조 36년(서기 1603년) 일본을 장악한 도쿠가와 막부德川幕府는 조선과의 관계 개선에 적극적이었으므로 포로 쇄환에 부정적이지 않았다. 선조 40년(서기 1607년) 여우길呂祐吉과 경섬慶暹 등을 일본에 회답사回答使로 파견하다가 중도에 명칭을 '회답 겸 쇄환사刷還使'로 바꾼 이유도 포로 쇄환이 그만큼 중요하다는 의지가 표명된 것이었다.

선조 38년(서기 1605년) 승려 유정惟正, 사명 대사이 3,000여 명을 쇄환해 온 것은 큰 성과였지만 전체 피로인의 20분의 1도 안 되는 부족한 숫자였다. 여우길과 경섬은 막부의 협조를 얻어 쇄환에 적극 나섰으나 응한 조선인은 1,418명뿐이었다. 그나마 이때는 실적이 좋은 편이었다. 광해군 9년(서기 1617년) 일본에 간 이경직李景稷은 《부상록扶桑錄》에서 "왜경倭京, 교토에 도착한 이후에 와서 뵙는 자는 연달아 있었지만 돌아가기를 원하는 자는 매우 적었다. (······) 되풀이해서 간곡하게 타일러도 의혹疑惑이 풀리는 자는 또한 적었다(8월 22일)'라고 적고 있다.

충청도 출신의 김계용金繼鎔은 "제가 거주하는 지방에도 조선 사람은 많으나 본국 사정을 몰라서 모두 돌아가기를 즐겨하지 않습니다(9월 6일)'라고 말했다. 12~13세 때 끌려왔던 창원昌原 출신의 김개금金開金은 "부모를 만나야 하지 않겠는가?"라는 타이름을 받고도 "20여 년이나 은혜를 받은 사람을 저버릴 수 없다'라면서 귀국을 거부해서 옆에 있던 왜인이 혀를 끌끌 찼다고 전한다.

이들의 귀국 거부 이유는 조선은 도공陶工 같은 기술자들을 천시한 데 비해서 일본에서는 우대했기 때문이다. 또한 임진왜란 와중에 천인賤人들도 신분 상승이 가능한 면천법免賤法 제정 등 각종 개혁 정책을 주도하던 정승 유성룡柳成龍을 종전과 동시에 실각시키고, 다시 양반 사대부의 천국으로 돌아간 것도 영향을 끼쳤다. "의혹疑惑이 풀리는 자는 또한 적었다'라는 말처럼 조선에 대한 불신이 팽배했다. 막상 귀국한 기술자들은 내팽개쳐졌다. 인조 3년(서기 1625년) 3월 회답사 정립鄭岦 등은 갖은 고생 끝에 146명을 데려왔으나 "양식이 떨어져 원통함을 호소하고 있다'라고 말할 정도로 배신당했다.

현재 고등학교 졸업생의 80퍼센트가 대학에 진학하는 이상 현상이나 강경으로만 치닫는 노동 운동의 배경에는 우리 사회의 뿌리 깊은 기술자 천시 역사가 있지 않은가 생각한다.

분경 금지

예종 1년(서기 1469년) 11월 4일. 사헌부 소속 아전인 서리書吏와 조례皂隸 등이 하동군河東君 정인지鄭麟趾의 집을 주시했다. 정인지의 집에 들어가려는 한 인물을 체포하자 가동家僮들이 막으면서 서리의 옷고름이 뜯어졌다. 정인지는 도리어 서리 등에게 호패號牌를 내놓으라며 꾸짖었다. 사헌부에서 정인지의 국문을 요청하자 예종은 공함公緘, 서면 질의서으로 조사하라고 명했다. 사헌부 서리 등이 정인지의 집 앞을 지킨 것은 고관들에게 뇌물을 써서 인사 청탁 등을 하는 분경奔競을 막기 위한 것이었다. 태종 때 같으면 정인지는 그 자리에서 파면되거나 귀양 갔을 것이다.

태종은 재위 1년(서기 1401년) 5월 사헌부와 삼군부三軍府에 분경 금지를 명했고, 사헌부와 삼군부는 서리, 조례, 선전관 등을 보내 인사권자들의 집을 감시했다. 《태종실록太宗實錄》은 "사람이 이르면 존비尊卑와 온 까닭을 물을 것 없이 모조리 잡아 가두니, 사람마다 의심하고 두려워해 의논이 분운紛紜했다"라고 적고 있다. 친족들의 발길까지 끊기자 태종은 5세世 친족까지는 방문을 허용하되 금령을 어긴다면 벼슬이 있는 자는 신문할 것도 없이 파직하고 벼슬이 없는 자는 귀양 보내라고 명했다. 태종의 단호한 조치에 각종 뇌물은 사라질 수밖에 없었다.

그러나 쿠데타 동지들과 권력을 나누지 않을 수 없었던 세조(수양대군)는 재위 14년(서기 1468년) 3월 "분경을 금한 것은 본시 어두운 밤에 애걸하는 자 때문"이라면서 분경 금령禁令을 해제했다. 세조의 후사인 예종은 다시 분경을 금지해 정인지의 집을 감시하고, 신숙주申叔舟의 집에 찾아갔던 김미金美를 직접 친국하다가 재위 1년 남짓 만에 의문의 죽임을 당했다. 쿠데타 공신들의 권력이 왕권보다 막강했던 것이다. 예종 급서 두 달 후인 성종 1년(서기 1470년) 1월 한명회와 신숙주는 "분경 금령이 너무 엄해서 가까운 친척이나 이웃 사람과도 상종할 수 없다"라면서 분경 금지령을 풀어달라고 요구했고, 예종의 급서를 목도한 성종은 허용하지 않을 수 없었다.

백성들은 부패한 공신들의 전횡에 신음했다. 사헌부의 서리와 조례 등은 아전이었지만 태종 때는 고관도 두려워할 수밖에 없었다. 태종의 국법 준수 의지가 그만큼 강했기 때문이다. 총리실 공직복무관리관실의 암행 감찰이 화제가 된 적이 있다. 불과 30여 명으로 전체 공무원을 상대한다는 사실이 더 놀라웠다. 태종 때의 분경 금지 같은 제도는 역사가 주는 교훈이다.

상피법

친족끼리 같은 부서에 근무하지 못하게 한 것이 상피법이다. 《경국대전經國大典》〈이전吏典〉에는 대공복大功服, 아홉 달 복 이상의 상복을 입는 본종本宗, 성과 본이 같은 친척이나 사위, 손자사위, 손위·손아래 매부와 시마복緦麻服, 석 달 복 이상의 상복을 입는 외가 사람들과 동서, 손위·손아래 처남 등은 같은 부서에 근무하지 못한다고 규정하고 있다. 의정부議政府나 의금부義禁府, 사헌부司憲府, 사간원司諫院, 문·무관의 인사권이 있는 이조吏曹와 병조兵曹 등은 훨씬 엄격해 4촌 매부, 4촌 동서까지 포함시켰다. 피고와 일정 관계가 있으면 재판관도 맡지 못했으며 거자擧子, 응시자와 일정한 관계가 있으면 시관試官, 시험관도 맡지 못했다. 《고려사절요高麗史節要》 선종 9년(서기 1092년) 11월 조에는 "오복五服 친족끼리 상피법을 정했다"라고 전해서 1,000년 이상 된 법임을 말해준다.

억울한 경우도 있었다. 이현보李賢輔가 쓴 〈금산錦山 군수郡守 이공李公 묘지명〉에 따르면 광평廣平대군의 후손인 이중휘李重輝는 현종 시절 과천果川 현감으로 많은 공이 있었지만 감사와 상피 관계라는 이유로 체차됐다. 정승도 상피법 적용 부서였지만 효종 1년(서기 1650년) 8월 좌의정 조익趙翼과 사돈인 이시백李時白이 우의정에 제수됐을 때 영의정 이경여李敬輿가 청나라와의 관계를 들면서 "권도權道, 임시방편를 쓰지 않을 수 없는 듯하다權宜之道, 似不可已"라고 편법으로 상피제를 적용하지 않았다. 조선 후기 이유원李裕元은《춘명일사春明逸史》〈대관은 상피하지 않는다大官無相避〉라는 글에서 "이것이 곧 관례가 됐다"라고 적고 있다. 효종 이후 의정부 정승들은 상피제에서 제외됐다는 뜻이다. 그래서 사위 사도세자를 죽이는 데 앞장섰던 홍봉한洪鳳漢, 홍인한洪麟漢 형제 정승이 안국동安國洞에 사는 것을 두고 "망국동亡國洞에 망정승亡政丞"(《영조실록英祖實錄》, 46년 3월 22일)이라는 동요까지 생기는 부작용이 발생했다. 세도 정치 때 상피제는 완전히 무력화되어 부정부패는 일상사가 됐고 나라도 망했다.

관피아 척결은 한국 사회가 미래로 가기 위한 가장 최소한의 원칙이다. 그러나 해방 후 친일 세력이 다시 권력을 장악하며 시작된 관피아 구조를 해체하기란 쉽지 않다. 정권과 국민 모두가 끈질긴 의지로 해체해야 한다.

능력이 있어도 이끌어주는 사람이 없으면

《세조실록世祖實錄》재위 7년(서기 1461년) 6월 조에는 "부암의 늙은 이傅巖之叟, 위빈의 노인渭濱之老"이라는 말이 나온다. '부암傅巖의 늙은 이'는 부열傅說을 뜻한다. 은殷나라 고종高宗은 백방으로 인재를 구하러 다니다가 부암이라는 곳에서 죄수들과 함께 성을 쌓는 노인 부열을 발견하고 재상으로 삼았다. '위빈渭濱의 늙은이'는 여상呂尙을 뜻한다. 원래 강姜씨인데 그 선조가 여呂 땅에 봉해졌으므로 여상이라고 불렸다. 위수渭水가에서 낚시질하다 주周 문왕文王에게 발탁돼 스승師이 된 강태공姜太公이 여상이다. 《명심보감明心寶鑑》에도 "남의 참외밭에서는 신발 끈을 매지 말고, 오얏(자두)밭에서는 관을 고쳐 쓰지 말라瓜田不納履 李下不整冠"라는 강태공의 말이 실려 있다.

정조는 재위 1년(서기 1777년) 1월 "조정의 벼슬아치들이 모두 어진 것도 아니고, 초야草野의 인물들이 모두 어리석은 것도 아니다"라면서 "판축과 조황의 어짊版築釣璜之賢은 쉽게 논할 수 없다"라고 말했다. 《괄지지括地志》에서 부열을 얻은 곳을 "성 쌓는 곳版築之處"이라고 기록한 것처럼 성 쌓는 인부 중에도 인재가 있다는 뜻이며, 황계璜溪, 위수에서 낚시질釣하던 노인 중에도 인재가 있다는 뜻이다. 나중에 은殷나라 재상이 된 이윤伊尹은 원래 요리사였던 인물이다. 《한서漢書》〈가의賈誼 열전〉은 한漢나라 가의는 불과 스무살 때 문제文帝에게 태중대부太中大夫로 발탁돼 대대적인 개혁을 주창했다고 전한다. 충무공 이순신李舜臣이 임진왜란 발생 불과 1년 전인 선조 24년(서기 1591년) 서애西厓 유성룡柳成龍에게 발탁돼 전라좌수사가 되지 않았다면 이후 임진왜란이 어떻게 전개됐을지 생각만 해도 끔찍할 정도로 인재 발탁은 중요하다.

그러나 현재 여야 각 정당의 공직 후보자 선정 결과를 보면 유체幽滯라는 말이 생각난다. 능력이 있으면서도 이끌어주는 사람이 없어서 버려진 인재를 뜻한다. 부열과 강태공처럼 연륜 있는 전문가도, 이윤처럼 빈천한 신분의 인재도, 가의처럼 신진기예도 찾기 힘들다. 반면 은문恩門은 흘러넘쳐 보인다. 은문이란 과거 급제자가 자기를 급제시켜준 시관試官을 일컫던 말로서 급제자는 은문에게 평생 문생門生의 예를 다했다. 후한後漢의 공융孔融은 묻혀 있던 예형禰衡을 천거하면서 "백 마리 지조鷙鳥가 한 마리 악조鶚鳥만 못하다鷙鳥累百 不如一鶚"라고 쓴 〈예형을 천거하는 표 薦禰衡表〉를 올렸다. 그래서 남을 천거하는 글을 악표鶚表라고도 하는데, 우리에게는 악조는 언감생심이고 최소한 은문이 아니라 국민을 바라보려고 노력하는 지조만 건져도 다행이다 싶다.

무관심은 때론 분노로 표출된다

현재는 모든 직업을 천직天職이라고 하지만 원래 천직은 임금 자리를 뜻했다. 임금의 정치를 하늘의 일을 대신한다는 뜻의 천공天工이라고 하는 것도 이 때문이다. 임금 혼자 다 할 수는 없기 때문에 보좌하는 여러 관직을 두면서 천직은 벼슬이라는 뜻으로 그 의미가 넓어졌다. 《서경書經》〈고요모皐陶謨〉에는 "모든 관직을 없애지 말아야 한다. 하늘의 일工을 사람이 대신하기 때문이다無曠庶官天工人其代之"라는 말이 나온다.

조선 후기의 개혁 정치가였던 백호白湖 윤휴尹鑴는 〈공고직장도설公孤職掌圖說〉에서 "관록官祿, 벼슬자리와 녹봉은 하늘에서 현자賢者를 위해 만든 자리인데, 임금은 관록으로 천하의 선비들을 대우하며 천직으로 함께 다스리고, 하늘上帝을 섬기는 것"이라고 말했다. 벼슬은 천하의 현자를 대접하고 현자들의 포부를 세상에 펼칠 수 있는 기회를 주는 도구라는 뜻이다. 그래서 윤휴는 "사적으로 친하다고 해서 그 자리에 있게 해도 안 되고, 소인을 있게 해서도 안 되고 (……) 후척后戚, 왕비의 친척을 있게 해서도 안 된다"라면서 "진

276

실로 그 정상을 잃으면 어지러워지고 또 망한다"라고 경고했다.

벼슬은 하늘의 일을 대신하는 것이기에 인사를 잘못하면 하늘이 재해를 내린다고 믿었다. 조선 초기의 문신 유양춘柳陽春은 성종 18년(서기 1487년) 음력 5월 16일 고대하던 비가 내리자 〈희우부喜雨賦〉를 지어 "어찌 아무 일 없이 하늘이 벌을 내리겠는가. 혹 조정에 있는 사흉四凶, 네 명의 간신을 제거하지 못했는가. 인재를 알아보는 것이 어려워서 발탁에 유감이 없지 않았는가不能無遺憾於知人之難"라고 읊었다. 임금이 간신을 중용하거나 인재 발탁에 소홀하면 재해가 온다는 뜻이다. 그래서 조선 초기 학자 권근權近, 1352~1409년은 〈남행록南行錄〉에서 "공工과 환驩을 유배 보내니 민심이 복종하고 기夔와 설契을 등용하니 세도가 태평해졌네工驩流放民心服 夔契登庸世道平"라고 읊었다. 공과 환은 간신의 대명사였던 사흉四凶 중 공공共工과 환도驩兜를 뜻하는데, 사흉 같은 간신을 제거하고 현인인 기와 설을 등용해 농사와 교육을 일으키자 민심이 승복하고 세상이 태평해졌다는 것이다.

지난 정권에서 다섯 개 부처 장관 청문회를 개최했지만 민심은 무관심으로 일관했다. 그런데 그동안의 정권은 비난이나 욕설보다도 무서운 것이 무관심이란 사실도 모를 정도로 무능했다. 이런 무관심이 선거 때면 분노로 표출됨을 거듭 확인하고도 감동 없는 인사를 계속하는 속내가 궁금하다.

인재 발탁의 또 다른 방식

인재 추천을 천거薦擧, 또는 거천擧薦이라 하고, 추천한 사람을 거주擧主, 또는 천주薦主라고 한다.《맹자孟子》〈등문공滕文公〉조에 "천하를 위해 인재를 얻는 것을 인이라고 이른다爲天下得人者謂之仁"라는 구절이 있는 것처럼 올바른 인재 발탁은 천하를 이롭게 하는 인仁이다. 성호星湖 이익李瀷은《성호사설星湖僿說》〈자격과 전형資格銓衡〉조에서 "사람을 쓰는 도道는 자격資格, 신분을 위주로 하면 재덕才德, 인품과 능력 있는 자가 펴지 못하고, 전형銓衡, 시험을 위주로 하면 엄체淹滯의 근심이 있다"라고 말했다. 엄체란 능력이 있지만 발탁되지 못하는 사람을 뜻한다. 서애西厓 유성룡柳成龍이《징비록懲毖錄》에서 "조정에서 그(이순신)를 추천해주는 사람이 없어서, 무과에 오른 지 10여 년이 되도록 승진하지 못했다"라고 밝힌 것처럼 유성룡의 천거가 없었다면 이순신은 엄체된 채 인생을 마쳤을 가능성이 크다.

그러나 인재 추천은 종종 낙하산 시비에 휘말린다. 세습제로 변질되리라는 우려도 많다. 그래서 적임자가 아닌 사람을 추천했을 경우 추천자를 함께 처벌하는 거주연좌제擧主連坐制가 있었다. 성호 이익은《성호사설》〈거주연좌〉조에서 당唐나라 육지陸贄의 말을 인용해 "현자를 추천한 경우에는 성적에 따라 관급을 올려주고 실제와 어긋난 경우에는 당장 관작을 삭탈하고 돈으로 속죄贖罪하도록 해야 한다"라고 주장했다. 실제로《송사宋史》〈선거지選擧志〉에는 "고명誥命, 임명장에 거주擧主의 성명을 기록했다가 훗날 추천장의 내용과 다르면 연좌한다"라는 규정이 있었다. 우리나라도 마찬가지여서《고려사절요高麗史節要》인종仁宗 5년(서기 1127년) 조에는 "시종관이 모두 한 사람씩을 천거하되 천거한 사람이 형편 없으면 그를 벌한다"라는 내용이 있고, 태조 이성계의 즉위 교서에도 "적임자가 아닌 사람을 천거하면 천거자가 죄를 받는다"라는 규정이 있었다.

로스쿨 출신을 추천으로 검사로 임용한다고 하자 사법 시험 합격자들의 반발이 거셌다. 얼마 전 외교부의 특채 파문에서 드러났듯이 우리 사회에서 추천제는 기득권 세력의 나눠 먹기로 전락했다는 주장에는 수긍이 간다. 그러나 시험제의 경직된 단점을 보완할 수 있는 추천제도 일절 막을 수는 없다. 시험제를 위주로 하되 거주연좌제나 지인을 추천하지 못하게 막는 상피제로 보완한다면 추천제도 하나의 방식이 될 수 있을 것이다.

장인 우대

제자 번지樊遲가 농사일을 가르쳐달라고 청하자請學稼 공자孔子는 "그 일은 내가 늙은 농부보다 못하다吾不如老農"라고 사양했다. 농사는 전문가에게 물으라는 뜻이다. 공자의 제자 자하子夏는 "모든 공인工人은 가게에 있으면서 그 일을 이루고, 군자는 학문으로써 그 도에 이른다"라고 말했다. 공인과 군자는 각자 자신의 직업에 최선을 다하는 전문가라는 뜻이다. 그런데 어느덧 군자가 사회의 윗자리를 독차지해서 모든 공인을 천시하면서 많은 문제가 발생했다. 숙맥菽麥이란 세상 물정 모르는 식자識者를 조롱하는 말이었다. 콩과 보리도 구분하지 못한다는 불변숙맥不辨菽麥의 준말인데, 《춘추좌전春秋左傳》노魯 성공成公 18년 전傳의 "주자周子에게 형이 있는데 지혜가 없어 숙맥을 변별하지 못해서不能辨菽麥 자립할 수 없다"라는 말이 출처다. 후한後漢의 고봉高鳳은 아내가 닭이 쪼아 먹지 못하게 보리를 지키라고 했는데, 소나기가 쏟아지는데도 장대만 잡고 경서를 봤다는 인물이다. 그나마 그는 조정의 부름도 사양했기에 후대에 공부하는 사람들의 표상이 됐다.

이는 특수한 경우이고, 지금 한국 사회처럼 대부분은 출세하기 위해서 공부한다. 고대 남조 송宋나라 역사서인 《송서宋書》〈심경지沈慶之 열전〉에는 심경지가 임금에게 "농사는 사내종에게 물어야 하고, 길쌈은 계집종에게 물어야 하는데耕當問奴 織當問婢, 폐하께서는 지금 정벌을 의논하시면서 백면서생배白面書生輩들과 모의하시니 어찌 일이 되겠습니까?"라고 비판했다는 대목이 나온다. 북벌을 추진하던 조선 효종도 심경지의 말을 인용하면서 비변사의 낭청郎廳을 뽑을 때 "지혜와 힘이 있는 자를 뽑지 않고, 다만 글자나 아는 영리한 자를 뽑는다"라고 비판했다.

조선 후기 주자학자는 모든 노동을 천시했다. 이런 사회에서 직접 농사지었던 성호星湖 이익李瀷은 〈보리타작打麥〉이라는 시에서 "떨어진 이삭은 아이에게 줍게 하면서 도리깨질에 힘을 더하네. 나도 마시는 막걸리는 아내가 직접 빚은 술일세滯穗敎兒拾 連枷用力增 濁醪吾亦喫 家釀細君憑"라고 노동의 즐거움을 노래했다. 당唐나라 때는 농군을 선발하기 위한 역전과力田科도 있었다. 당나라가 역사상 가장 부유한 사회를 이룩한 데는 노동 중시의 철학이 있었다.

독일에서 장인匠人을 뜻하는 마이스터Meister는 박사와 의사를 뜻하는 독토르Doctor와 마찬가지 대접을 받는다. 유럽 경제 위기에 독일만 꿋꿋하게 버티는 이유가 여기에 있다. 대학 교육은 무너졌다는 한탄이 주를 이루는데도 고졸 출신이 차별받는 나라. 이런 사회 구조를 뜯어고쳐야 한국 사회에 미래가 있다.

정신이 건강해야 진짜 건강한 것이다

조선의 악성樂聖이었던 박연朴堧은 세종 13년(서기 1431년), "옛날의 제왕은 모두 맹인瞽者을 사용해 악사를 삼아서 현송絃誦, 악기를 다루고 노래함의 임무를 맡겼으니, 그들은 보지 못하지만 소리에 환하기 때문이며, 또 세상에는 버릴 사람이 없기 때문입니다"라고 말했다. 박연은 음악을 관장하는 관습도감慣習都監의 맹인 악사 중 경력자들에게 동반 5품 이상의 검직檢職 제수를 주청했다. 세종은 맹인들을 악사 이외에 점치는 판수로도 서용했는데, 이들을 내시부에 소속시켜 자문을 구했으며 3품 고위직까지 승진할 수 있게 했다. 이런 전통 때문인지 이규경李圭景은《오주연문장전산고五洲衍文長箋散稿》에서 재상들도 판수에게 '너'라고 반말로 부르지 않았다고 전하고 있다.

한국사에서 장애인으로 큰 족적을 남긴 인물은《우서迂書》를 쓴 실학자 유수원柳壽垣이다. 그는 숙종 44년(서기 1718년) 문과 정시庭試에 급제했을 때만 해도 장애인이 아니었다. 영조 13년(서기 1737년) 인재를 천거하라는 어명御命에 비변사 당상관 이종성李宗城

이 "단양丹陽 군수 유수원이 귀는 먹었으나 문장을 잘합니다. 책을 한 권 지었는데, 나라를 위한 경륜을 논한 것입니다. 헛되이 늙는 것이 아깝습니다"라고 천거한 것으로 봐서 이때는 청력을 상실했음을 알 수 있다. 유수원이 자호自號를 농암聾菴과 농객聾客이라고 지은 것은 청력을 잃은 현실에 좌절하지 않고 부끄러워하지도 않았음을 말해준다. 그가 지은 《우서》는 당시 조선의 병폐를 척결할 수 있는 획기적인 내용을 담고 있다. 그는 '사농공상士農工商은 다 같은 사민四民'이라는 만민 평등사상을 바탕으로 모든 백성의 자손들에게 학교 교육을 시키고 그 결과에 따라 등용하자는 인사 등용책을 제시했다. 사대부의 자손만이 아니라 농공상農工商의 자손도 관리가 될 수 있다는 혁명적인 발상이었다.

온 나라 사람들이 신분제의 병에 걸려 있던 상황에서 공개적으로 신분제 타파를 주장한 유수원이야말로 정신이 건강한 사람이었다.

칼을 팔아서 송아지를 산다

각 정당마다 민심 잡기에 부산하다. 가장 좋은 방법은 무엇일까? 백성을 부자로 만드는 방법이다. 《맹자孟子》〈진심盡心〉장에 "선정을 하면 백성들이 재물을 얻게 된다善政得民財"라는 구절이 있듯이 백성을 부유하게 만드는 경제 정책이 선정이다. 백성을 경제생활에 전념하게 하는 것도 선정이다. 이런 선정이 '칼을 팔아서 송아지를 산다'는 뜻의 매도매독賣刀買犢이다. 《한서漢書》〈공수龔遂 열전〉에서 유래한 말인데, 공수가 발해渤海 태수가 돼 선정을 베풀자 백성이 칼을 팔아 송아지를 사서 열심히 농사지었다. 전쟁 같은 것 일으키려 하지 말고 경제생활에 전념시키라는 뜻이다.

'팥배나무를 사랑한다'는 뜻의 감당지애甘棠之愛도 선정이라는 뜻이다. 《시경詩經》〈소남召南〉편에 주周 무왕武王 때 소공召公이 선정을 베풀었는데, 백성이 훗날 소공이 잠시 햇볕을 피하기 위해 쉬었던 팥배나무를 잘 가꾸고 보존하며 노래를 지어 불렀다고 전한다.

정약용丁若鏞은 곡산谷山 부사 시절의 선정 덕분에 목숨을 건

졌다. 정조 의문사 후 정권을 독차지한 노론 벽파는 정조의 측근
이었던 정약용을 천주교도로 몰아 죽이려고 했으나 황해 감사 정
일환鄭日煥이 "정약용이 곡산 부사로 있을 때 끼친 칭송이 자자한
데 사형시킨다면 옥사를 잘못 처리했다는 비방이 일 것"이라고
말려 유배형으로 낙착됐다. 곡산의 선정이 정약용의 목숨을 건졌
다는 '곡산구정谷山救丁' 같은 사자성어라도 생길 일이다.

　　당唐나라 이한李瀚이 쓴 어린이용 학습서《몽구蒙求》에 나오는
곽급죽마郭伋竹馬도 선정이라는 뜻이다.《후한서後漢書》〈곽급 열전〉
에 보면 병주幷州 목사로 선정을 베풀었던 곽급이 지나간다는 말
을 듣고 수백 명의 아이가 죽마竹馬를 타고 나와서 환영했다는 이
야기가 나온다.

　　그런데 맹자는 선정보다 선교善敎를 더 높게 평가했다. 선정
이 경제 정책 같은 물질적 정책이라면 선교는 교육·문화 정책처
럼 정신세계에 관한 정책이다.《맹자》〈진심〉장에 "선교는 민심
을 얻는다善敎得民心"라는 말이 있듯이 선교야말로 민심 획득의 요
체다.

　　선교는커녕 집값 하락, 전셋값·물가 폭등, 양극화 심화 등에
서 보듯 선정 근처에도 못 가는 상황이 반복되고 있다. 겨우 선거
때만 국민들 눈치를 보며 화장을 고치고 있는 것이다. 여당의 실
정에 반사 이익을 챙기는 무기력한 야당에 대한 분노도 크다. 한
국 정당 구조에 대한 근본적 물음을 던질 때다.

민심이 곧 천심이다

민심民心은 곧 천심天心이라는 말이 있다. 백성에게 참정권 자체가 없던 왕조 시대에 생긴 말이다. 민심을 얻는 사람이 천명天命을 받아 임금이 된다는 역성혁명의 논리가 담겨 있다. 우복愚伏 정경세鄭經世, 1563~1633년의 《경연일기經筵日記》에는 정경세가 인조에게 "인심의 향배가 곧 천심의 향배입니다"라고 말했다고 기록하고 있다. 민심이 떠나면 하늘이 새 인물에게 천명을 내려 왕위가 바뀌고 왕조가 교체된다는 뜻이다. 인조반정으로 즉위한 인조이기에 더욱 민감한 말일 수밖에 없었다.

　　민심은 어떻게 얻을 수 있을까?《논어論語》〈위정爲政〉편에는 노魯나라 애공哀公이 공자에게 "어떻게 하면 백성이 복종하게 됩니까?"라고 묻자 공자가 "곧은 사람을 들어서 쓰고 여러 굽은 사람을 버려두면 백성이 복종하지만, 굽은 사람을 들어서 쓰고 여러 곧은 사람을 버려두면 백성이 복종하지 않습니다擧直錯諸枉 則民服 擧枉錯諸直 則民不服"라고 답했다고 전한다. 백성이 신망하는 곧은 사람直을 들어 쓰면 백성이 복종하지만, 그 반대면 민심이 돌아선다는 뜻이다. 간단한 말 같지만 실천하는 권력자는 많지 않은 것이 현실이다. 권력자 자신이 쓰고 싶은 사람만 골라 썼다가 버림받는 정권을 숱하게 목격하면서도 말이다.

여야與野 공천 과정에서 굽은 사람을 썼다가 민심이 급속도로 나빠지는 현실도 마찬가지다. 맹자가 제시하는 민심 획득 전략은 백성과 함께 즐기는 여민동락與民同樂이다. 《맹자孟子》〈양梁혜왕 하惠王下〉에 나오는데 제선왕齊宣王이 이궁離宮인 설궁雪宮에서 맹자를 만나 "현자賢者에게도 이런 즐거움이 있습니까?"라고 물었다. 아무리 현자라지만 임금인 나처럼 설궁에서 부귀영화를 누리는 즐거움이 있겠느냐고 물은 것이다. 맹자는 백성과 함께 즐거워하는 것이 임금의 진정한 즐거움이라며 백성과 함께 즐거워하고, 백성과 함께 근심한 사람 중에서 임금이 되지 못한 이가 없다고 답했다. 임금 혼자, 지배층끼리만 즐기는 것은 진정한 즐거움이 아니며, 민심에서 멀어지면 비참한 지경에 처할 수 있다는 경고다.

《서경書經》〈상서商書〉'함유일덕咸有一德'에는 "필부필부가 스스로 극진히 섬기지 않으면 임금이 누구와 더불어 공을 이룰 수 있겠는가匹夫匹婦不獲自盡 民主罔與成厥功"라는 말이 나온다. 필부필부들의 한 표, 한 표를 모으지 않으면 어떻게 당선되겠으며, 설혹 당선됐다 한들 민심을 얻지 않으면 어떻게 업적을 이루겠느냐는 뜻이다. 선거 때 후보로 나서려는 이들은 선거 전이나 후나 늘 이 말을 새겨두어야 한다.

원로 홀대 사회

나이 70세가 기耆, 80세가 노老인데, 70세 이상의 2품 이상 전·현직 관료가 들어가는 곳이 기로소耆老所다. 국왕은 환갑을 넘으면 들어갈 수 있었는데 영조가 직접 기로소에 들어간 이후로는 관부 서열 1위가 됐다. 평생 공직에 있다가 은퇴한 원로를 국로國老라고 하고, 일반 백성 중에서 나이 많은 이를 서로庶老라고 한다. 오랜 옛날부터 임금은 국로와 서로를 모시고 잔치를 베풀었다. 《예기禮記》에는 유우씨有虞氏, 순임금가 국로는 상상上庠에서 서로는 하상下庠에 모시고 잔치를 베풀었다고 전하는데, 상상과 하상은 모두 학교를 뜻한다. 하夏나라 때는 국로를 동서東序, 서로를 서서西序에 모셨으며, 은殷나라 때는 국로를 우학右學, 서로를 좌학左學에서 모셨고, 주나라 때는 국로를 동교東膠, 서로를 우상虞庠에서 모셨는데, 동서·서서, 우학·좌학, 동교·우상도 모두 학교를 뜻한다. 임금이 학생에게 직접 양로 교육을 시켰다는 뜻이다.

고려 때는 나이 70세에 치사致仕한 원로에게 반록半祿, 즉 녹봉의 반을 지급하기도 했다. 그만큼 평생 나라를 위해 봉사한 것을 높인 것인데 전제가 있었다. 재직 기간 동안 사익私益을 챙기지 않아야 한다는 것이다. 남송南宋의 왕군옥王君玉이 지은 《국로담원國老談苑》에는 송宋나라 구준寇準이 재상 생활 30년 동안 집 한 채도 짓지 못했다고 전한다. 처사處士 위야魏野가 이를 기려서 "관직은 재상의 지위이지만 집 지을 땅 한 조각 없네有官居鼎鼐 無地起樓臺"라는 시를 지어 올렸다. 이 시가 널리 알려져서 송나라가 남쪽으로 쫓겨 간 후 북사北使, 금나라 사신가 와서 "누가 집 지을 땅 한 조각 없는 재상이냐孰是無地起樓臺相公"라고 물었다는 고사가 전한다.

현재 여야의 공천을 보면 원로는 대부분 찬밥 신세다. 존경할 만한 원로를 찾기 힘든 것도 사실이지만 신진이라고 다 좋은 것도 아니다. 신선해 보이는 신진도 거의 없다. 변화는 좋지만 그보다 앞서야 하는 것이 옥석玉石 구분이다. 《한시외전韓詩外傳》에는 전국戰國 시대 위魏나라 문후文侯의 스승이었던 전자방田子方 이야기가 나온다. 길을 가다가 팔려 나온 말을 보고는 "무슨 말이냐?"라고 물었다. 나라에서 기르던 말이라는 말을 듣고는 "그 힘을 다 썼는데 늙었다고 버리는 것은 인자仁者가 할 일이 아니다"라면서 비단을 주고 속贖해주었다. 이를 듣고 궁사窮士들의 마음이 비로소 돌아갈 곳을 알게 됐다고 전한다. 원로 우대도 민심 획득의 중요한 수단이다.

개미구멍까지 살피는 인사

전통 유학 사회는 자연재해를 인간이 정사를 잘못해 하늘이 내리는 경고로 봤지만 이에 대한 의문도 끊이지 않았다. 대표적인 사례가 성인으로 추앙받는 우禹임금 10년 동안 아홉 번이나 홍수가 나고, 탕湯임금 8년 동안 일곱 번이나 가뭄이 든 사례다.

고려 말 가정稼亭 이곡李穀은 〈석문石問〉에서 "우禹는 뚫어서 용이 돼 날랐다禹鑿龍飛"라고 표현했다. 우禹는 황하의 물길을 막고 있는 하남성河南省 용문산龍門山을 도끼로 갈라 물길을 만들었고, 그 공으로 《주역周易》구오九五의 "용이 날아 하늘에 있다飛龍在天"라는 효사爻辭처럼 순舜임금의 뒤를 이어 임금이 됐다는 뜻이다. 잉어鯉魚가 용문을 뛰어오르면 용이 된다는 등용문登龍門이라는 말도 여기에서 나왔다. 사형당한 관료의 아들이었던 우禹가 황하의 물길을 잡은 공으로 임금이 됐듯이 중국 역사에서 치수는 중요했다.

천수天數, 즉 하늘의 운세는 인간이 알 수 없지만 인사人事에 지극정성을 다하는 것이 유일한 대책이라고 옛사람들은 생각했다. 그래서 이곡은 〈수재와 가뭄의 원인原水旱〉이라는 글에서 우禹

임금 10년 동안 아홉 번 홍수가 나고, 탕湯임금 8년 동안 일곱 번 가뭄이 들었어도 백성의 생활이 망가지지 않은不病 까닭은 지극한 인사로 천수에 응했기 때문이라고 보았다. 그런데 후세 사람들은 재해를 천수라고 핑계대면서 지극한 인사를 폐하기 때문에 1~2년 재앙에도 백성의 시신이 구렁에 나뒹군다고 비판했다.

조선의 유명한 치수가는 미수眉叟 허목許穆이다. 그가 현종 때 삼척 부사로 있으면서 척주동해비陟州東海碑를 삼척포三陟浦에 세우자 매년 바닷물이 범람해 시가를 뒤덮던 피해가 없어졌다는 것이다. 그런데 성호 이익은 〈미수시眉叟詩〉라는 글에서 "예송 논쟁 이후 이李가 성을 가진 재상이 임금에게 아뢰어 그의 글씨체를 금지시키고 동해비를 부숴버리게 했다"라고 전한다. 예송 논쟁 이후 허목을 미워한 반대 당파의 재상이 척주동해비까지 파괴했다는 것이다. 그야말로 호환虎患보다 더한 악정이요, 당파심이라 하지 않을 수 없다. 다산 정약용은 〈한사잠閑邪箴〉에서 "개미구멍을 막지 않으면 큰 홍수가 넘치게 되리라蟻孔不塞 澤波其滔"라고 읊었다. 개미구멍까지 살피는 인사로 천수에 대비하는 것만이 자연재해에 대한 유일한 대비책일 것이다.

노비보다 못한 비정규직

작고한 미국의 저명한 한국학 연구자 제임스 팔레James Palais는 조선을 '노예제 사회'라고 주장했다. 전체 인구 중 노비의 비중이 30퍼센트가 넘는 18세기 중반까지 조선은 노예제 사회라는 것이다. 일리 있는 분석이지만 조선의 노비는 서양의 노예와 처지가 달랐다는 점을 간과한 것이 아쉽다.

　　조선의 노비는 공노비公奴婢와 사노비私奴婢로 나뉘는데, 노비인 만큼 물건처럼 거래되기도 했지만 가정을 갖고 생활할 수 있다는 점이 우선 다르다. 먼저 공노비는 노동력을 바치는 선상選上 노비와 현물을 바치는 납공納貢 노비로 구분된다. 선상 노비는 여러 명이 교대로 소속 관청에 노동력을 제공하고, 납공 노비는 물건을 바치는데, 이 의무만 다하면 일반 양인과 다를 바 없었다. 《경국대전經國大典》은 노奴, 남종는 매년 면포 한 필과 저화楮貨 20장을, 비婢, 여종는 면포 한 필과 저화 10장을 바치도록 규정했다. 여성까지 납세의 의무가 있으므로 노비 부부의 경우 세금 부담이 컸으나 서양처럼 아무 권리가 없지는 않았다.

사노비는 주인과 동거하는 솔거率去 노비와 따로 사는 외거外居 노비로 나뉘는데 솔거 노비는 주인의 양해 아래, 외거 노비는 별도의 호적까지 가진 가정을 꾸릴 수 있었다. 《경국대전》에 16세 이상 50세 이하 사노비의 값은 저화 4,000장, 15세 이하 51세 이상은 3,000장으로서 규정돼 일종의 재산으로 취급됐지만 인격마저 없지는 않았다. 사노私奴 임복林福과 가동家同이 2,000~3,000석을 기부했던 사례는 거부巨富 노비의 존재를 말해준다. 조헌趙憲이 《중봉집重峯集》에서 "우리나라는 천얼賤孼, 천인과 서얼의 무리들이 혹 사노 100여 명을 가진 자가 있다"라고 썼듯이 노비가 노비를 소유할 수도 있었다.

그간 비정규직 노동자를 현대판 노예라고 부르기도 했는데, 사실상 조선의 외거 노비보다 못한 경우도 없지 않았다. 몇몇 회사에서 비정규직을 정규직으로 전환한 적이 있었다. 우리 사회와 회사와 노조 모두가 비정규직 없는 사회를 지향해야 한다. 더불어 사는 삶이야말로 최고의 복지다.

역사를 편찬하는 인재의 기준

임금과 사관史官은 원래 상극이었다. 조선의 사관도 마찬가지로 《정종실록定宗實錄》 1년(서기 1399년) 1월 조는 "처음에 임금이 사관을 가까이하지 않았다"라고 전하고 있다. 지경연사知經筵事 조박趙璞이 "인군人君이 두려워할 것은 하늘이요, 사필史筆입니다. 하늘은 푸르고 높은 것을 말하는 것이 아니라 천리天理를 말하는 것뿐입니다. 사관은 인군의 착하고 악한 것을 기록해 만세에 남기니, 두렵지 않습니까?"라고 주청해 그때부터 사관이 경연에 참석하게 됐다고 《정종실록》은 전한다. 그러나 《정종실록》의 사관은 "조박이 일찍 예궐詣闕해 무신武臣과 장기를 두다가, 진강進講할 때에 책을 펴고 읽는데 그 글의 구절도 능히 떼지 못했다"라고 자신들을 경연에 참예시킨 조박에게도 가혹한 사필을 가하고 있다.

임금은 때로 편전便殿에서 정사政事를 보았는데, 태종 1년(서기 1401년) 4월 사관史官 민인생閔麟生이 편전까지 따라 들어오자 태종은 "편전에는 들어오지 말라"라고 명했다. 민인생이 "비록 편전이라 하더라도 대신이 일을 아뢰는 것과 경연經筵에서 강론하는 것을 신 등이 만일 들어오지 못한다면 어떻게 갖추어 기록하겠습니까?"라고 하자 태종이 웃으며 "이곳은 내가 편안히 쉬는 곳이니, 들어오지 않는 것이 가하다"라고 답했다. "사필史筆은 곧게 써야 한다"라는 태종의 당부에 민인생은 "신이 만일 곧게 쓰지 않는다면 위에 하늘이 있습니다臣如不直, 上有皇天"라고 다짐한다.

그러나 사관도 인간인 이상 곡필曲筆의 가능성이 상존한다. 최한기崔漢綺는《인정人政》에서 원元나라 순제順帝가 요遼, 금金, 송宋 세 나라 역사의 편찬을 명하면서 역사 편찬의 근본이 무엇인가를 물었을 때, 게혜사揭傒斯가 "사람을 쓰는 것이 근본입니다. 문학文學의 재주가 있어도 역사적 사실을 모르는 자는 참여할 수 없고, 문학의 재주가 있고 역사적 사실을 알더라도 심술心術이 바르지 못한 사람은 참여해서는 안 됩니다"라고 말한 사실을 들면서 "이는 역사를 편찬할 때 인재를 고르는 기준이다"라고 평하고 있다. 직필直筆의 의지가 있으면서도 심술이 바른 사람이 사관의 기준이었다.

조선은 사관이 거리낌 없이 사실을 기록하도록 임금이 실록을 볼 수 없게 했다. 춘추관의 사고史庫를 지키는 문지기는 설사 임금이라 하더라도 입장을 허락하지 않을 수 있는 권한이 있었다.

권력에 맞선 서리들

정1품부터 종9품까지 18계단이었던 조선의 관직은 크게 두 개의 계선界線이 그어져 있었다. 종6품 이상 참상관參上官과 정3품 이상 중 당상관堂上官이 그것인데, 참상관이 돼야 회의에 참석할 수 있고 당상관이 되면 주요 국정에 참여할 수 있었다. 그 외에 종9품에도 속하지 못하는 하급 서리胥吏는 중인이 맡았다.

규장각 서리 유광진劉匡鎭의 묘지명은 정조 때 예조 판서 등을 역임했던 규장각 각신閣臣 이만수李晩秀가 써서 그의 《극원유고屐園遺稿》에 실려 있다. 일개 서리의 묘지명을 왜 규장각 각신이 썼을까? "정조 즉위 초 권흉權凶의 횡포가 심해 어느 누구도 그 잘못을 바로잡지 못했으나 유광진만은 이치로써 따져 그 기세를 꺾는 데 조금도 굽히지 않았다"라는 묘지명 내용이 답을 말해준다. 정조 초의 권신 홍국영洪國榮에게 맞섰던 서리이기 때문에 이만수가 존경의 마음으로 묘지명을 쓴 것이다.

영조 때 호조의 서리 김수팽金壽彭은 야간 숙직 중 내시가 와 10만 금을 가져오라는 임금의 명을 전했다. 대궐 문이 닫히면 금전을 출납할 수 없는 것이 원칙이라고 거부하자 내시는 일개 서리가 왕명을 거역한다며 노발대발했다. 김수팽은 황소걸음으로 호조 판서의 집에 가서 결재를 받은 뒤에야 돈을 내주니 이미 날이 밝은 후였다. 조선 후기 유재건劉在建의 《이향견문록里鄕見聞錄》과 조희룡趙熙龍의 《호산외기壺山外記》에 나오는 일화다. 김수팽이 공문서를 가지고 호조 판서의 집에 가서 결재를 청했을 때 판서가 손님과 바둑을 두느라 결재가 늦어지자 김수팽은 섬돌 뒤에 올라가 바둑판을 쓸어버리고 결재를 받아낸 후 사직서를 제출했다. 그러자 판서가 사과하며 떠나지 말라고 만류했다는 일화도 전한다.

지난 정부에서 폐지된 국정홍보처 고위직 공무원이 "공무원은 영혼이 없다"라고 말해 인구에 회자된 적이 있었다. 중앙 부처 실국장이면 조선의 당상관이다. 차라리 "영혼을 팔아야만 자리를 보존할 수 있던 상황임을 알지 않는가"라고 말했다면 동정의 여지라도 있었으리라.

청렴한 관리가 꼭 유능한 것은 아니다

조선은 관리의 청렴을 북돋고 탐오貪汚를 방지하기 위해서 당근과 채찍을 모두 사용했다. 청백리淸白吏에 녹선하는 것이 당근이라면, 국고를 유용하거나 뇌물을 받은 관리를 처벌하고 《장오인녹안 臟汚人錄案》에 이름과 죄상을 적어 본인은 물론 그 자손까지 벼슬길을 막은 것은 채찍이었다. 그러나 조선 전 시기에 청백리에 녹선된 정승이 불과 열일곱 명에 지나지 않을 정도로 그 숫자는 미미했다. 청백리는 명예뿐이지만 재물은 명예 이외의 모든 것을 뜻했기 때문이다.

성호星湖 이익李瀷은 〈청렴과 탐오廉探〉라는 글에서 자신이 사는 마을에 청백리였던 고관이 있었으나 청렴하기 때문에 가난하고, 가난하기 때문에 자손이 사방으로 흩어져 100여 년간 미관말직도 하지 못했다는 사례를 들고 있다. 이익이 살던 안산案山 첨성리瞻星里 근처의 청백리는 선조부터 인조 때의 상신相臣 오리梧里 이원익李元翼일 가능성이 높다. 이원익은 영의정을 다섯 차례나 역임했으나 두어 칸 오막살이에 퇴임 후에는 끼닛거리조차 없었다는 인물이다. 이익은 같은 글에서 "세상에 장리贓吏의 법이 엄중하지만 대소 관원들의 집이 다 화려하고 노비마저 다 살쪘음에도 한 명도 법에 걸려 죽은 자가 없다"라면서 "법망法網에서 벗어난 자가 너무 많다"라고 한탄하고 있다.

그러나 청렴한 관리가 꼭 유능한 관리가 아니라는 점도 문제다. 최한기崔漢綺는 〈청렴한 사람을 발탁하다選廉〉라는 글에서 "고상高尙이나 개결介潔이라는 이름만을 사모해서 발탁했으나 세상을 다스리는 방법治世之術에 보탬이 없다면 탐욕스러운 풍조에 격려나 권장은 될 수 있지만 발탁選擧하는 데 높일 바는 되지 못한다"라고 말하고 있다. 청렴하면서도 능력이 있는 자를 발탁해야 한다는 뜻이다.

연말이면 남는 예산 소진하느라 바쁜 현상이 매년 반복되는 것은 탐관貪官이나 용관冗官이 그만큼 많다는 뜻이다. 이런 불용不用 예산을 가난한 이웃에게 돌리는 예산 집행 체계를 만드는 인물이 능력 있는 관리일 것이다. 천하 사람을 다 자기 가족으로 여기는 공직 철학이 있을 때 가능한 일이다.

주변 인물을 보면 그 사람의 됨됨이가 보인다

'두거杜擧'라는 말이 있다. 춘추 시대 진晉 평공平公의 선부膳夫, 요리사였던 '두궤杜蕢가 들었던 술잔'이라는 뜻이다. 《예기禮記》〈단궁檀弓〉에는 진 평공이 경건하게 보내야 하는 자묘일子卯日에 음주 가무를 하자 두궤가 그 곁에서 풍악을 울리는 사광師曠과 이조李調를 꾸짖으며 벌주를 마시게 하고 자신도 마셨다는 고사가 있다. 평공이 "과인 역시 과오가 있다"라면서 벌주를 자청하자 두궤가 잔을 올렸다. 평공은 두궤가 들었던 잔을 영원히 전하라고 했는데, 충언이라는 뜻으로 사용된다. '주운의 칼朱雲之劍'도 같은 뜻이다. 한漢나라 괴리영槐里令 주운은 성제成帝가 높이는 승상 장우張禹를 간신이라면서 자신에게 상방참마검尙方斬馬劍을 빌려주면 목을 베겠다고 극간했다. 성제가 끌어내 죽이려 하자 어전御殿의 난간을 붙잡으며 버텨 난간이 부러졌다. 좌장군 신경기辛慶忌가 머리를 찧어 피를 흘리면서 직간해 주운을 구했다. 훗날 주운의 말이 옳음을 깨달은 성제는 부러진 난간을 그대로 두게 해 직간하는 신하의 본보기로 삼게 했다는 《한서漢書》〈주운 열전〉의 이야기도 있다.

《한서》〈정숭 열전〉에는 한나라 상서복야尚書僕射 정숭이 황제가 싫어하던 쓴소리를 자주 해서 애제哀帝가 가죽 신발 끄는 소리만 들어도 정숭이 오는 것을 알고 긴장했다는 이야기가 전한다.

조선의 양녕대군도 세자 빈객賓客 이래李來의 충언을 들었다면 쫓겨나지 않았을 것이다. 《용재총화慵齋叢話》에는 양녕이 잘못이 있으면 이래가 여러 말로 지극하게 간하므로 양녕이 원수같이 여겼다. 어느 날 옆 사람에게 "계성군鷄城君 이래만 보면 머리가 아프고 마음이 산란하다. 비록 꿈에서라도 보이면 그날은 반드시 감기가 든다"라고 말했다고 전할 정도다. 《태종실록太宗實錄》 15년 (서기 1415년) 1월 28일 조는 태종이 세자 빈객 이래와 변계량卞季良 등을 불러 세자의 잘못을 바로잡지 못한다고 꾸짖으면서 "경 등은 이미 재상이 됐는데 무엇을 꺼려 세자를 바른길로 이끌지 못하느냐?"라고 말했다고 전한다. 태종의 말을 전해 들은 세자가 잘못을 시인하지 않자 이래는 눈물을 흘리면서 "전하의 아들이 저하邸下, 양녕뿐인 줄 아십니까?"라고 '미래에 벌어질 일'을 예견했다. 이때가 쫓겨나기 3년 전이었으니 양녕이 이때 이래의 직간을 들었다면 자신이 왕이 됐을 것이다.

요즘 이런저런 후보의 동정이 많이 거론된다. 필자는 후보 본인은 물론이지만 후보 곁에 직간하는 측근이 있는지를 살펴본다. 주위에 예스맨만 있는 후보의 당선은 또다시 국가의 재앙이 될 것이 분명하기 때문이다.

안중근을 존경한 일본인들

대한제국 병탄(倂呑)의 원흉 이토 히로부미(伊藤博文)를 사살한 대한의군 참모중장 안중근 의사를 일본 지배층은 테러리스트라고 비난했지만 그를 접했던 일본인들은 존경의 감정을 아끼지 않았다. 그를 에도 막부 말기 서양에 맞서 싸웠던 '양이지사(攘夷志士)'처럼 바라본 것이다.

여순형무소의 담당 간수이면서 헌병대원이었던 지바 도시치(千葉十七)는 안중근 의사에게 '위국헌신군인본분(爲國獻身軍人本分)'이라는 휘호를 받고 크게 감격했다. 귀일(歸日) 후 그는 미야기 현(宮城縣)의 다이린사(大林寺)에 안중근의 위패를 모시고 1934년 사망할 때까지 명복을 빌었다. 지금도 다이린사 앞에는 안중근 의사의 위 휘호를 새긴 추모비가 서 있고 매년 추도식도 열린다.

여순형무소장이었던 구리하라 사다키치(栗原貞吉)는 히라이치(平石) 고등법원장과 마나베(眞鍋) 재판장 등에게 선처를 탄원했으나 무산됐다. 안중근 의사가 흰 한복 차림으로 죽음을 맞고 싶다고 하자 그는 처형 전날 부인에게 한복을 만들게 해 안중근 의사에게 입혔다. 구리하라 소장은 안중근 의사 사후 사직하고 고향 히로시마로 돌아와 의학 관련 일에 종사하며 1941년 사망할 때까지 공무직에 나가지 않았다. 하급 검찰관이었던 야스오카 세이시로安岡靜四郎도 '국가안위노심초사國家安危勞心焦思'라는 휘호를 받았는데, 후일 며느리에게 "안중근은 깊은 교양의 소유자"라는 증언을 남겨 며느리가 "초대 총리대신을 죽인 암살자를 그렇게 평가해도 될까"라고 깜짝 놀랐다고 전한다.

임시정부 2대 대통령이었던 박은식朴殷植은 전기《안중근》에서 "일인日人들도 그 의를 흠모해 그 필적을 구하려는 자가 많았다"라고 쓰고 있다. 중국 근대 정치가 양계초梁啓超는 "영구靈柩 실은 마차 앞서 가는데 (……) 먼 하늘 바라보니 상복이나 입은 듯 먹장 같은 구름안개 대지를 덮었네'라는 안중근 의사 애도 시를 썼다.

양계초 고택에는 '양계초 기념관'이 들어섰는데, 그가 눈물로 보낸 의사의 유해 발굴지에는 아파트가 들어선다고 하니, 뜬금없다.

옥돌도 감상가를 못 만나면

역사상 가장 많은 위조품이 나온 것은 화폐일 것이다. 조선 초의 지폐였던 저화楮貨 유통이 부진했던 데는 위조가 잇달았던 것도 한몫했다. 고려 숙종 때 은 한 근으로 만든 은병銀瓶이라는 화폐는 병의 입이 넓기 때문에 활구병濶口瓶이라고도 불렸는데, 동銅을 섞은 위조품이 나돌면서 화폐로서의 가치를 급속하게 상실했다.

서화書畵 중에서는 명필 왕희지王羲之의 작품이 많이 위조됐다. 성호 이익李瀷은 《성호사설星湖僿說》〈왕희지의 글씨羲之書〉에서 "세상에 전하는 왕희지의 해서楷書에는 위조품이 많다"라고 말했다. 행서行書, 초서草書, 장초章草, 초서의 별체 등은 진본들이 전하지만 해서는 대부분 가짜라는 것이다. 계곡 장유張維도 《계곡만필谿谷漫筆》에서 〈중국인이 서화에 제지題識한 것에는 위조품贋作이 많다〉라는 글을 남겼다. 안작贋作은 위조품이라는 뜻이다. 장유가 우연히 《당본 십칠 첩 진자 번주唐本十七帖眞字翻註》라는 필첩筆帖을 얻었는데, 당나라 때의 명신名臣 저수량褚遂良 등이 황제의 명으로 만들었다는 제지가 쓰여 있으나 가짜라는 내용이다.

박지원朴趾源은《연암집燕巖集》〈필세설筆洗說〉에서 골동품 감정에 관해 글을 썼다. 어떤 사람이 돌로 만든 그릇을 팔지 못해 3년 동안 장안의 부호를 찾아다녔지만 결국 팔지 못했는데, 서상수徐常修가 보더니 옥돌로 유명한 중국 복주福州 수산壽山의 오화석갱五花石坑에서 나온 돌이라며 선뜻 8,000냥을 주고 샀다는 것이다. 때를 긁어내니 투박스럽게 보였던 것이 물결 모양의 무늬였고, 끝이 말려든 것은 가을의 연꽃과 같아서 장안의 이름난 그릇이 됐다고 한다. 박지원은 같은 글에서 "무릇 서화나 골동품에는 수장가收藏家가 있고 감상가鑑賞家가 있다. 감상하는 안목이 없으면서 한갓 수장만 하는 자는 돈은 많아도 단지 제 귀만을 믿는 자요, 감상은 잘하면서도 수장할 수 없는 자는 가난하지만 제 눈만은 배신하지 않는 자다"라고 말했다. 보물 제864호이었던 쇠북 금고金鼓가 가짜로 밝혀진 일이 있었다. 국가적 망신이 아닐 수 없다. 안목 있는 감상가가 절실한 때다.

잠룡

다산茶山 정약용丁若鏞이 유배 중일 때 강진의 백련사에 있던 혜장
惠藏, 아암 선사는 《주역周易》에 능통하다고 소문이 났다. 하루는 그
와 자던 다산이 《주역》 건괘乾卦 초구初九의 뜻을 묻자 "9라는 숫자
는 양수陽數의 극極"이라고 답했다. 다산이 또 음수陰數의 극을 묻
자 혜장은 10이라고 답했고, 다산이 다시 "그러면 왜 곤괘坤卦 초
십初十이라고는 하지 않는가"라고 물었다. 정약용의 〈아암장공탑
명見菴藏公塔銘〉에는 "아암이 오래 생각에 잠겨 있다가 일어나 옷을
바르게 입고, '산승山僧이 20년 동안 《주역》을 배웠지만 모두가 헛
된 거품이었습니다'라고 호소했다"라고 전한다.

　《주역》 건괘 초구가 바로 잠룡潛龍이고, 구이九二가 현룡見龍,
구오九五가 비룡飛龍, 상구上九가 항룡亢龍이다. 잠룡은 '재연在淵'이
라고 수식하듯이 연못 아래 숨어 있는 용이고, 현룡은 '재전在田'이
라는 수식처럼 이미 밭에 모습을 드러낸 용이고, 비룡은 '재천在天'
이라는 수식처럼 이미 제왕의 지위에 오른 용이고, 마지막 항룡
은 후회한다는 '유회有悔'라는 수식처럼 너무 높이 올라 추락할 운

명의 용이다. 최고의 지위에 올랐다가 추락하는 항룡도 호사가들의 관심거리지만 하늘로 비상할 잠룡이 역시 가장 큰 관심사다. 《신증동국여지승람新增東國輿地勝覽》에서 어의동於義洞을 인조의 잠저潛邸라고 적었듯이 왕이 즉위 전에 살던 곳을 잠저라고 하는 것도 잠룡에서 딴 말이다.

때마다 대권에 도전하는 후보들은 모두 자신이 잠룡의 상象이기를 바랄 것이다. 그러나 건괘 초구의 원문이 "잠룡은 쓰지 말라"라는 뜻의 잠룡물용潛龍勿用인 것처럼 잠룡의 상이라고 좋아할 일만은 아니다. 남송의 주희朱熹도 《주역본의周易本義》에서 잠룡이라는 상을 얻은 사람은 등용하지 말아야 한다고 말했다. 잠룡이 물용勿用을 뛰어넘어 비룡이 되려면 천명天命이 필요한데 천명은 곧 민심이다. 자신과 당파의 이익만을 탐하는 토룡土龍, 지렁이이 아니라 소아小我를 버리고 대동大同을 추구하는 잠룡을 민심이 택할 때 내일이 밝을 것이다.

古今通義

4__

역사 속 자기 경영

조선의 외국어 학습법

조선에서 외국어 교육은 사역원司譯院에서 담당했는데, 고려 때 설치된 통문관通文館이 전신이었다. 사역원에서 가르치는 외국어는 중국어, 몽골어, 여진어, 일본어, 위구르어, 유구어琉球語(현 오키나와에서 쓰는 말)의 여섯 개였다. 관사官舍는 종로구 적선동에 있었는데, 본원 외에 한학전함청漢學前銜廳, 몽학청蒙學廳, 왜학청倭學廳, 청학청淸學廳 등 30여 개 관서가 있어서 외국어 대학 같은 성격을 갖고 있었다. 중인들이 많이 들어갔으며 지원자가 많았기 때문에 입학 조건이 까다로웠다. 사조 단자四祖單子, 부·조부·증조부·외조부의 명단와 참상관 이상 두 명과 교회敎誨, 사역원 관리 한 명의 신원 보증서를 제출하면 열다섯 명이 심사했다. 사역원 연혁지인《통문관지通文館志》는 "항통缸筒, 비밀 투표함을 넘어뜨려 세 매듭結 이상이면 입속入屬을 거부한다"라고 전한다. 세 명 이상이 반대하면 입학이 거부됐다는 뜻이다.

입학하면 무섭게 공부해야 했다. 모든 대화를 외국어로만 해야 했고, 수시로 원시院試와 고강시考講試를 치러야 했다. 원시는 각

중월仲月, 2월, 5월, 8월, 11월과 계월季月, 3월, 6월, 9월, 12월에 쳤으며, 중국어의 경우 두 명씩 짝을 지어 중국어로 강講해야 했다. 원시보다 한 차원 높은 고강시는 사계절의 첫 달 초하루에 쳤는데, 《노걸대老乞大》, 《박통사朴通事》 등 여섯 권의 교재를 반 권씩 열두 권으로 나누어 돌아가며 배강背講, 뒤돌아서서 책을 보지 않고 외우는 것했고, 《사서四書》와 《춘추春秋》 등의 경서는 임강臨講, 책을 보고 읽고 풀이하는 것했다. 고강시까지 합격하면 국가 고시인 취재시取才試와 역과시譯科試에 응시하는데, 역과는 회화, 강독, 사자寫字, 작문, 번역의 네 종류를 치렀다. 숙종 때는 사역원 훈장 중에 중국인漢人 문가상文可尙, 정선갑鄭先甲 등이 있었고, 몽골어 훈장은 몽골에 잡혀갔다가 풀려난 송도松都 사람 김효원金孝源이었다. 취재시와 역과시에 합격해야 외교관 겸 공식 국외 무역상이 돼 거부가 될 수 있었기 때문에 이들은 무섭게 공부했다. 영어 학습법에 대한 논란은 끊임없이 반복되고 있는데, 비단 영어뿐만 아니라 모든 공부에는 동기 부여가 가장 중요할 것이다.

아름다운 말

청淸나라 초기에 살았던 장조張潮의 《유몽영幽夢影》이 세상에 빛을 발하게 된 것은 임어당林語堂이 그 가치를 재발견하면서부터다. 임어당은 수필집 《생활의 발견The Importance of Living》(1937년)에서 "《유몽영》은 문학적 격언을 모아놓은 책으로 이런 유類의 격언집은 중국에 많이 있으나 장조에 비견되는 것은 없다"라고 격찬했다. 《유몽영》은 "부득이 아첨해야 할 때는 차라리 말로 하고 글로 남기지 말 것이며寧以口毋以筆, 부득이 남을 욕罵해야 할 때 역시 말로만 하고 글로 남기지 말라"라고 가르친다. '부득이'에는 남의 허물을 말하지 말라는 전제가 담겨 있다.

《명심보감明心寶鑑》은 후한後漢 때의 사람 마원馬援의 입을 빌려 "남의 허물이나 과실을 듣거든 부모님의 성명을 듣는 듯이 여겨서 귀로는 들을지언정 입으로는 말하지 말라口不可得言"라고 말하고 있다.

조선 아동의 수신서였던 《소학小學》 외편外篇이 '아름다운 말'이라는 뜻의 〈가언嘉言〉과 '착한 행실'이라는 뜻의 〈선행善行〉으로 이루어진 것은 아름다운 말이 착한 행실의 바탕이 된다는 철학적 사고에서 나온 것이다. 〈가언〉에서 송宋나라 절효節孝 선생 서적徐積은 "착한 말을 하고, 착한 행동을 하고, 착한 생각을 하면서도 군자가 되지 못한 경우는 없고, 착하지 못한 말을 하고 착하지 못한 행동을 하고 착하지 못한 생각을 하면서도 소인이 되지 않은 경우는 없다"라고 말했다.

율곡栗谷 이이李珥는 《격몽요결擊蒙要訣》에서 "자녀가 자라 지식이 조금씩 생길 때부터 마땅히 선善으로 인도해야 한다. 어려서 가르치지 않으면 자란 후에는 옳지 못한 것이 버릇이 돼 마음이 흐트러져 가르치기가 매우 어렵다"라고 말했다.

국제적 사회 문제가 된 혐한嫌韓 문제는 한중 양국 네티즌들의 악담이 한 원인인 것으로 분석되었다. 어려서부터 말과 글에 대한 교육에 문제가 있었던 것이 분명하다. 늦었지만 네티즌들의 무분별한 악담을 정화할 수 있는 사회적 장치가 필요하다. 혼자 있을 때도 삼가라는 신독愼獨을 좌우명으로 삼았던 선조들의 수신관修身觀을 본받는 것이 가장 좋겠지만.

말에는 행동이 뒤따라야 한다

'다언삭궁多言數窮'이라는 사자성어가 있다. 말이 많으면 궁지에 몰리는 때가 많다는 뜻으로 《도덕경道德經》에 나온다. 공자孔子도 말 많은 것을 경계했는데, 남용南容이 말이 없다는 이유로 조카사위로 삼았을 정도였다. 《논어論語》〈선진先進〉 장은 "남용南容이 〈백규白圭〉라는 시를 세 번 반복해 외우니, 공자가 형의 딸을 처로 삼아주셨다"라고 전하고 있다. 백규란 백옥으로 만든 규圭인데, 《시경詩經》〈대아大雅〉의 "백옥白玉으로 만든 규圭의 흠은 갈아서 없앨 수 있지만, 말은 한 번 잘못하면 없앨 수 없다"라는 구절에서 딴 것이다. 《논어》〈옹야雍也〉에서 공자는 남용을 가리켜 "나라에 도가 있으면 버려지지 않을 것이고, 나라에 도가 없어도 형벌을 면할 것이다邦有道不廢 邦無道免於刑戮"라고 칭찬했다. 나라에 도가 있으면 벼슬할 것이고, 나라에 도가 없어도 형벌을 받지는 않을 것이라는 뜻이 의미심장하다.

《공자가어孔子家語》〈관주觀周〉 편에는 금인명金人銘이 있다. 주周나라 후직后稷의 사당 앞에 금인金人을 세워놓았는데, 그 입을 세

번 봉하고 등에다가는 "옛날에 말을 조심한 사람이다古之愼言人也"라 고 썼다는 것이다. 이와 반대 경우가 진晉나라 태묘太廟 앞에 세웠 다는 입을 벌린 석인石人이다. 이 석인의 가슴에는 "말과 일을 적 게 하지 말라. 말과 일을 적게 하면 후생들이 무엇을 전술하겠느 냐?"라는 반금인명反金人銘이 쓰여 있었다. 서로 견해가 갈리니 결 론은 꼭 필요한 말만 하라는 것으로 날 수밖에 없다.

《논어》〈위령공衛靈公〉 장에서 공자가 "말할 만한데도 말하지 않으면 사람을 잃는 것이요, 말할 만하지 않은데도 말하면 말을 잃는 것이다"라고 한 말이 정답일 것이다. 백호白湖 윤휴尹鑴는 "터 놓고 말 많이 하는 사람들 다시 한 번 생각하길 청하노라夫夫旣多言 請且加重思"라는 시를 썼다. 역대 사서史書에는 삼사三思라는 말이 무 수히 나온다. 말을 하면 행동이 뒤따라야 하니 세 번 이상 생각하 고 말하라는 뜻이다.

독서의 맛

출퇴근 시간을 절약하기 위해서 연구소 근처로 이사하니 독서 시간이 부족해지는 문제가 발생했다. 전철 다섯 정거장은 책 두어 장 읽으면 후딱 지나간다. 연구소에서 하루 종일 하는 일도 독서이지만 원전原典이 아닌 교양서를 보는 독서와는 다르다. 만기萬機를 친람하는 제왕들은 독서 시간이 절대로 부족했다. 그래서 제왕들의 독서를 뜻하는 '을야지람乙夜之覽, 을람乙覽'이라는 말이 생겼다. 을야乙夜는 밤 9~11시를 뜻하는데, 이때에야 제왕들은 독서할 시간이 난다는 뜻이다. 당唐나라 소악蘇鶚이 편찬한《두양잡편杜陽雜編》에 당나라 문종文宗이 "갑야甲夜, 오후 7~9시에 정사를 살피지 않고, 을야에 독서하지 않는다면 어떻게 훌륭한 임금이 될 수 있겠는가"라고 말했다는 데서 나온 말이다. 송宋나라 때 큰 편찬 사업 중의 하나가《태평어람太平御覽》 1,000권인데, 송 태종太宗 조광의趙光義는 일찍이 "이 책 1,000권을 짐은 1년에 모두 읽으려고 하니 하루에 세 권씩 바치게 해서 '을야지람'에 대비하게 하라"라고 말했다.

조선에서 을람에 가장 열심이었던 임금은 정조였다. 정조가 경연에서 경연관들과 나눈 대화를 묶은 책이 〈일득록日得錄〉인데, 송나라 효종孝宗 때 매일 황제의 말을 기록했던 뜻을 계승한 것이다. 여기에서 정조는 "나는 정무를 보는 여가 시간에 삼여三餘의 공부를 쉬지 않아, 경전經傳과 사서史書를 따지지 않고 매년 겨울마다 반드시 한 질의 책을 통독通讀하고는 했다"(〈일득록 5권〉)라고 말했다. 정조는 또 책 안 읽는 선비들을 비판하는 말도 남겼다. "선비가 틈틈이 책을 읽는 것은 농사꾼이나 기술자의 상업常業과도 같은 것인데, 근래에 들으니 인가人家의 자제子弟들이 한 해가 다 가도록 한 글자도 보지 않는다고 한다. 그러니 어떻게 문풍文風이 크게 변할 수 있겠는가"(〈일득록 4권〉)라고 말했다. 정조는 또 "외물外物의 맛은 잠깐 좋지만 오래되면 반드시 싫증 나는데 독서의 맛은 오래될수록 더욱 좋으니 싫증 나지 않는다"라고도 말했다.

국회 예산결산특별위원회에 참석한 장관 등의 기관장들이 자정까지 무료하게 기다리며 하품하는 사진을 본 적이 있다. 제도 개선의 필요성이야 있겠지만 정조가 보았다면 그 시간에 책을 읽으라고 호통쳤을 것이다. 세종 때의 사가독서賜暇讀書, 유급 독서 휴가가 역사의 유물만은 아니다.

제왕의 피서

연암燕巖 박지원朴趾源이 《열하일기熱河日記》에서 말하는 열하熱河는 지금의 하북성 승덕시承德市다. 박지원은 정조 4년(서기 1780년, 건륭 제 45년) 진하별사進賀別使의 일원으로 북경에 갔다가 열하로 갔다. 박지원이 《열하일기》〈막북행정록漠北行程錄〉에서 "강희제 때부터 여름이면 늘 이곳에 거둥해 더위를 피했다"라고 전하는 대로 황 제의 피서避暑 산장山莊이 있기 때문이었다. 원래 중국 황제들의 피서 별궁은 섬서성陝西省 인유현麟遊縣 서쪽에 수隋나라가 세운 인 수궁人壽宮이었다. 당 태종이 인수궁을 구성궁九成宮으로 개수한 이 래 역대 황제들의 피서지였다. 청나라는 왜 북경 북쪽의 열하를 피서지로 삼았을까? 박지원은 《열하일기》에서 황제가 피서 산장 에서 독서하거나 임천林泉을 거닐고 휴식하는 것으로 평민이 되려 는 뜻布素之意을 보였지만 그 실상은 다르다고 보았다. 즉 "몽골의 목구멍을 막을 수 있는 험한 요새의 북쪽 변방 오지여서 이름은 비록 피서라고 했지만 그 실상은 천자 스스로 변방胡을 방어하는 것"이라는 뜻이다.

순조 28년(서기 1828년) 사은사 홍기섭洪起燮의 막비幕裨로 연경燕京에 다녀온 박사호朴思浩의 〈유관잡록留館雜錄〉에도 "황제가 열하에 거둥하는 명목은 산장 피서이지만 사실은 몽고의 목을 잡아누르자는 것"이라고 쓰고 있다. 실제 목적은 피서가 아니라 몽골의 발호를 막기 위한 국방상의 목적이라는 뜻이다. 실제로 청나라 황제들은 왕조의 발상지인 성경盛京, 심양이나 길림 등지를 순시하는 동순東巡 전통이 있었다. 건륭제는 네 차례 성경을 방문해 선조들의 능에 배알했는데, 이때 팔기八旗를 동원해 행위연무行圍演武라 불리는 대대적인 군사 훈련을 실시했다. 황제가 열하에서 사냥하는 것도 휴식을 빙자한 군사 훈련이었다. 강희제는 1705년(숙종 31년) 열하에서 서안 장군 박제博霽에게 보낸 편지에서 "이곳 서늘한 관외關外에서는 병사부터 심부름꾼까지 모두 천막을 치고 있다. 우리는 이곳에서 산과 강에서 잡은 짐승과 물고기를 먹고, 밤에는 면 이불을 덮는다"라고 전했다.

만주족이 100배 이상 수가 많은 한족漢族을 200여 년 이상 통치할 수 있었던 비결이 피서까지도 국정의 연장으로 여겼던 치열한 상무尚武이었음을 알 수 있다. 대통령이 울릉도를 피서차 방문해 독도 이야기는 한마디도 없이 낚싯대만 드리워도 그 뜻은 모두 알 것이다.

다독, 다작, 다상량

논술에 대한 질문을 자주 받는다. 논술 이론 중에서 유명한 것은 당송 팔대가唐宋八大家의 한 사람인 송宋나라 구양수歐陽修의 삼다론三多論이다. 삼다론은 다독多讀, 다작多作, 다상량多商量으로서 많이 읽고, 많이 쓰고, 많이 생각하라는 것이다. 삼다三多 모두 주제가 있어야 한다. 주제가 있는 독서, 생각, 집필이 핵심이다. 구양수의 별호別號는 육일옹六一翁으로서 장서藏書 1만 권, 《집고록集古錄》 1,000권, 거문고 1장張, 바둑 1국局, 술 1호壺에 노인老人 1인을 합한 호칭이다. 육일옹을 한마디로 정리하면 독서와 휴식이므로 그가 얼마나 다독가多讀家인지를 말해준다.

　　다산茶山 정약용丁若鏞의 논술 이론도 유용하다. 그는 "내가 몇 년 전부터 독서에 대해서 자못 깨달았는데, 헛되이 그냥 읽기만 하는 것은 하루에 천 번 백 번을 읽더라도 오히려 읽지 않은 것과 같다"(〈학유에게 부친다寄游兒〉)라면서 모르는 곳이 나오면 다른 책을 널리 참고해 그 뜻을 꿰뚫어야 한다고 말한다. 정약용은 '먼 길을 떠나기 전에 노신路神에게 제사 지낸다'는 뜻의 《사기史記》〈자객刺客

열전〉의 기조취도既祖就道를 예로써 설명한다. 선생님에게 '조祖'의 뜻을 물어 "이별할 때 지내는 제사다"라고 답하면 그런 제사에 왜 조 자를 쓰느냐고 다시 물어 대답하지 못하면 스스로 조 자의 용례를 찾아 적으라는 것이다. 옛날 황제의 아들 누조累祖가 여행을 좋아하다가 길에서 죽은 이후로 그런 뜻으로 사용된다는 사실을 알게 되면 글로 쓰라고 권한다. 그러면 '조제祖祭'에 관해서는 이름난 학자도 다투지 못하게 된다는 것인데, 여기에도 다독, 다상량, 다작이 모두 들어가 있다. "조 자가 왜 제사라는 의미를 갖게 됐는지를 많이 생각한다多商量, 조 자의 용례에 대해서 여러 책을 찾아가며 고찰한다多讀, 조 자에 대해서 여러 책에서 그 뜻을 모아 글로 쓴다多作"라는 것이다.

다독은 다상량을 낳고, 다상량은 하고 싶은 이야기가 생겨나게 한다. 그때 쓰면 된다. 이것 이외에 논술의 왕도는 없다.

명문장은 책상에서만 얻어지는 것이 아니다

조선처럼 문장가를 높였던 나라도 찾기 어렵다. 그중에서도 양관兩館, 예문관과 홍문관 대제학大提學을 최고로 쳤다. 대제학을 '글의 저울'이라는 뜻에서 문형文衡, 또는 대학자라는 뜻에서 대학大學이라 부른 것은 문장뿐만 아니라 학문도 제일이어야 하기 때문이었다. 대제학은 임금 마음대로 임명할 수 없고, 반드시 일세一世 제일의 학자를 가려야 했다. "정승 셋이 대제학 하나만 못하다"라는 말이 나온 이유다. 정치력이나 처세술로 감당할 수 있는 자리가 아니었다. 연안延安 이씨의 이정귀李廷龜, 이명한明漢, 이일상一相, 광산 김씨의 김만기金萬基, 김진규鎭圭, 김양택陽澤의 3대 대제학을 높이 쳤던 것은 이 때문이다.

　미문美文보다 한 차원 높은 글이 명문名文이다. 미문은 아름다움을 추구하지만 명문은 뜻을 추구하기 때문이다. 송宋의 구양수歐陽脩가《매성유시집서梅聖俞詩集序》에서 "명시는 대개 궁했던 사람들에게서 나온 것"이라며 "시가 사람을 궁하게 만드는 것이 아니라 궁해진 뒤에야 좋은 작품이 나온다"라고 한 것은 무언가 갈구하는 사람이 좋은 글을 쓸 수 있다는 뜻이다.

문제는 이런 사람들이 세상에서 빛을 보기 어렵다는 데 있다. 조선 중기의 문장가 임제林悌, 1549~1587년가 그런 인물이다. "사해제국四海諸國이 다 황제라 일컫는데 그러지 못하는 나라에서 태어나 어찌 죽음이 애석하겠느냐"라는 유언처럼 배짱이 맞지 않는 나라에서 불행할 수밖에 없었다.

잠곡潛谷 김육金堉의 시에 "자장子長은 먼 유람에 명문장가가 됐다"라는 구절이 있는데 여기에서 자장은 사마천司馬遷을 뜻한다. 사마천은 《사기史記》〈오제五帝 본기本紀〉에서 "나는 일찍이 서쪽으로는 공동空桐에 이르고 북쪽으로는 탁록涿鹿까지 갔으며, 동쪽으로는 바다(발해)까지 가고 남쪽으로는 장강長江과 회수淮水를 건넜다"라고 적은 것처럼 수많은 답사로 명문장가가 됐다. 명문장이 반드시 책상 위에서만 얻어지는 것이 아님을 알 수 있다. 논술에 매달려야 하는 수험생들에게 들려주고 싶은 말이기도 하다.

이웃집 벽을 뚫어서라도 공부

옛사람들은 독서에 수단, 장소를 가리지 않았다. 광형착벽匡衡鑿壁은 "이웃집 벽을 뚫어서 공부한다"라는 고사인데, 가난해서 불을 켤 수 없던 한漢나라 광형이 이웃집 벽을 뚫어 그 불빛으로 독서했다는 데서 나왔다. 아관兒寬, ?~서기전 103년의 고사도 유명했다. 남의 밭을 갈다가 쉴 때면 품에서 책을 꺼내 독서해 어사대부御史大夫가 됐다는 《한서漢書》〈아관兒寬 열전〉의 이야기다.

독서의 자세도 중요했다. 성호星湖 이익李瀷은 '누워서 독서하는 독서대'라는 뜻의 〈와독서가臥讀書架〉를 썼다. 어느 집에서 와독서가를 보고 "독서할 때 정신을 가다듬고 단정히 앉아도 오히려 잠이 오는 것을 막지 못하는데, 하물며 누운 것이랴? (……) 그 자세는 이미 글을 읽는 본의가 아니라고 여겨진다"라며 비판했다. 《태평어람太平御覽》에는 조조曹操가 "누워서 책을 볼 수 있게 책상을 개조했다"라는 구절이 있는데, 이 때문에 조조는 누워서 하는 와독서臥讀書의 원조로 비판받기도 했다.

독서는 또 죽을 때까지 하는 일이었다. 고려 문인 이규보李奎報

는 〈독서讀書〉라는 시에서 "생도를 이미 면해 머리가 허연데 남은 인생 수고롭게 왜 독서할까. 늙어 죽을 때 가깝지만 정신만은 멀쩡하니 한 자만 더 알아도 마음 족하다네已免生徒首又皤 殘年勤苦讀書何 我雖老死精神在 一字添知尚足多"라고 노래했다.

평생 독서하는 선비들에게 서재는 필수였다. 계곡谿谷 장유張維의 "작은 서재 창 밝아오는 그때가 제일 좋네小齋偏愛紙窓明"라는 노래처럼 서재에서 밤새는 일도 허다했다. 귀양살이의 고통도 서재에서 잊었다. 정약용의 유배 시절 윤단尹慱, 윤규노尹奎魯 부자가 마련해준 '다산초당茶山草堂'은 다산학의 산실이 됐다. 면암勉菴 최익현崔益鉉도 흑산도 유배 시절 일신당日新堂을 꾸몄는데, "마침 예닐곱 동자가 조석으로 와서 글을 물으니 귀양살이에 큰 위로가 됐다"라는 감회를 남겼다.

이처럼 서재에 이름을 붙여 인격을 부여한 것은 책을 살아 있는 물체로 여겼기 때문이다.

탁월한 임금의 조건

세종이 즉위 전 와병 중에도 독서를 멈추지 않자 태종은 환관을 보내 책을 치우게 했다. 그러나 세종은 구양수歐陽修와 소식蘇軾의 서간집인 《구소수간歐蘇手簡》만은 몰래 감춰두고 읽었다. 사관史官이 "손에서 책을 놓지 않아, 수라水刺를 들 때에도 반드시 책을 좌우에 펼쳐놓았으며, 밤중까지 힘써 보며 싫어하지 않으셨다"(《세종실록世宗實錄》, 5년 12월 23일)라고 평한 것처럼 세종은 독서광이었다.

경연經筵은 임금이 신하들과 공부하고 국사도 의논하는 자리인데, 아침, 점심, 저녁으로 각각 조강朝講, 주강晝講, 석강夕講이 있었다. 성종은 하루 세 번도 부족해 밤중의 야대夜對까지 했다. 성종 5년(서기 1474년) 한여름인 음력 6월 동부승지 김영견金永堅이 "바야흐로 불더위인데 강독하는 글이 너무 많으니, 성체가 피로하실까 염려됩니다"라고 휴식을 권할 정도였다. 임금의 경연 참석은 호학好學의 취미 만족이 아니었다. 세종이 독서 휴가인 사가독서賜暇讀書를 실시한 것은 학문적 역량이 정사에 보탬이 된다고 생각했기 때문이다. 정조는 경연에 대해 이렇게 말했다.

"내가 경연에서 경들의 자순諮詢, 아랫사람에게 의견을 물어 논의함을 듣는 것이 어찌 글과 경서經書를 이야기하고 끝내려는 것뿐이겠는가? 글의 뜻 이외에 오늘날의 일에 관해서 할 말이 많다. 위로는 나의 허물과 시정時政의 득실에서 백성의 고락苦樂과 전왕前王의 치란治亂까지 모든 일에 대해서 다 말하게 함으로써 상하에게 서로 이익이 되고자 함이다."(《정조실록正祖實錄》, 5년 3월 18일) 정조는 나아가 "경연에서 글 뜻만 논한다면 이는 한가한 이야기說話 장소에 불과한 것이니, 군주의 덕과 정사에 무슨 보탬이 되겠는가?"라고 덧붙였다. 정조가 그 바쁜 와중에 방대한 《홍재전서弘齋全書》를 남긴 것은 호학의 취미 생활이 아니라 바른 정사를 향한 업무의 연속이었다.

대선 후보를 선출할 때 가장 중요한 기준의 하나가 독서 능력과 이에 기초한 학문적 능력에 대한 검증이 되어야 할 것이다. 세종, 성종, 정조의 탁월한 업적의 바탕에 뛰어난 학문 역량이 있었음은 시사하는 바가 크다.

두 책벌레의 독서 지도법

스스로 '책 읽는 바보'라는 뜻의 〈간서치전看書痴傳〉을 지었던 청장관靑莊館 이덕무李德懋는 《사소절士小節》에서 자제들의 독서법에 대해서도 자세하게 기술하고 있다. 그는 "천하고 속되며 음란해 정상 법도를 벗어난 책鄙俚淫媟不經之書"을 읽혀서는 안 된다면서 "정신이 왕성할 때 잡란雜亂한 것이 들어가면 어떤 사람이 되겠는가?"라고 말했다. 책을 낭독할 때는 "더듬으며澁 읽는 것이나 미끈하게滑 읽는 것" 모두 잘못이라면서 "온아하고 상세하고 원만하고 밝게溫詳圓明" 읽어야 한다고 말했다.

철인哲人 군주 정조도 독서에는 일가견이 있었다. 자신의 문집인 《홍재전서弘齋全書》 〈일득록日得錄〉에서 그는 "책을 읽을 때는 구두句讀를 잘 떼는 것이 가장 중요하다. 예를 들면 주자朱子의 글은 구두를 길게 떼어야 하고, 반고班固의 글은 짧게 떼어야 한다"라고 말했다. 주희朱熹의 저서 같은 경서經書는 더욱 천천히, 반고의 《한서漢書》 같은 역사서는 더욱 빨리 읽어야 한다는 뜻이다.

이덕무와 정조는 모두 바른 자세 독서법을 강조한다. 정조는

"책은 책상 위에 반듯이 올려놓고 바른 자세로 읽어야 하는데, 게으른 습성 때문에 비스듬히 누워서 보기를 좋아한다"라고 비판했고, 이덕무도 "독송讀誦할 때 부채를 만지작거리거나 가려운 데를 긁지 말라"라고 경고했다. 정기적인 독서를 강조하는 것도 공통점이다. 정조는 "나는 어려서부터 반드시 일과를 정해놓고 글을 읽었다. 병이 났을 때를 제외하고는 일과를 채우지 못하면 그만두지 않았는데, 임금이 된 뒤로도 폐지한 적이 없다"(《일득록》)라고 말했고, 이덕무도 "나는 어릴 때 하루도 과정을 빼먹은 적이 없었다"라고 말하고 있다. 이덕무는 "교활한 자제에게는 글文詞을 익히게 해서는 안 된다. 그런 지혜를 전해주면 반드시 도적이 된다"라고 말했다. 사기꾼이 될 가능성이 있는 자제에게는 지식 대신 품성을 수양시키라는 엄정한 자세다.

아이 독서법에 대한 이론과 서적은 쏟아져 나오는데, 어른이 먼저 독서의 모범을 보여야 함은 말할 나위도 없다.

독서 없이 성공한 사람은 드물다

진부한 듯이 들리지만 가을은 독서의 계절이다. 당唐의 유학자 한유韓愈는 〈성남에서 공부하는 아들 부符에게 주다符讀書城南〉라는 시에서 "때는 가을이라 장마 그치고 서늘한 기운이 성 밖 옛 마을에 드니 등불 점차 가까이하고 책 펼칠 만하니 어찌 아침저녁 유념하지 않겠는가時秋積雨霽 新凉入郊墟 燈火稍可親 簡編可卷舒 豈不旦夕念"라며 가을 독서를 강조했다. 연산군 4년(서기 1498년) 무오사화戊午士禍 때 사형당한 김일손金馹孫은 〈추회부秋懷賦〉에서 가을 독서의 미진함을 후회했다. "계축년 가을 나는 서당에 있었네. 창망하게 세월 흐르는데 흐늘거리며 놀다가 빛처럼 흘러갔네. 만 권도 못 봤는데 해가 문득 서쪽으로 숨네癸丑之秋 予在書堂 蒼茫歲暮 怳惚流光 破萬卷之未了 羲馭忽以西藏."

　　그러나 독서의 효용성에 대한 회의도 있었다. 고려 말의 문인 이규보李奎報의 시구 중에 "천 권 이상 독서했지만 주머니엔 동전 한 닢 없구나讀書千卷强 苦欠一錢囊"라는 토로가 이를 말해준다. 다산茶山 정약용丁若鏞의 〈평구에서 자면서宿平邱〉라는 시는 더욱 적나라하다. 10여 년 전에 헤어졌던 종奴 최崔 씨의 집에서 자며 느낀 감회를 읊은 시다. 다산은 그 종이 큰 집에 화려한 가재도구, 논농사 밭농사에 술 파는 첩과 배 타는 자식을 거느리고, "매질하는 상전도 없고 빚도 없이 일생을 강호에서 호탕하게 살고 있구나上無笞罵 下無債 一生浩蕩江湖邊"라며 부러워하고 있다. 그러면서 자신은 "나이 사십 되도록 번거로운 고생뿐이며 천 권 책을 읽었으나 배고픔도 못 면했네行年四十猶煩苦 讀書千卷不救飢"라고 신세를 토로했다. 다산은 그 종과 자신이 다툰다면 100번을 싸워도 자신이 질 것이라고도 말했다. 그러나 이는 다산이 성공한 종에게 주는 축하의 시이고, 그의 본심은 유배지에서 두 아들에게 보낸 편지에서 "독서라는 것은 사람에게 있어서 가장 중요하고 깨끗한 일"이라고 말한 데 있다. 효용성의 측면에서도 독서 없이 크게 성공한 사람을 찾기는 대단히 어렵다. 현재의 어려움을 이겨내는 길 역시 책 속에 있다고 감히 말할 수 있다.

서점과 독서 인구

서사書肆란 서적방사書籍放肆의 준말인데 오늘날의 서점書店이다.
서적이 거리낌 없이 널려 있는 곳이라는 뜻이다. 조선 후기 이규
경李圭景은 〈서적방사에 대한 변증설〉에서 "우리나라 풍속이 예로
부터 서적을 귀하게 여기지 않아서 서적방사가 없었다"라면서 순
조 29(서기 1829년)~30년 효명세자가 대리청정할 때 서울 보은단
동報恩緞洞, 미동에 서사를 열었으나 무뢰한들이 재상 집에서 왔다고
속여서 가져가고 대낮에도 도둑을 맞았기 때문에 곧 문을 닫았다
고 한다. 역으로 그만큼 책이 인기가 있었다는 뜻이다.

중종 17년(서기 1522년) 문신 어득강魚得江은 "중국에는 서사가
있으니 한양에도 서사를 설치하면 사람들이 편리하게 여길 것"이
라면서 서점 설치를 주장했다. 이에 대해 중종은 "지난 기묘년(서
기 1519년)에 이미 절목節目을 마련했다"라면서 아직 설치하지 않은
이유를 해조該曹에 묻겠다고 답했다. 《국조보감國朝寶鑑》 중종 14년
(서기 1519년) 7월 조에는 실제로 "경성에 서사를 설치했다"라는 구
절이 있으니 서사 설치를 명한 것을 설치한 것으로 착각해 썼거

나 그해 11월 조광조趙光祖 등이 피화被禍하면서 덩달아 없어진 것으로 추측된다. 서점 설치는 지식의 확대를 뜻하기 때문에 권력과 지식 독점을 원하는 훈구勳舊 세력으로서는 달갑지 않은 일이었기 때문이다.

《후한서後漢書》〈왕충王充 열전〉은 가난했던 왕충이 낙양洛陽의 서사에서 책들을 훑어보면서 명저《논형論衡》을 저술하는 대유大儒가 됐다고 전하는데, 왕충이 살던 1세기에 중국에는 이미 서점이 있었다. 홍대용洪大容은 기행문 〈연기燕記〉에서 북경 유리창琉璃廠의 "서점 한 곳의 책만도 수만 권이나 된다"라면서 놀라고 있다.

필자는 중국 어느 도시에 가든지 꼭 신화서점新華書店에 들르는데 가는 곳마다 사람들이 가득해서 놀라게 된다. 중국의 저력이 이 독서 인구에 있는 것이다. 한국 출판계가 극심한 불황에 시달리고 있다. 깊이 있고 종합적인 지식과 정보가 담겨 있는 유일한 매체는 책이다. 책을 외면하고 불황을 타개할 수는 없다고 필자는 생각한다.

머리 검은 것보다 마음이 젊어야 한다

신년 초가 되면 나이에 대한 감회가 새롭게 마련이다. 어릴 때는 빨리 어른이 되고 싶지만 막상 어른이 되면 나이 먹는 것이 두렵게 된다. 고려 말의 문신 우탁禹倬, 1263~1342년은 역학易學에 능해 역동易東 선생이라 불렸는데, 막상《가곡원류歌曲源流》에 전하는 그의 시조는 나이를 한탄하는 내용이다. "한 손에 막대 들고 또 한 손에는 가시 쥐고, 늙는 길 가시로 막고 오는 백발을 막대로 치렸더니, 백발이 제 먼저 알고 지름길이 오더라." 세월은 그 누구도 막을 수 없다는 깨달음이다.

목은牧隱 이색李穡의 부친 가정稼亭 이곡李穀, 1298~1351년은 44세 때인 충혜왕 복위 2년(서기 1341년)에 신년시〈신사원일유감辛巳元日有感〉을 썼다. "아이들이 모두 새봄을 보고 기뻐하며 폭죽과 도부로 귀신을 쫓아내네. 우습도다 나도 옛날에는 너희와 같았는데 지금은 자꾸 나이 먹는 것이 두렵구나兒童共喜見新春 竹爆桃符辟鬼神 笑我異時如汝輩 而今却怕得年頻." 도부桃符는 신년 초에 복숭아나무로 만든 판자桃木板 두 개에 신도神荼와 울루鬱壘라는 두 신의 이름을 써서 문양쪽 옆에 걸어 나쁜 귀신을 물리쳤던 풍습을 뜻한다. 어느덧 세월 흘러가는 것이 두려워지는 나이가 됐음을 한탄하는 시다.

　조선 초 성종의 명으로 《동문선東文選》 편찬을 주관했던 서거정徐居正, 1420~1488년의 신년시元日夕도 같은 내용이다. "아이들은 신년을 좋아해서 한가롭게 노는데 둥글게 모여서 웃고 떠들어 나의 잠을 방해하네. 나 또한 소년 시절엔 너희와 같았는데 이제는 머리카락 희어짐이 거꾸로 두렵도다兒童閑事喜新年 歡笑團桃符我眠 我亦少年如汝輩 如今却怕雪盈顚."

　그래서 가끔 회춘回春을 꿈꾸기도 하지만 다산茶山 정약용丁若鏞은 유배지에서 지은 〈백발白髮〉이라는 시에서 다시 검은 머리가 돼도 소용없다고 말한다. "백발을 다시 검게 만들 수 있다 해도 이 마음 이미 말랐으니 다시 꽃피기 어려우리白髮可使有還黑 此心已枯難再榮." 정약용의 말처럼 머리를 검게 만드는 것보다 마음이 젊은 것이 중요하다. 몸은 늙었어도 마음은 언제나 청춘으로 평생을 살 수도 있는 것이다.

면신례

과거에 급제하면 사흘 동안 유가遊街하는데 광대와 풍악을 잡히며 거리를 돌아다닐 때는 세상이 모두 내 것 같지만 부서를 배정받으면 면신례免新禮라는 신고식을 치러야 했다. 허참례許參禮, 신래례新來例라고도 한 면신례는 선배 관원을 초청해 음식을 접대한다는 소박한 개념에서 시작됐다. 퇴계退溪 이황李滉이 학봉鶴峯 김성일金誠一에게 형제의 상喪을 당한 후 한 달 후면 면신례를 치러도 해롭지 않다고 말했듯이 일종의 관례였다. 그러나 신참 괴롭히기로 변질되면서는 벌례罰禮라고 불렀다. 면신례를 치러야 동석同席을 허락했으니 거부할 수도 없었다.

면신례는 문무관 모두 행해졌는데 약천藥泉 남구만南九萬은 〈면신 벌례 금지를 청하는 계사請禁免新罰禮啓〉에서 문관은 사관四館, 즉 성균관成均館, 예문관藝文館, 승문원承文院, 교서관校書館이 심하고 무관은 내삼청內三廳, 즉 내금위內禁衛, 겸사복兼司僕, 우림위羽林衛 등 국왕 호위 부대가 심했다고 전해주고 있다. 남구만은 "사대부들이 이런 짓을 하기 때문에 서리胥吏와 하인도 따른다"라면서 "탐오한 풍습이 여기에서 비롯되지 않았다고 말할 수 없다'라고 비판했다. 백호白湖 윤휴尹鑴가 상소문에서 "갓을 찢고 매질을 하고 별별 치욕적인 일을 다 한다'라고 개탄한 것처럼 인신을 모독했다. 또 중봉重峯 조헌趙憲이 선조에게 올리려던 〈16조의 상소문擬上十六條疏〉에서 "거의 몇 마리의 소를 허비한다'라고 말한 것처럼 막대한 재물도 들었다.

《국조보감國朝寶鑑》숙종 9년(서기 1683년) 조는 병조 판서 남구만의 요청에 따라 병조의 면신례를 일체 금지했다고 전해주면서 "간혹 면신례를 치르다 파산하는 사례도 있었다'라고 말했다. 윤휴는 〈아들에게 답하는 편지答兒〉에서 "네 형은 면신의 역役을 치렀느냐'라고 물으면서 "면신이란 것이 귀신 복장에 온갖 잡희雜戲를 하는 것이라던데 이는 사대부의 염치에 관계되니 절대 하면 안 된다'라고 금지하고 있다. 실제로 조선 후기 정범조丁範祖가 쓴 송립宋岦의 '묘비명'은 면신례를 불의하게 여겨서 출사하지 않았다고 전하고 있다. 신입생 환영회 때마다 불상사가 끊이지 않았다. 즐겁고도 유익하게 서로를 익히는 방법을 고민할 때다.

인생의 길을 가르쳐주는 학문

문학과 역사와 철학을 문사철文史哲이라고 통칭한다. 문사文史는 선조들의 용어이지만 철학은 아니었다. 철학이라는 용어는 메이지明治 시대 도쿄 가이세이쇼開成所 교수였던 니시 아마네西周, 1829~1897년가 필로소피philosophy를 희철학希哲學, 그리스 철학이라고 번역한 것이 무비판적으로 받아들여진 것이다. 필로philo는 애愛, 소피아sophia 는 지知라는 뜻으로서 지知에 대한 사랑을 뜻한다.

선조들은 철학보다는 경학經學이라는 용어를 사용했다. 철인哲人은 철학자가 아니라 성인聖人, 현인賢人을 뜻하는 표현이었다. 《서경書經》〈주서周書〉 '강고康誥' 조에 "옛날 선철왕先哲王, 밝은 선왕들의 사적을 따로 구해서 듣고 따라야 한다別求聞由古先哲王"라는 말이 있는 것이나, 《신증동국여지승람新增東國輿地勝覽》〈평양平壤〉 조에 기자箕子를 선철先哲이라고 칭한 것 등이 이런 예다.

문사는 문장文章을 뜻했다. 정약용丁若鏞이 유배지에서 쓴 〈둘째 아들에게 보내는 편지寄遊兒〉에서 "네 형은 문사에 조금 지식과 취미가 있다"라고 쓴 것이 이런 의미였다. 고려에서 문사를 주관하는 직책이 필도치必闍赤였다. 《고려사절요高麗史節要》 고종 12년 (서기 1225년) 조에는 무신 정권의 권신 최우崔瑀가 자신의 집에 정방政房을 설치하고 문인을 뽑아 필도치라고 했다는 기록이 있다. 이는 몽골어Biteshi의 음역으로서 비사치라고도 읽는다. 문사에 전념하는 학자를 '책 바보'라는 뜻의 서치書癡라고 비칭卑稱하기도 했다. 조선 후기 이덕무李德懋의 별명이 '책만 보는 바보'라는 뜻의 간서치看書癡였다. 문사에 열중하던 당나라의 두위竇威를 보고 무예를 숭상하는 형들이 서치라고 비웃은 데서 나온 말로서 《구당서舊唐書》 〈두위 열전〉에 나온다.

일본을 제외한 동양 사회는 경사자집經史子集을 통해서 지식인의 교양을 쌓았다. 경經은 경전, 사史는 역사서, 자子는 제자백가諸子百家의 책들, 집集은 역대 시문집인데 올바른 세계관을 지닌 지식인을 기르는 책이었다.

대학들의 문사철 강좌가 수강생 부족으로 폐강된다는 보도가 잇따른다. 문사철을 외면하는 학생들도 문제지만 학생들만 비판할 것은 아니다. 문사철이 인생의 길을 가르쳐주는 나침반이란 사실을 제대로 일러주지 못하는 타성에 젖은 강의도 적지 않다는 것 역시 문제다. 사람이 있는 한 문사철은 죽지 않는다고 필자는 믿어 의심치 않는다.

젊어서 노력하지 않으면 늙어서 아는 것이 없다

안중근安重根 의사가 하얼빈 감옥에서 쓴 휘호 중에 "하루라도 책을 읽지 않으면 입안에 가시가 돋는다—日不讀書 口中生荊棘"라는 글이 있는 것은 그가 부단한 독서가임을 말해준다. 그의 동양 평화론은 이런 부단한 독서에서 나왔다. 매일 꾸준한 공부가 중요하다는 뜻의 고사성어가 괄목상대刮目相對인데 삼일괄목三日刮目이라고도 한다. 삼국 시대 오吳나라의 장수 여몽呂蒙을 만난 노숙魯肅은 "무략武略만 있다고 여겼는데 예전의 아몽(젊은 여몽의 별칭)이 아니다"라고 놀랐다. 《삼국지三國志》〈여몽 열전〉은 이때 여몽이 "선비는 헤어진 지 사흘이면 마땅히 다시 눈을 비비고 봐야 합니다士別三日 卽更刮目相待"라고 답했다고 전해준다. 용과 돼지를 뜻하는 용저龍猪도 꾸준한 노력을 강조하는 뜻으로 사용된다. 당唐나라 한유韓愈가 아들을 성남城南으로 보내면서 지어준 〈학문을 권장하는 시符讀書城南〉에서 "나이 서른에 뼈대가 형성되면 하나는 용이 되고, 하나는 돼지가 된다三十骨骼成 乃一龍一猪"라고 한 데서 유래한다.

과거 급제를 달 속의 선녀 상아嫦娥가 계수나무 가지를 꺾어

주었다는 뜻에서 절계折桂라고도 한다. 진晉나라 극선郤詵이 자신의 장원 급제 대책문을 월계수를 꺾은 것과 비교했다는 이야기가 《진서晉書》에 나온다. 그만큼 어렵다는 뜻인데, 문제는 급제 후 노력하지 않는 것이다. 조선 초기의 문신 변계량卞季良은 〈감흥感興〉이라는 시에서 "젊어서 노력하지 않았더니 늙어서 아는 것이 없네旣壯不努力 白首而無知"라고 한탄했다. 이는 겸양이지만 과거 급제 후 학문이 황폐해진 사람들의 숫자는 셀 수도 없다.

일본 규슈의 나가사키 대학교 출신으로 2008년 노벨 화학상을 수상한 시모무라 오사무下村脩는 한 언론 인터뷰에서 한국의 젊은이에게 들려주고 싶은 교훈으로 "노력, 노력, 노력"을 꼽았다. 많이 개선됐다지만 아직도 학력고사, 수능 점수로 평생을 버티는 것이 가능한 우리 대학의 일부 구조적 문제점이 국제 경쟁력 약화의 주범이다. 아직 늦지는 않았다. 고봉高峯 기대승奇大升은 〈정자중을 송별하다送鄭子中〉라는 시에서 "노년의 노력이 어찌 끝내 폐해지리白頭努力寧終廢"라고 말했다.

일한 만큼 열심히 놀아라

중국인들은 고대부터 역사서를 편찬할 때 다른 민족을 열전烈傳에 포함해 서술했다. 자신들과 다른 풍속이 있으면 기록하는데 우리 동이족東夷族을 적을 때 빠지지 않는 것이 음주가무飲酒歌舞에 관한 기록이다. 남조南朝 송宋의 범엽范曄, 398~446년이 편찬한 《후한서後漢書》〈동이東夷 열전〉은 대략 2,000여 년 전 부여, 고구려, 동옥저, 예, 삼한 등 우리 선조들의 모습을 적은 책이다. 《후한서》〈동이 열전〉은 서문에서 "동이족들은 (……) 술 마시고 노래하며 춤추기를 좋아한다熹飲酒歌舞"라고 기록하고 있다. 그 '부여夫餘' 조에는 구체적으로 "길에 사람이 밤낮없이 다니는데, 노래하기를 좋아해서 노랫소리가 끊이지 않는다好歌吟 音聲不絕"라고 전하고 있다. 〈동이 열전〉'고구려' 조에도 "그 풍속은 모두 깨끗한 것을 좋아하는데, 밤에는 남녀가 떼 지어 노래 부른다群聚爲倡樂"라고 적고 있다. 같은 책 '예濊' 조에도 "항상 10월이면 하늘에 제사를 지내는데, 밤낮으로 술 마시며 노래 부르고 춤추는데晝夜飲酒歌舞, 이를 무천舞天이라고 한다"라고 적고 있다. 같은 책 '한韓' 조도 "항상 5월

이면 농사일을 마치고 귀신에게 제사 지내는데, 밤낮 술자리를 베풀고晝夜酒會, 모여서 노래하고 춤춘다群聚歌舞. (……) 10월에 농사를 끝낸 후에도 이같이 한다'라고 적고 있다.

진晉의 진수陳壽, 233~297년가 3세기 초·중반의 모습을 기록한 《삼국지三國志》〈동이 열전〉부여 조에는 "공손히 술잔을 주고拜爵, 술잔을 닦는다洗爵"라는 술자리 예법이 전해진다. 발해인들도 마찬가지였다. 송宋나라 엽륭례葉隆禮가 편찬한 《거란국지契丹國志》에는 〈왕기공행정록王沂公行程錄〉을 인용해 발해의 가무 풍습을 적은 글이 있다. "발해는 매년 설날 때 모여 즐기는데 먼저 노래와 춤을 잘하는 몇 명이 앞서 가면 사녀士女들이 뒤따르며 노래를 받아 부르면서 원을 만들어 도는데, 이것이 답추踏鎚"라는 내용이다. 청나라 건륭제乾隆帝 때 편찬한 《만주원류고滿洲源流考》에도 같은 내용이 실려 있다.

고대 동이족은 열심히 일하고 열심히 놀던 흥興의 민족이었다. 유교儒敎가 국시가 된 이후 근엄하게 변했지만 이는 우리 민족 원래의 모습이 아니다. 하루에 무려 190만 명이 노래방을 이용한다는 통계가 발표된 적이 있었다. 선조들의 신명 나는 음주가무의 DNA가 우리 핏속에 흐르고 있는 것이다.

남아수독오거서

가을을 하늘은 높고 말은 살찐다는 '천고마비天高馬肥'의 계절이라고 말하지만 실제 중국 사서史書에서 이 말은 찾을 수 없다. 대신 당唐나라 두심언杜審言의 〈소미도에게 주다贈蘇味道〉라는 시에 "가을이 깊어지면 변방의 말이 살찌네秋深塞馬肥"라는 구절이 있다. 《송사宋史》〈이강李綱 열전〉에는 "저들이 추고마비秋高馬肥에 다시 와서 우리 강역을 어지럽히지 않으리라고 어찌 알겠습니까?"라는 말이 나온다. 말이 살찌는 가을에 흉노 같은 북방 기마 민족이 농경 민족인 한족漢族이 추수秋收한 곡식을 빼앗으러 온다는 뜻이다. 그래서 한족들이 가을이면 방어 준비에 바빠지는 것을 방추防秋라고 부른다. 시성詩聖 두보杜甫의 〈대우對雨〉에 "설령의 방추가 급하구나雪嶺防秋急"라는 시구가 있다.

가을은 '독서의 계절'이라지만 놀러 나가기 더 좋은 계절이다. 《삼국지三國志》〈위서魏書 왕숙王肅 열전〉에는 "마땅히 삼여三餘에 독서를 해야 한다"라는 말이 나오는데, "겨울은 한 해의 여가이고, 밤은 하루의 여가이며, 어둡고 비 오는 날은 때때의 여가이다冬者歲之餘 夜

者日之餘 陰雨者時之餘也"라는 것이다. 그래서 삼여는 독서라는 뜻으로도 사용된다. 독서한 사람과 독서하지 않는 사람을 용과 돼지로 비유하기도 한다. 당唐나라 한유韓愈의 〈부독서성남符讀書城南〉이라는 시가 있는데, 성남은 한유의 별장, 부符는 한유의 아들이므로 〈성남으로 독서하러 가는 아들에게〉라는 시다. 이 시에 두 아이가 어릴 때는 서로 비슷하지만 "나이 서른, 뼈대가 굵어질 때면 하나는 용이 되지만 하나는 돼지가 된다三十骨骼成 乃一龍一猪"라는 구절이 있다. 《장자莊子》〈천하天下〉편에 "혜시惠施에는 여러 방면의 책이 다섯 수레"라는 말이 있는데, 이를 따서 두보는 "남아는 모름지기 다섯 수레의 책을 읽어야 하네男兒須讀五車書"라고 읊었고, 명나라 이어李漁도 〈입옹대운笠翁對韻〉에서 "남아 배 속에는 다섯 수레의 책이 있어야 한다男兒腹內五車書"라고 말했다.

　　그러나 사회가 혼탁할수록 독서하지 않고도 잘만 출세한다. 그래서 조선 후기 다산茶山 정약용丁若鏞은 "독서 재상 얻기가 어렵구나. 재상의 독서는 반드시 힘쓸 곳이 있는데讀書宰相嗟難得 宰相讀書須用力"라고 한탄했다. 현재 우리 사회에는 독서 재상이 얼마나 있나? 사회 곳곳에 힘쓸 곳은 늘어나지만 별 힘을 못 쓰는 것 보면 짐작할 만하다.

가장 이상적인 피서법

시원한 과일을 먹는 것은 예부터 좋은 피서법이었다. '참외甘瓜'와 '붉은 자두朱李'는 모두 피서를 뜻하는 말이다. 삼국 시대 위魏나라 조비曹조가 오질吳質에게 보낸 편지에 "단 참외는 맑은 샘물에 띄우고, 붉은 오얏은 찬물에 담가놓았다浮甘瓜於淸泉 沈朱李於寒水"라고 쓴데서 유래한 말이다. 고려 말 목은牧隱 이색李穡이 〈얼음을 하사받고 느낀 바 있어서有懷頒氷〉라는 시에서 "오래된 우물이 은병처럼차기에 참외를 띄워놓을 수 있었네古井銀瓶凍 浮瓜是我能"라고 읊은 것은 이 고사를 딴 것이다. 반빙頒氷이란 여름날 조정에서 벼슬아치들에게 얼음을 나눠주는 것을 말한다. 붉은 오얏朱李은 자두인데, 보랏빛 복숭아를 닮았다고 해서 자도紫桃라고 썼던 것이 자두가 된 것이다.

더위와 술은 상극이지만 음주 피서법도 있었다. 피서를 명분으로 만드는 술자리가 하삭음河朔飮이다. 중국 황하黃河 이북인 하북河北 땅이 하삭河朔인데, 《초학기初學記》〈피서음避暑飮〉에 후한後漢 말 유송劉松이 원소袁紹의 자제들과 삼복三伏 무렵 하삭에서 매일 같은 술자리로 더위를 잊었다는 고사에서 나온 말이다. 벽통음碧筒飲도 음주 피서법이다. 《유양잡조酉陽雜俎》에는 벽배碧杯라고 나온다. 위魏나라 정각鄭慤이 삼복 무렵이면 빈료賓僚들과 사군림使君林에서 피서를 했다. 이때 연격硯格, 벼루대 위에 벼루 대신 큰 연잎을 놓고 술서 되를 담은 다음 비녀로 잎을 찔러서 줄기의 구멍과 통하게 해서 마시는 것이 벽통음이다. 연잎 색깔이 푸르다 해서 '푸를 벽碧' 자를 쓰는데, 연잎 줄기를 연결한 것이 코끼리 코 같다고 해서 상통음象筒飲이라고도 부른다. 연잎에 담긴 술이 연 줄기를 통해 나오는 주향酒香이 향기롭고 물보다 차가웠다고 전한다.

선비로서 가장 이상적인 피서법은 독서였다. 허균許筠은 술과 독서를 모두 좋아했다. 그래서 《한정록閑情錄》에서 "독서로 피서하는 것이 정말 하나의 좋은 방법인데, 이 술까지 있으니 어떻겠는가"라고 말했다. 반면 정조는 독서 전일파專一派였다. 정조는 "더위를 물리치는 데는 독서만큼 좋은 방법이 없다. 독서하면 몸이 치우치거나 기울어지지 않고, 마음에 주재主宰가 생겨서 외기外氣가 들어오지 못하게 된다"(《일득록日得錄》)라고 말했다. 수행하듯이 독서하는 것이 정조의 피서법이었다.

책 읽기를 위한 휴가

교수들의 안식년과 비슷한 개념이 사가독서賜暇讀書다. 사가독서는 변계량卞季良이 태종에게 젊은 유생 한두 명을 선발해 고요한 곳에서 독서 휴가를 주자고 청한 데서 비롯됐다. 《세종실록世宗實錄》 10년(서기 1428년) 3월 조는 세종이 "태종께서 옳게 여기셨지만 실행하지 못했다"라고 전한다. 예산 문제 때문이었을 것이다. 세종은 재위 8년(서기 1426년) 12월 권채權採, 신석견辛石堅, 남수문南秀文 등에게 "지금부터는 집현전에 나오지 말고 집에서 독서에 전심해 성과를 거두어 내 뜻에 부응하라"라고 사가독서 제도를 실시했다.

조선은 지금처럼 만만한 나라가 아니어서 사가독서라고 놀 수 없었다. 세종은 "독서하는 규범은 마땅히 변계량의 지시에 따르라"라고 명했는데, 《국조보감國朝寶鑑》〈성종成宗〉 조에 전하는 사가독서 사목事目, 세부 규칙은 흡사 박사 학위 신청자들의 시간표 같다. "각자 자신이 읽은 경사經史의 권수를 매 계절의 첫 달에 적어서 아뢴다. 매달 세 차례 제술製述, 논문 저술하되 예문관 관원의 월과月課와 동시에 제술하고 성적을 매겨서 시상하는 것도 예문관의 규례대로 시행한다'라고 규정했다. 또한 "정조正朝, 새해 첫날와 동지冬至, 큰 경사와 큰 하례 때 이외에는 한 번도 참석하지 말라'라고 해서 조정 일에 개입하지 말고 연구에만 전념하라고 명했다.

사가독서는 단종 복위 기도 사건에 집현전 학사들이 대거 가담하면서 혁파됐다가 성종 7년(서기 1476년) 6월에 다시 부활한다. 이때 서거정徐居正이 "도성 안에 있으면 벗이 찾아오고 집에도 자주 가게 돼서 공부에 전념하지 못하니 산사山寺에서 독서하게 해야 한다'라고 건의해 성종 23년(서기 1492년) 용산호龍山湖 곁에 있는 폐사를 수리해서 독서당讀書堂으로 삼았다. 이 때문에 사가독서를 호당독서湖堂讀書라고도 하며, 공부에만 몰두하다 건강을 해칠까 봐 가절佳節이면 국왕이 잔치를 베풀었다. 이를 '문장을 대접하는 잔치'라는 뜻의 '문장접文章接'이라고 불렀다.

사가독서 출신 중에 인재가 많이 배출된 것은 혹독하게 공부하지 않을 수 없던 이런 제도 때문이었다. 현행 안식년 제도에 대해 비판이 이는 것은 연구년이 아니라 노는 해로 인식해도 괜찮은 제도적 결함과 일부 교수들의 그릇된 행태 때문이다. 사가독서를 통해 훌륭한 학자가 많이 배출된 것처럼 안식년 제도를 통해 좋은 논문과 저작이 많이 쏟아진다면 누가 비판하겠는가?

현실 너머의 것을 보라

장주몽접莊周夢蝶이라는 고사성어가 있다. 장주莊周, 곧 장자莊子가 꿈에 나비가 됐다는 뜻으로 호접몽胡蝶夢이라고도 한다.《장자》〈제물론齊物論〉에 나오는데 장자가 꿈에 나비가 돼 훨훨 날다가 깬 후 자신이 꿈에 나비가 된 것인지 나비가 꿈에 자신이 된 것인지 알수 없었다는 유명한 이야기다. 조선 전기의 문신 최항崔恒이 안견安堅이 그린〈몽유도원도夢遊桃源圖〉를 보고 "이 몸이 나비 된 줄 뉘가 알았으랴誰料是身曾蝶化"라고 읊은 것은 나비의 꿈을 신선神仙이 되는 꿈으로 해석했음을 말해준다.

《장자》〈추수秋水〉편에 나오는 호량지변濠梁之辯도 비슷한 뜻이다. 호수濠水 위의 다리가 호량인데, 이 다리를 거닐던 장자가 친구 혜자惠子에게 "피라미가 나와서 조용히 노니, 이것이 물고기의 즐거움일세"라고 말하자 혜자가 "자네는 물고기가 아닌데 어떻게 물고기의 즐거움을 알겠는가"라고 반박했다. 그러자 장자는 "자네는 내가 아닌데 어찌 내가 물고기의 즐거움을 모르리라 생각하는가"라고 받았다는 이야기다. 여기에서 친한 벗들끼리 물가에서 노닌다는 호량유濠梁遊라는 말도 나왔다.

"중국인들은 집 밖에서는 유교儒敎지만 집 안에서는 도교道敎"
라는 임어당林語堂의 말처럼 현실적 이익에 유독 집착하는 중국인
들에게 장자는 그 너머의 가치를 보라고 가르치는 것이다. 우리
의 시각이나 생각은 만물의 변화상에 불과할 뿐 외물外物과 자아
自我는 본질적으로는 구별이 없다는 것이다. 《장자》〈추수〉편에는
황하黃河로 몰려드는 가을 물을 보고 황하의 신 하백河伯이 천하의
미관을 다 지녔다고 자부하다가 끝도 보이지 않는 북해北海를 보
고는 "백 개쯤의 진리를 깨달은 자聞道百가 천하에 자기만 한 자가
없다고 여긴다는 말이 있는데 바로 나를 두고 한 말"이라고 자책
했다는 이야기가 나온다. 이 또한 마찬가지로 현실 너머의 것을
보라는 교훈을 준다.

성공한 지역 축제 중 하나인 함평 나비축제는 나비의 꿈을
현실화한 희귀한 사례다. 온갖 유언비어가 난무하는 이 세상을 떠
나 하루 이틀 함평 나비가 돼보는 것이 현실 도피만은 아니리라.

인생이란 풍파를 겪고도 살 만하다

1930년대 조선에는 빅타, 콜롬비아, 포리도루 같은 축음기 회사가 있었다. 빅타는 1928년 조선 유행가를 여러 장 취입吹入했다가 실패했는데, 일본인 음악 감독은 조선의 문화 정도가 저급하기 때문이라고 엉뚱한 데 화살을 돌렸다. 빅타 문화부장 이기세李基世는 여러 번 사장을 설득해 1931년 다시 음반을 취입하기로 결정했다. 이번에도 실패하면 끝이라는 생각에 가수를 물색하다가 한 혼인식 피로연에서 같은 개성開城 출신의 이애리수李愛利秀와 재회했다. 이기세는 피로연에서 노래를 듣고 "보통 사람으로서는 도저히 따를 수 없는 구슬픈 멜로디는 멜랑콜리한 조선 정조 발휘에 가장 적합하다고 생각했다"라고 회상하고 있다. 이기세는《삼천리》1936년 11월 호의 '명가수를 어떻게 발견했던가'라는 글에서 이애리수의 음반이 발매되자 폭발적 반응이 일어났고, 이후 자신의 사택에는 새벽 2~3시에도 젊은 남녀들이 찾아와 노래를 부르며 음반을 취입해달라 했다고 회상했다.

그 가수가 바로 〈황성 옛터〉를 부른 이애리수다. 이애리수는

1933년 1월 9일 서울 봉익동鳳翼洞 자택에서 음독 신음 중 발견돼 큰 충격을 주기도 했다. 《별건곤別乾坤》 1933년 2월 호는 연희전문학교 학생이자 유부남이었던 배동필裵東必과 동반 자살 시도였다고 전하는데, 1920~1930년대 정사情死가 잇따르는 와중이어서 큰 사회 문제가 됐다. 그녀는 겨우 살아났지만 훗날의 초대 대법원장 김병로金炳魯는 "정사 사건은 현하 조선의 뜻 있는 사람으로는 절대로 용서할 수 없습니다. (……) 그러한 사람이 살아난대도 나는 반가울 것이 없습니다"(《동아일보》, 1933년 1월 10일 자)라고 꾸짖었다. 그러나 이애리수는 1935년 5월 다시 음독을 시도했고 이에 대한 반향인지 《삼천리》 1935년 10월 호는 여가수 인기투표에서 이애리수가, 1위 왕수복王壽福 1,903표, 2위 선우일선鮮于—扇 1,166표, 3위 이난영李蘭影 873표에 크게 뒤지는 7위 309표를 기록했다고 보도하고 있다.

　　이애리수 씨는 100세까지 살다 돌아가셨다고 하는데, 인생이란 이처럼 풍파를 겪고도 살 만한 것이다. 그래서인지 연예인들의 자살 소식이 더욱 안타깝게 다가온다.

자신의 상황을 자연스레 받아들이는 연습

다산茶山 정약용丁若鏞이 유배지에서 가장 고민한 것은 두 아들의 교육 문제였다. 두 아들은 과거 응시 자체가 막히자 학문을 등한 시했다. 그래서 다산은 순조 3년(서기 1803년) 정월 초하루, 〈두 아들에게 부친다寄兩兒〉라는 편지글에서 "폐족廢族은 과거에 응시하고 벼슬하는 것만 기피될 뿐 성인聖人이나 문장가文章家, 세상 이치에 통달한 선비가 되는 길은 기피되지 않는다"라면서 학문에 힘쓰라고 권하고 있다. 학문의 목적이 출세가 아니라는 뜻이다.

영조 31년(서기 1755년) 나주 벽서 사건으로 함경도 부령富寧으로 유배 간 원교圓嶠 이광사李匡師도 마찬가지였다. 이광사가 체포되자 부인마저 자살하면서 집안은 풍비박산됐다. 장남 이영익李令翊은 유배지의 부친에게 사방 벽에다 '참을 인忍 자' 등을 써놓고 수행과 학문에 열중한다고 편지했다. 부당한 현실에 대한 분노를 인 자로 다스린다는 뜻이었다. 자식의 처절한 몸짓에 대해 명필名筆로 유명한 이광사는 영조 34년(서기 1758년) 2월 〈경효慶孝, 후에 영익으로 개명에게 부치니 보아라寄示慶兒〉라는 글에서 공부에 열중

하는 것은 칭찬하면서도 "그 가운데 인 자를 나는 좋아하지 않는 다"라고 냉정하게 타일렀다. 이광사는 "장공예張公藝의 인 자 100자 는 친족들과 화목하게 지내는 도리가 아니다. 인이라는 것은 억지 로 물을 막는 것과 같아서 마침내 터지고 만다"라고 설명했다. 장 공예는 9대九代가 한집에 산 것으로 유명한데, 당 고종이 그 비결 을 물으니 '참을 인' 자를 100번 썼다는 것이다. 극도의 인내로 견 딘다는 아들의 편지에 이광사는 처한 상황을 자연스레 받아들이 는 '마음공부'를 하라고 충고한 것이었다. 교육이나 학문의 목적 은 결과가 아니라 과정에 있다는 통찰이다.

현재 한국 교육의 가장 큰 문제는 '마음공부'가 빠져 있다는 것이다. 아래만 그런 것이 아니라 교육감 선거까지도 온갖 추문 이 들끓었는데, 모두 '당선'이란 결과에 집착했기 때문이다. 교육 감 선거까지 과정이야 어떻든 결과만 좋으면 된다는 승리 지상주 의가 판을 치고 있는 현실이다. 《소학小學》〈가언嘉言〉은 안자顏子와 맹자孟子처럼 성인에 버금가는 사람들을 따르려고 노력하면 최소 한 현인賢人은 될 수 있으리라고 가르치고 있다. 우리 사회의 교육 은 무엇을 지향하는지 반문해야 할 때다.

신념만으로 이길 수 없는 것도 있다

1980년대 대학가의 필독서 《아리랑》은 김산金山이라는 가명으로 잘 알려진 장지락張志樂의 일대기다. 장지락은 1937년 중국 공산당 중앙이 있던 연안延安에서 《중국의 붉은 별Red Star Over China》의 작가 에드거 스노Edgar Snow의 부인 님 웨일스Nym Wales에게 자신의 파란만장한 역정을 이야기한다.

이 책에서 장지락은 "나를 공산주의자로 만든 사람은 김충창이었다"라면서 '금강산에서 온 붉은 승려'를 소개했다. 그는 "김충창은 우리의 정치 이론가였고, 오성륜은 실천 행동가였으며, 나는 모든 면에서 그들의 어린 제자였다"라고도 말했는데, 이달의 독립운동가로 선정되기도 했던 김성숙金星淑이 바로 김충창이다. 김성숙 자신은 1960년대 중반 재미在美 정치학자 이정식李庭植에게 금강산이 아니라 양평의 용문사龍門寺와 광릉의 봉선사奉先寺에서 승려 생활을 했다고 말했다.(《혁명가들의 항일 회상》, 민음사, 2005년) 3·1운동에 가담했다가 옥고를 치른 후 1923년 중국으로 망명해 장지락을 만난 김성숙은 1927년 중국 공산당이 주도했던 광주廣州

봉기蜂起에 적극 가담한 좌파 활동가였다. 중국의 여류 작가 두군
혜杜君慧와 결혼한 김성숙은 중국좌익작가연맹中國左翼作家聯盟에 함
께 가입해 활동했다.

장지락은 《아리랑》에서 "1931년에 김충창은 대학에서 강의
하기 위해 화남華南으로 갔다"라고 그와의 이별을 전하고 있는데,
장지락은 실제 광시성 사범대학廣西省師範大學 교수를 역임하기도
한다. 이후 김성숙은 공산주의를 버리고 좌파 민족주의자로 탈바
꿈한다. 좌파 민족주의 세력의 협동 전선인 조선민족전선연맹朝鮮
民族戰線聯盟을 결성하고 임시정부에 참여해 내무차장과 국무 위원
을 역임하다가 해방 후 임시정부 요인들과 함께 1937년 연안延安
에서 님 웨일스를 만났다. 이때 장지락은 "내 전 생애는 실패의
연속이었다. 또한 우리나라 역사도 실패의 역사였다. 나는 단 하
나에 대해서만(나 자신에 대해) 승리했을 뿐이다"라고 말했다.

그러나 장지락은 1938년 연안에서 중국 공산당 중앙정보부
장中央情報部長 강생康生에게 일제의 간첩이라는 누명을 쓰고 사형당
한다. 혐의 하나로 전 인생이 부정되던 시대를 개인의 신념만으
로 이길 수는 없었던 것이다.

사람이 악하게 되기는 너무 쉽다

《필원잡기筆苑雜記》는 세종의 후궁 소용昭容 정씨의 아버지 정갑손鄭甲孫에 대해 "성품이 엄준해 자제도 감히 사사로운 청탁을 하지 못했다"라고 전한다. 함길도 감사 때 서울에 다녀오니 함길도 향시鄕試의 급제자 명단에 아들 정오鄭烏가 있자 시관試官을 불러 "내 아들의 학습이 정밀치 못하거늘 어찌 합격시켰느냐"라며 아들의 이름을 지워버리고 시관을 파면했다.

노비들의 다툼에 "네 말도 맞고, 네 말도 맞다"라고 했던 정승 황희黃喜도 자식 교육만큼은 엄격했다. 기생을 쫓아다니는 아들 황수신黃守身에게 충고했으나 듣지 않자 관복冠服을 입고 손님처럼 대했다. "네가 말을 듣지 않는 것은 아버지로 생각하지 않는 것이니 앞으로 손님의 예로 대하겠다"라는 말에 수신은 기생집의 발길을 끊었다고 《어우야담於于野談》은 전한다.

자식을 잘못 키워 부자가 함께 불행해진 사례가 남인 영상 허적許積과 허견許堅이다. 부친이 영의정인 것을 믿은 외아들 허견은 첩의 언니의 이를 부러뜨리고 역관曆官 서효남徐孝男의 며느리

차옥次玉을 겁탈하는 등 물의를 일으키다가 정권 교체 후 서인들에게 역모로 몰려 사형당했고 부친도 연좌돼 죽었다. 신숙주申叔舟의 아들 신정申瀞은 부친 덕에 일찍 출세했으나 성종 13년(서기 1482년) 고령현高靈縣의 부유한 사노寺奴를 빼앗기 위해 어보御寶를 위조했다가 발각됐다. 성종이 "죄를 시인하고 잘못을 뉘우친다면 살려주겠다"라고 했으나 끝내 숨기다가 죽었는데, 인조 때의 문신 이덕형李德泂은 《죽창한화竹窓閑話》에서 "어려서부터 귀하게만 자라 성질이 교만해 얼굴에 분한 기색을 띠고 한결같이 숨겼다"라고 평했다. 이덕무李德懋는 《청장관전서靑莊館全書》〈사소절士小節〉에서 "사람이 착하게 되기는 매우 어렵고 악하게 되기는 너무 쉽기 때문에 아이들을 훈계해 혹시라도 나쁜 것에 물드는 일이 없게 해야 한다"라고 권고한다.

　　그간 재벌가 3세들의 여러 추문이 끊이지 않았다. 많은 것을 가진 집안일수록 자녀 교육이 엄격해야 한다는 교훈을 준다. 자식을 소황제小皇帝로 키우는 보통 부모도 마찬가지다.

왜 봉황은 나타나지 않는가

중국인은 스스로 용의 자손龍的傳人이라고 생각하는데, 《예기주소禮記注疏》〈예운禮運〉 편에는 "기린, 봉황, 거북, 용을 네 영물이라고 한다麟鳳龜龍謂之四靈"라는 구절이 있다. 고대 한漢나라 허신許愼이 편찬한 《설문해자說文解字》는 용을 "비늘 달린 벌레로서 긴 것이다鱗蟲之長"라면서 "능히 밝을 수도 있으며, 어두울 수도 있고, 능히 작을 수도 있으며, 클 수도 있고, 능히 짧아질 수도 있으며, 길어질 수도 있다"라고 신비스럽게 묘사했다. 《설문해자》는 용을 "춘분春分에 하늘로 올라가 추분秋分에 연못 속에 잠긴다"라고 설명하는데, 《주역周易》〈건괘乾卦〉는 "비룡이 하늘에 있는 것은 대인이 만든 것이다飛龍在天 大人造也"라고 쓰고 있다.

중국인이 스스로 용의 자손으로 여기게 된 것은 중국의 역대 황제들이 용천자龍天子 등으로 자신을 용과 비유하면서 생긴 경향에 불과하다. 중국의 역대 유물 중 최초의 용은 동이족의 유적인 홍산紅山 문화에서 출토됐다. 요령성遼寧省 고고연구소에서 출간한 《우하량牛河梁 유지遺址》는 홍산 문화를 서기전 3,500여 년 전후의 문화라고 설명하고 있는데, 요령성 조양朝陽시 건평현建平縣 부근의 우하량牛河梁 유적에서 출토된 옥룡玉龍이 중국 최초의 용 유물이다.

봉鳳, 봉황에 대해《설문해자》는 신조神鳥라면서 "머리의 앞쪽은 수컷 기린, 뒤쪽은 사슴, 목은 뱀, 꼬리는 물고기인데, 용과 같은 비늘이 있다"라고 설명하고 있다. 봉은 은나라 순舜임금 때 나타나 춤을 추었다는 신령스러운 새인데, 공자는《논어論語》〈자한子罕〉장에서 "봉이 오지 않으며, 황하에서 하도河圖가 나오지 않으니 내가 그만두어야 하리라"라고 봉이 나타나지 않는 현실을 한탄하고 있다.

북경 올림픽을 앞두고 한 한국 방송사가 봉이 경기장으로 내려온다는 내용을 허락도 받지 않고 미리 보도해 비난을 산 적이 있었다. 봉을 인위적으로 연출하겠다는 의도는 좋았으나 그 전에 왜 봉이 오지 않는지부터 생각해볼 필요가 있었던 것이다.

가장 좋은 교육은 부모가 모범을 보이는 것

《수서隋書》〈경적지經籍志〉는 "옛날에는 어린이에게 속이지 않는 것 不誑을 가르치고 6세에는 수數와 방위方位를 가르치고, 10세에는 소학小學에 들어가 글과 셈을 배우고, 20세에는 관례冠禮를 하고 비로소 선왕先王의 도道를 익혔다. 그래서 능히 그 덕德을 이룬 뒤에 일을 맡겼다"라고 전한다. 어린아이에게 가장 먼저 가르친 것은 속이지 않는 정직한 마음이었다는 뜻이다. 그다음에야 숫자를 가르치고 방위를 가르쳤다. 지금 사람 못지않게 옛사람들도 자식 교육에 대해 끊임없이 고민했다.

가장 좋은 교육이 부모가 모범을 보이는 것이었다. 사안謝安은 남북조 시대 진晉나라 정승이었는데 자식 교육에 별로 관심이 없는 것처럼 보였다. 그래서 '교육에 무관심한 남편' 대신 자식을 가르치던 부인이 사안에게 "왜 당신은 아이들을 가르치는 것을 볼 수가 없습니까?不見君敎兒"라고 물었다. 사안은 "나는 늘 일상에서 자연스레 자식들을 가르치고 있소我常自敎兒"라고 답했다.《세설신어世說新語》〈덕행德行〉편에 전하는 이 이야기는 가장 훌륭한 교육 방법의 하나로 손꼽힌다.

다산茶山 정약용丁若鏞은 유배 가 있으면서 자식들과 떨어져 있었기에 모범을 보일 수도 없었다. 자식 교육을 고민하던 정약용은 〈고시 24수古詩二十四首〉에서 "자식 교육을 마땅히 어떻게 할 것인가. 근근이 편지나 써 가르치는 것으로 족할 수밖에 없네敎子當何如 僅足通書啓"라고 토로했다. 유배지의 정약용이 편지 교육으로 자식들에게 강조한 것은 첫째도 독서, 둘째도 독서였다. 유배지에서 쓴 〈두 아들에게 보낸 편지寄二兒〉에서 "폐족으로서 잘 처신한다는 것은 무엇을 이르느냐 하면 오직 독서하는 한 가지일 뿐이다. 독서는 인간의 제일가는 깨끗한 일로서, 부호나 권세가의 자제들에게는 그 맛을 아는 것이 허락되지 않는다"라고 말했다.

1억~100억 원까지의 주식을 소유한 만 12세 이하의 어린이 부자들이 늘어났다는 보도가 있었다. 훗날 《대한민국사》〈식화지食貨志〉에는 "어린아이에게 물려받은 돈 세는 법을 먼저 가르쳤다"라고 써야 할 것인가? 태어날 때부터 세상은 불공평하다는 신분제 인식이 커지면 사회 양극화는 체제 부정으로 가게 돼 있다. 사회적 동의를 상실한 부富가 비극적 결말을 초래한 역사적 사례는 수없이 많다. 서구에서 노블레스 오블리주가 선택 사항이 아니라 필수 사항이 된 데는 이런 배경이 있다.

높은 자리일수록 처신을 조심하라

'거莒'는 어려웠던 시절을 잊어서는 안 된다는 뜻의 고사다. 《사기 史記》〈제 태공 세가齊太公世家〉에 따르면 춘추 시대 제齊 양공襄公은 술에 취해 노魯 환공桓公을 살해하고 그 부인夫人을 범하는 등 폭압 정치를 자행했다. 관중管仲은 양공의 동생 소백小白에게 화가 미칠 것을 염려해 현재의 산동성山東省 거현莒縣으로 망명할 것을 권했다. 거莒에서 숱하게 고생하다가 양공 사후 돌아와 즉위한 그가 제 환 공桓公인데, "나라를 어떻게 다스려야 하겠는가?"라고 묻자 관중이 "거에 있던 때를 잊지 마소서"라고 대답한 데서 유래한다.

잠곡潛谷 김육金堉은 성균관 태학생이던 광해군 시절 문묘文廟 종사從祀 문제로 집권 대북의 영수 정인홍鄭仁弘을 청금록靑衿錄, 성균관 유적儒籍에서 삭제했다가 과거 응시 자격을 박탈당했다. 경기도 가 평에 들어간 김육은 10년 동안 농사짓고 직접 숯을 구워 팔았다. 인조반정으로 광해군이 쫓겨나면서 충청도 관찰사, 우의정, 영의 정 등 고위직에 올라간 김육은 그때마다 대동법大同法 실시를 강하 게 주장했다. 자신이 직접 겪었던 농민들의 고초를 잊지 않았기 때문이다.

수레에서 내린다는 '탈가稅駕'는 높은 자리에 있을 때 처신을 조심하라는 뜻의 고사다. 《사기》〈이사李斯 열전〉에 따르면 진秦의 최고위직에 오른 이사가 "내 부귀가 극에 달했다고 할 만한데, 사물은 극도에 다다르면 쇠퇴하는 것이니, 내가 탈가할 곳을 알지 못하겠노라!吾未知所稅駕也"라고 말한 데서 유래한다. 현재는 부귀하지만 앞으로는 어떻게 될지 모른다는 뜻으로 쓰인다.

국왕의 비서였던 조선의 승지들은 임금의 명령이 그르다고 판단하면 임금의 뜻을 거스르며 계속 간쟁했는데, 이를 '복역覆逆'이라고 한다. 그릇된 명령에는 복역하는 것이 진정한 충성이라고 생각했던 것이다. 언제부터인지 대통령 비서실은 예스맨들로 가득 차게 되었다. 그러니 심지어 '내시'라는 조롱까지 나온다. '거'를 잊지 않고 '탈가'를 생각한다면 '복역'이 자신과 주군을 동시에 살리는 진정한 충성임을 절로 깨닫게 될 것이다.

진정한 나를 찾는 성찰의 시간

불문佛門에서 1년에 두 번 산사에 들어가 참선하는 것을 안거安居라고 한다. 음력 10월 15일부터 1월 15일까지를 동冬안거, 음력 4월 15일부터 7월 15일까지를 하夏안거라 하는데, 그 기간이 90일이므로 구순九旬 안거라고도 한다.

안거는 원래 하안거에서 시작됐다. 고대 인도의 바라문교婆羅門敎에서 시작된 것을 불교에서 받아들였다. 하안거는 비가 내리는 우계雨季 때 시행되므로 우雨안거라고도 불리고 여름이므로 결하結夏, 하좌夏坐, 좌하坐夏 등으로도 불린다. 이 기간은 곤충이나 개미 등이 많이 돌아다니고 초목이 성장하는 때이므로 탁발에 나섰다가 혹 곤충이나 초목을 밟아 그 성장을 저해할 것을 우려한 것도 하안거의 한 유래다. 《장아함경長阿含經》 2권의 《유행경遊行經》이나 《불본행집경佛本行集經》 39권에 불타佛陀가 제자들과 안거 수행을 한 행적이 기재돼 있다. 《승가라찰소집경僧伽羅刹所集經》 하권에는 불타가 45년간 안거 수행을 한 지방이 열거돼 있다고 한다.

중국에는 흉노匈奴나 선비족鮮卑族 같은 북방 민족이 명멸하는 16국 시대(서기 304~439년)에 인도에서 들어왔는데 《십송률十誦律》이나 《광률廣律》에 안거 수행 방법이 자세히 실려 있다 한다. 당나라 때 마조馬祖 선사가 창건한 총림율사叢林律寺가 안거 수행을 중시했던 것으로 전해지고 있다.

동안거를 시작할 때는 '결동結冬'이라고 부르고 끝나는 것을 '해동解冬'이라고 부른다. 조선 중기의 문신 이정귀李廷龜의 《월사선생집月沙先生集》에는 송운松雲 선사, 즉 임진왜란 때의 의병장 유정惟政 대사를 기리며, "이별한 후에는 지팡이 짚고 읊조리며 어디로 가셨는가. 금강산 중향봉에서 동안거 중이겠지別後吟筇向何處 結冬應在衆香峯"라는 시가 있다. 이런 참선의 전통이 많은 현실적 문제점에도 불구하고 한국 불교를 지탱하는 정신의 뿌리다. 불황에 신음하는 사람들도 잠시 현실에서 벗어나 내가 누구인지 성찰하는 시간을 갖는다면 위기를 극복할 힘을 얻을 수도 있으리라.

훈장

조선 시대 공신에 책봉되면 본인과 가족들의 벼슬이 올라가는 것은 물론 막대한 토지와 노비를 부상으로 주었고, 역모가 아닌 한 처벌받지 않는 특권까지 주었다. 때로는 별다른 공로가 없음에도 공신에 책봉되는 경우가 있었다. 윤필상尹弼商은 세조 13년(서기 1467년)의 이시애 난 진압 후 적개敵愾 일등 공신에 책봉됐으나 직접 나가 싸운 것이 아니라 도승지로서 왕명을 출납했다는 공로였다. 그래서 《연산군일기燕山君日記》의 사관은 그의 졸기에 "국사를 의논하는 데 있어서는 반드시 위의 뜻을 보아 영합하는 말을 하므로 사림士林들이 비루하게 여겼다"라고 혹평하고 있다.

중종반정 직후 책봉된 정국靖國공신에는 공이 없이 책봉된 거짓 공신인 위훈僞勳이 많았다. 사등 공신 이곤李坤에 대해 사신史臣은 "반정 때 울면서 애걸해 공신에 참예해서 사람들이 모두 비루하게 여겼다"라고 적고 있는데, 그에게는 '정곡正哭공신'이라는 비웃음이 뒤따라 다녔다.

조광조趙光祖 등 사림파는 가짜 공신들을 박탈해야 한다는 위훈 삭제 운동을 일으켜 중종 14년(서기 1519년) 117명의 정국공신 중 76명의 위훈을 삭제했다. 때로는 나라에 해를 끼치고도 공신이 되는 경우가 있었다. 명종 때 수많은 사림을 죽인 을사사화乙巳士禍 주모자 등이 그들인데 정순붕鄭順朋 등은 명종 1년(서기 1546년) 위사衛社공신에 책봉됐다가 선조 10년(서기 1577년) 공신 작위가 박탈됐다.

별 공이 없이 공신이 되는 것을 "양羊의 위胃를 익히는 자爛羊胃, 난양위가 기도위騎都尉가 됐다"라고 풍자한다. 《후한서後漢書》〈유현劉玄 열전〉에 요리사까지 관작官爵을 받았다는 기록에 나오는 구절이다. 같은 기록에는 "부뚜막 아래에서 중랑장中郞將을 기른다"라는 구절도 나온다.

우리 사회에서는 벌을 받아야 할 사람들이 되레 서훈 받는 일이 드물지 않았다. '작상爵賞은 국가의 공기公器'라는 원칙은 사라진 지 오래이지만 국민의 공분公憤에 맞서 마지막까지 나눠 먹기로 일관하니 조광조라도 다시 나타나길 기다려야 하는가?

자신을 드러내지 말고 기다릴 줄도 알아야

희빈 장씨의 아들 경종景宗의 정적이었던 노론은 경종 1년(서기 1721년) 8월 사간원 정언 이정소李廷熽를 시켜 "후사後嗣를 빨리 책봉하라"라고 상소하게 했다. 아들 없는 34세의 임금에게 후사 책봉을 주장한 것은 태종 때 같으면 삼족三族이 족주族誅당할 일이었다. 경종이 이를 받아들여 노론이 지지하는 연잉군延礽君, 영조을 세제世弟로 삼았으나 두 달 후에는 사헌부 집의 조성복趙聖復이 세제 대리청정을 주장했다. 신하의 대리청정 주청은 그 자체가 역심逆心의 발로였지만 경종은 이번에도 "진달한 바가 좋으니 유의留意하지 않겠는가?"라면서 받아들였다.

그러나 《경종실록景宗實錄》 사관史官의 "주상으로 하여금 정무를 놓게 만들려고 조성복을 사주해 상소를 올리고 상시嘗試, 속마음을 떠봄했다"라는 비판처럼 경종의 왕위를 뺏기 위한 대리청정 주장은 소론의 강력한 반대에 부딪혀 무산됐다. 급기야 그해 12월 소론 강경파 김일경金一鏡 등은 "적신賊臣 조성복과 사흉四凶, 노론 4대신 등 수악首惡을 일체 삼척三尺, 국법으로 처단하소서"라는 신축소辛丑疏를 올려 정국을 발칵 뒤집어놓았다. 노론에서 오히려 김일경 처단을 요구하자 경종은 종전의 유화적인 태도를 바꾸어 하룻밤 사이에 전격적으로 노론 정권을 소론으로 갈아치웠다. 이때《경종실록》의 사관은 "천둥이 울리고 바람이 휘몰아치며 하늘과 땅이 뒤집히는 듯했으므로 군하群下가 비로소 주상이 은덕隱德을 도회韜晦함을 알았다'라고 쓰고 있다. 도회는 중국의 발전 전략인 도광양회韜光養晦의 약자로 '재능을 감추며 기다린다'는 뜻이다.《삼국지연의三國志演義》21회回에 나오는 말인데, 조조曹操에게 의탁한 유비劉備가 채소밭만 가꾸는 것을 보고 관우關羽와 장비張飛가 불평하자 "두 형제가 알 일이 아니다'라고 막고, 조조가 주연을 베풀 때 천둥, 번개에도 벌벌 떨어 조조를 안심시켰다는 고사故事다.

　　중국이 보유한 압도적인 세계 1위의 외환 보유고는 화평굴기和平崛起가 말뿐이 아니었음을 보여준다. 우리도 내실을 우선하는 방향으로 가야 한다.

시험 정형화의 문제

사대부士大夫가 과거 급제에 목을 매는 이유는 신분 상승의 첩경이기 때문이다. 과거는 많은 부작용을 낳았는데 그중 하나가 과거의 형식화였다. 과거 시험 유형을 분석해서 기출문제나 예상 문제를 모아놓은 책이 생겨났는데 이것이 《과문초집科文抄集》, 줄여서 《초집抄集》이다. 모범시를 모아놓은 〈과시科詩〉와 외교 문서인 표전表箋을 모아놓은 〈과표科表〉 등이 주요 내용이었는데, 우수 답안을 모아놓은 〈선려選儷〉도 있었다. 과거 시험용 공부법이 따로 있었다는 뜻이다.

조선 후기 실학자 성호星湖 이익李瀷은 〈과거의 폐단을 논하다論科擧之弊〉에서 과거의 폐단을 크게 비판하고, 이런 정형화된 답을 없애자는 〈금오칠언禁五七言〉을 썼다. 이익은 〈금오칠언〉에서 "심지어 우리나라에서는 과시와 과표의 형식이 있다"라면서 "구절마다 일정한 틀套이 있고, 글자마다 형식에 맞추는데, 그 방법은 극히 어려우면서도 극히 쉽다"라고 말했다. 극히 어려우면서도 쉽다는 것은 방법만 익히면 된다는 뜻인데, 물론 방법 익히기에 유리한 부잣집 자식들이 유리했다.

형식화된 과거 시험에 대한 비판은 일찍부터 있었다. 금산 칠백의총의 주인공 중봉重峯 조헌趙憲은 "이이李珥는 일찍이 석담서당石潭書堂에서 학생들에게 《과문초집》을 가지고 다니지 못하게 했다"라면서 "오직 《소학小學》과 《근사록近思錄》을 먼저 장려해 가르치고 점차 사서오경四書五經을 읽게 했으며 경학經學에 밝지 못하고 문리文理에 통달하지 못한 자는 과거에 응시하지 못하게 했다"(《중봉집重峯集》)라고 말했다.

이익도 유형화된 이런 과거를 가지고 "경卿과 상相에 임명된다"라면서 "이 때문에 어린아이 때부터 늙어 죽을 때까지 한 걸음 한 걸음이 모두 구속을 받는다"라고 비판했다. 이익은 "그래서 온 세상이 모두 이욕利欲의 와중에 빠져서 백성들의 좋은 풍속이 모두 사라져버렸다"라고 덧붙였다.

현재 한국 사회의 교육 문제를 비판하는 것 같다. 오늘날 학생들이 대학수학능력시험에 목매는 것도 대학이 학문 연구보다는 신분 유지나 상승의 기능을 더 강하게 하기 때문이다. 대학수학능력시험 문제가 EBS 강의 교재에서 대부분 출제되는 일이 그치지 않고 있다. 조선으로 치면 《과문초집》에서 출제되는 셈이다. 특정 교재에서 문제 대부분이 출제된다는 이야기가 얼마나 정도에서 이탈한 것인지에 대한 최소한의 성찰마저 없다는 사실이 더욱 놀랍다.

우리말의 순결성

1893년 조선 침략의 사전 답사 목적으로 조선을 정탐한 혼마 규스케本間九介는 1894년부터 《이륙신보二六新報》에 〈조선잡기朝鮮雜記〉를 연재했다. 근래 번역 출간된 《조선잡기》(김영사, 2008년) 1부의 〈언문과 이두〉에서 그는 한글에 대해 "교묘한 것이 서양의 알파벳을 능가한다"라면서 이런 문자를 가지고 "왜 고생스럽게 일상의 서간문에까지 어려운 한문을 사용하는가"라며 한글은 중류 이하에서만 사용한다고 전하고 있다. 그는 이두吏讀에 대해서도 "조선 사람은 지금 이것(이두)을 사용해 언문의 편리함을 모르는 자가 많다"라고 말한다. 그는 이를 "사대 근성의 표상인가"라고까지 말하지만 이런 언어 습관이 조선의 사회 구조와 밀접한 관련이 있다는 사실은 모르고 있다.

《세종실록世宗實錄》은 훈민정음에 대해 "문자文字에 관한 것과 본국의 이어俚語에 관한 것을 모두 쓸 수 있다"라고 썼는데, 문자는 한자를, 이어는 이두를 뜻한다. '바른 음'이라는 뜻의 정음正音이 말해주듯이 세종의 훈민정음 창제 목적은 표의 문자인 한자

374

대체代替가 아니라 표음 문자인 정음과 공존에 있었다. 세종은 재위 29년(서기 1447년) 한자음을 바로잡기 위해 《동국정운東國正韻》을 편찬하는데, 신숙주申叔舟가 쓴 서문이 "훈민정음이 제작되면서 만고萬古의 한 소리도 털끝만큼도 틀리지 아니하니, 실로 음音을 전하는 중심줄樞紐"이라면서 주로 표음 부분에 치중해 설명하는 것도 이 때문이다.

그러나 사대부가 학문과 정치의 독점을 위해 한자를 계속 전용하고, 중인 이서吏胥도 중간 관리자의 지위를 배타적으로 유지하기 위해 이두를 전용하면서 세종의 표의·표음 문자 공존 정책은 실패로 돌아가고 한글은 아녀자와 상민常民의 글자로 전락하고 말았다.

강남교육청에서 초등학생에게 한자 교육을 실시한다는 소식이 있었는데 세종이 실패했던 표의·표음 문자 공존의 언어 정책이 되살아나는 셈이다. 한자는 굳이 동이족 국가였던 은殷나라에서 만든 것을 강조하지 않아도 중국만의 글자가 아니라 동아시아의 보편적 글자였다. 더욱이 현재 우리말의 순결성을 위협하는 것은 영어지 한자가 아니다. 한자 교육은 더욱 확대돼야 한다.

산에서 물고기를 찾으려 하는가

선비들의 교육 방법은 크게 두 가지였다. 하나는 자학字學으로서 글자를 가르치는 것이고, 다른 하나는 마음가짐과 행실, 즉 인격을 함양하는 것이다. 그런데 이 두 가지는 같은 교과서로 가르쳤다.

어려서 자학을 배우는 교과서가 《천자문千字文》과 《유합類合》이다. 천자문도 1,000자의 한자를 무의미하게 나열한 것이 아니라 사서삼경을 비롯해서 동양 고전이 농축된 고전 입문서다(이윤숙, 《종요의 대서사시 천자문 역해譯解》, 경연학당, 2008년). 《유합》은 조선 초기 서거정徐居正이 지었다고 알려졌지만 이규경李圭景은 〈소학의 고금古今 이학二學에 관한 변증설〉에서 "누구 손에서 나온 것인지 알수 없다"라고 주저했듯이 확실하지는 않다. 조선 중기 문신 미암眉巖 유희춘柳希春이 《유합》을 보완해서 《신증유합新增類合》을 지었는데 이 역시 단순한 글자의 나열이 아니라 천문天文, 지리地理 등으로 분류해 천하의 이치를 깨닫게 했다.

율곡栗谷 이이李珥는 어린 학생을 위해 《격몽요결擊蒙要訣》을 지었다. 그 서문에서 "지금 사람들은 배우고 익히는 것이 일상생활에 있는 줄 모르고 어리석게도 높고 멀어서 행하기 어렵다고 생각한다'라고 밝혔듯이 주위의 사소한 것에서 배울 수 있게 저술했다.《격몽요결》제1장이 〈뜻을 세우다立志〉인 것처럼 글자를 배우면서 자연히 전인 교육이 되게 했는데, 제3장 〈몸가짐持身〉에서는 "죄 없는 한 사람을 죽여서 천하를 얻더라도 그런 짓은 하지 않는다는 뜻을 가슴속에 간직해야 한다'라고 가르치고 있다.

남송南宋의 주희朱熹, 주자가 편찬한 《소학小學》도 어린이용 교과서였다. 조선 후기 주자학이 유일사상이 되면서 많은 문제점을 낳았지만 이는 후대의 일이고 조선 전기만 해도 갑자사화 때 사형당한 사림士林 김굉필金宏弼이 스스로를 '소학동자小學童子'라 자칭하며 평생 《소학》을 끼고 살았을 정도로 평생 곁에 두고 봐도 좋은 교과서였다.《소학》제1권이 〈아름다운 말嘉言〉이고, 2권이 〈착한 행동善行〉이다. 요즘 상스러운 말로 물의를 일으키는 성인들이 어릴 때 《소학》을 한 번만이라도 봤으면 그러지는 못했을 것이다.《소학》만큼 보편화됐던 《명심보감明心寶鑑》에는 "부지런히 일하는 것은 값을 따질 수 없는 보물이다'라는 말도 있다.

수능을 EBS 교재와 연계 출제하면서 EBS 교재가 교실에서 교과서를 몰아내고 있다고 한다. 심지어 교과서를 사용하면 벌점을 부과한다니 지식과 인격 전수의 장이 EBS 교재 강습소로 전락한 셈이다. 이러고도 우리 사회의 밝은 미래를 기대한다는 것은 산에서 물고기를 찾는 산상구어山上求魚가 아닐 수 없다.

반수생

벼슬에 나아가는 길은 과거科擧, 천거薦擧, 음서蔭敍의 세 가지 방법이었다. 문벌 귀족 사회였던 고려에서는 선조 덕분에 출사하는 음서 출신도 고위직에 다수 진출했으나 조선은 문과 출신이 득세했다.

음서로 선발된 관리인 음관蔭官을 남행南行이라고도 하는데, 고려 때 문반은 동쪽, 무반은 서쪽에 서는 반면 음관은 남쪽에 섰던 데서 유래했다고 추측된다. 이익李瀷은 《성호사설星湖僿說》〈남행〉조에서 "행行 자字는 아마도 반항班行의 항行 자인데 속음俗音에 잘못 읽는 듯하다"라며 남항이라고 읽어야 한다고 주장하기도 했다. 조선 선조宣祖 때부터 음관도 선망의 대상이던 사헌부와 사간원의 간관諫官이 되기 시작했고, 높은 음관을 웅남행雄南行이라고 부르면서 음관들의 가계를 적은 《음관세보蔭官世譜》 같은 음보蔭譜가 만들어지기도 했으나 과거 출신들에 비할 수는 없었다. 국왕도 마찬가지이어서 숙종은 "당상관이라도 승지를 지낸 자만 쌍교자雙轎를 타고, 승지를 지내지 못했으면 독교자獨轎를 타고, 남행관南行官이나 무관武官은 탈 수 없다'라고 전교하기도 했다.

그래서 음관은 재직 중에도 자주 과거에 응시했다. 조광조는 중종 10년(서기 1515년) 학행으로 천거돼 조지서造紙署 사지司紙가 됐으나 그해 8월 실시된 문과 전시殿試에 응시해 합격했다. 천거 출신이 이런데 음관은 말할 것이 없었다. 당하관 통훈대부通訓大夫 이하만 과거 응시 자격을 준 것은 고위 음관들의 응시를 막기 위한 고육책이었다. 그러나 선조 28년(서기 1595년) 당상관이었던 형조 참의參議, 정3품 유조인柳祖訒은 70의 나이로 문과 별시 응시를 허락해달라는 상소를 올렸다. 사관史官은 유조인이 평소 "만일 시장試場에 들어가게 하면 비록 개구멍이라도 피하지 않겠다'라고 말했다고 비판하고 있는데, 능력보다 출신을 따지는 서열 사회의 한 단상을 보여준다.

수능만으로 일부 정원을 뽑는 전형안이 발표되자 대학 재학 중에 수능 공부를 하는 반수생이 늘고 있다는 소식이다. 잦은 제도 변경과 대학 서열 사회라는 잔재 때문에 학생과 학부모의 피해만 늘어가는 형국이다.

배움에 학비가 부담이 되어서는 안 된다

《국조보감國朝寶鑑》 세조 2년(서기 1457년) 12월 조에는 왕세자의 '입학례入學禮'에 관한 기사가 있다. "왕세자가 선성先聖, 공자을 배알하고 물러나 박사博士에게 가서 속수束脩를 행하고 강경講經했다"라는 기사다. 세자가 성균관에 입학할 때 스승인 박사에게 속수를 바치고 수업을 들었다는 것인데 속수가 등록금이었다. 《논어論語》〈술이述而〉편에서 공자는 "속수 이상의 예를 행한 자는 내 일찍이 가르쳐주지 않은 바가 없었다自行束脩以上 吾未嘗無誨焉"라고 말했다. 수脩는 육포肉脯, 속수는 육포 열 조각을 뜻한다. 약간의 예물을 가져가 배움을 청하는 속수지례束脩之禮의 유래다.

고려 문인 이규보李奎報의 《동국이상국집東國李相國集》에는 〈개에게 명하는 글命斑獒文〉이라는 익살스러운 글이 있다. 이규보는 개에게 "생강이나 계피를 넣어 말린 육포 담긴 쟁반이나, 절인 생선 담은 접시와 뜸이 잘 든 밥이 든 솥이나, 식혜 한 단지나 술 한 병을 선생에게 바치는 속수를 행하려는 자가 오거든 너는 짖지말라"라고 말하고 있다. 빈손으로만 오지 않으면 누구든 가르쳐주겠다는 뜻이다.

월료月料라는 말도 수업료라는 뜻인데, 국가에서 교육자에게 주는 월급이라는 뜻도 있다. 성균관이나 사부학당四部學堂, 사학의 박사나 교수, 훈도에게 주는 봉급이 월름月廩, 또는 월료였다. 질정관質正官 조헌趙憲은 선조 7년(서기 1574년) 11월 "외학外學, 지방 학교의 학장學長에게는 쓸모없는 곳에 소비하는 비용을 모아 월료月料를 주자"라고 제안했다. 낭비되는 국가 예산을 모아 지방 교육가의 봉급으로 돌리자는 주장이었다.

북송北宋의 위태魏泰가 지은 《동헌필록東軒筆錄》에는 양안국楊安國이라는 인물이 공자의 속수에 대해 "돈이 필요했던 것須要錢"이라고 말해 송 인종仁宗이 웃었다고 전한다. 양안국은 공자를 모독했다는 비난을 받지만 아주 적은 수업료를 받는 것도 문제 삼았던 것이 동양의 교육 문화였다.

현재 대학가는 매년 등록금 문제로 몸살을 앓고 있다. 백년대계를 더 이상 수요자의 희생에만 맡겨둘 수는 없다. 낭비되는 국가 예산을 교육비로 돌리자는 조헌의 주장은 지금도 가치가 있다. 낭비되는 예산을 가난하고 영민한 학생의 등록금과 교수 사회 진입에 실패한 인재를 국가 교수로 채용하는 월료로 돌린다면 대학 사회에 신선한 긴장풍을 불러일으키는 일석이조의 효과가 있을 것이다.

일에도 순서가 있다

필자를 비롯한 인문학자 상당수는 민족문화추진회(민추)에 일정한 빚을 지고 있다. 민추에서 간행하거나 번역한 고전들이 학문연구에 큰 도움이 됐기 때문이다. 민추 사업 중에서 대표적인 것은 세종대왕기념사업회와 《조선왕조실록朝鮮王朝實錄》을 분담 번역한 것과 350권에 달하는 《한국문집총간韓國文集叢刊》을 간행한 것이다. 《한국문집총간》은 최치원의 《계원필경桂苑筆耕》부터 구한말조긍섭曺兢燮의 《암서집巖栖集》까지 663종의 문집을 표점標點 영인影印한 것으로 청나라 때의 《사고전서四庫全書》 발간과 비교하기도 한다.

청의 고종高宗 건륭제乾隆帝는 재위 38년(서기 1773년)부터 52년(서기 1787년)까지 역대 문헌을 대대적으로 수집해 경經, 사史, 자子, 집集 4부로 나누어 3,503종 7만 9,337권으로 간행했다. 열여섯 명의 정총재관正總裁官 중 세 명이 황자皇子였을 정도로 중요한 국가 사업이었는데, 《사고전서》는 만주족의 청나라에 대한 한족漢族 지식인의 반감이 호감으로 바뀌는 결정적인 역할을 했다. 건륭제와 뒤를 이은 가경제嘉慶帝 때 학문 열기를 불러일으켜 이른바 '건

가학파乾嘉學派'가 형성돼 문예 부흥을 이끄는 계기가 되기도 했다.

우리나라는 그간 고도의 경제 성장을 이룩하면서도 국가 차원의 편찬 사업은 없다시피 했고, 세종대왕기념사업회나 민추 같은 민간 기관이 자력이나 정부 보조로 수행하는 기형적 형태였다. 민추가 설립 42년 만에 국가 기관인 한국고전번역원으로 재탄생한 것은 국가 차원에서 고전을 정리하고 번역할 수 있다는 점에서 고무적이다.

한국고전번역원에서 《조선왕조실록》을 재번역하려다가 수정, 보완하는 쪽으로 방향을 바꾼 것은 그나마 다행한 일이다. 《조선왕조실록》은 남북 모두에서 번역된 지 오래다. 책자와 CD롬이 나와 있고, 국사편찬위원회 홈페이지에 인터넷 서비스까지 되고 있다. 한국고전번역원에서는 2012년 《여유당전서與猶堂全書》를 완역했는데, 다음 과제는 민추에서 간행한 《한국문집총간》 중 미번역 문집의 번역이 돼야 할 것이다.

살아 있는 역사 현장의 장

국왕이 즉위하기 이전에 거처하던 집을 잠저潛邸라고 한다. 《주역周易》의 '잠룡물용潛龍勿用'에서 유래한 것으로 연못 속의 용이 승천昇天해 임금이 됐다는 뜻이다. 그러나 국왕에게 잠저가 있다는 것은 정상적인 방법으로 즉위하지 못했음을 뜻한다. 선왕先王의 장자로 왕위를 계승했으면 궁궐에서만 살았을 것이기 때문이다. 잠저가 있는 조선 국왕이 많다는 사실은 그만큼 조선 정치사가 파란이 많았음을 뜻한다.

잠저가 있는 조선 국왕은 태조 이성계를 비롯해 정종, 태종, 세종, 세조, 성종, 명종, 중종, 선조, 광해군, 인조, 효종, 영조, 철종, 고종 등 15명으로서 27명 임금 중 절반이 훌쩍 넘는다. 잠저에 있다가 대통을 이으면 잠저를 본궁本宮으로 삼는데 태조는 고향인 함흥본궁咸興本宮과 개성의 경덕궁敬德宮이 있다. 어의궁於義宮은 인조와 효종의 잠저인데, 종로구 사직동의 상어의궁上於義宮과 나중 효종이 이주한 종로구 효제동의 하어의궁下於義宮이 있다. 《신증동국여지승람新增東國輿地勝覽》은 선조의 잠저도 사직동이라고 전하니 사직동이 왕기王氣 서린 지역인 셈이다.

영조는 즉위 후 〈검암발참기黔巖撥站記〉라는 글을 사관史官에게 넘겨준다. 연잉군延礽君, 영조이 경종 1년(서기 1721년) 8월 15일 부왕 숙종의 탄일에 명릉明陵을 배알하고 돌아오는데 소도둑이 지나갔다. 연잉군은 검암黔巖 발참장撥站將 이성신李聖臣에게 "흉년에 배고파 그랬을 것이니 소는 주인에게 돌려주고 도둑은 관가에 고하지 말라"라고 명했다. 이튿날 새벽녘에 서울의 잠저로 돌아오니 학가鶴駕가 기다리고 있었다. 왕세제가 된 것이었다. 이곳이 종로구 통의동의 창의궁彰義宮인데, 백성을 사랑하는 덕 덕분에 천명天命이 내렸다는 뜻이다. 그러나 영조가 이 사실을 사관에게 쓰게 한 것은 경종 독살설을 의식한 정치 행위였다. 현재 은평구 진관동에 있는 검암기적비黔巖紀蹟碑는 정조가 이를 기념해 세운 것이다. 이승만 초대 대통령의 이화장과 김구 주석의 경교장, 박정희 전 대통령의 사저 등이 역사 교육의 장으로 활용된다는 소식이 있었다. 선왕들의 본궁도 복원해 역사 문화 도시로 만드는 것이 좋겠다.

古今通義

5__

어떻게 살 것인가

살 만한 곳을 찾아서

《택리지擇里志》의 저자인 이중환李重煥, 1690~1752년은 과거 급제 후 순탄한 벼슬길을 걷다가 36세 때인 영조 1년(서기 1725년) 급전직 하로 몰락한다. 앞서 경종 2년(서기 1722년) 지관地官 출신 목호룡 睦虎龍의 고변으로 노론 주요 대신들이 사형당하는 사건이 일어났는 데 이때 김천金泉 찰방察訪으로 있던 이중환이 목호룡에게 역마驛馬 한 필을 주었다는 혐의를 받은 것이다. 이중환은 국문에서 6도度, 즉 180대나 되는 혹독한 신장訊杖을 맞았으나 연관성을 끝까지 부인해 겨우 사형을 면하고 영조 2년(서기 1726년) 절도로 유배 갔다. 이후 그의 행적은 알려지지 않아서 영조 32년(서기 1756년) 사망했다는 사실도 근래 여주 이씨 족보를 통해서 알게 됐을 정도였다.

유배에서 풀려난 이중환은 '살 만한 곳可居地'을 찾아서 전국을 헤매는데, 그 결과 쓴 책이 《택리지》다. 그의 결론은 "무릇 사대부가 살고 있는 곳치고 인심이 무너지고 상하지 않은 곳이 없다"였다. 극심한 당쟁 때문이었다. 그는 "현명한 사람이냐 어리석은 사람이냐, 혹은 그 인품이 높으냐 아니냐는 평가도 오직 자기 당색黨色 기준으로만 내리기 때문에 다른 당파에게는 통하지 않는다"라면서 "하늘에 가득 찰 만한 죄를 범한 자라도 다른 당파의 탄핵을 받으면 시비곡직是非曲直은 따질 것도 없이 떼거리로 일어나서 그 사람이 옳다고 변호한다"라고 개탄했다. "비록 행실을 닦고 큰 덕을 쌓은 사람이라도 자기 당파가 아니면 먼저 그 사람에게 나쁜 점이 있는지를 살핀다"라면서 "정령政令 실시는 오직 자기 이익만을 도모하고 실로 나라를 근심하고 봉공奉公하는 자는 드물다"라고 비판하는데 구구절절 현재 우리 사회의 병폐를 말하는 것 같다.

이중환은 이런 사대부들이 있는 곳은 어디든 살 만한 곳이 못 된다면서 "사대부가 없는 곳을 택해서 문을 닫고 교유를 끊고 홀로 자신을 착하게 하는 것"을 방안으로 제시한다. 그러면 "농부, 노동자, 상인이 되더라도 즐거움이 그 안에 있다"라는 것이다. 소수 정객들에 국한돼야 할 당쟁이 전염병처럼 전 국민에게 퍼져 나가는 현실에서 경청할 만한 진단이 아닐 수 없다.

높은 곳만 지향하면 위기에 빠진다

구약 성서 중 〈이사야〉는 일종의 예언서다. 19세기의 저명한 성서 학자였던 버나드 둠Bernard Duhm은 〈이사야〉를 제1 이사야(1~39장), 제2 이사야(40~55장), 제3 이사야(56~66장)로 나누었다. 제1 이사야는 이사야가 썼지만 제2, 제3 이사야는 이사야의 제자들이 썼다는 분석이 많은 성서학자의 지지를 받고 있다. 〈이사야〉 6장 1절에 "웃시야 왕이 죽던 해에 내가 본즉"이라는 내용이 나오는데, 웃시야 왕은 서기전 742년에 사망했으니 제1 이사야는 서기전 8세기에 쓰였다. 제2 이사야는 서기전 550년에 발표된 페르시아 고레스 왕의 칙령에 대한 이야기가 나오니 서기전 6세기경에 쓰였다.

　　제1 이사야인 7장 14절은 "그러므로 주께서 친히 징조를 너희에게 주실 것이라 보라 처녀가 잉태하여 아들을 낳을 것이요 그의 이름을 임마누엘이라 하리라"라고 800년 후의 예수 탄생을 예언하고 있다. 제2 이사야인 53장 5절은 "그가 찔림은 우리의 허물 때문이요 그가 상함은 우리의 죄악 때문이라 그가 징계를 받으므로 우리는 평화를 누리고 그가 채찍에 맞으므로 우리는 나음을 받았도다"라고 예수의 수난을 예견했다. 또 같은 장 6절에서는 "우리는 다 양 같아서 그릇 행하여 각기 제 길로 갔거늘 여호와께서는 우리 모두의 죄악을 그에게 담당시키셨도다"라고 대속代贖의 죽음도 예언하고 있다.

그래서 신약 성서 〈요한복음〉 12장 38절에 "이는 선지자 이사야의 말씀을 이루려 하심이라"라는 구절이 나타나는 것이다. 이렇게 이미 800여 년 전에 예고된 성탄聖誕이지만 정작 예수가 태어난 곳은 베들레헴의 한 마구간 말구유였다. 화려한 궁전에서 귀한 왕의 아들로 태어나지 않고 목수 요셉의 아들로 태어났다. 그리고 생을 마친 곳은 십자가였다. 가장 비천한 곳에서 태어나 가장 비참하게 생을 마친 예수의 삶이 시사하는 바는 〈빌립보서〉 2장 8절의 "자기를 낮추시고"에 있는 것이다.

한국 사회는 물론 교회도 높은 곳만 지향하다가 위기에 빠졌다. 높은 곳의 정점은 돈이다. 예수가 말구유에서 태어난 의미를 깨닫지 못하면 한국 교회의 위기는 점점 커질 것이다.

남의 집 금송아지

"남의 집 금송아지가 우리 집 송아지만 못하다"라는 속담이 있는데, 실제 금송아지는 있었을까? 동진東晉의 상거常璩가 4세기 무렵 편찬한 중국 서남부 운남云南, 귀주貴州, 사천四川 지역의 역사 풍속 지리지인 《화양국지華陽國志》에 금우金牛 이야기가 나온다. 진秦의 혜왕惠王이 사천 지역인 촉蜀을 정벌하려 했으나 길을 몰랐다. 그는 석우石牛를 만들고 그 뒤에 금을 놓아두고서 "소가 금 똥을 누었다"라고 소문냈다. 촉의 임금이 역사力士를 보내 소를 끌고 오게 하자 장의張儀 등이 가서 정벌했다는 이야기다. 소의 배 속에는 무기가 있었다 하니 트로이 목마 비슷한 이야기다. 《당서唐書》〈진자앙陳子昂 열전〉은 이때 금송아지뿐만 아니라 미녀로 촉 임금을 꾀었다고 기록하고 있다.

실제 금우 이야기도 있다. 《후한서後漢書》〈교주交州 구진군九真郡〉 조에는 "산에서 금 소가 출토됐는데 밤중에 가서 보니 10리까지 빛이 났다"라는 주석이 있다. 그래서인지 중국에는 양주梁州 금우현金牛縣을 비롯해 금우라는 지명이 많다. 우리나라는 임진왜란 때 의병장 조경남趙慶男의 《난중잡록亂中雜錄》에 전라도 임실 부근의 축천정丑川亭 근처에 금우정金牛亭이 있었다는 기록이 있다. 《동국여지승람東國輿地勝覽》에는 축천정이 남원에 있었다고 전하는데, 조선 초 서거정徐居正도 〈남원 축천정시丑川亭詩〉를 쓴 것이 이를 뒷받침한다. 남원 동북쪽에 마을을 만들 때 개울물을 진정시키기 위해 철우鐵牛를 세워서 축천丑川, 쇠내이라고 불렀다는 것이다.

《계산기정薊山紀程》이라는 조선 후기의 중국 기행문에는 북경 서산西山 뒤의 호수 남쪽에 가시나무 숲으로 둘러놓은 철우鐵牛가 있는데, "이 소가 호수로 뛰어들면 태평한 운수가 끝난다"라는 말이 있었다고 전한다. 제갈량이 촉 지역에 식량을 운반하기 위해 만들었다는 목우木牛 이야기도 있다. 고려 후기 문인 이규보李奎報의 〈소를 때리지 말라莫笞牛行〉라는 시가 있다. "소를 때리지 말라 소는 가련하다. (……) 하루아침에 소가 죽으면 너는 어찌하겠느냐 莫笞牛牛可憐 (……) —朝牛死爾何資"라는 내용이다. 소 같은 우직함이 그리운 세상이다.

낭패는 대부분 물욕과 색욕에서 비롯된다

인생의 낭패는 대부분 물욕物慾과 색욕色慾에서 비롯된다. "흰 술은 사람의 얼굴을 누렇게 하고, 황금은 사람의 마음을 검게 한다"라는 속담은 물욕을 경계한다. 조선 초기 문신 성현成俔은 《용재총화慵齋叢話》에서 "최영은 부친이 어렸을 때부터 늘 '황금을 보기를 흙같이 하라見金如土'고 가르쳤는데, 이 네 글자를 큰 띠紳에 써서 평생 차고 다녔다"라고 전하고 있다. 개각 때마다 청문회를 통과할 사람을 찾기 어렵다는 이야기가 나오니 앞으로 고위직 진출을 꿈꾸는 사람은 최영처럼 '견금여토見金如土'를 머리맡에 써놓을 일이다.

　　어느 정도의 황금은 흙처럼 볼 수 있겠지만 그것도 액수 문제다. 당唐나라 장고張固가 지은 《유한고취幽閒鼓吹》에 이런 이야기가 나온다. 당나라 상국相國 장연상張延賞이 큰 옥사大獄를 담당하게 됐다. 하루는 책상 위 조그마한 첩자帖子에 "3만 관을 드릴 테니 불문에 부쳐주기를 바란다"라고 쓰여 있었다. 장연상이 더욱 엄격하게 조사하자 액수는 5만 관으로 올랐다. 급기야 액수가 10만

관으로 올라가자 장연상은 옥사를 덮었다. 사유를 묻자 그는 "돈 10만 관이면, 귀신과도 통할 수 있어서可通神, 못 할 일이 없기에 내가 화를 입을까 두려우니 그만두지 않을 수 없다"라고 했다는 이야기다. "돈이 있으면 귀신도 부릴 수 있다"라는 속담과 들어맞는다.

그러나 돈을 잘 쓰면 그 이상 좋은 것이 없다.《전국책戰國策》〈연책燕策〉에 나오는 일화다. 전국 시대 연燕 소왕昭王이 인재 구하는 방법을 곽외郭隗에게 물었다. 곽외는 "옛날 어느 임금이 천리마를 구하려고 천금千金을 주었는데, 1년 만에 죽은 천리마 뼈를 500금에 사왔다"라면서 "뼈를 500금에 샀다는 소문이 퍼지면 반드시 산 천리마가 올 것"이라 말했고 실제로 1년이 못 돼 천리마 세 필이 왔다는 것이다. 곽외는 "인재를 구하시려면 먼저 신을 후히 대접하소서"라고 건의했다. 소왕이 곽외를 스승으로 모시고 황금대黃金臺를 쌓아 천하의 인재를 모았더니 악의樂毅 같은 인재가 외국에서 달려와 제齊나라를 꺾을 수 있었다고 한다.

재벌 3세 등이 주가 조작을 하다가 적발됐다는 소식이 있었다. 불법으로라도 돈 벌기에 혈안이 된 사회의 불행 지수가 높지 않을 수 없다. 견금여토는 몰라도 견금불혹見金不惑 정도는 돼야 황금에 지배받지 않을 것이다.

어떻게 살 것인가

두보杜甫는 시 〈곡강曲江〉에서 "가는 곳마다 외상 술값은 늘 있는데 인생은 예부터 칠십 살기 드무네酒債尋常行處有 人生七十古來稀"라고 노래 했다. 이 시의 고래희古來稀에서 70세를 뜻하는 고희古稀라는 말이 나왔다. 두보는 58세에 하세下世했다.

한자漢字를 파자破字해 장수의 의미로 쓰기도 한다. 희수喜壽 의 희喜 자는 초서草書로 쓰면 칠七 자가 둘이기 때문에 77세, 미米 자는 파자를 해서 풀어내면 팔八 자가 둘이니 미수米壽는 88세, 일 백百에서 일一을 뺀 백수白壽는 99세를 뜻하는 것이 이런 경우다. 장수를 비는 마음이 들어간 용어도 많다. 71세는 80세를 바란다 는 망팔望八이고, 81세는 망구望九, 91세는 100세를 바라보는 망백 望百이다. 80~100세까지를 모기耄期라고 하는데 모耄는 80~90세, 기期는 100세를 뜻한다. 춘당椿堂, 춘정椿庭, 춘부장椿府丈 등 남의 부친에게 춘椿 자를 쓰는 이유도 장수를 비는 의미다. 《장자莊子》 〈소요유逍遙遊〉의 "대춘大椿이라는 나무는 8,000년을 봄으로 삼고, 8,000년을 가을로 삼는다"라는 구절에서 나온 것이다. 장수인을

'사람이 상서롭다'는 뜻에서 인서人瑞라고 하는데, 정조正祖는 〈인서록人瑞錄〉에서 "장수는 상서로움이 사람에게 나타난 것"이라고 말했다.

그런데 장수하는 사람들에게는 신산스러운 인생이 적지 않다. 즉위 후 선왕 경종 독살설에 시달리다가 지지 당파가 다른 아들을 뒤주에 넣어 죽였던 영조英祖는 83세까지 살았고, 천민 출신 시인 유희경劉希慶은 92세까지 살았다. 비 오는 방 안에서 우산 하나 받치고 살았다는 청백리 유관柳寬, 1346~1433년 정승도 88세까지 살았다. 진시황은 서복徐福을 보내 불로초를 구해 오게 했고, 한漢나라 동방삭東方朔은 서왕모西王母의 반도蟠桃, 3,000년마다 열리는 복숭아를 훔쳐 먹고 장수했다는 이야기가 《한무고사漢武故事》에 전하는 것처럼 장수는 인간의 오랜 염원이었다.

2013년 기준으로 우리나라 사람들의 평균 수명은 남성 78세, 여성 85세로 고희를 훌쩍 넘겼다. 21세기 중반이 오기 전 120세까지 살 수 있을 것으로도 전망한다. 한 세기 전에 비하면 인생을 두 번 사는 셈이다. 반면 직장 등에서 퇴출되는 시기는 더 빨라졌다. 두 번째 인생을 어떻게 살 것인지를 개인이나 사회 전체가 고민해야 할 때가 아닌가 싶다.

도는 빈 곳에 모인다

프랑스 요리가 질적으로 전환하게 된 것은 이탈리아 메디치 가문의 카트린 드 메디시스Catherine de Médicis, 1519~1589년가 프랑스 국왕 앙리 2세Henri II, 1519~1559년의 부인이 된 1533년의 일이다(심순철, 《프랑스 미식 기행》, 살림출판사, 2006년). 이때 카트린이 데려온 요리사들이 피렌체의 요리 기술을 프랑스의 요리사들에게 전수하면서 '식탁의 르네상스'가 시작됐다. 프랑스 최초의 요리책은《르 비앙디에 Le Viandier》인데 그 저자인 기욤 티렐Guillaume Tirel, 필명 타유방Taillevent, 1310~1395년은 샤를 5세와 6세의 전속 요리사였다. 그의 요리 특징은 향신료香辛料를 많이 쓰고 지방을 적게 쓰는 것이었다.

향신료는 맵고 향기가 난다는 뜻으로서 오신五辛, 또는 오훈五葷, 훈채葷菜라고도 불렀다. 부추韭, 염교薤, 파葱, 마늘蒜, 생강薑이 오신인데, 겨자 등을 넣기도 한다. 홍만선洪萬選은《산림경제山林經濟》의〈향신료 만드는 법造料物法〉에서 향신료를 손쉽게 만드는 법을 설명한다. "마근馬芹, 미나리, 후추胡椒, 회향茴香, 건강乾薑, 말린 생강, 관계官桂, 계피, 천초川椒, 산초 등을 따로 가루로 만들었다가 물에 반죽

해 환丸을 만든다"라는 것이다. 홍만선은 "쓸 때마다 부수어서 냄비에 넣는데, 여행할 때 더욱 편리하다"라고 전한다. 향신료는 처음 맛들이기는 어렵지만 한번 빠지면 여행할 때도 휴대해야 할 만큼 헤어나기가 쉽지 않다. 《장자莊子》〈인간세人間世〉에는 안자顔子가 공자에게 "저는 술도 마시지 않고 훈채도 먹지 않으니 재계齋戒라고 할 수 있습니까?"라고 묻자 공자가 "그것은 제사 때의 재계이지 마음의 재계心齋가 아니다"라고 답한다. 공자는 "오직 도는 빈데에 모이니, 텅 빈 것이 마음의 재계다唯道集虛 虛者心齋也"라고 답하는데 향신료를 먹지 않는 것을 수양의 하나로 쳤다.

허균許筠은 《한정록閑中錄》의 〈섭생攝生〉 조에서 수양법에 대해 적으면서, "모든 병에서 벗어나고 싶으면 항상 오신을 먹지 말라"라고 충고하고 있다. 과거 입춘날에 오신채五辛菜를 나물로 만들어 먹는 것으로 봄을 맞이했다. 두보杜甫는 시 〈입춘立春〉에 "입춘날 봄 소반엔 생채가 보드라우니 두 서울(장안과 낙양)의 전성기가 홀연 생각난다春日春盤細生菜 忽憶兩京全盛時"라고 읊었다.

《미슐랭 가이드 한국 편Michlein Green Guide South Korea》이 프랑스에서 출간되기도 했다. 그간 우리는 조상들이 남긴 음식 문화를 체계화하는 데 소홀했다. 한국 요리 세계화의 전기를 마련해야 할 때다.

제왕들의 장수 비결

모든 물적 조건을 갖춘 제왕들 중 장수한 인물이 드문 것이 세상사의 아이러니다. 그리 흔하지 않은 장수 제왕들을 살펴보면 몇 가지 공통점을 갖고 있다. 83세까지 살면서 52년 동안 보위寶位에 있었던 조선의 21대 왕 영조英祖, 1694~1776년와 9세에 제위帝位에 올라 60년 동안 임금 자리에 있으며 69세까지 장수했던 청의 4대 임금 강희제康熙帝, 1654~1722년는 몇 가지 공통점이 있다.

첫 번째는 일에 대한 열정이었다. 영조는 어느 임금보다 정력적으로 국사에 임했다. 영조가 재위 52년 동안 정책·학문 토론회인 경연經筵과 주간에 신하들을 만나는 소대召對, 야간에 신하들을 만나는 야대夜對를 실시한 횟수는 모두 3,500여 회였다. 연평균으로 따져도 66회가 넘어 역대 그 어느 군주보다 많았다. 강희제는 좌우명이 《주역周易》〈상전象傳〉의 "하늘의 운행이 굳건한 것처럼 군자도 스스로 힘쓰고 쉬지 않는다天行健 君子以自强不息"일 정도로 노력파였다. 그는 "노력하는 것을 복福으로 삼고, 노는 것을 화禍로 삼는다"라고 말했다.

또 하나 공통점은 자기 절제를 통한 검소함이었다. 자주 금주령을 내린 영조에 대해 《영조실록英祖實錄》은 "목면으로 된 침의 寢衣를 입고 병장屛障, 병풍도 진설하지 않았다"(《영조실록英祖實錄》, 20년 5월 1일)라며 그의 침실이 "여항閻巷의 부잣집에 견주어 도리어 그만 못했다"라고 적고 있다. 강희제도 "음식을 절약하고 기거를 삼가는 것이 실로 병을 물리치는 좋은 방도다"라며 검소한 생활을 했다.

자기만의 취미 생활도 장수에 보탬이 된다. 89세까지 살았던 청나라 6대 건륭제乾隆帝, 1711~1799년의 취미는 서예로, 《청조야사대관淸朝野史大觀》은 그가 남긴 서예 작품이 10만여 수에 이를 것이라고 적고 있다. 적어도 5만 점에 밑돌지는 않으리라는 것이 정설이다. 천하를 소유한 제왕들의 장수 비결은 뜻밖에도 열심히 일하면서도 물질에는 초연한 것이었다. 즉, 정신적인 가치를 높게 여긴 것이다. 과거에 비해 물질은 풍요로워졌으나 정신은 도리어 황폐해진 불행한 현대인이 참고할 만한 사례다.

자신부터 돌아봐라

예로부터 지진의 대명사는 일본이었다. 임진왜란 때인 선조 29년 (서기 1596년) 8월 명나라의 양방형楊邦亨과 심유경沈惟敬을 뒤쫓아 일본에 강화 사신으로 갔던 황신黃愼은 때마침 지진을 만났다. 그해 9월 5일 발생한 지진은 도요토미 히데요시豊臣秀吉가 거주하던 덴슈카쿠天守閣, 천수각까지 대파할 정도로 강력했다.

중국의 지진에 대한 기록도 드물지 않다. 홍대용洪大容은 중국 기행문인 《연기燕記》에서 계주薊州 동쪽 30리 지점의 송가성宋家城이 심하게 파괴된 것을 보았다. 명나라에 대한 충절을 지키다가 청나라의 포격을 받아 파괴됐다고 알려졌으나 주인 송 씨를 만난 홍대용은 청의 옹정제雍正帝, 재위 1722~1735년 때 지진으로 파괴됐다는 사실을 알게 된다. 고려 말의 학자 이규보李奎報는 "공자孔子가 쓴 《춘추春秋》에 지진이 다섯 번, 산과 봉우리가 무너지며 터진 것이 두 번, 그 밖에 재이災異의 기록은 이루 다 헤아릴 수가 없다"라고 전하고 있다. 그만큼 중국에도 지진이 많았다는 것이다.

옛사람들은 지진의 원인이 무엇이라고 생각했을까? 홍대용은《의산문답醫山問答》에서 "수화水火와 풍기風氣가 두루 유행流行하다가 막히면 지진이 일어난다"라고 설명하고 있으며, 성호星湖 이익李瀷은《성호사설星湖僿說》의 〈지진풍뢰地震風雷〉에서 "땅속의 텅 빈 곳에 돌이 깎이고 흙이 무너져 진동하는 것이 지진이고, 땅속이 꺼지면서 지면까지 올라오는 것이 지함地陷"이라고 보았다. 잘못된 정사에 대한 하늘의 분노라는 인간 행위의 결과로 해석하는 경우도 있었다. 중국 송宋나라의 영국공潁國公 방적龐籍이 "정치가 빗나가 인정人情에 가려진 것이 있기 때문에 지진이 발생한다"라고 말한 것이나 중종 12년(서기 1517년) 사간원 대사간 이성동李成童이 하늘이 성을 낸 것이 지진이라고 상소한 것 등이 이를 말해준다. 《삼국사기三國史記》, 《고려사高麗史》, 《조선왕조실록朝鮮王朝實錄》 같은 우리 정사에는 지진에 관한 기사가 셀 수 없이 많아 우리도 안심할 수 없음을 말해준다. 지진 대비에 만전을 기하는 한편 혹시 하늘을 노하게 한 일이 없는지 각자 자신을 돌아보는 계기로 삼아야 할 것이다.

9대 동거

영조 때 평안 감사 조현명趙顯命은 곽산郭山의 김영준金英俊 일가 4대代
70여 인이 한집에서 화목하게 사는 것을 보고 당호堂號를 써주었
다. 김영준의 아들 김익필金益弼이 수문장으로 서울에 있자 영조는
재위 16년(서기 1690년) 7월 직접 불러 4대 동거의 비결을 물었다.
김익필은 "신의 조부가 자손들로 하여금 의식衣食을 함께하되 다
투는 일이 없게 했습니다"라고 답했다. 영조는 "이는 바로 오늘날
사대부들이 부끄럽게 여겨야 할 일이다. 서로 문호門戶를 나누어
싸우는 자들이 어찌 이를 본받지 않을 수 있겠는가?"라고 극심한
당쟁을 비판하면서 김영준에게 첨지중추僉知中樞를 제수하고 그
집에 정려旌閭했다. 역시 영조 때 의주義州 사람 최상호崔尙浩는 5대
100여 명이 한집에 같이 살았는데, 영조는 그에게도 동지중추부
사를 제수하고 그가 사는 모양을 그림으로 그려서 올려 바치게
했다.

동양 사회에서 화목한 가족의 대명사는 당나라 운주鄆州 수장
壽張 사람 장공예張公藝다. 《구당서舊唐書》 〈효우孝友 열전〉 '장공예' 조

에 따르면 그는 무려 9대가 한집에서 동거했다. 그런 가풍은 오래된 것이어서 북제北齊와 수隋나라 때 이미 정려문을 받았다. 당 고종이 태산泰山에 봉선封禪을 행하고 운주를 지나는 길에 장공예의 집에 들러 화목하게 지내는 비결을 묻자 장공예는 대답 대신 지필묵을 달라 해 '참을 인忍' 100자를 써서 올렸다. 무측천의 전횡 때문에 여러 아들을 죽이고 내쫓았던 고종은 슬피 흐느끼며 비단을 하사했다고 《구당서》는 전한다. 최고 기록은 10세世가 한집에서 동거한 남당南唐의 진포陳褒 일가다.

산업 사회였기 때문에 한집에 동거하는 것은 아니지만 4대 97명이 화목하게 지낸다는 충남 태안 김용규 옹翁 일가는 가족 해체 시대를 살고 있는 우리에게 많은 점을 생각하게 한다. 영조가 김영준 일가의 화목을 당쟁에 몰두하는 사대부들에 대한 반성의 사례로 제시했듯이 현 정치권도 스스로 되돌아보아야 할 사례가 아닐 수 없다.

400년 세교

이순신李舜臣 가문의 《이 충무공 난중일기초李忠武公亂中日記草》 선조 30년(서기 1597년) 8월 15일 자는 "선전관 박천봉朴天鳳이 임금의 유지有旨를 갖고 왔다. 영의정(유성룡柳成龍)은 경기 지방을 순찰 중이라고 한다. 즉시 답서를 작성한 후 과음을 했으나 잠을 이루지 못했다"라고 적고 있다. 이순신을 잠 못 이루게 한 선조의 유서는 수군 철폐령인데, 이때 이순신은 "지금 신에게는 아직도 열두 척의 전선이 있습니다"(《이 충무공 행록李忠武公行錄》)라는 유명한 장계를 올려 반대한다. 영의정을 언급한 것은 유성룡이 있었다면 이런 명령이 내려질 리가 없었다고 생각했다는 뜻이다.

간첩 요시라要時羅의 간계에 빠진 선조와 조정 대신들이 연일 이순신을 공격하자 유성룡은 "신이 이순신의 사람됨을 깊이 알고 있습니다"(《선조실록宣祖實錄》, 30년 1월 27일)라면서 자신이 그를 조산만호와 전라좌수사로 천거했다고 맞섰다. 그럼에도 이순신에 대한 공격이 더욱 거세지자 유성룡은 선조 30년(서기 1597년) 2월 28일 "심병心病이 더욱 중해졌다"라며 사직서를 제출해 항의하는데, 유성룡은 《징비록懲毖錄》에서 "이순신을 천거한 사람은 나이므로 나와 사이가 좋지 않은 사람들은 원균元均과 합세해 이순신을 몹시 공격했다"라고 적고 있다.

도요토미 히데요시豊臣秀吉가 죽어 일본군에게 철군령이 내려지자 돌연 유성룡에 대한 공격이 시작됐다. 《서애 선생 연보西厓先生年譜》는 이 소식을 들은 이순신이 "시국 일이 한결같이 이 지경에 이르는가"라고 탄식했다고 전한다. 서애西厓 유성룡이 파직된 선조 31년 11월 19일, 이순신은 노량 해전에서 전사한다. 의병장 조경남趙慶男의 《난중잡록亂中雜錄》은 "이순신은 친히 북채를 들고 함대의 선두에서 적을 추격했다"라고 마치 죽음을 자초한 모습으로 그려 자살설의 토대를 제공한다. 이순신이 유성룡의 실각이 미구未久에 자신에게 닥칠 미래라고 생각했던 것은 분명하다.

2007년이 서애 유성룡 서세 400주년이었는데, 다행히 기념사업회가 꾸려져서 성대한 기념식을 거행했었다. 서세 400주년 추모사업회 위원장은 충무공의 후손인 이종남李種南 전 감사원장이 맡았고, 실무위원회 위원장은 서애의 후손인 유한성柳漢晟 전 고려대학교 명예 교수가 맡았다. 400년 이상 된 드문 세교가 우연은 아니다.

가장 보편적이고 오래 지속되는 것

국왕들의 수명이 짧은 것은 동서고금을 막론한 공통 현상이다. 여러 가지 요인이 있겠지만 여색을 탐하는 것이 가장 큰 이유다. 국왕 주위에는 승은承恩 입기를 기다리는 수많은 여인이 있었다. 대비전大妃殿의 일개 나인內人이었던 장옥정이 숙종의 후궁이 되고 인현왕후를 몰아내 한때 국모까지 될 수 있었던 일차적 무기는 미모였다. 《숙종실록肅宗實錄》 12년 12월 조는 이런 장희빈을 가리켜 "자못 얼굴이 아름다웠다"라고 기록하고 있다. 그러나 장희빈이 끝내 사약을 마시고 세상을 하직하는 것은 미모의 유효 기간이 그리 길지 않음을 말해준다.

여탐女眈이 가장 심했던 연산군은 "기녀는 곧 어전에서 정재물才, 대궐 잔치의 춤과 노래하는 사람이니, 모름지기 젊고 몸매와 얼굴이 예쁜 자를 가려 뽑아야 하고, 음률을 알아도 얼굴이 못났으면 뽑아서는 안 된다"(《연산군일기》, 10년 7월 15일)라는 명을 내릴 정도였다. 그러나 그가 가장 총애하던 장녹수에 대해 《연산군일기》는 "얼굴은 중인中人 정도를 넘지 못했다"라고 전하고 있다. "남모르는 교사巧詐와 요사스러운 아양은 견줄 사람이 없어서 왕이 혹했다"라는 것인데, "노래를 잘해서 입술을 움직이지 않아도 소리가 맑아서 들을 만했으며, 나이는 30여 세였는데도 얼굴은 16세의 아이와 같았다"(《연산군일기》, 8년 11월 25일)라고 한다. 연산군은 재위 10년 6월 한때 총애하던 전향田香과 수근비水斤非를 능지처참하고 가족들도 죽이는데 사관史官은 "전향과 수근비는 모습이 곱기 때문에 녹수가 시기해 왕을 부추겨 그 부자父子 형제兄弟를 하루아침에 다 죽였다"라고 분석하고 있다. 미모의 두 여인이 중간 정도 미모의 장녹수와의 사랑싸움에서 패해 죽었다는 것이다.

아모레퍼시픽의 여성 의식 조사 결과 세대별로 선호하는 미인형이 달랐다고 한다. 세대뿐만 아니라 개인별로 다른 것이 미에 대한 의식이다. 미인이 되기 위한 성형 수술이 유행이지만 가장 보편적이고 오래 지속되는 것은 내면의 아름다움일 것이다. 남성도 마찬가지다.

사주팔자

열 개의 천간天干, 甲乙丙丁 등과 열두 개의 지지地支, 子丑寅卯 등을 조합해 연월일시를 나타내는 사주팔자四柱八字로 운명을 점치는 사람들이 역술가易術家다. 야사에서 영조는 갑술년, 갑술월, 갑술일, 갑술시의 사갑四甲 사주로서 역술가들의 단골 소재였다. 영조가 당대 제일의 역술가에게 사주를 제시하자 '제왕의 사주'라고 맞혔다. 뒤이어 영조와 사주가 같은 백성을 부르니 그는 오대산 양봉가였다. 영조가 "나와 사주가 같은데 왜 운명은 다른가?"라며 역술가를 벌하려 하자 양봉업자가 "저는 여덟 아들에 벌통 360여 개가 있어서 전하께서 팔도, 360개 군현을 가지신 것과 같습니다"라고 말해 영조가 "네 말도 맞다"라며 살려주었다는 야사다. 그러나 《영조대왕 행장英祖大王行狀》에 따르면 영조는 갑술년(서기 1694년), 갑술월(9월), 무인일(戊寅日, 13일)생으로 사갑 사주가 아니다.

《홍길동전》의 저자 허균許筠은 《성소부부고惺所覆瓿藁》의 '산으로 돌아가는 중 해안海眼을 전송하는 서序'에서 승려 해안과 사주가 같다는 사실을 발견하고 "나는 이천석二千石, 군수 벼슬과 문학시종文學侍從의 신하가 됐는데, 그대는 왜 해진 장삼을 입고 바위 굴 사이에 숨은 승려가 됐는가?'라고 의문을 던진다. 그러나 허균은 자신도 불교를 좋아한다며 "수레와 비단옷이 몸에 있어도 오히려 병발瓶鉢, 병과 바리때의 자유로움만 같지 못하니, 내 영화와 저의 시듦은 서로 보상될 만하다. 운명을 이야기하는 자도 근사하다 하겠다'라고 긍정하기도 했다.

순암順菴 안정복安鼎福은 〈상헌수필橡軒隨筆〉에서 역술에 밝았던 동진東晉의 곽박郭璞이 왕돈王敦에게 '크게 흉할 것'이라는 점괘를 말했다가 죽은 예를 들면서 "곽박이 만일 이런 역리易理에 밝았다면 (……) 일찍이 피하지 못했겠는가'라며 "그 소소한 기예는 족히 믿을 것이 못 된다'라고 비판하기도 했다.

중국 남경南京의 사주가 같은 부부가 출생 병원과 졸업 학교, 직업 등 무려 30가지 공통점이 있다 해서 화제가 된 적이 있었다. '부부일신夫婦一身'이라는 사자성어처럼 앞으로의 운명도 같을지 궁금하다.

숙려의 조건

조선은 이혼을 이이離異라고 썼다. '헤어져서離 다르게 된다異'는
뜻이다. 남성 우위 사회 조선은 여성의 이혼을 금지했다.《경국대
전經國大典》〈예전禮典〉의 '여러 종류의 과거諸科' 조는 "재가再嫁했거
나 행실이 방정하지 못한 여인의 아들과 손자, 첩 소생의 자손은
문과와 생원·진사시의 응시를 불허한다"라고 규정했다. 같은 책
〈이전吏典〉 '외명부外命婦' 조는 "부인의 작위는 남편의 관직을 따른
다"라면서 "첩에게서 난 딸과 재가再嫁한 여자는 작위를 봉하지 않
으며, 개가改嫁한 여자는 주었던 작위도 박탈한다"라고 정했다.
'재가'는 남편 생존 시에 재혼한 것을 뜻하고, '개가'는 남편 사후
에 재혼한 것을 뜻한다. 재혼할 경우 자식의 벼슬길이 막히는 것
이니 여성에게 크게 불리한 조항이다.

　　또한 부인의 칠거지악七去之惡은 이혼 사유였다. '시부모에게
순종하지 않는 것不順舅姑, 아들을 못 낳는 것無子, 행실이 음탕한 것
淫行, 질투하는 것嫉妬, 나쁜 병이 있는 것惡疾, 말이 많은 것口舌, 도
둑질하는 것盜竊'이 그것이다. 칠거지악 중 하나에만 해당해도 남

편은 부인을 버릴 수 있었지만 버릴 수 없는 세 가지 경우인 삼불
거三不去라는 최소한의 법적 보호 장치도 있었다. 삼불거란 '부모
의 삼년상을 함께 치렀거나, 장가들 때는 가난했지만 뒤에 부귀
하게 됐거나, 아내가 돌아가서 의지할 곳이 없는 경우'를 뜻한다.
삼불거에 해당하는데 새장가를 들면 아내가 있는데 또 아내를 얻
는 유처취처有妻娶妻로 처벌받았다. 세종 7년(서기 1425년) 성균관 사
성司成 이미李敉는 아내 최 씨가 아들을 못 낳는다며 강 씨와 새로
혼인했다. 최 씨의 부친 최주崔澍가 삼년상을 함께 치른 아내를
버린 유처취처로 고소하자 사헌부는 강 씨와 헤어져 최 씨와 다
시 살라고 명했다. 이미는 "조부祖父와 아버지의 마음에서 본다면,
어찌 후사가 끊어지는 것을 가볍게 여기고 상주喪主 노릇 한 것을
중하게 여기겠습니까"라고 상소했으나 이미는 장杖 90대를 맞아
야 했다. 이혼 때 숙려 기간을 둔다는데, 삼불거처럼 숙려의 조건
도 만들었으면 싶다.

임 보내는 구슬픈 노래

허균許筠은 광해군 2년(서기 1610년) 과거 시험관으로 있으면서 사정私情을 봐주었다는 이유로 순군옥巡軍獄에 42일 동안 갇혔다. 감옥에서 허균은 이런저런 생각을 적어서 상자 속에 넣어두었다가 유배지였던 전라도 함열咸悅, 익산에서 정리한다. 그중 우리나라 역사 시를 평론한 것이 바로 《성수시화惺叟詩話》다. 허균은 고려 문신 김극기金克己는 "시상詩想이 극히 교묘하다"라면서 김극기가 겨울에 핀 이화李花를 보고, "세상에 없는 향내가 굴속에 모여드니 한나라 궁중의 이 부인을 다시 보네無乃異香來聚窟 漢宮重見李夫人"라고 쓴 것을 예로 들며 "옛 시인이 아직 말하지 못했던 것"이라고 높이 평가했다.

여기에서 말하는 옛 시인은 고대 한漢나라 악사 이연년李延年이다. 그는 한 무제 유철劉徹 앞에서 "북방에 한 미인이 있어 세상과 떨어져 홀로 서 있네. 한번 돌아보니 성이 기울고 다시 돌아보니 나라가 기우네. 성이 기울고 나라가 기우는 줄 어찌 모르리. 미인은 다시 얻기 어렵기 때문이지北方有佳人 絕世而獨立 一顧傾人城 再顧傾人國 寧不知傾城與傾國 佳人難再得"라는 가무歌舞를 추었다. 무제가 "좋도다.

그러나 어찌 이런 미인이 세상에 있겠는가"라고 한탄하자 동생 평양平陽공주가 이연년의 누이 이연李妍이라고 말하는데, 그가 바로 경국지색傾國之色의 이 부인이라고《한서漢書》〈효무孝武 이 부인 열전〉은 전한다. 이 부인이 조사早死하자 무제는 그녀의 초상화를 감천궁甘泉宮에 걸어놓고, "아름다운 사람 생각 잊을 수가 없도다懷佳人兮不能忘"라고 인생무상을 노래하는 〈추풍사秋風辭〉를 짓기도 했다.

허균은 또 대동강 부벽루浮碧樓에 걸려 있던 시는 중국 사신이 오면서 모두 철거했지만 정지상鄭知常의 시만은 남겨두었다고 전한다. "비 그친 긴 둑 풀빛 푸른데, 남포로 임 보내는 구슬픈 노래. 대동강 물이야 언제 마르리. 해마다 이별 눈물 보태는 것을雨歇長堤草色多 送君南浦動悲歌 大同江水何時盡 別淚年年添綠波." 허균은 이 〈송인送人〉에 대해 "지금까지 절창이라고 일컫는다"라고 했는데, 현대의 사랑 시 못지않은 절창들이다.

가족이 편안해야 바깥일도 잘 풀린다

춘추 시대 초楚나라의 노래자老萊子는 효자로 이름났는데,《초학기初學記》〈효자전孝子傳〉에는 70세에도 색동옷을 입고 부모님 앞에서 재롱을 피웠다고 전한다. 장수 사회에 음미해야 할 인물이다. 불효자를 "금수만도 못하다"라고 비유한다. 이때의 짐승은 수달과 까마귀를 뜻한다. 수달은 맹춘孟春, 음력 정월에 살찐 물고기를 잡아 조상에 제사한다는 짐승이고, 까마귀는 새끼들이 자라면 거꾸로 어미를 먹여 살린다고 해서 반포조反哺鳥, 거꾸로 먹이는 새로 불린다. 그래서 효도를 반포지효反哺之孝 또는 반포보은反哺報恩이라고도 한다.

조선 중·후기 문신 박장원朴長遠은 사간원 정언正言 때 〈반포조시反哺鳥詩〉를 지어 올렸다. "집에는 어버이 계시지만 가난해서 맛있는 음식 올릴 수 없네. 숲 속의 새도 사람을 감동시키니 반포조 보고 눈물 흘리네土有親在堂 貧無甘旨具 林禽亦動人 淚落林鳥哺." 이 시를 본 인조仁祖가 부모가 있느냐고 물어 홀어머니가 계시다고 대답하자 "사람 감정이 시에 나타나 감동시킨다"라면서 쌀과 베를 내렸다는 이야기가《국조보감國朝寶鑑》에 나온다.

척령鶺鴒은 할미새를 뜻하는데 형제간의 우애를 상징한다. 《시경詩經》〈소아小雅〉'상체常棣'에 "저 할미새 언덕에서 호들갑 떠네. 형제가 급난을 당했네. 좋은 벗이 있어도 길게 탄식만 할 뿐이네鶺鴒在原 兄弟急難 每有良朋 況也永歎"라는 시구에서 유래한다. 급한 일을 당했을 때는 형제가 돕는다는 뜻이다. 두 눈이 한쪽에 붙은 비목어比目魚, 즉 넙치는 금슬 좋은 부부를 상징한다. 《이아주소爾雅註疏》에 "동방에는 비목어가 있는데 짝을 짓지 않으면 가지 않는다東方有比目魚焉 不比不行"라는 구절에서 나온 말로서 뗄 수 없는 부부를 뜻한다. 봉황새의 거울이라는 뜻의 난경鸞鏡은 배우자를 사별한 슬픔을 뜻한다. 계빈국罽賓國 임금이 난조를 얻어서 매우 사랑했는데 3년 동안이나 울지 않다가 어느 날 거울을 보여주자 홀로인 제 형체를 비춰 보고는 슬피 울다가 끝내 죽고 말았다는 《태평어람太平御覽》의 고사에서 나온 말이다.

가정의 화목이 중요하다는 사실은 모두 알지만 이루기는 쉽지 않다. 안의 가족이 편안해야 바깥일도 잘할 수 있는 법이다.

동양의 마타 하리

고대 병법서 중에 《삼십육계三十六計》는 마지막 36계책이 도망가는 것이기에 유명하다. 한 장章에 여섯 개씩 총 서른여섯 가지 계책을 담고 있다. 그중 미인계는 마지막 6장 패전계敗戰計의 첫 번째 계책으로 전체로는 제31계책이다. 미인계가 패전계에 분류된 것은 불리한 상황에서 빠져나오기 위한 비상책임을 뜻한다. 40만 대군을 거느리고 흉노匈奴 정벌에 나섰던 한고조 유방劉邦은 평성平城, 지금의 대동大同시 부근의 백등산白登山에서 되레 흉노에 포위당한다. 고조는 7일 만에 미인계를 써서 겨우 빠져나오는데 《한서漢書》 〈한왕 신韓王信 열전〉이나 〈흉노匈奴 열전〉은 "사람을 보내 알 씨閼氏, 흉노 황후에게 후한 예물을 보냈다"라고만 기록할 뿐 자세한 내용은 쓰지 않았다. 개국시조가 흉노에게 죽을 뻔하다가 미인계로 겨우 목숨을 건졌다는 사실이 창피했던 것이다.

이때 한고조가 쓴 미인계에 대해 설說이 많았다. 후한後漢의 순열荀悅은 《전한기前漢紀》에서 "진평陳平의 꾀를 사용해 알 씨 부인을 설득해서 탈출했다"라면서 "그 계략은 비밀에 부쳤다"라고 전하고 있다. 《휘원彙苑》이라는 책은 "한 시조가 평성에서 포위됐을 때 진평이 목우木偶, 나무 인형 미인을 알 씨에게 주었다"라고 전하고 있다. 사신 진평이 흉노 황후에게 미인계를 사용했다는 내용인데, 진평이 미남이기 때문에 실제로는 그가 미남계를 사용했다는 추측도 있다.

《오월춘추吳越春秋》에서 월왕越王 구천句踐이 회계會稽에서 패배한 후 미녀 서시西施를 오왕吳王 부차夫差에게 바쳐 오나라 조정을 교란했다는 내용을 전하고 있듯이 미인계는 패자의 전략이었다. 그러나 미인계가 반드시 패전계인 것만은 아니다. 일본은 조선과 만주를 침공할 때 미인계를 즐겨 사용했다. 이토 히로부미伊藤博文의 양녀였던 배정자裵貞子는 일제의 조선 점령에 앞장섰으며, 또 유명한 첩보 장교 아카시 모토지로明石元二郎의 앞잡이가 돼 만주와 시베리아를 오가며 공작했다. 청나라 숙친왕肅親王의 제14왕녀 김벽휘金璧輝도 가와시마 나니와川島浪速의 양녀로 대륙 침략 전선에서 간첩으로 활약해 동양의 마타 하리로 불렸다.

지난 정권 때 상해의 한국 영사들과 한 중국인 여성 사이에서 벌어졌던 '상하이 스캔들'은 이런 미인계와 비교하기 과분할 정도로 삼류 냄새가 난다. 본인들이 한때 대표했던 대한민국까지 삼류로 전락한 느낌이어서 국민으로서는 화가 날 수밖에 없었다.

속현

부부 중 한쪽이 먼저 세상을 뜨는 것을 짝을 잃었다는 뜻의 실우失偶라고 한다. 고구려 유리왕은 까투리와 장끼의 사이좋은 모습을 보고 떠난 치희雉姬를 그리워하면서 "불쌍하구나 홀로 된 나, 누구와 함께 돌아갈까念我之獨 誰其與歸"라는 〈황조가黃鳥歌〉를 불렀다. 사이좋은 꿩 부부를 보고 '꿩 치雉=稚' 자를 썼던 왕후姬가 생각났던 것이다.

전국戰國 시대 제齊나라 목독자牧犢子는 '아침에 나는 꿩을 노래함'이라는 〈치조비조稚朝飛操〉를 지었다. 서진西晉의 최표崔豹는 《고금주古今注》에서 나이 쉰에 부인 없던 목독자가 아침에 나무하러 갔다가 꿩 부부를 보고 지었는데, 위魏나라 무제武帝 때 일곱 살 어린 나이에 입궁한 궁인宮人 노盧 씨가 거문고를 타면서 애절하게 불렀다고 전한다. 그런데 당唐나라 한유韓愈가 편집한 《금조십수琴操十首》에 실린 노래 가사는 정작 나이 칠십에 부인이 없다고 한탄하는 내용이다.

재혼을 뜻하는 말이 속현續絃이다. 끊어진 거문고 줄을 새로

420

잇는다는 운치 있는 이름이다. 진晉나라 도연명陶淵明의 〈의고擬古〉라는 시에 "거문고 윗줄로는 별학 조를 튕기고 아랫줄로는 고란 조를 연주하네. 바라건대 그대 여기 머물러 세한까지 지내기를 上絃驚別鶴 下絃操孤鸞 願留就君住 從今至歲寒"이라는 시구가 있다. 이 시의 별학別鶴과 고란孤鸞이 부부의 이별을 뜻한다.

《주역周易》의 〈택풍대과괘澤風大過卦〉에는 재혼과 관련해 재미있는 구절이 많다. 이 괘의 구이효九二爻는 "마른 버드나무에서 새 잎이 돋아나고, 늙은이가 젊은 아내를 얻으니 이롭지 않은 것이 없다枯楊生稊 老夫得其女妻 無不利"이다. 그런데 구오효九五爻는 "마른 버드나무에서 꽃이 피고, 늙은 부인이 젊은 선비 남편을 얻으니 허물은 아니지만 영예도 아니다枯楊生華 老婦得士夫 無咎無譽"이다. 늙은 남성이 젊은 아내를 얻는 것은 다 좋지만 늙은 부인이 젊은 남편을 얻는 것은 허물은 아니지만 영예도 아니라는, 조금은 남녀 차별 의식이 엿보인다. 그러나 《주역》이 3,000여 년 전 주周나라 때 지어졌다는 사실을 감안하면 파격적이다.

65세 이상 노인 중 3분의 2가 성생활을 한다는 정부의 여론 조사 결과가 있었다. 젊은이와 늙은이의 이분법이 깨지는 대전환기다. 백년해로하는 부부도 많겠지만 재혼도 인생살이의 자연스러운 과정의 하나로 받아들여질 때다.

나이를 잊고 살아라

조선 전기 문신 서거정徐居正의 〈여섯 번째 시六和〉에 "오대五代에 걸쳐 문서 쓴 신하 지금 백발이 됐지만 꿈속에선 아직도 문서 쓰고 있다네五代詞臣今白髮 夢中猶自演綸絲"라는 시가 있다. 오대는 서거정이 세종, 문종, 단종, 세조, 성종 때 벼슬했다는 뜻이다. 그런데 이 시 중에 "한강 제천정에서 열린 망년회忘年會 때는 임금이 내린 맛난 음식이 줄줄이 이어졌다네濟川亭上忘年會 曾見御珍絡如絲"라는 구절이 있다. 망년회가 일본에서 온 것으로 아는 사람들은 이 시의 망년회라는 구절에 의아해할 것이다. 그러나 이 망년회는 한 해를 보내는 모임이 아니라 함께 과거에 급제한 열두 명의 '나이를 따지지 않는 모임'을 뜻한다. 나이를 따지지 않고 사귀는 것이 망년忘年인데, '망년지교忘年之交', '망년지계忘年之契'라고도 한다. 7세기 때 편찬된 《양서梁書》나 당나라 역사서인 《구당서》와 《신당서》에도 나오는 오래된 용어다.

그럼 몇 살 차이까지 나이를 따지지 않고 사귈 수가 있었을까? 경북 안동 출신의 재일 작가 윤학준尹學準 교수는 《양반》이라는 책에서 "상팔하팔上八下八"이라고 말하고 있다. 위로 여덟 살, 아래로 여덟 살이니 최대 열여섯 살까지 사귈 수 있다는 뜻인데, 이를 넘으면 과거의 조혼早婚 풍습에 따라 자칫 부친과 친구가 될 수 있기 때문에 이를 한계로 잡았다는 것이다. 윤 교수는 보통 여덟 살을 넘으면 '부사지父事之', 곧 부친을 섬기는 것처럼 한다면서 "분수를 알고 사귀면 정겹기가 그지없는 사이"가 망년지교라고 설명하고 있다. 그런데 조선 중기 최립崔岦은 명나라에 갔다가 먼저 귀국하는 동지사冬至使 유희림柳希霖을 전송하는 시送冬至使柳工曹先歸에서 "같은 해 과거에 급제해 내가 부끄럽게도 망년지교를 맺었지만 사실은 부친 항렬이라네同榜慚吾忝 忘年實父行"라고 노래했다. 최립은 1539년(중종 34년)생인 데 비해 유희림은 1520년(중종 15년)생으로 만 열아홉 살 차이가 나니 아버지 항렬이었던 것이다. 이 경우도 망년지교였으니 상팔하팔도 경우에 따라 달랐다.

망년의 또 다른 의미는 세월을 잊는다는 뜻이다. 중국 송나라 때 사람 전선錢選의 〈부옥산에 거주하면서題浮玉山居圖〉라는 시에 "나이를 잊는 것이 즐겁네可以樂忘年"라는 시구가 있다. 100세 인생을 이야기하는 요즘에는 망년지교와 함께 나이를 잊는 망년회의 의미를 덧붙여도 좋으리라.

나와 다른 너를 인정해야 한다

가출家出과 출가出家는 글자 순서만 바뀌었지만 의미 차이는 크다. 출가는 몸과 마음을 기준으로 몇 종류로 나눌 수 있다. 첫째는 몸은 가출해 절집에 있지만 마음은 속세에 있는 경우다. 마음은 권력, 재물, 명예 또는 이성異性에 가 있다. 불가의 온갖 잡음의 원산지다. 둘째는 몸은 속세에 있지만 마음은 출가한 재가출가在家出家다. 비록 처자와 속세에 살지만 마음은 도道를 추구한다. 다산茶山 정약용丁若鏞의 시 중에 "세상에 살아도 세상과 어긋나고 집에 있어도 출가한 것 같네處世同違世 居家似出家"라는 시가 있다. 셋째는 몸과 마음이 모두 출가한 경우로 출가구도出家求道, 또는 출가입도出家入道다.

　역사상 유명한 출가는 많다. 신라 왕자 신분으로 출가해 중국에서 지장보살로 모셔지는 김교각金喬覺이나 고려 문종의 아들인 대각 국사 의천義天이 그렇다. 불교가 국교였던 시대의 한 풍경이다. 그러나 유학 국가 조선에서 유학자의 출가는 큰 논란거리였다. 평생 방외거사方外居士였던 김시습金時習은 '설잠雪岑'이라는 법명을 가졌으나 수양대군의 찬탈에 대한 저항으로 읽혀 크게 비판받지 않았다. 그러나 율곡栗谷 이이李珥, 1536~1584년는 달랐다. 이이는 19세 때 금강산에 들어가 '의암義庵'이라는 법명을 가졌다. 그의 출가에 대해《명종실록明宗實錄》사관은 "어렸을 때 아버지의 첩에게 시달려 출귀出歸해 산사를 전전하다 오랜 후에 돌아왔다"《명종실록》, 19년 8월 30일)라고 전한다. 쉽지는 않았겠지만 이이가 출가 경험을 살려 성리학과 불교의 공존을 추구했다면 조선 후기 역사가 바뀌었을 수도 있었다. 그러나 이이는 시대의 벽을 넘지 못하고 성리학자임을 과시하기 위해 보우普雨를 희생양으로 삼았다. 독실한 불자였던 명종의 모후 문정왕후가 죽자마자 〈요승 보우를 논하는 상소論妖僧普雨疏〉를 올렸고 보우는 제주 목사 변협邊協에게 맞아 죽는다.

명나라의 이지李贄, 1527~1602년는 국자감 박사 출신의 유학자였으나 만 61세 때인 명 만력萬曆 16년(서기 1588년) 머리를 깎고 승려가 됐다. 이처럼 늦은 출가를 반로출가半路出家라고 한다. 이지는 남존여비 사상을 비판하면서 여학생을 제자로 받아들이는 등 봉건 지배 사상에 저항하다가 만력 30년(서기 1602년) '사설邪說로 대중을 미혹시킨다'는 죄목으로 체포되자 옥중에서 자결한다. 《분서焚書》의 저자다운 죽음이었다. '나'와 다른 '너'를 인정하지 않던 시대의 슬픈 출가도出家圖들이다.

해서는 안 될 일부터 구별하라

조선은 자주 사면령을 내렸다. 가뭄과 홍수 같은 천재지변은 물론 왕실의 주요 인물이 병에 걸려도 사면령을 내렸다. 억울하게 옥에 갇힌 사람의 원한이 하늘에 닿아 재변災變이 발생한다는 생각 때문이었다. 사면령 중에 가장 폭넓었던 것은 새 왕이 즉위했을 때 내리는 대사령大赦令이었다. 이때는 대역大逆, 살인殺人, 강간强奸, 강도强盜와 인륜에 관계되는 강상죄綱常罪를 제외하고는 '발각發覺 됐거나 발각되지 않았거나, 형이 결정됐거나 결정되지 않았거나' 모두 용서했다. 사면령 이전의 일로 고발하면 그 자체로 죄를 받았으니 죄를 저지르고 두려움에 떨던 사람들로서는 이보다 더한 축복이 있을 수 없었다.

　그러나 대역, 살인, 강도, 강간이 아니면서도 사면에서 무조건 제외되는 죄가 있었다. 조부모나 부모에 대한 '구매歐罵, 구타하고 꾸짖는 것'였다. 부모 구타는 목을 베는 참형斬刑에 해당했다. 태조는 재위 7년(서기 1398년) 아버지를 구타한 사노私奴 오마대吾麻大의 목을 베었고, 세종도 재위 8년(서기 1426년) 아버지에게 욕하고 계모를 구타한 이용李龍의 목을 베었다.

중종 18년(서기 1523년)에는 실구지實仇知가 모친 방오리方吾里 구타 혐의로 체포됐는데, 어머니가 아니라 이웃의 고발에 의한 것이었다. 자식이 죽게 되자 어머니는 "내 자식이 나를 구타한 것이 아니라 사이가 나쁜 이웃 마을 사람이 속여서 고소한 것이다" 라고 변호하고 나섰다. 그러나 전후 사정을 청취해보니 구타한 정황이 드러나 40차례 이상 신문했지만 실구지는 구타 혐의를 끝까지 부인했다. 이 사건은 임금과 대신 사이에서 여러 차례 논의될 정도로 큰 현안이었으나 실구지와 모친이 모두 부인한 덕분에 의옥疑獄, 불확실한 옥사 판정을 받아 겨우 목숨을 건질 수 있었다.

한 방송사의 연속 기획 보도에 따르면 매 맞는 부모가 급증한 것으로 나타났다. 해서는 안 되는 일을 구별하게 하는 것이 교육의 시작이다. "양약은 입에 쓰고良藥苦口, 충언은 귀에 거슬린다忠言逆耳"라는 《공자가어孔子家語》가 비단 정치하는 사람에게만 통하는 교훈은 아니다.

돈이 개입되면 문제가 생긴다

혼인을 신분 상승이나 금전 획득의 기회로 이용하려는 경향은 인류에 혼인 제도가 생겨난 이래 끊이지 않는 현상의 하나다. 현재도 일부 유명인들의 혼인은 겉으로는 사랑을 가장하지만 사실상 매매혼으로 의심되는 경우가 적지 않다. 혼수 때문에 시집·장가를 못 가는 것을 원광怨曠이라고 하는데, 사대부가 사이에도 이런 경우가 적지 않았다. 성종은 재위 9년 6월 장마가 몇 달째 개지 않자 "집이 가난해 제때에 출가出家하지 못한 사족士族 처녀들의 원광怨曠의 한恨이 혹 화기和氣를 범한 듯하다"라며 "중외中外에 명해 가난해서 시집 못 간 사족 처녀들을 조사해 혼숫감을 넉넉히 주어서 시집을 보내주라"라고 명하기도 했다.

혼수가 적은 데 불만을 품고 부인을 버리는 경우도 있었다. 세종 27년 행사정行司正 박연朴堧의 아들 박자형朴自荊이 신부의 자장資裝, 혼수이 예상보다 적자 실행失行, 다른 남성과 관계함했다고 칭탁하고 버린 사건이 발생했다. 세종은 "부인이 빈한貧寒한 것을 싫어해 실행했다고 칭탁해 버리는 것이 분명하다"라고 의금부에 재조사를 시켰다. 조사 결과 부인이 무고誣告한 것으로 드러나자 세종은 장杖 60과 도徒, 유배 1년에 처하고 다시 데리고 살도록 명했다.

혼인이 도피의 수단으로 쓰인 드문 경우도 있었다. 사화士禍를 당한 선비들에 대한 기록인 《기묘록보유己卯錄補遺》는 연산군 때의 이장곤李長坤은 체포령이 내리자 전라도 남해의 유배지에서 도주해 수척水尺, 백정들에게 의탁했는데, 그중 한 백정의 데릴사위로 들어갔다고 전한다. 다른 야사에서는 함흥으로 도주하던 이장곤이 버들 그릇 만드는 유장가柳匠家의 딸과 결혼해 숨어 있었다고 한다. 사대부가 출신의 벼슬아치가 가장 천시받는 백정이나 유장가의 데릴사위가 된 셈이다.

몇 년 전 1,000억대 재산가가 데릴사위를 찾아달라고 결혼 정보 업체에 의뢰하자 수많은 사람이 응모했다는 소식이 있었다. 데릴사위도 혼인의 한 풍습으로서 비난받을 일만은 아니지만 돈이 매개가 됐다는 점에서 우리 사회 배금拜金 풍조의 한 단면인 것은 분명하다.

한 번에 그치지 말고 살피고 또 살펴라

조선의 최고 법전인 《경국대전經國大典》〈형전刑典〉에는 삼복계三覆啓라는 규정이 있다. 삼개三開라고도 하는데 사형에 해당하는 죄수는 비록 자백했더라도 세 번의 국청鞫廳을 열어서 거듭 조사한다는 뜻이다. 지방의 경우 관찰사가 차사差使 한 명을 보내 고을 수령과 함께 심문한 후 다시 두 명의 차사를 보내 다시 심리하는데, 이를 고복考覆이라고 한다. 고복에서도 사형 판결이 나면 관찰사가 직접 심문한다. 이로써 끝이 아니라 중앙의 형조에 보고하면 형조와 의정부에서 다시 조사하는데, 이를 상복祥覆이라고 한다. 이렇게 다섯 번의 심리를 거치고도 마지막으로 임금이 다시 심리하니 모두 여섯 번 심문하는 것이어서 오심의 가능성은 아주 낮았다. 조선은 법관이 오심誤審했을 경우 매우 엄하게 처벌했다. 태종 4년(서기 1404년) 총제摠制 서익徐益의 반인伴人, 수행원 이홍민李興敏이 사람을 구타해 장杖 80대를 맞았는데, 태종은 태笞 30대가 맞는데 중한 율律을 잘못 적용했다며 형조 전서典書 정부鄭符를 우봉牛峯으로 귀양 보냈다. 세종은 재위 13년(서기 1431년) 5월 "옥사 판결 때 명백하게 밝히고 조심하지 않아서 살려야 할 것을 죽이고, 죽여야 할 것을 살린 것이 간혹 있다'라며 역대 오심 사례를 집현 전에서 기초해 보고하라고 명했다.

국왕들의 최종심은 형식적이지 않았다. 홍문관 부제학 김재 찬金載瓚은 정조가 "사형수를 판결할 때 한 가지 안건을 가져와서 는 줄마다 따져보고 글자마다 살펴보아 철두철미하게 보고 또다 시 살펴보기를 네다섯 번씩 하고 나서야 다른 안건을 살폈다"(《일 득록日得錄》)라고 전하고 있다. 정조는 "나는 한 번 옥안獄案을 판결 할 때마다 번번이 한 층씩의 정신적 기능이 손상된다'라고 할 정 도로 신중에 신중을 거듭했다. 몇 해 전 인혁당 희생자 유족에게 법원이 총 637억 원의 배상을 결정했다. 억울하게 희생된 목숨을 돈으로 갈음할 수는 없지만 그나마 다행한 일이었다. 해당 판사 는 "국민이 내는 세금으로 운영되는 국가가 권력을 이용해 목숨 을 빼앗는다면 국가는 존재할 필요가 없기 때문에 국가가 더 많 이 책임을 져야 한다'라고 거액 배상의 이유를 말했다. 그러나 여 기에서 '국가'라는 말은 '법원'이라고 대체해야 맞다. 유신 체제에 서 1·2심은 군사 재판이었더라도 3심은 대법원에서 했다. 그 배 상금은 사법 살인과 아무런 관계가 없는 일반 국민의 세금이 아 니라 검찰과 법원의 예산으로 지불해야 할 것이다. 봉급을 깎거 나 냉난방비를 줄이는 등의 구체적 고통을 져야 현재나 훗날 이 런 사건이 재연되지 않을 것이기 때문이다.

인질은 후하게 대하라

신라의 실성왕은 재위 1년(서기 402년) 내물왕의 셋째 아들 미사흔
未斯欣을 왜국에, 재위 11년(서기 412년)에는 미사흔의 형 복호卜好를
고구려에 인질로 보냈다. 《삼국사기三國史記》〈박제상朴堤上 열전〉은
"일찍이 내물왕이 자기를 고구려에 인질로 보낸 것을 원망해, 그
아들에게 유감을 풀고자 해 보냈다"라고 실성왕도 한때 고구려의
인질이었다고 밝히고 있다. 두 인질의 친형 눌지왕이 즉위 후 두
동생을 그리며 울자 박제상(《삼국유사》에는 김제상)이 구해 온 후 왜
국에서 대신 죽은 것은 유명한 일화다.

중국의 유명한 인질은 한漢나라의 왕소군王昭君과 당 태종 때
티베트 황제에게 시집갔던 문성文成공주다. 원제元帝의 후궁이었던
왕소군은 공주라고 속이고 흉노 황제 호한야 선우呼韓邪單于에게
시집가 아들 하나를 낳고 복주루 선우復株累單于에게 재가해 두 딸
을 낳았다고 《한서漢書》〈흉노 열전〉은 전하고 있다. 내물왕의 아
들 눌지가 실성왕을 죽이고 즉위한 것처럼 인질 생활은 많은 원
한을 낳게 마련이다. 왕소군이 서시西施, 초선貂嬋, 양귀비楊貴妃와

함께 중국 고대 4대 미녀에 꼽히는 것도 흉노에 인질을 바쳐 평화를 샀던 한족漢族의 한이 응축된 결과일 것이다. 두보杜甫가 〈영회고적詠懷古跡〉에서 "흉노어 비파곡이 지금껏 전해오는 것은 곡 중에 왕소군의 원한이 담겼기 때문千載琵琶作胡語 分明怨恨曲中論"이라고 슬퍼한 것처럼 왕소군은 수많은 시인과 묵객의 단골 소재이기도 했다.

그러나 왕소군이나 문성공주가 따뜻한 대접을 받았던 데서 알 수 있는 것처럼 인질은 후하게 대하는 것이 관례였다. 인간 본연의 측은지심惻隱之心이 있기 때문이다. 탈레반 같은 이슬람권 무장 조직들이 비무장의 사람들을 인질로 납치해 죽이는 일이 반복해서 발생했었다. 전 세계의 주목은 받았을지 몰라도 그만큼 전 세계인의 반감을 샀으니 자신들의 이상 실현에는 더욱 멀어졌다.

복호와 미사흔이 돌아오자 기뻐한 눌지왕은 스스로 노래와 춤을 지었는데, '근심이 그친 노래'라는 뜻의 〈우식곡憂息曲〉이 그 것이다. 혈연이 인질로 잡혔다 돌아오면 누군들 〈우식곡〉을 부르지 않겠는가? 비무장의 약자를 대상으로 벌이는 테러 행위는 그들의 반인간, 반문명성만 드러낼 뿐이다.

서도

조선 시대 승문원과 규장각 소속의 사자관寫字官은 각종 외교 문서와 어제御製 등을 정서正書하는 관직으로서 주로 당대의 명필들이 임명됐다. 《한석봉 천자문韓石峯千字文》으로 유명한 석봉石峯 한호韓濩도 사자관 출신으로서 사자관체寫字官體라는 글씨체를 유행시키기도 했다. 사자관처럼 명필이 임명되는 또 다른 벼슬이 서사관書寫官인데 새 건물의 현판 등을 쓸 때 한시적 겸직으로 임명되는 경우가 많았다.

조선 말기의 유명한 서사관 중 한 명이 을사오적의 우두머리였던 일당一堂 이완용李完用이었다. 《일성록日省錄》 건양 1년(서기 1896년) 조에는 덕수궁의 숙목문肅穆門 현판 글씨를 쓸 서사관으로 외부대신 이완용이 융안문隆安門 현판 서사관인 당대 명필 강찬姜璨과 함께 서사관 별단別單에 올라 있는 것을 볼 수 있다. 대한제국 광무光武 8년(서기 1904년)의 중건도감 별단에도 궁내부 특진관 이완용은 중화전中和殿 상량문上樑文 서사관으로 이름이 올라 있다. 《승정원일기承政院日記》 고종 36년(서기 1899년, 광무 3년) 6월 조에 따르면 고종은 전주全州 완산完山 비문碑文 서사관으로 이완용을 직접 지명할 정도로 그의 글씨를 높이 샀다. 이완용은 초대 독립협회 위원장과 부회장, 회장을 역임하는데, 이 때문에 현재의 독립문 현판을 그의 글씨체로 보는 사람도 있다.

창암蒼巖 이삼만李三晚, 1770~1847년은 당대의 명필이자 동국진체東國眞體의 계승자였던 원교圓嶠 이광사李匡師의 제자이며, 그도 원교圓嶠처럼 서예 이론서인 《서결書訣》을 남겼다. 이삼만은 《서결》에서 "항상 고요한 곳에서 먼저 그 마음을 바르게 하고每於靜處 先正其心, 마음속으로 미리 획劃을 생각한 뒤에 써야 한다豫想心劃 然後下筆"라고 썼다. 그는 "글씨는 작은 도가 아닌데書非小道, 도의 근본은 인륜을 돕는 것道本助於人倫"이라고 주장했다.

직지사 대웅전 글씨가 이완용의 필적이라는 주장이 제기됐다. 인간과 글씨가 따로가 아니라는 것이 서도書道이니 그의 글씨는 버림받을 수밖에 없다.

감수자도

부산저축은행 사태처럼 감독자가 부패에 연루됐을 경우 조선에서는 어떻게 처리했을까? 감독자가 법을 위반하는 것을 '지키는 자가 도둑질했다'는 뜻에서 '감수자도監守自盜', 또는 '감독하는 자가 도둑질했다'는 뜻에서 '감림자도監臨自盜'라고 불렀다. 사헌부는 세종 29년(서기 1425년) 7월 '경상도 의령宜寧 현감 허계許季가 기생 초계草溪에게 관청 쌀 20말을 준 것'이 감수자도에 해당한다면서 곤장 80대를 치고 자자刺字해야 한다고 주청했다. 세종은 자자는 하지 말라고 감해주었는데, 자자란 이마나 팔뚝에 검은 먹으로 죄명을 찍어 넣는 것을 말한다.

《대명률大明律》〈형률刑律〉 '감수자도' 조항에는 "무릇 감독으로 나가 지켜야 할 자 자신이 창고의 돈이나 곡식을 도둑질하면 수범首犯과 종범從犯을 가리지 않고 장죄贓罪, 뇌물죄로써 논죄한다"라고 규정하고 있다. 감독자가 부패했을 경우 모두 장죄로 논죄한다는 것이다. 벼슬아치의 범죄 중 가장 중하게 처벌하는 것이 장죄였다. 장죄는 이마에 자자하고, 뇌물을 받아 처벌된 관리들의 이름과 죄상을 《장오인녹안臟汚人錄案》에 적어 다시는 서용하지 않았다. 《장오인녹안》을 《장리안臟吏案》, 또는 《장안臟案》이라고도 하는데, 한번 이름이 오르면 본인은 물론 자식들도 벼슬길에 나갈 수 없었으니 말 그대로 패가망신敗家亡身이었다.

적발 당시 처벌도 엄격했다. 감수자도의 경우 "(수뢰한 금액이) 1관貫 이하면 장杖 80대에 처하고, 1관 이상 5관에 이르면 장 100대에, 17관 500문文이면 장 100대에 도徒 3년에, 25관이면 장 100대에 유流 3,000리에, 40관이면 참형斬刑, 목을 벰에 처한다"(《성종실록成宗實錄》, 1년 7월 6일)라고 규정하고 있다. 목까지 벨 정도로 엄중하게 처벌하는 것은 감독까지 부패하면 백성이 체제 자체를 부정하게 되기 때문이었다.

중국에서 대형 부패 사건을 현재도 사형까지 시키는 것은 《대명률》의 이런 정신을 계승해 체제에 대한 부정을 막으려는 것으로 필자는 해석하고 있다. 전·현 정권이 얽히고설켜 민나 도로보데스みんな泥棒です, 모두가 도둑가 돼가는 저축은행 사태에 대해 일반 서민들은 우리 사회의 그 어느 시스템에 희망을 걸어야 할지 알지 못해 절망한다. 형법에 감수자도 항목이라도 복설復設해야 할 것 같다.

복이 아니라 마음을 전하라

불교사의 수수께끼 인물이 선종禪宗의 초조初祖 달마達磨 대사大師
다. 서기 520년 인도에서 배편으로 중국에 와 528년 150세로 입
적入寂했는데,《오등회원五燈會元》에는 남천축국南天竺國, 남인도 향지왕
香至王의 셋째 아들로 기록돼 있다. 140세 넘어 중국에 왔다는 사
실 때문에 실존 인물이 아니라는 주장도 있다. 달마와 양梁 무제
武帝의 대화가 유명하다. 무제는《반야심경般若心經》을 강의하고, 많
을 불사를 일으켰던 군주였다. 무제가 불교 외호外護 경력을 거론
하며 어느 정도의 공덕이 있겠느냐고 묻자, 달마는 "아무 공덕이
없습니다無功德"라고 답해 충격을 주었다. 무제가 "짐을 대하고 있
는 자는 누구냐?"라고 묻자 "모릅니다不識"라고 선문답하고는 자리
를 떠 숭산嵩山 소림사少林寺에 가서 9년 동안 면벽 좌선했다고 전
한다.

선종은 의발衣鉢을 전해 계승자를 삼는데, 달마가 소림사에
있을 때 낙양인洛陽人 혜가慧可가 왼팔을 자르며 도道를 청하자 받
아들여 이조二祖가 된다. 일자무식이었으나 '돈오頓悟'로 유명한

혜능慧能이 바로 육조六祖다. 선종은 선문답으로 유명했다. 《오등회원》〈조주趙州〉 편에는 한 승려가 조주 선사에게 "달마 대사가 왜 중국에 왔습니까?"라고 묻자 "뜰 앞의 잣나무이니라庭前柏樹"라고 대답한 것이 유명하다.

달마는 벽안호승碧眼胡僧이라는 특이한 용모 때문에 그림으로 많이 그려졌는데, 조선 중기 김명국金明國의 달마도가 특히 유명하다. 宋송나라 서긍徐兢의 《고려도경高麗圖經》에는 개경의 정국안화사靖國安和寺에 달마상이 있었다고 전하는데, 고려의 이규보李奎報는 〈달마 대사상에 대한 찬贊〉에서 "전할 것은 마음이요 몸은 쓸모없다. 몸이 이미 떠났거늘 왜 반드시 그림을 그려야 하나可傳者心兮 無用者身 身已去矣 何必寫眞"라고 읊었다.

달마도가 복을 가져오고 수맥을 차단한다는 등의 소문이 돌면서 일부 구매자가 피해를 본다는 이야기를 들은 적 있다. 이규보의 시대로 달마가 전한 것이 마음뿐이지 어찌 비현실적인 구복求福이겠는가?

대한민국이라는 명칭에 담긴 정신

《고려사高麗史》 태조 26년(서기 943년) 조는 왕건이 대광大匡 박술희朴述熙에게 전한 '훈요십조訓要十條'를 싣고 있다. 태조는 더위와 추위를 무릅쓰고 19년간 노심초사한 끝에 "삼한을 통일했다統一三韓"라고 말했다. 삼한에 대해 일제 식민 사학자들은 한반도 중남부지역이라고 설명해왔지만 태조 왕건을 비롯한 이 시대 사람들에게 삼한은 고구려, 백제, 신라 전부를 뜻했다.

《삼국사기》〈최치원崔致遠 열전〉에 따르면 최치원은 당唐나라태사시중太師侍中에게 편지를 보내, "동해 밖에 세 나라 마한, 변한, 진한이 있는데, 마한은 고구려요, 변한은 백제이며, 진한은 신라입니다. 고구려와 백제의 전성기에는 강병强兵이 백만이나 돼 남으로 오월吳越을 침략하고, 북으로 유연幽燕, 제로齊魯를 위협해 중국의 큰 해독이 됐습니다'라고 말했다. 중국 사회과학원에서 간행한 《중국역사지도집中國歷史地圖集》에 따르면 오월은 현재의 중국양자강 남쪽 지역, 유연은 북경과 천진 지역, 제로는 산동성 지역을 뜻한다. 당나라의 빈공과賓貢科에 급제해 당 희종僖宗에게 자금

어대紫金魚袋를 하사받았던 당대 최고의 지식인 최치원이 당나라 태사시중에게 이런 편지를 보낸 것은 그가 이를 확고한 사실로 믿고 있었음을 말해준다.

거란족이 세운 요遼나라의 정사인 《요사遼史》〈지리지 삼한현 三韓縣〉 조는 "진한은 부여이고, 변한은 신라이며, 마한은 고구려다 辰韓爲扶餘 弁韓爲新羅 馬韓爲高麗"라며 같은 개념으로 설명한다. 조선의 고종은 1897년 국호를 대한제국大韓帝國으로 고치고 황제로 즉위한 후 삼한 구강舊疆 수복의 의지를 보였다. 광무 7년(서기 1903년) 이범윤李範允을 북변간도관리사北邊間島管理使로 임명해 간도의 영유권을 획득하려 한 것이 이를 말해준다. 망명 정부의 명칭이었던 대한大韓민국임시정부나 광복 후 건국한 대한민국이라는 명칭에는 이런 건국 정신이 담겨 있다.

'대~한민국'이라는 구호 속에 이런 큰 뜻이 담겼음을 인지한다면 지난한 투쟁 끝에 광복을 찾은 우리가 오늘 이후 무엇을 해야 할지 절로 보일 것이다.

자연과의 동거

일본 견문록에는 《부상록扶桑錄》, 《동사록東槎錄》 등의 제목을 쓴다. 부상扶桑은 동쪽 바닷속 해 뜨는 곳에 있다는 전설의 나무로 일본의 이칭異稱이고, 사槎는 뗏목이라는 뜻이다. 조선 사신들도 일본 방문길에서 지진을 자주 만났다. 인조 14년(서기 1636년) 종사관從事官 황호黃㦿는 12월 10일과 21일 에도江戶, 도쿄에서 거듭 지진을 경험했다고 《동사록》에 썼다. 효종 6년(서기 1655년) 관백關白 도쿠가와 이에쓰나德川家綱의 즉위 축하 사절로 일본에 갔던 남용익南龍翼은 《부상일록扶桑日錄》에서 "꼭두새벽에 지진이 났는데, 소리가 큰 우레와 같고, 집의 들보가 흔들리면서 우는 소리가 나는데 우리나라에서는 듣지 못하던 것이다"라고 쓰고 있다. 남용익은 시에서도 "지축이 흔들려 쪼개지려 하네坤軸撼將分"라고 놀라면서도 "아마도 후토씨(땅의 신)가 오랑캐 임금을 등에 지고 있기 원하지 않는 듯應緣后土氏 不欲戴蠻君"이라고 축하 사절답지 않은 속내를 드러내는데 임진왜란의 감정이 남아 있던 탓이리라. 숙종 37년(서기 1711년) 부사副使였던 임수간任守幹의 《동사일기東槎日記》도 여러 차례 지진을 만났다고 전한다. 그해 9월 18일에는 "미시未時에 큰 지진이 일어나 1,000여 칸이나 되는 큰 집이 흔들려 쓰러지려 하니 실로 평생에 보지 못한 일이다"라고 놀라고 있고, 10월 30일에도 "아침에 지진이 일어나 집이 번쩍 들리는데 우레 같은 소리가 났다"라고 전하고 있다.

그런데 지진 경험 기사는 많지만 인명 피해 기록은 많지 않은 것으로 봐서 일본인은 과거부터 지진에 많은 대비를 하고 있었음을 알 수 있다. 고종 21년(서기 1884년) 갑신정변 직후 종사관 박대양朴戴陽이 《동사만록東槎漫錄》에서 동경에 지진학 연구 기관이 설치돼 있다고 전하듯이 일본인은 지진의 원인을 규명하기 위해서 일찍부터 노력했다. 박대양은 또 "이 땅은 항상 지진이 많아 인가가 매번 무너져 압사하는 일이 많아서 지진 때는 방 안에 있던 사람들은 달아나는 것이 상책"이라고 전하고 있다. 지진을 숙명으로 받아들이면서도 한편으로는 끊임없이 지진의 땅에서 도주하려던 심리가 임진왜란을 비롯해 이해할 수 없는 여러 전쟁을 일으킨 요인이 아닐까 하는 생각도 든다. 동일본 대지진은 지진의 땅에서 살아가야 하는 일본인의 슬픈 숙명을 깨닫게 해주었다. 그러나 극우 침략주의 역사관을 탈출구로 삼는다면 일본의 비극은 비단 자연 현상만이 아닐 것이다. 자연과의 동거는 인간사의 숙명이다.

술자리에서도 지킬 게 있다

조선 전기의 문장가 손순효孫舜孝는 호주가好酒家로도 유명했다. 손
순효가 자주 취하자 성종은 앞으로 석 잔 이상 마시지 말라고 명
했다. 성종이 그를 찾았을 때 또 취해서 나타나자 꾸짖었는데,
"대접으로 석 잔 마셨을 뿐입니다"라면서 즉석에서 어려운 외교
문서를 작성해 놀라게 했다고《오산설림五山說林》은 전한다. 실록
에도 "손순효는 늙고 쇠약하며 본래 술로 인한 실수가 있는 사람
이다"(《성종실록成宗實錄》, 25년 5월 6일)라는 성종의 말이 기록돼 있는
데,《소문쇄록謏聞鎖錄》에는 손순효가 죽으면서 "좋은 소주 한 병을
곁에 묻어달라"라고 말해 따랐다고 할 정도로 애주가였다.

　　조선은 국왕과 신하 사이에 자주 주연이 벌어졌고, 세조는
정난靖難 동지들과 자주 어울렸다. 신숙주申叔舟가 영의정이었을
때 구치관具致寬이 새로 우의정이 되자 세조는 두 정승을 불렀다.
'신정승'을 불러 신숙주가 대답하자 "나는 새 정승을 불렀다"라며
벌주를 내리고, '구정승'을 불러 구치관이 대답하자 옛 정승을 불
렀다면서 벌주를 내렸다. 이번에는 아무도 대답하지 않자 "임금

이 부르는데 대답이 없다"라면서 다시 벌주를 내려 모두 취했다는 내용이 《필원잡기筆苑雜記》에 전한다. 세조도 성종처럼 술에 관대했지만 항상 그렇지는 않았다. 다른 술자리에서 세조가 신숙주에게 "나의 팔을 잡으라"라고 했는데 너무 세게 잡아 비명이 나왔다. 세자의 안색이 변하자 세조는 "나는 가하지만 너는 이러면 안 된다"라고 경계했다. 술자리 후 한명회韓明澮는 청지기를 신숙주의 집에 보내 "범옹泛翁, 신숙주은 아무리 취했어도 조금 깨면 일어나 책을 보다 자는데 오늘은 그냥 주무시라고 전하라"라고 말했다. 과연 책을 보던 신숙주는 한명회의 전언을 듣고 잤다. 그 직후 세조가 내시를 보내 실제로 술에 취했는지를 엿보았다는 기사가 《소문쇄록》에 전한다.

국정 감사 도중 술자리 향응이 문제가 된 적이 여러 번 있었다. 한국은 아직도 '술 권하는 사회'이지만 정치인을 비롯한 사회 지도층의 일탈에는 특히 엄격한 사회 분위기가 형성되고 있다.

휴가

옛사람들의 출퇴근과 휴가는 어땠을까? 《경국대전經國大典》〈고과 考課〉조에 따르면 모든 관리는 묘시卯時, 오전 5~7시에 출근했다가 유 시酉時, 오후 5~7시에 퇴근하게 돼 있었다. 해가 짧은 겨울에는 진시 辰時, 오전 7~9시에 출근했다가 신시申時, 오후 3~5시에 퇴근했다. 육조六曹 관원들의 출·결근 실태는 서계書啓로 국왕에게까지 보고했으므 로 무단결근은 많지 않았다.

음력으로 매달 1일, 7일, 15일, 23일과 태양력으로 24절기節氣 때 쉬었으니 1년에 72일이 기본 휴일이었다. 《칠정산 내편七政算內 篇》기후氣候에는 1월의 입춘立春과 우수雨水, 2월의 경칩驚蟄과 춘분 春分 등이 기록돼 있는데 대략 한 달에 두 번 정도의 절기가 돌아온 다. 절기가 매달의 휴일에 연이어 있으면 연휴가 되지만 겹치면 하루를 손해 봤다. 일식과 월식 때도 하루를 쉬었는데, 서운관書雲 觀에서 미리 계산해 발표했다. 정월 설날부터 7일간 쉬었고, 정월 일진日辰에 자子가 들어가는 자일子日과 오午가 들어가는 오일午日에 도 쉬었으니 정월에 휴일이 가장 많았으며, 대보름과 단오에도

3일씩 쉬었다.

《경국대전》에는 특별 휴가에 대한 규례인 급가給假 조항이 있다. 3년에 한 번씩 부모를 뵈러 갈 때, 5년에 한 번씩 조상의 묘를 보러 갈 때, 과거에 급제했거나 관직에 임명된 사람이 부모를 찾아가는 영친榮親 때, 조상에게 벼슬이 추증되는 분황焚黃 때, 그리고 혼례 때 모두 7일씩의 휴가를 주었다. 친부모의 상사 때는 3년상을 치르기 위해 휴직했고, 아내, 장인, 장모의 상사 때는 15일의 휴가를 주었다. 부모의 병환 때도 특별 휴가를 주었다. 먼 거리에 사는 사람은 70일, 가까운 거리는 50일, 경기京畿에 사는 사람은 30일의 휴가를 주었는데, 기한 내 돌아오지 않으면 파직했다. 《고려사高麗史》〈예禮〉 조에는 부모의 기일에 하루 낮과 이틀 밤의 휴가를 주었다고 전한다. 바캉스 개념이 없었기에 요즘처럼 여름휴가가 따로 있지는 않았지만 고가告暇라고 휴가休暇를 청하던 제도가 있어 재충전의 기회를 주었다.

사람의 정신을 빼앗는 약

순조純祖 32년(서기 1832년)경 사행使行의 서장관으로 북경에 다녀와 《연원직지燕轅直指》를 남긴 김경선金景善은 이 기행록에 아편연鴉片煙을 "순양純陽의 남자를 죽여서 그 고혈膏血로 재배한 담배南草"라고 썼다. 그는 또 "앵속罌粟, 양귀비을 약과 함께 달이면 사람의 정신을 빼앗는다"라고 써서 양귀비도 마약의 재료임을 알고 있었다. 이덕무李德懋의 손자 이규경李圭景은 《오주연문장전산고五洲衍文長箋散稿》〈아편연 변증설鴉片煙辨證說〉에서 아편이 티베트西藏에서 왔다면서 "티베트인들과 중국인들이 몰래 거래하는데 그 값이 아주 비싸다"라고 적었다. 이규경은 또 아편이 야평野萍으로도 불리는데 서양에서 와서 광동성廣東省을 거쳐 들어온다고 썼다.

헌종憲宗 6년(서기 1840년) 통역의 우두머리인 수역首譯은 별단別單에서 중국에서 아편 때문에 처벌받은 자가 수만 명을 밑돌지 않는다고 보고했는데, 8년 후에는 역관 박희영朴禧英이 아편을 빠는 기구를 들여오다가 의주에서 잡혀 종奴의 신분이 돼 추자도楸子島로 쫓겨났다. "의거할 율문律文이 없었다"라는 《헌종실록憲宗實錄》

의 기록을 보면 이때까지 마약 단속법이 제정되지 않았음을 보여준다. 조선 후기 이유원李裕元, 1814~1888년은 《임하필기林下筆記》에서 아편의 성행을 우려하면서 책시柵市뿐 아니라 황해도의 풍천豊川·장연長淵 해상海上과 함경도에서 매매가 성행한다는 목격담을 적고 있다.

정약용丁若鏞이 쓴 이가환李家煥 묘지명에는 어떤 사람이 이가환에게 "선수蟬酥와 아편이 어떤 물건이냐"라고 묻자 "정욕을 억제하고 학업을 닦아야 하는데 이 어인 질문이냐?"라고 쫓아낸 후 정약용에게 "선수는 두꺼비 오줌이고 아편은 앵속각罌粟殼의 진액"이라면서 "저 사람이 이를 조제調劑하고자 하기 때문에 내가 일러주지 않았다"라고 설명했다. 이가환은 정조 사후 노론에 의해 사형(서기 1801년)당했으므로 그 이전에 이미 아편에 대해서 정확히 알고 있었음을 말해준다.

마약 사범이 줄었다 늘기를 반복하고 있다. 대검찰청뿐만 아니라 모든 국민이 마약 퇴치에 지속적 관심을 쏟아야 할 때다.

물신 숭배와 증오심

예수회 소속의 마테오 리치 신부는 1583년 중국 남부 광동성廣東省에 상륙해 중국 선교를 시작했다. 이마두利瑪竇라는 중국식 이름도 가진 그는 천주교를 더욱 쉽게 전교하기 위해서 현지 융합적인 방식을 선택했다. 조선에도 전파됐던 그의 저서《천주실의天主實義》 서문은 삼강三綱과 오륜五倫의 첫 번째는 모두 충성이라며 "나라에는 군주가 있는데, 천지에만 유독 주인이 없겠는가?"라는 질문으로 시작하고 있다. 그는 천주교의 하느님God을 동양의 상제上帝와 비교하는 방식으로 동양 전통 사상과 천주교 교리를 융합하려 노력했다.

공자孔子가《논어論語》〈위정爲政〉편에서 "자신이 모셔야 할 귀신이 아닌데도 제사 지내는 것은 아첨하는 것이다"라고 말했듯이 유교는 귀신의 존재를 부인하지는 않는다. 그러나 공자는 〈옹야雍也〉편에서 "귀신을 공경하되 그것을 멀리하는 것이 지知라고 할 수 있다"라고 이중적 자세를 취했다. 공자가 "삶에 대해서도 알지 못하는데 죽음에 대해서 알겠는가未知生焉知死"라고 말하고, "공자는 괴력난신怪力亂神에 대해서는 이야기하지 않았다"라는 말처럼 유교는 현생現生의 도道였다.

동진東晉의 갈홍葛洪이 쓴 도교 서적《침중서枕中書》에 성서聖書의 천지창조 비슷한 이야기와 옥황玉皇에 대한 이야기가 실려 있는 것처럼 중국인에게 내생來生은 도교 담당이었다. 중국인은 집 밖에서는 유가儒家이지만 집 안에서는 도가道家라는 말처럼 중국에는 현세적 유교와 내세적 도교가 서로 공존했다.

병든 공자에게 자로子路가 기도를 청하자 공자는 "그런 전례가 있느냐"라고 물었고, 자로가 "뇌사誄詞에 '너를 위해 위로는 하늘에 빌고 아래로는 땅의 신에게 빈다'고 했습니다"라고 답하자 공자는 "나는 기도한 지 오래다"라고 답한다. 유교의 이런 유연한 신관神觀이 도교와 공존할 수 있던 바탕이다.

몇 년 전 교황청에서 악령을 쫓는 '퇴마사'를 양성한다는 소식을 들은 적 있다. 현 세계의 가장 큰 악령은 귀신 자체보다 물신物神 숭배와 타자他者에 대한 증오심일 것이다. 퇴마도 이의 퇴치에 맞추어져야 효과가 있을 것 같다.

꺾일지언정 굽히지 않는다

《논어論語》〈자한子罕〉편에 "세한歲寒, 날씨가 추워짐 연후에야 소나무와 잣나무가 늦게 시듦을 알겠다歲寒然後 知松柏之後凋也"라는 공자孔子의 말이 실려 있다. 소나무를 선비의 처신과 비교할 때 쓰이는 말이다. 조선 말 동부승지를 역임했던 항일 문신 수당修堂 이남규李南珪, 1855~1907년는 1907년 일본군이 도보로 연행하려 하자 "선비를 죽일 수는 있지만 욕보일 수는 없다士可殺不可辱"라고 호통치며 가마를 타고 나가 그길로 살해당했다. 이남규는 〈송포기松圃記〉에서 "저 소나무는 홀로 우뚝 치솟아서 차라리 꺾일지언정 굽어지지는 않으며, 눈과 서리도 옮길 수 없고, 비와 바람도 흔들지 못한다. 사철을 꿰뚫고 천추의 세월에도 그 가지와 잎을 바꾸지 않는 것은 뜻한 바有心가 있기 때문이다. 그래서 공자도 '날씨가 추워진 연후에야 소나무와 잣나무가 늦게 시듦을 알겠다'고 한 것이다'라고 썼다.

같은 충청도 예산 출신이지만 남인이었던 이남규와 달리 노론이었던 추사秋史 김정희金正喜는 성균관 대사성을 역임하는 등

승승장구하다가 헌종 6년(서기 1840년) 윤상도尹尙度의 옥사와 관련해 제주 대정현大靜縣에 유배된다. 그러자 친구도 다 끊어졌는데 역관 출신 제자 이상적李尙迪이 중국의 귀한 책을 자주 보내주자 고마운 마음에 그린 것이 〈세한도歲寒圖〉다. 그 발문에 "권세와 이익이 있는 자에게 보내지 않고 해외의 초췌하고 마른 사람에게 보냈다'라면서 역시 공자의 이 구절을 인용했다.

성삼문成三問의 시처럼 소나무는 '백설이 만건곤滿乾坤할 때 독야청청'하지만 아무 환경에서나 사는 잡초 같은 나무가 아니다. 옮겨 심기가 가장 어려운 나무로서 자신이 자란 토질과 다르거나 심지어 가지의 방향만 달라도 죽기 일쑤다. 그렇게 까다롭지만 일단 정착하면 추운 겨울을 버티기에 선비들이 더욱 사랑했다. "남산 위에 저 소나무"를 노래한 〈애국가〉는 우리 민족의 자존심과 강인한 의지를 잘 보여준다. 희망찬 새해를 맞이한 것이 언제였나 싶다.

식자 노릇 참 어렵다

동양 사회에서 자살은 자신의 억울함을 알리는 수단이었다. 진秦의 2세 황제 호해胡亥는 대신 조고趙高의 꼬임에 빠져 여러 사람을 죄로 몰아 죽였다. 이때 공자公子인 장려將閭는 하늘을 우러르며 세 번이나 "하늘이여! 나는 죄가 없습니다"라고 외치고 칼을 뽑아 자결했다. 《사기史記》〈진시황 본기〉는 이 소식을 듣고 "황족들宗室이 두려움에 떨었다"라고 전한다. 한 무제武帝가 중용한 조趙나라 출신 강충江充은 무제가 병들자 여태자戾太子의 저주 때문이라고 무고했다. 《한서漢書》〈강충江充 열전〉은 격분한 여태자가 강충을 죽이고 자살해 자신의 무고함을 알렸다고 적고 있다. 후에 무제는 진실을 알고 강충의 삼족三族을 멸했다.

　《효경孝經》의 첫째 장 〈개종명의開宗明義〉에는 공자孔子의 "몸과 피부와 머리카락은 모두 부모로부터 받은 것이니 감히 이것을 손상시키지 않는 것이 효도의 시작이다身體髮膚 受之父母 不敢毁傷 孝之始也"라는 유명한 말이 나온다. 공자의 언명은 유교 사회에서 자살을 죄악시하게 했다. 자살이 공감받는 단 하나의 경우는 국망國亡이었다.

1905년 11월 시종부侍從府 무관장武官長 민영환閔泳煥이 을사조약에 분개해 자살했을 때 많은 사람이 공감했던 것은 충忠의 실현으로 봤기 때문이다. 황현黃玹은 《매천야록梅泉野錄》에서 1905년 주영 한국공사관 이한응李漢鷹이 자살한 내용을 적으면서 "분통을 참지 못하고, 본가로 보낼 서신에 자신의 심정을 써 보내고 음독 자결했다. 영국인이 그를 의롭게 여겨 그의 영구靈柩와 함께 유물도 본국으로 보냈다"라고 애도했다. 이한응을 애도했던 황현은 1910년 일본이 대한제국을 점령하자 절명 시를 남기고 자살했다. "새 짐승도 슬피 울고 강산도 찡그리네. 무궁화 세계가 이미 망해버렸구나. 가을 등불 아래 책 덮고 지난 역사 회고하니 인간 세상 식자 노릇 참으로 어렵구나鳥獸哀鳴海岳嚬 槿花世界已沈淪 秋燈掩卷懷千古 難作人間識字人."

지금 황현이 살아난다면 "인간 세상 공인公人 노릇 참으로 어렵구나"라고 쓸지도 모르겠다.

장단점을 함부로 말하지 마라

소는 보통 생각보다 많은 의미를 담고 있다. 먼저 천구天球의 적도 근처 28수宿 별자리 중 하나로서 우수牛宿라고도 한다. 《송사宋史》 〈천문지天文志〉는 우수가 "하늘의 관문과 다리關梁로서 희생犧牲, 산 제물의 일을 주관한다"라고 전하고 있다. 우수를 견우牽牛라고도 하는데 칠월 칠석에 은하수 다리 건너 직녀를 만나러 가기 때문이다.

소는 희생이다. 전국 시대 제齊 선왕宣王이 흔종釁鐘, 제사에 쓰기 위해 끌려가는 소가 떠는 모습을 보고 양羊으로 바꾸라고 명했다는 이야기는 유명하다.

또한 소는 노동이다. 우수 아래 하늘의 논밭인 천전天田을 경작한다. 살아서는 노동력을 제공하고 죽어서는 고기와 가죽을 제공한다. 《삼국사기三國史記》 신라 지증왕智證王 3년(서기 502년) 조에 "처음 소를 이용해 농사를 지었다始用牛耕"라는 기록이 있지만 서기전 1,000년 전의 평안북도 염주군 유적에서 쟁기와 수레바퀴가 나온 것은 우경牛耕이 더 일찍 시작됐을 수 있음을 시사한다. 강희맹姜希孟의 《금양잡록衿陽雜錄》에는 "삼월 보름에 땅을 갈 때 소가 없는 사람은 아홉 명을 고용해 쟁기를 끌어야 소 한 마리의 힘을 대신할 수 있다'라고 기록돼 있다. 송宋나라 사신 서긍徐兢이 12세기경의 고려에 대해 쓴 《고려도경高麗圖經》 〈거마車馬〉 조에 소달구지牛車가 나오듯이 소는 운송도 맡았다.

인간이 노동에서 벗어나게 된 두 요소가 기계와 소라고 해도 과언이 아니다. 그래서 선조들은 소를 인간처럼 여겼다. 실학자 이수광李睟光의 《지봉유설芝峯類說》 〈음덕陰德〉 조에는 황희黃喜 정승이 두 마리 소를 모는 농부에게 "어느 소가 나은가"라고 묻자 대답이 없었다는 이야기가 나온다. 나중에야 귀에 대고 "저 소가 더 낫다"라면서 "가축이지만 마음은 사람과 같으니 다른 소가 들으면 어찌 불평하지 않겠는가?"라고 속삭였다. '귀에 대고 속삭이다'는 '부이세어附耳細語'의 유래인데, 이때 크게 깨달은 황희는 이후 남의 장단점을 말하지 않았다고 한다.

홍만선洪萬選, 1643~1715년의 《산림경제山林經濟》 〈양우養牛〉 조에는 외양간을 만드는 길년, 길월, 길일은 물론 외양간을 고쳐서는 안 되는 흉일凶日까지 나올 정도로 소를 아꼈다.

구제역 때문에 소를 집단 매몰하기도 했는데, 부실 매몰로 환경 재앙이 우려된다는 말까지 있었다. 담당자들의 고통도 크겠지만 소를 인간처럼 여겼던 선조들이라면 저세상으로 보내는 의식으로 여겼을 것이다.

정조와 이산

《삼국유사三國遺事》〈고조선〉 조는 《위서魏書》를 인용해 고조선의 창
건을 "고高임금과 같은 시대與高同時"라고 썼다. 원래 고高 대신 요堯
라고 써야 하지만 고려 3대 정종定宗의 이름이 왕요王堯이기 때문
에 음이 비슷한 고高 자를 대신 쓴 것이다. 산 사람의 이름이 명名
이라면 죽은 사람 이름은 휘諱인데 죽은 이를 공경해 생전 이름을
쓰지 않는 것을 피휘避諱라고 한다. 《예기禮記》〈곡례 상曲禮上〉에
"졸곡卒哭을 마치면 휘하고, 두 글자 이름은 한 자만 휘한다"라고
나와 있다. 고려 말 명나라 태조의 연호인 '홍무洪武'를 '홍호洪虎'로
바꾸어 쓴 것도 혜종의 휘가 '무武'였기 때문이다.

영조는 재위 31년(서기 1755년) 나주 벽서 사건 관련자를 처벌
한 후 역적 토벌을 축하하는 과거인 토역경과討逆慶科를 실시했다.
이때 답안지 대신 올라온 윤혜尹惠의 〈상변서上變書〉에 선왕들의 휘諱
가 여럿 쓰여 있자 영조가 종묘로 달려가 엎드려 "저의 부덕不德으
로 욕이 종묘에까지 미쳤으니 제가 어떻게 살겠습니까?"라고 흐
느낄 정도로 선왕들의 휘는 금기였다.

임금의 이름만 기휘忌諱하는 것은 아니었다. 연암燕巖 박지원朴趾源은 53세 때인 정조 13년(서기 1789년) 사헌부司憲府 감찰로 전보되자 중부仲父의 이름 사헌師憲과 같다는 이유로 나가지 않았다고 박지원의 아들이 쓴《과정록過庭錄》은 전하고 있다. 대신 태조의 부인 신의왕후 한씨의 제릉齊陵을 돌보는 제릉령이 됐는데, 경기도 개풍군에 있는 제릉을 돌보는 것은 큰 고생이었지만 피휘를 위해 마다하지 않았다.

근래 일부 드라마나 서적에서 '정조'라는 묘호廟號 대신 '이산李祘'처럼 이름을 쓰는 풍조가 생기고 있다. 익숙한 묘호 대신 생소한 이름을 쓰는 것이 어떤 의미가 있는지 알 수가 없다. 기이한 것을 좋아한다고 비판받았던 박지원이 중부의 이름을 피휘해서 핵심 권력 기관인 사헌부를 마다하고 능참봉과 다를 바 없는 제릉령으로 간 것은 그래서 시사하는 바가 크다.

왕보다 어려운 자리

세자나 왕의 형처럼 처신하기 어려운 자리도 없다. 의도적으로 정치에서 멀어져야 생존할 수 있지만 그렇지 못한 형들이 존재했다.

광해군의 친형 임해군臨海君은 명나라에서 친형의 존재 사실을 문제 삼으면서 정국의 현안이 됐다. 임해군은 광해군 즉위년(서기 1608년) 2월에는 부인婦人으로 변장해 가택 연금에서 탈출하려다가 발각됐다. 그 후에도 명 사신 엄일괴嚴一魁를 서강西江에서 만나는 등 왕권을 위협하다가 광해군 1년(서기 1609년) 4월 강화도 교동喬桐 유배지에서 죽임을 당했다.

반면 성종의 형인 월산대군月山大君은 지혜로운 처신으로 고종명考終命했다. 동생 자산군者山君, 성종의 장인 한명회와 결탁한 정희왕후 윤씨가 "월산군은 본디부터 질병이 있다"라면서 있지도 않은 지병을 핑계로 왕위를 빼앗았다. 그는 쓰린 마음을 "무심한 달빛만 싣고 빈 배 저어 오노매라"라고 무심으로 위장했다. 월산대군이 안국방安國坊 집 부근 동산에 정자를 짓자 성종이 직접 와서 '풍월風月'이라는 두 글자를 내린 것도 정사에 간여하지 말라는 경고이기도 했다.

이때 서거정徐居正은 〈응제 월산대군 풍월정 시應製 月山大君風月
亭詩〉에서 "정자 앞의 꽃받침도 은혜 입고 취했도다樓前花萼承恩醉"라
고 노래했는데, 꽃과 꽃받침은 형제 사이의 우애를 상징한다.

주공周公이 형제간의 우애를 《시경詩經》〈소아小雅〉'상체常棣'
편에서 "상체의 화려함이여, 꽃받침이 화사하지 않는가. 무릇 지
금 사람들 중에는 형제만 한 이가 없다"라고 노래했기 때문이다.
월산대군은 양화도楊花渡 북쪽에도 망원정望遠亭을 짓는데 그의 풍
류는 살아남기 위한 몸짓이었다.

양녕대군은 세종 즉위 후에도 여성 문제 등으로 자주 물의를
일으켰다. 세종 4년(서기 1422년) 갑사 김인의金仁義가 양녕대군을
상전上典이라고 불렀는데, "신하가 임금을 상전이라고 부른다"라는
《세종실록世宗實錄》의 기사나 세종 6년(서기 1424년) 3월 청주 호장戶長
곽절郭節이 "양녕께서 즉위하셨으면 덕을 입을 수 있었을 것이다"
라고 말한 것처럼 양녕을 정통으로 생각하는 세력이 있는 상황에
서 그의 비정치적인 물의는 오히려 고종명을 위한 고도의 계산이
었다고 볼 수도 있다.

김정은의 형 김정철이 싱가포르에서 에릭 클랩튼의 공연을
관람해 화제가 된 적이 있었다. 세자의 형은 다른 데 빠져 있는
듯 보여야 신상에 좋다. 그 세자가 즉위한 지금은 더욱 자세를 낮
추어야 할 것이다. 김정남, 정철, 정은 형제의 미래가 궁금하다.

소수에게 재화가 집중된 태평성대

《삼국유사三國遺事》〈처용랑處容郎과 망해사望海寺〉 조에는 번성했던 신라의 모습이 잘 묘사돼 있다. 신라 49대 헌강왕憲康王, 재위 875~886년 때 "경사京師, 경주에서 해내海內, 울산 바다에 이르기까지 가옥과 담이 연달아 있었으며 초가집은 하나도 없었다"라는 것이다. 또한 "풍악과 노랫소리가 길거리에 끊이지 않았으며, 바람과 비는 철마다 순조로웠다"라면서 태평성대를 묘사하고 있다. 《삼국사기三國史記》 헌강왕 6년(서기 880년) 조에는 "민간에서는 기와로 지붕을 덮지 띠로써 덮지 않으며 숯으로 밥을 짓지 나무로 짓지 않는다"라는 기록까지 있다.

《삼국유사》는 이때 헌강왕이 현재의 울산광역시 외황강 하구에 있던 개운포開雲浦에 행차해 처용處容을 만났다고 전한다. 동해 용龍의 아들이라지만 처용은 용의 아들이 아니라 신라를 찾아온 서역인西域人일 것이다. 경주 괘릉掛陵의 서역인 형상 무인석이 말해주듯이 신라에는 많은 외국인이 정착해 살고 있었다. 《삼국유사》는 "헌강왕이 미녀를 처용의 아내로 주어 그의 생각을 잡아

두게 했으며, 또한 급간級干이라는 관직도 주었다"라고 전해서 신라가 귀화인에게 개방적인 사회였음을 시사하고 있다. 아라비아와 페르시아 상인은 '향약香藥의 길'이라고 불렸던 남해 항로를 따라 중국 남부의 광주廣州, 양주楊洲까지 왔다가 다시 신라까지 왕래했다. 경주 천마총에서 출토된 보물 620호 유리잔琉璃杯을 비롯한 여러 이국적 물품은 이런 국제 교역이 활발했음을 말해준다. 신라인도 외국으로 진출했는데, 일본의 구법승 원인圓仁이 신라 민애왕 1년(서기 838년)부터 문성왕 9년(서기 847년)까지 약 9년간 중국의 해안과 내륙을 여행하고 쓴《입당구법순례행기入唐求法巡禮行記》의 등장인물 반 이상이 신라인이다. 당나라 해안 지역인 등주登州, 양주楊州, 초주楚州 등지에 신라인 집단 거류지인 신라방新羅坊이 있었던 것이 신라인의 외국 진출 사례를 말해준다.

헌강왕 6년 신하들은 만사가 순조롭다면서 이것이 모두 "성덕의 소치"라고 말하는데, 불과 9년 후인 진성여왕 재위 3년(서기 889년) 대규모 농민 봉기가 일어나 신라는 나락의 길로 접어들고 끝내 회복하지 못한다. 헌강왕 때의 태평성대는 경주와 울산 등 수도 지역에만 국한된 번영이었다는 뜻이다.

울산의 1인당 국민 소득이 4만 달러가 넘는다는데 몇 년 전 울산의 한 초청 강연회에 다녀오던 길에 신라 헌강왕 때의 기록과 현재 울산의 모습이 겹쳐졌다. 소수에게 재화가 집중된 태평성대는 그리 길 수 없다는 평범한 교훈을 역사는 전해준다.

제 논에 물 대기와 처지 바꿔 생각하기

임금은 선농제先農祭를, 왕비는 선잠제先蠶祭를 지냈다. 왕이 직접 친경親耕하고 선농단先農壇에서 농사의 신에게 제사를 지내는 것이다. 또한 농사의 작황을 살피는 관가觀稼와 어로漁撈 현황을 살피는 관어觀魚도 했다. 왕비도 직접 뽕잎을 따는 친잠親蠶을 하고 선잠단先蠶壇에서 누에신에게 제사하는 선잠제를 지냈다. 《예기禮記》 〈제통祭統〉 편은 국왕과 왕비가 친경하고 친잠하는 것은 "밭을 경작하고 양잠할 사람이 없어서가 아니라 몸소 그 정성과 믿음을 다하는 것"이라고 전하고 있다. 국왕이 친경할 때는 정승을 비롯한 고위 관료들이, 왕후가 친잠할 때는 내외명부內外命婦의 1품 이하 여성들이 함께 참여했다. 위로는 하늘을 공경하고 아래로는 백성이 겪는 노동의 괴로움을 몸소 경험한다는 취지였다.

잠곡潛谷 김육金堉이 대동법 확대 실시와 양반도 군포軍布를 내자는 호포제를 주장한 데는 배경이 있다. 그는 벼슬길에 나오기 전 경기도 가평에서 10여 년간 직접 농사를 짓고, 숯을 팔아 생활했다. 백성의 고초를 잘 알았기 때문에 백성의 시각으로 사물을 보았다. 동인과 서인의 갈등이 심해지자 선조宣祖는 동인 영수 김효원金孝元을 함경도 경흥慶興 부사로 내보냈다. 그런데《선조수정실록宣祖修正實錄》은 여러 사람이 "경흥은 변방으로 오랑캐 땅과 가까워 서생書生이 지키기에 마땅하지 않다"라고 주장해 부령富寧으로 바꾸었다고 전한다. 무관 위에 문관 총사령관인 도체찰사都體察使를 두었던 나라에서 서생 운운하며 오지 부임을 꺼렸던 데서 이미 임진왜란의 비극은 예고돼 있었다.

현재 중국을 이끌고 있는 시진핑習近平 국가 주석이 과거 한 토굴에서 7년 동안 중노동에 종사했다고 전한다. 간부나 지식인이 농민이나 노동자의 생활을 체험하는 하방下放이다. 문화 대혁명 시절의 하방은 많은 부작용을 낳았지만 시진핑 자신이 "지금의 내가 있는 것은 그 체험 때문"이라고 말했을 정도로 장점도 많다. 우리 사회 양극화의 해법 중의 하나로 생각할 만하다. 부자는 가난한 사람들의 삶을 체험해보고, 정규직은 비정규직 노동자의 삶을, 대학교수는 고학하는 대학생의 생활을 체험해본다면 더불어 사는 세상을 고민하게 될 것이다. 처지를 바꿔서 생각하는 역지사지易地思之는 많은 갈등을 해소하는 방책이다. 우리 사회의 많은 문제는 제 논에 물 대기인 아전인수我田引水에서 나온다.

지나침은 미치지 못함과 같다

장맛비를 한자로 서우暑雨, 적우積雨, 또는 음림霪霖이라고 한다. 고우苦雨라고도 하는데 그만큼 괴롭다는 뜻이다. "가뭄 끝은 있어도 장마 끝은 없다"라는 속담은 가뭄은 농사만 망치지만 장마는 농사뿐만 아니라 생활 터전과 인명까지 살상하므로 더 무섭다는 뜻이다. 다산茶山 정약용丁若鏞은 〈장맛비를 한탄함苦雨歎〉에서 "장맛비 장맛비 비가 자꾸 내려, 해도 뜨지 않고 구름도 안 걷히네苦雨苦雨雨故來 白日不出雲不開"라고 장마의 괴로움을 노래했다.

그러나 여름철 걱정은 장마만이 아니었다. 가뭄도 장마 못지않은 걱정일 수밖에 없었다. 조선에서는 가뭄이나 장마가 심할 경우 혹시라도 억울한 죄수의 원망이 하늘에 닿은 때문인가 생각해 옥사를 재심리하거나 특사를 베풀었다.

가물 때는 기우제祈雨祭, 장마 때는 기청제祈晴祭를 지냈는데, 도성의 남문인 숭례문崇禮門과 북문인 숙정문肅靖門은 가뭄이냐 장마냐에 따라 명운이 엇갈렸다. 숙정문은 음방陰方으로 여자의 방위였고, 숭례문은 양방陽方으로 남자의 방위였는데, 숙정문이 열

466

리면 도성의 여성이 바람이 난다는 속설 때문에 국왕이 무과 시험장에 행차할 때를 제외하고는 항시 닫아두었다.

그러나 가뭄이 들면 팔괘의 '이離' 괘로서 불을 뜻하는 숭례문은 닫고, 대신 '감坎' 괘로서 물을 뜻하는 숙정문을 열었다. "날씨가 가물면 남문은 닫고 북문을 열며 피고皮鼓, 북 치는 것을 금하는 것은 음陰을 부지扶持하고 양陽을 억제하는 뜻입니다"(《명종실록 明宗實錄》, 12년 7월 17일)라는 기록이 이를 말해준다. 가뭄이 들면 시장을 옮기는 천시遷市까지 단행했는데, 시장이 옮겨 가는 지역이 종각 옆의 동현銅峴, 구리재이었다. 《국조보감國朝寶鑑》 예종 재위 1년 (서기 1469년) 조에 날이 가물자 저자를 동현으로 옮겼다는 기록이 있는데, 한번 저자를 동현으로 옮기면 비가 오더라도 가을이 돼서야 되돌아갈 수 있었다. "유월 장마에 돌도 큰다"라는 속담처럼 적당한 비는 풍년을 보장했다. 세상만사 모든 것이 지나침은 미치지 못함과 같다.

식량도 무기가 된다

《태종실록太宗實錄》16년(서기 1415년) 4월 11일 조에는 태종이 "각 고을의 수령에게 망종芒種 전에 파종播種을 끝내도록 백성을 독려해 종자 심기를 끝내게 하라"라고 명한 구절이 나온다. 24절기 가운데 아홉 번째인 망종은 태양의 황경黃經이 75도에 이르는 때로서 음력으로는 대개 5월 초이고 양력으로는 6월 5~6일경에 해당한다. 망芒은 보리처럼 까끄라기가 있는 작물이 수확할 만큼 성숙했다는 뜻이며, 종種은 벼나 기장黍 같은 곡물을 심을 때라는 뜻이다. 보리를 베고 볏모를 심는 때가 겹쳤으니 농가에서는 연중 가장 바쁜 때다.

중국에서도 "망종 망종 모두가 바쁘다芒種芒種 祥祥都忙"라는 말이 있다. 조선 실정에 맞는 농법 서적인《농사직설農事直說》을 편찬했던 세종은 망종 때 볏모를 심으면 늦는다고 생각했다. 세종은 재위 29년(서기 1447년) 4월 15일 경기 감사 김세민金世敏에게 "밥은 백성의 하늘이니食爲民天 농사는 늦출 수 없는 것이다. (……) 도내에 아직 절반도 파종하지 못했다 하니 망종이 아직 멀므로 그때까지는 괜찮으리라 생각해서 늦어지는 모양이다. 그러나 망종은 사고가 있는 사람이나 농사에 게으른 자가 비록 일찍이 갈고 심지 못했더라도 망종까지만 하면 그래도 추수할 가망이 있다는 것이지, 반드시 망종을 기다려서 종자를 뿌리는 기한으로 삼는 것이 아니다'라고 망종 전에 파종시키라고 명령했다.

망종이 가까우면 임금은 직접 농토에 나가 살펴보는 관가觀稼를 했는데, 망종 전에 비가 오면 풍년이 들 조짐이라고 기뻐하고 망종 때까지 비가 오지 않으면 기우제를 올렸다. 이때의 기우제가 도마뱀을 이용하는 석척蜥蜴 기우제祈雨祭다. 비를 관장하는 용으로 간주된 도마뱀 열 마리를 독 안에 넣고 나뭇잎으로 덮은 뒤 푸른 옷을 입고, 손발을 푸르게 염색한 동자童子 수십 명이 버들가지를 물에 적셔 독을 두드리면서 "비가 오게 하면 놓아주겠다"라고 외치며 독을 도는 것이 석척 기우제였다.

한국 사회는 이미 농업 국가가 아니기에 봄 가뭄이 연례행사처럼 발생해도 크게 주목하지 않는다. 식량도 석유처럼 무기가 돼가는 시점이기에 농사 문제의 중요성을 되짚어볼 때다.

장수 사회

여든한 살을 아흔을 바라본다는 뜻에서 망구望九라고 하는데 할
망구의 어원이다. 아흔한 살은 100세를 바라본다는 망백望百이다.
100세를 백수百壽, 또는 기수期壽라고 한다. 수명壽命을 관장하는
별이 수성壽星, 즉 남극성南極星이다. 사마천司馬遷의 《사기史記》〈효무
孝武 본기〉에는 무제武帝가 태일신泰一神에게 제사를 지내면서 "수성
이 출현해 깊은 광채를 빛냈습니다"라고 고하는 장면이 나온다.
《사기》 주석서인 《사기색은史記索隱》은 "수성이 보이면 천하의 다
스림이 편안하기에 이렇게 말한 것"이라고 설명한다.

　반면 수성이 나타나지 않으면 병란兵亂이 일어난다고 여겼
다. 옛 왕실에서 수성에 제사한 것은 평화와 안녕을 기원하는 뜻
이었다. 조선은 물론 고려에도 춘분과 추분 때 남교南郊에서 노인
성에 제사를 지냈는데, 조선 태종 11년(서기 1411년)부터는 주周나
라를 따라 추분에만 지냈다.

　장수의 비결이 있었을까? 북송北宋의 섭몽득葉夢得이 지은 《석
림연어石林燕語》에 따르면 송나라 문언박文彦博이 80세의 나이로 치

사致仕, 사직을 요청함하자 신종神宗, 재위 1067~1085년이 "섭생하는 것도 역시 도道가 있는가?"라고 물었다. 문언박은 "다른 것은 없고, 다만 속박되지 않고 생활하며任意自適, 외물外物에 화기和氣를 손상하지 않고, 감당할 수 없는 일은 하지 않고, 술 마시다 좋다 싶으면 즉시 중지합니다"라고 답하니 신종이 명언이라고 여겼다 한다. 먹는 것도 장수의 중요한 조건이다. 도가道家에서는 청정석靑精石으로 지은 청정반靑精飯을 먹으면 안색顔色이 좋아지고 장수한다고 말한다. 그래서 두보杜甫는 〈이백에게 준 시贈李白〉에서, "어찌 청정반으로 내 안색 좋게 할 길이 없겠는가豈無靑精飯 使我顔色好"라고 읊었다. 죽학노인竹鶴老人으로 불린 명나라 하징何澄은 아흔아홉 살까지 살았는데 장수 비결을 묻는 서남徐南에게 "맛있는 것은 많이 먹지 않고 맛없는 것은 전혀 먹지 않았을 뿐이다"라고 답했다.

수명이 늘고 있다는 보도가 있지만 얼마나 오래 사는가보다 어떻게 사는가가 더욱 중요할 것이다.

술은 잘 마시면 약, 잘못 마시면 독

《후한서後漢書》〈동이전東夷傳〉에는 "술 마시고 노래하고 춤추기를 좋아한다"라고 전한다. 같은 책 〈부여夫餘〉 조도 "부여에서는 납월臘月, 음력 12월의 제천 행사 때 연일 크게 모여서 술 마시고 먹으며 노래하고 춤춘다"라고 적고 있다. 《삼국지三國志》〈삼한三韓〉 조에도 "노래와 춤을 즐기며 술 마시고 논다"라는 기록이 있다. 한족漢族의 눈에는 술 마시고 노래하는 우리 민족의 음주 습관이 특이해 보였던 것이다.

서기 712년에 편찬된 일본 《고사기古事記》〈응신應神 천황〉 조에는 백제에서 "술을 만들 줄 아는 인번仁番, 수수허리須須許理이 건너왔다"라면서 응신 일왕이 인번이 빚은 술을 마시고, "수수허리가 빚은 술에 나는 완전히 취했도다. 재앙을 물리치는 술 웃음 짓게 하는 술에 나는 완전히 취했도다"라고 노래했다고 전한다. 이때 인번이 진한 양조법은 누룩을 이용한 것으로 추측되니, 일본이 세계에 자랑하는 청주 제조법은 백제에서 전해준 것이다.

그러나 술을 마시는 온도는 서로 다르다. 조선의 요리 서적

472

인 《규합총서閨閤叢書》에는 "밥 먹기는 봄같이 하고, 국 먹기는 여름같이 하며, 장醬 먹기는 가을같이 하고, 술 먹기는 겨울같이 하라"라는 말이 있다. 밥은 따뜻한 것이 좋고, 국은 뜨거운 것이 좋고, 장은 서늘한 것이 좋고, 술은 찬 것이 좋다는 뜻이다. 정월 대보름날 이른 아침에 마시면 귀가 밝아진다는 귀밝이술耳明酒은 청주를 차게 마시는 것이다. '술은 차야 맛'이라는 말에서 '차다'는 '가득 차다盈'와 '차갑다冷'는 이중의 뜻이 있었다. "더운 술을 불고 마시면 코끝이 붉어진다"라는 속담처럼 우리 민족은 더운 술을 즐기지 않았지만 일본인은 찬 청주를 따뜻하게 데워 마시기를 좋아한다.

한국처럼 술자리가 잦은 사회도 찾기 어렵다. "술은 잘 마시면 약이지만 잘못 마시면 독"이라는 속담도 있다. 이덕무李德懋는 《사소절士小節》〈성행性行〉 조에서 "훌륭한 사람은 술에 취하면 착한 마음을 드러내지만 조급한 사람은 술에 취하면 사나운 기운을 나타낸다"라고 말했다. 기왕 마실 거면 '약'으로, '착한 마음'을 드러내는 계기로 삼아야 좋지 않겠는가.

신무문 개방

신무문神武門은 경복궁의 북문北門이다. 세종 때 지었는데, 이로써 동쪽의 건춘문建春門, 서쪽의 영추문迎秋門, 남쪽의 광화문光化門과 함께 경복궁의 4대문이 갖추어졌다. 조선 시대 '신무문의 변變'이란 중종 14년(서기 1519년) 조광조趙光祖, 김정金淨 등 사림士林들이 대거 화를 입은 기묘사화己卯士禍의 이칭異稱이었다. 다른 대궐 문의 열쇠는 승정원에서 관장했지만 경복궁 북문인 신무문만은 사약방司鑰房에서 관할했기에 중종은 사림에 동정적인 승정원을 따돌리기 위해 신무문으로 남곤南袞 등을 불러 밀지密旨를 내려 기묘사화를 일으켰다.

이에 대한 비난이 일자 중종은 "신무문이 아니라 연추문延秋門. 서문으로 들어오게 했으나 승정원에서는 모른다"(《중종실록中宗實錄》, 14년 11월 18일)라고 변명했다. 하지만 그날의 사관史官은 "남곤, 심정, 홍경주 등이 (……) 거사하던 날 저녁에 신무문으로 들어가 임금을 추자정楸子亭에 모셔 의논하고, 도로 나와 연추문으로 들어갔다"라고 중종의 변명을 반박했다.

중종에게 신무문은 중종반정으로 자신을 추대한 정국靖國공신에게 의리를 지킨다는 의미도 있었다. 중종은 즉위 다음 달 신무문 밖의 회맹단會盟壇에서 공신들과 희생犧牲을 잡아 하늘에 제사 지내고, 그 피를 입술에 바르는 회맹제會盟祭를 거행했다.

'신무문의 변'이 비난받은 이유는 신무문이 음방陰方, 곧 여자의 방위에 속해서 문을 열면 여풍이 분다고 믿었기 때문이기도 하다. 그래서 신무문은 임금이 경무대에서 거행되는 무과 시험 행차 때를 빼고는 항상 닫혀 있었다. 그러나 가뭄이 들면 남문(승례문)을 닫는 대신 북문을 열어야 했다. 남문은 불을 뜻하는 '이괘離卦'이고 북문은 물을 뜻하는 '감괘坎卦'이기 때문이다. 그나마 양기가 성한 봄여름의 가뭄에는 북문을 열었지만 음기가 성한 가을과 겨울의 가뭄에는 열지 않았다.

한국 사회의 많은 문제는 남성 우위 구조 때문에 발생했다. 사회 곳곳에 만연한 고질적 부정부패 문제를 해결하기 위해서는 여성의 고위직 진출이 늘어야 한다. 그래서 경복궁의 북문인 신무문뿐만 아니라 서울 성곽의 북문인 숙정문도 열려 있어야 할 것이다.

조선의 사형죄

조선은 십악十惡이 사형죄였다. 당나라의 《당률소의唐律疏義》와 《대명률大明律》에 규정된 것인데 조선의 《경국대전經國大典》도 이에 따랐다. 모반謀反, 모대역謀大逆, 모반謀叛, 악역惡逆, 부도不道, 대불경大不敬, 불효不孝, 불목不睦, 불의不義, 내란內亂이 십악이다.

　　모반謀反은 사직을 어지럽힌 내란죄內亂罪이고, 모반謀叛은 조국을 배신한 외환죄外患罪다. 십악의 내란죄는 동성同姓 5촌 이내의 친척과 부모나 조부의 첩妾과 화간和姦한 것이다. 모대역은 《당률唐律》 주석에 "종묘와 능陵과 궁궐을 파헤치는 것"이라고 적고 있다. 임진왜란 후 조선이 선릉宣陵과 정릉靖陵 도굴범 인도를 국교 재개 조건으로 내걸었던 이유나 일제 강점기 전까지 무덤 도굴이 없었던 이유를 알 수 있다. 《대명률직해大明律直解》는 악역을 조부모, 처조부모 구타나 살해라고 적고 있는데 백부, 숙부, 고모, 이모, 외조부모, 남편 살해도 여기 해당한다. 부도는 죽여야 할 죄가 없는 사람 셋을 살해했거나 시신을 토막 내거나 산 사람의 신체 일부를 베어낸 죄다. 대불경은 왕실의 제사 물건이나 임금의

476

물건을 훔치거나 임금에게 올릴 약을 잘못 제조하는 행위다.

불효는 조부모, 시조부모, 시부모를 고소나 고발, 악담을 하거나 부모가 생존해 있는데 호적을 옮기거나 재산을 따로 나누거나 봉양 능력이 있으면서 봉양하지 않는 죄이고, 불목은 동성同姓 8촌 이내의 친족 살해나 팔아먹는 행위, 남편이나 동성 4촌 이내의 집안 어른이나 동성 5촌 이내 부모 항렬의 존속尊屬을 구타하거나 고발하는 죄다. 불의不義는 백성이 지방관을, 병사가 직속상관을, 제자가 스승을 살해한 죄다.

십악은 가을의 추분秋分까지 기다리지 않고 바로 죽였으며 不待時, 사면에서도 제외됐다. 유가儒家의 삼강오륜三綱五倫 준수가 목적이었으나 처벌은 법가法家식이었다. 현실에 그대로 적용하기에는 무리겠지만 불효나 불목의 일부 조항은 현행법에도 신축적으로 적용될 필요가 있다.

문제를 예측해 제거하라

고려 충숙왕 7년(서기 1320년) 폐위된 선왕先王 충선忠宣은 고려 출신 환관 백안독고사伯顔禿古思의 참소를 당해 원나라 수도 연경燕京에서 1만 5,000리 떨어진 토번吐蕃, 티베트으로 귀양 가게 됐다. 충선왕이 끝났다고 판단한 재상宰相 최성지崔誠之는 호종扈從을 거부하고 도주해버렸다. 이때 고려에서 원나라로 향하던 이제현李齊賢은 황토점黃土店이라는 곳에서 이 소식을 듣고 "상심한 마음도 몸을 날개로 바꿀 수 없어 하늘까지 날아서 궁문 밖에 외치지 못하네傷心無術身生翼 飛到雲霄一叫閣"라고 읊었다. 이제현이 원나라 〈백주 승상에게 올리는 글上伯住丞相書〉을 보내면서 충선왕의 유배지는 좀 더 내륙인 감숙성甘肅省의 타사마朶思麻로 옮겨지는데, 이제현은 단신으로 타사마까지 가서 충선왕을 배알한다.

이런 이제현의 시 중에 '범려范蠡'를 읊은 것이 있다. 범려는 와신상담臥薪嘗膽이라는 고사성어를 낳은 춘추 시대 월왕越王 구천勾踐의 참모로 강대국 오吳나라 멸망에 결정적 공을 세운 인물이다. 이제현은 〈범려〉에서 "공을 논하면 어찌 강국 오를 쳐부순 것뿐이

라. 가장 큰 공은 오호五湖에 조각배를 띄운 데 있네. 서시西施를 배에 싣고 떠나지 않았더라면 월나라 궁전에도 고소대姑蘇臺가 또 하나 있었으리라論功豈啻破强吳 最在扁舟泛五湖 不解載將西子去 起宮還有一姑蘇"라 고 노래했다. 서시는 오왕 부차夫差에게 범려가 보낸 경국지색傾國 之色의 미녀였다. 서시에게 반한 오왕 부차는 고소대에서 자주 큰 연회를 베풀었고, 이것이 오나라 멸망의 한 원인이 됐다. 범려는 오나라를 멸망시킨 후에 월왕 구천이 서시의 미모에 반해 국사를 등한시할 것을 염려해 오호에 배를 띄워 서시를 싣고 가버렸던 것이다.

목은牧隱 이색李穡은 이제현의 〈묘지墓誌〉에 "공이 곧 물러나 자취를 감추고 일체 밖으로 나오지 않고 그사이에 《역옹패설櫟翁稗說》을 저술했다"라고 썼다. 정국 난맥상이 심각할 때마다 범려처럼 문제를 예측해 제거하지는 못하더라도 드러난 문제조차 왜 해결하지 못하는지 이해할 수 없다.

역사의 어두운 면도 보아야

이순신은 선조 31년(서기 1598년) 11월 19일의 노량 해전에서 전사했지만 피할 수도 있었다. 도요토미 히데요시豊臣秀吉가 그해 8월 18일 병사해 철군령이 내려졌다. 《선조실록宣祖實錄》은 "고니시 유키나가小西行長가 명나라 수군 제독 진린陳璘에게 많은 뇌물을 바쳤다"라고 전한다. 그냥 보내달라는 뜻이었다. 《이충무공 행록行錄》은 진린이 보내주자면서 "황제가 하사한 장검이 있다"라고 협박까지 했으나 이순신은 "한 번 죽는 것은 아깝지 않다"라고 거절했다고 전한다. 이순신은 전날 밤 자정 하늘에 '이 적을 제거할 수 있다면, 죽어도 여한이 없습니다此讐若除 死則無憾'라고 기도했다. 도망가는 적을 향해 죽음을 각오한 것이다. 이순신은 용감했지만 무모한 장수는 아니었다.

그러나 의병장 조경남趙慶男이 쓴 《난중잡록亂中雜錄》은 "이순신은 친히 북채를 들고 함대의 선두에서 적을 추격했고, 선미에 엎드려 있던 적들이 순신을 향해 일제히 조총을 발사했다"라고 마치 표적을 자처한 것처럼 묘사하고 있다. 《선조실록》은 좌의정

이덕형李德馨이 "왜적이 대패해 물에 빠져 죽은 자가 이루 헤아릴 수 없다"라고 보고하자 선조는 "대첩을 거두었다는 설은 과장인 듯하다"라는 반응을 보였다고 전한다. 선조는 전에도 이순신이 무군지죄無君之罪를 비롯해 네 가지 죄를 지었다면서 "이렇게 많은 죄가 있으면 마땅히 율에 따라 죽여야 한다"(《선조실록》, 30년 3월 13일)라고 말한 인물이었다.

이순신 자살설이 나온 이유는 종전이 가시화되면서 이순신을 천거한 유성룡柳成龍도 공격받았기 때문이다. 유성룡은 전시에 영의정 겸 도체찰사 자격으로 천민도 양반이 될 수 있게 한 면천법免賤法, 양반도 군역 의무를 지는 속오군束伍軍, 부호가 세금을 더많이 내게 하는 작미법作米法. 후의 대동법 등을 실시해 조선을 위기에서 건졌다. 종전이 기정사실이 되자 양반은 특권만 있고 의무는 없는 옛 조선으로 되돌아가기 위해 유성룡 제거에 나섰다.《서애 유성룡 연보》는 "유성룡 공격 소식을 들은 이순신이 실성해서 '시국 일이 한결같이 이 지경에 이르는가'라고 탄식했다"라고 전한다.

이순신이 전사한 날 유성룡도 파직된다. 두 인재를 죽이고 조선은 다시 사대부의 천국으로 되돌아갔다. 우리 역사의 긍정적인 면뿐 아니라 인재를 죽이는 방식으로 기득권을 유지해왔던 어두운 면도 깊게 성찰할 때다. 지금은 이런 어두움이 사라졌는가?

전관예우

조선에서 전임자를 제도적으로 우대한 것은 세조 3년(서기 1457년) 7월 봉조청奉朝請을 설치해 관직이 없는 공신과 종친 들에게 녹봉 祿俸을 준 것이 시초다. 그 전에도 정승 등을 역임한 원로를 자문 자격으로 우대한 적은 있지만 이때 정기적으로 녹봉을 주게 제도 화했다. 한 해 전 사육신死六臣 사건, 곧 상왕(단종) 복위 기도 사건 이 발생하자 위기를 느낀 세조 정권이 쿠데타 동지들을 결속하고 종친의 지지를 끌어내기 위해 반대 급부를 준 것이다. 세조 10년 경 설치된 봉조하奉朝賀는 정조正朝, 동지冬至, 탄일誕日 등의 하례의 식에만 참석하고 평생 녹봉을 받았다. 놀고 받는 돈은 항상 불의 와 결탁한 결과라는 사실을 말해주는 사례다.

현재 우리가 사용하는 전관예우前官禮遇라는 말은 일 왕실 용 어다. 다이쇼大正 15년(서기 1926년) 10월 21일 개정된 황실의제령 皇室儀制令 제31조의 '대신의 예우와 전관예우 하사'에 관한 조항에 서 나온 것이다. 일왕日王이 전직 고관들에게 하사하는 특전을 뜻 하는 법률 용어로서 메이지明治 시절부터 존재했다.《일본 외교 문서》에 따르면 1899년 7월 26일 하야시 곤스케林權助 주한 일본 공사는 고종에게 "이토 히로부미伊藤博文 후작은 우리나라 유신維新의 원훈元勳으로 지금은 한직에 있다고 하지만 전관예우를 받는다"라고 설명하고 있다.

《동아일보》 1934년 7월 9일 자는 "궁중宮中에서 사이토 마코토齋藤實 전 일본 수상(조선 총독 역임)과 다카하시 고레키요高橋是淸 대장상大藏相, 야마모토 다쓰오山本達雄 내무상에게 전관예우를 하사했다"라고 전하고 있으며, 1938년 6월 10일 자에도 "전 외상 히로타 고키廣田弘毅에게 종從2위, 훈勳1등을 내렸다"라고 전한다. 이때 "특별히 전관예우를 사賜함"이라고 부기해 전관예우가 선택적으로 내려지던 은전임을 말해주고 있다.

법조계, 국세청, 금융감독원 등 국민의 인신과 재산을 다루는 부서를 중심으로 전관예우가 남아 있다는 사실은 무엇을 뜻할까? 일반 국민의 인신과 재산을 희생해 자신들의 직업적 이익을 취한다는 뜻이다. 일제 강점 잔재인 전관예우가 개정 변호사법으로 극히 일부나마 제한받게 되었다. 퇴직 전 1년간 근무했던 법원과 검찰의 사건을 1년 동안 맡을 수 없게 한다는 것이다. 여타 기관에 남아 있는 전관예우도 국민의 헌법적 권리를 침해하는 범죄 행위라는 관점에서 전면 폐지돼야 한다.

날씨에도 하늘의 뜻이 담겨 있다

예전에는 우리나라 겨울 날씨를 '사흘은 춥고 나흘은 따뜻하다'는 뜻에서 삼한 사온三寒四溫이라고 했다. 육당六堂 최남선崔南善은 《조선상식문답朝鮮常識問答》에서 "시베리아 방면의 고기압이 커져서 북풍이나 북서풍이 세지면 추워졌다가 저기압이 몽골 방면에서 생겨서 남으로 치우치는 바람이 불면 추위가 풀리기 때문에 삼한 사온이 생기는 것"이라고 설명했다. 남북의 기온 차도 커서 시베리아 북서풍이 몰아치는 평안도나 함경도의 추위는 유명했다. 그래서 고려의 이규보李奎報는 "서북 추위는 손가락 떨어질 만큼 세지만 남방 섣달은 봄날 같구나西北寒威方墮指 南方臘月如春氣"라고 읊었다.

혹한酷寒이라는 표현을 많이 쓰지만 괴롭다는 뜻에서 고한苦寒이라고도 한다. 고려 말 이색李穡의 부친인 이곡李穀은 〈고한〉에서 "뼈에 와 닿는 추위 무엇으로 녹이나. (……) 땔나무 시장 가깝지만 불기는 끊겼네寒到骨那能解 (……) 樵山市近絕炊煙"라고 노래했다. 땔나무 살 돈이 없어서 냉방에서 지낸다는 것이다. 이곡은 "시인이 추위 견디는 것은 예나 지금이나 같으니 시냇물가 매화나 찾아가볼까詩人耐冷令猶古 擬訪梅花澗水邊"라고 덧붙였다. 겨울 매화는 고난에도 꺾이지 않는 선비의 지조를 상징한다. 당唐나라 한유韓愈가 〈고한〉에서 "형혹성(불을 맡은 별)이 제 궤도를 잃었고 여섯 용의 수염이 얼어 빠졌네熒惑喪躔次 六龍氷脫髥"라고 노래한 데서 용의 수염이 얼어 빠졌다는 말이나, 진晉나라 육기陸機가 〈고한행苦寒行〉에서 "맹호는 숲 속에서 울부짖는데 검은 원숭이 언덕에서 탄식하네猛虎憑林嘯 玄猿 臨岸歎"라고 읊은 데서 '검은 원숭이 탄식'이라는 말은 모두 혹한을 뜻한다. 큰 변란이나 전쟁이 있는 해에 유독 혹한이 많았다.

여말선초麗末鮮初의 문신 변계량卞季良의 〈신미년 고한辛未年苦寒〉이라는 시가 있다. 신미년(서기 1391년)은 고려가 멸망하기 한 해 전인데, "솔개는 굶주려 죽으려 하고 우마도 추워서 웅크리고 있네鳶鳥飢欲死 牛馬縮寒毛"라는 시구처럼 왕조의 마지막 해는 추웠다. 사육신 성삼문成三問은 〈팔준도명八駿圖銘〉에서 "모진 추위 뒤에는 반드시 따뜻한 봄이 있고, 휘몰아치는 여울 아래에는 반드시 깊은 못潭이 있다. (……) 옛날 고려의 기운이 왕성하지 못해서 천명이 떠나버렸다"라고 말했는데, 천명이 떠나는 징조가 혹독한 추위로 나타났다. 추위에도 하늘의 뜻이 있으니 경계하자는 것이다.

선택에는 대가가 따른다

일본은 1854년 미국 매슈 페리Matthew Perry 제독의 무력시위에 굴복해서 문호를 개방했다. 조선은 중화中華 문명의 마지막 수호자를 자처하며 쇄국을 고집했다. 1876년, 그런 조선의 문호를 연 것은 불과 20여 년 전에 개국한 일본이었다. 개국에 대한 선택이 두 나라를 식민지와 식민지 본국으로 나눈 것이다. 대원군이 프랑스 함대를 격퇴한 고종 3년(서기 1866년)이나 미국 함대를 격퇴한 고종 8년(서기 1871년)에 개국 협상에 나섰다면 대등한 조건에서 개국할 수 있었고, 이후 역사는 달라졌을 것이다.

그보다 230여 년 전인 인조 23년(서기 1645년) 소현세자는 만 8년간의 인질 생활 끝에 귀국했다. 한 해 전 그는 청나라의 섭정攝政 예친왕睿親王을 따라 북경에서 예수회 선교사 아담 샬Adam Schall을 만나 중화 문명 이외의 서구 문명을 접했다. 천문天文, 역산曆算 등의 여러 서적을 갖고 귀국한 그는 서구 문물 수용을 결심했다. 그러나 그는 귀국 두 달 만에 "온몸이 전부 검은빛이었고 얼굴의 일곱 구멍에서는 모두 선혈鮮血이 흘러나와 (……) 마치 약물에 중독돼 죽은 사람과 같았다"(《인조실록仁祖實錄》, 23년 6월 27일)라는 기록처럼 친명 사대주의자들에게 독살당하고 말았다. 그가 즉위해서 조선의 개국을 이끌었다면 역사 또한 달라졌을 것이다.

이가환李家煥, 이승훈李昇薰, 정약용丁若鏞 등 서구 문물을 수용했던 남인들과 조선의 개방된 미래를 이끌던 정조 역시 재위 24년(서기 1800년) 만에 의문의 죽임을 당하고 조선은 다시 노론老論으로 대표되는 소중화주의자의 세상이 됐다. 정조가 10년만 더 살아 사왕嗣王들이 부왕의 정책을 계승해나갔다면 식민지의 비극은 없었을 것이다. 모든 역사의 선택에는 대가가 따르는데, 동서고금에 개방 대신 쇄국을 택한 나라는 모두 비참한 후과後果를 초래하고 말았다.

전 세계 교역량의 50퍼센트 이상을 지역 무역 협정 내 교역이 차지하는 것이 현실이다. 수출이 경제의 주요 부분을 차지하는 한국이 자유 무역 협정을 거부할 수는 없을 것이다. 문제는 철강과 자동차처럼 경쟁력 있는 분야에서 거둔 이익이 농업처럼 취약한 부분의 손해를 어떻게 보완할지에 있다. 힘없고 가난한 농민이라고 희생만 강요한다면 한국 사회의 안정을 크게 해칠 것이다. 사회 공동체를 안정시키려면 늘 약자의 처지에서 생각해야 한다.

겉과 속이 다른 눈물

단종이 양위하던 날 "세조가 엎드려 울며 굳게 사양했다"라고《세조실록世祖實錄》은 전하고 있다. 겉과 속이 다른 희열의 눈물이었다. 겉과 속이 다른 눈물은 또 있었다. 장희빈의 아들 경종이 즉위하자 노론老論은 그를 밀어내고 숙빈 최씨의 아들 연잉군延礽君·영조을 추대하기로 결정했다. 경종 1년(서기 1721년) 8월 노론의 사주를 받은 사간원 정언正言 이정소李廷熽는 30대 초반의 아들 없는 경종에게 빨리 후사後嗣를 결정하라고 상소했다. 태종 때 같으면 삼족이 족멸族滅당해도 부족한 일이었으나 경종은 노론이 미는 연잉군을 왕세제王世弟로 받아들였다.

　나아가 노론은 "자전慈殿의 수결手決을 받아야 한다"라며 수렴청정하지도 않는 대비 인원왕후 김씨를 끌어들였다. 대비를 끌어들여 쿠데타의 안전판으로 삼으려 한 것이다. "효종대왕의 혈맥血脈과 선대왕(현종)의 골육骨肉은 주상과 연잉군뿐"이라는 대비 김씨의 세제 책봉 추인 봉서封書를 읽고 "여러 신하가 울었다"라고《경종실록景宗實錄》은 전한다. 이 또한 왕권 탈취에 눈이 먼 겉과 속이 다른 눈물이었다. 그러나 국왕을 압박한 행위는 소론 강경파에게 역모로 몰렸고, 노론 사대신四大臣이 사형당하는 곡성哭聲으로 변했다.

네 명의 처남과 사돈 심온沈溫까지 사형한 태종도 뜻밖에 '눈물의 임금'이었다. 그러나 태종은 정권 때문에 울지는 않았다. 그는 재위 2년(서기 1402년) 비가 오지 않자 "부덕否德한 자신이 왕위에 있기 때문"이라며 하루 한 끼씩만 먹으며 눈물을 흘렸고, 재위 4년(서기 1404년)에는 수재水災 때문에 눈물을 흘렸다. 태종은 세상을 떠나던 세종 4년(서기 1422년) 5월 10일 "내 죽으면 상제上帝께 청해 비가 오게 하겠다"라고 유언한 후 승하하는데 이후 그의 기일마다 오는 비를 '태종우太宗雨'라고 불렀다. 백성은 태종의 눈물이 비로 화化해 내리는 풍년의 조짐이라고 생각했다.

정치가의 눈물에는 여러 의미가 있다. 실제 슬퍼서 우는 경우도 있지만 세조나 노론 대신처럼 정권 탈취에 눈이 먼 눈물도 있고, 태종처럼 백성의 고통에 아파하는 눈물도 있을 것이다. 가장 좋은 눈물은 약자의 처지를 동정해서 흘리는 눈물이다.

노동 중시 철학

우리 선조들은 화폐 대신에 포布, 베를 선호했다. 동전도 불신했으니 지폐는 말할 나위도 없다. 저화楮貨가 지폐인데, 《고려사절요高麗史節要》 공양왕 3년(서기 1391년) 조에는 도평의사사에서 저화를 만들어 오종포五綜布와 함께 통용하자고 주청했으나 시행되지 않았다고 전한다. 오종포란 오승五升, 1승은 80올으로 짠 마포麻布로서 오승포五升布라고도 한다. 저화 유통에 가장 적극적인 임금은 태종이었다. 태종은 재위 1년(서기 1401년) 4월 하륜河崙의 건의에 따라 사섬서司贍署를 만들어 저화를 생산하게 했다. 대사헌 유관柳觀 등은 저화 대신에 포를 규격화해서 관청의 도장을 찍은 '조선포화朝鮮布貨'를 유통시키자고 맞섰다. 이처럼 돈 역할을 하는 포가 전포錢布다.

　태종은 재위 2년(서기 1402년) 1월 관리들의 녹봉祿俸에 저화를 섞어주도록 하고, 백성에게 국고國庫 소유의 쌀을 사려면 저화를 사용하게 했다. 이때 저화 한 장은 오승포 한 필로 쌀 두 말斗에 해당했지만 같은 해 9월 양사兩司, 사헌부와 사간원에서 "저화 한 장으로 쌀 한 말을 사려고 해도 살 수 없다"라고 상소한 것처럼 저화의 명목 가치는 실질 가치의 절반에 불과했다. "온 나라—國의 인민人民이 수군대면서驪驪 믿지 않고 저화를 무용지물로 본다"라는 양사의 상소처럼 시장의 반발이 컸다.

선조들이 저화에 반발했던 이유는 무엇일까? 태종 1년(서기 1401년) 10월 사헌부 장령掌令 박고朴翶가 "백성들이 중하게 여기는 것은 쌀과 포뿐입니다"라고 말한 것처럼 마구 찍어낼 수 있는 지폐와 땀 흘린 노동의 산물을 같은 가치로 볼 수 없다는 노동 중시의 철학이 개재돼 있었다. 성호星湖 이익李瀷이 〈전초와 회자錢鈔會子〉에서 "백록피白鹿皮, 흰 사슴 가죽를 화폐라고 하는 것도 불가한데, 어찌 천한 것(돈)과 귀한 것(물건)을 바꾸겠느냐"라고 말했다. 이익은 "나라의 재정 운용用財은 마땅히 빈천貧賤한 자를 따라야 한다"라면서 "(화폐는) 다만 모리牟利하는 자에게 첩로捷路, 지름길를 만들어줄 뿐"이라고 비판했다. 화폐에 대한 선조들의 이런 철학은 배금주의拜金主義의 노예가 된 후손들을 경건하게 만든다.

교환 수단에 불과한 화폐가 마치 가치를 생산하는 것처럼 파생 상품 등을 만들었다가 금융 위기를 당하고도 아직 정신 못 차리는 금융 자본주의에 선조들의 노동 중시 철학은 소중한 교훈을 준다:

과거를 잊으면 재앙은 반복된다

선조 25년(서기 1592년) 임진년 4월 13일(음력), 임진란이 발생했
다. 우리는 그간 일본이 '느닷없이 습격했다'고 가르쳐왔다. 그러
나 사실은 다르다. 선조 23년(서기 1590년) 조선에서 통신사 황윤
길黃允吉과 부사副使 김성일金誠一을 일본으로 보낸 것 자체가 일본
이 실제 침략할지 알아보기 위한 것이었다. 일본 통신사는 이듬
해 봄 귀국하는데, 유성룡柳成龍은《징비록懲毖錄》에서 "황윤길은 부
산으로 돌아오자 시급히 '병화兵禍가 있을 것'이라고 보고했다"라
고 전한다. 황윤길은 선조에게 복명復命할 때도 마찬가지로 보고
했다. 그러나 조선의 군신君臣들은 "그러한 정세가 있는 것을 보지
못했습니다"라는 김성일의 보고를 더 믿고 싶었다. 조사단장의
보고는 무시하고 부단장의 보고에 힘을 실어주었다.

　이뿐만 아니었다. 장유張維가 쓴 〈오억령吳億齡 묘지명〉에 따
르면 전쟁 발발 1년 전인 선조 24년(서기 1591년) 부산에 온 일본
사신 현소玄蘇를 접대했던 선위사宣慰使 오억령은 "일본이 내년에
쳐들어올 것"이라고 보고했다가 해임됐다.《연려실기술燃藜室記述》

은 "이때 국사를 담당하는 자들은 왜병이 움직이지 않는다는 한쪽 말만 주장했기 때문에 오억령을 교체했다"라고 전한다. 있는 현실은 외면하고 보고 싶은 허상을 현실로 믿고 싶었던 것이다.

그러나 전쟁 경보가 계속되자 불안해진 조정은 신립申硈과 이일李鎰에게 지방 군기 검열을 맡겼다. 임진왜란 발발 13일 전인 4월 초하루 신립은 왜군이 쳐들어올 경우의 대책을 묻는 유성룡의 질문에 "그것은 걱정할 것이 없습니다"라고 간단하게 대답했다. 한국 전쟁 남침 발발 두 달 조금 전쯤 육군 참모장 채병덕蔡秉德 소장이 38선을 시찰하고 기자단과 만나 "우리 38선 경비 국군은 사기 왕성하며 철통같은 경비망을 치고 있으니 조금도 우려할 바는 아니다"(《자유신문》, 1950년 5월 14일)라고 호언한 것은 이런 전철前轍을 그대로 답습한 것이었다.

임진왜란 때나 한국 전쟁 때나 개전 초기에 무너진 데는 이런 공통된 배경이 있었다. 그나마 조선은 전란 후에 임진란을 잊지 않았다. 임진년이 돌아올 때마다 나라에서 이순신, 송상현 등 순절 장수와 임진왜란 극복의 공을 세운 유성룡, 윤두수 등의 가묘家廟에 승지 등을 보내 사제賜祭하게 했다. 1952년 임진년에는 대한민국 정부도 문교부 장관 백낙준을 보내 임진왜란 공신의 제사를 모셨다. 2012년이 임진년이었는데, 임진란정신문화선양회를 중심으로 임진왜란 당일인 6월 2일부터 각종 행사를 열었다. 과거를 잊는 자에게 재앙은 반복된다. 잊지 말아야 할 것도 세상에는 많다.

예상치 못하게 뒤집히는 경우도 허다하다

1928년 6월 3일 만주 군벌 장작림張作霖은 귀빈 열차를 타고 북경을 빠져나갔다. 일본의 비호를 받으며 장개석의 국민 혁명군에 맞서다가 만주로 퇴각하던 중이었다. 다음 날 새벽 장작림이 탄 열차는 심양瀋陽 부근 황고둔皇姑屯에서 폭파당했고, 그는 사망했다. '장작림 폭살 사건', 또는 '황고둔 사건'으로 불리던 이 사건은 일본 관동군關東軍의 고급 참모 고모토 다이사쿠河本大作 대좌大佐가 주도했다. 현장 지휘자는 독립 수비대 중대장 도미야東宮鐵男였고, 서울 용산의 조선 주둔군 공병대 기리하라桐原貞壽가 200킬로그램의 화약을 반출해 사용했다. 고모토는 장작림 폭살로 만주의 치안이 악화되면 그를 명분으로 관동군이 출동해 만주를 중국 본토에서 분리할 계획이었다.

　마침 6월 3일이 생일이었던 아들 장학량張學良, 1898~2001년은 북경에서 소식을 듣고 사병 차림으로 비밀리에 심양으로 귀환했다. 장학량은 관동군의 예상과는 정반대로 그해 12월 29일 오전 7시 북양北洋 정부의 오색기五色旗를 장개석 국민 정부의 청천백일

만지홍기青天白日滿地紅旗로 일제히 바꾸어 다는 역치易幟를 단행했다. 일본의 다나카 기이치田中義— 총리는 당초 일왕 히로히토裕仁에게 "고모토 대좌의 소행"이라고 보고하고 책임자 처벌을 공언했으나 군부의 반발로 흐지부지되면서 그 무능과 일본의 침략 야욕만 드러났다.

장작림을 폭살하고도 처벌받지 않았던 관동군은 1931년 9월 18일에는 참모 이타가키 세이시로板垣征四郎 대좌와 이시와라 간지石原莞爾 중좌 등을 위시로 총리에게 보고도 하지 않고 만주 사변滿洲事變을 일으켰다. 외교 수단으로 해결하자는 장개석의 권유에 따라 장학량의 동북군은 산해관山海關 밖으로 퇴각했다. 게다가 '외적과 싸우려면 먼저 내부를 평정해야 한다攘外必先安內'는 장개석의 지시에 따라 홍군 토벌에 나서야 했다. 장학량은 1936년 12월 홍군 토벌을 독려하러 온 총사령관 장개석을 억류하고, '공산당 토벌 중지, 일치 항일停止剿共 一同抗日'을 주장하는 시안 사건西安事變을 일으켰다. 절멸의 위기에 몰렸던 공산당은 기사회생의 계기를 마련했고 끝내 대륙을 석권했다. 시안 사건은 장학량의 두 번째 역치라고 해도 과언이 아니다.

역사는 이처럼 예상치 못하게 뒤집히는 경우가 허다하기에 쉽게 승패를 점칠 수 없다. 중국이 장학량의 대만 고택 복원과 기념관 건립을 위한 재정을 지원했다고 한다. 억만금을 주어도 아깝지 않을 것이다.

복지 사회 건설을 꿈꾼 조봉암

죽산竹山 조봉암曺奉岩의 무죄 선고 소식을 듣는 순간 백호白湖 윤휴
尹鑴가 생각났다. 주자학 유일사상 사회에서 주희朱熹와 달리 경전
을 해석하고 양명학도 용인했던 윤휴는 숙종 6년(서기 1680년) "나
라에서 어찌 유학자를 죽인다는 말인가?"라고 항의하며 사형당했
다. 죽산이 조선 양명학의 본고장인 강화에서 태어난 것이 그래
서 심상치 않다. 스물한 살 때 강화에서 3·1 운동에 적극 가담했
다가 1년간 투옥된 조봉암은 〈나의 정치백서〉(《신태양》, 1957년 5월
호, 별책 부록)에서 "감옥살이하는 동안 전연 딴사람이 됐다"라고 말
한 대로 독립운동에 생애를 걸었다. 일본으로 건너가 엿장수를
하며 중앙대학교 정치과에 적을 두었는데 이때 아나키즘과 사회
주의를 접하고 사회주의자의 길을 걷게 된다.

　조봉암이 1946년 5월 《한성일보》에 〈존경하는 박헌영 동무
에게〉를 써서 박헌영朴憲永을 강하게 비판한 것은 의외였다. 조봉
암은 〈내가 걸어온 길〉(《희망》, 1957년 2~4월호)에서 "공청共靑. 고려공산
청년회 조직 책임은 그 전년에 출옥해서 당시 동아일보에 근무하던

박헌영에게 맡겼다'라고 할 정도로 박헌영과 오랜 동지였기 때문이다. 1925년 결성된 조선공산당(조공) 중앙검사위원이기도 했던 조봉암은 코민테른 극동국 위원으로 상해에서 활동했다. 이때 김이옥 여사가 첫딸을 낳자 상해의 옛 지명인 호강滬江을 따 호정滬晶이라고 이름 짓기도 했는데, 1932년 체포돼 7년 형을 선고받는다. 신의주 형무소에서 "떨다 지쳐 잠자다 얼어 죽으면 궤짝 속에 넣어 파묻는 것이고, 살아남으면 징역살이를 되풀이하는 것뿐"이라고 회상할 정도로 혹독한 감옥살이를 했다. 석방 후에도 다시 헌병 사령부에 체포돼 1945년 8월 15일에야 석방되었다.

이런 경력의 조봉암은 재건 조선공산당의 중심인물로 나설 만했으나 인천으로 내려가 인천 민주주의민족전선 의장을 역임하고 박헌영과 조선공산당을 비판했다가 조선공산당에서 제명당한다. 〈나의 정치백서〉에서 조봉암은 "한국 민족을 버리고 한국 독립은 불고하고 사회주의 혹은 공산주의를 생각한 일이 없다'라고 조선공산당이 "소련의 지시대로만 움직"이는 데 대한 반발이라고 설명했다.

죽산의 정치 행보 중 또 의외는 1948년 제헌 선거에 인천 을구에서 입후보해 당선된 것이다. 좌익은 물론 김구의 한국독립당까지 단독 선거를 보이콧한 와중이었기에 그의 참여하의 진보 정치는 돋보인다. 72명의 무소속 구락부 등의 추천으로 '꿈에도 생각하지 못한' 초대 정부의 농림부 장관이 된 조봉암은 식민 잔재와 반봉건적 유제를 일소하는 농촌 근대화를 목표로 삼았다. 정부가 양곡을 매입해 중간상의 폭리를 배제한 양곡 매입법糧穀買入法이나 농지 개혁 법안은 한국민주당의 맹렬한 반대를 받았지만 나중에 모두 현실화됐다. 재선된 조봉암은 국회부 의장에 선출되었고, 1956년의 대통령 선거에 진보당추진위원회의 후보로 출마했다.

〈나의 정치백서〉에서 조봉암은 "투표일 며칠 앞두고 우리 당후보의 입후보를 취소하고 야당 연합적인 투표를 하게 (……) 해공 신익희와 합의를 보아두었다"라고 전하는데 해공의 급서로 무산됐다. 조봉암은 216만 표, 신익희는 추모표 185만 표를 얻었고 이승만은 504만 표를 얻어 당선됐지만 부정 선거라는 논란이 잇따랐다. 진보당은 통일 정책 정강에서 "6·25의 죄과를 범한 북한의 반성과 책임 규명은 평화 통일의 선행 조건이 아닐 수 없다"라고 명시했지만 당수 조봉암은 간첩죄와 국가 변란죄로 사형당했다. 대법원은 무죄 판결 후 "우리나라의 정통성을 높일 수 있는 계기가 될 것"이라고 말했는데 실제로 진보당의 통일 정책 정강도 "우리의 평화적 통일 방안이 대한민국을 부인, 말살하는 데 있지 않고 도리어 그것을 육성하고 혁신하고 진실로 민주화하는 데 있음을 확신한다"라고 언급했다.

조봉암은 〈나의 정치백서〉에서 "진보당이 걸어갈 길은 뚜렷합니다. 공산 독재도 자본주의 독재도 다 같이 거부하고 인류의 새 이상인 진보주의의 진리를 파악하고 만인이 다 같이 평화롭고 행복스럽게 잘 살 수 있는 복지 사회를 건설하는 것입니다"라고 말했다. 죽산 조봉암이 이승만 정권에 의해 사형당한 지 50년이 지났지만 그가 죽기 전에 제시한 길은 여전히 한국 사회가 나아가야 할 미래로 남아 있다.

어떻게 죽을 것인가

송나라 도원道源이 역대 선종禪宗 조사들에 대해 기록한《전등록傳燈錄》에는 앉거나 선 채로 열반하는 좌탈입망坐脫立亡한 선승의 여러 사례가 실려 있다. 그러나 좌탈입망이 선승만의 전유물은 아니다. 퇴계退溪 이황李滉《연보年譜》는 이황이 "화분의 매화에 물을 주라 이르고, 자리를 정돈하고 부축을 받아 일어나 앉아서 편한 듯이 운명했다"라고 전하고,《서애 선생 연보西厓先生年譜》는 서애西厓 유성룡柳成龍 역시 임종 전에 "안정安靜해서 조화造化로 돌아가련다"라면서 당堂 중간의 자리에 정좌하고 편안하게 세상을 떴다고 전한다. 수많은 일화를 남겼던 미수眉叟 허목許穆은 "문하의 여러 제자가 들어와 모시자, '제군諸君들 왔는가. 모름지기 잘 있게'라고 말하고 잠시 후 편안히 운명했다"라고《미수 허 선생 연보眉叟許先生年譜》에서 전한다.

사후에 타인이 자신의 삶을 그릇 묘사할 것을 우려해 자신의 묘지명인〈자찬묘지명自撰墓誌銘〉을 미리 써놨던 다산茶山 정약용丁若鏞은《사암 선생 연보俟菴先生年譜》에 따르면 조그마한 첩帖에다 미리 유명遺命을 써두었다. 자신이 죽으면 "집의 동산에 매장하고 지사地師, 풍수가에게 묻지 말라" 등의 자세한 사항을 지시하고는 "앞의 첩帖에서 말한 것을 털끝만큼이라도 어기면 불효요, 시신을 업신여기는 것"이라고 못 박고 편안히 세상을 떠났다고 전한다.

타의에 의해 목숨을 잃을 경우 담담하기는 쉽지 않은데, 백호白湖 윤휴尹鑴는 64세로 사형당하며 "조정에서 어찌해서 유학자를 죽이는가?"라고 항의했다고 《당의통략黨議通略》은 전한다. 포의布衣로 지내던 자신을 정계로 끌어내어 6년 만에 죽이는 변덕 군주 숙종에 대한 항의였다. 반면 사육신 이개李塏는 형장으로 가는 수레 위에서 "새벽도 덜 깼는데 문밖에 나서니 현릉(문종 부처의 능) 송백만이 꿈속에도 푸르구나明發不寐出門去 顯陵松柏夢中靑"라고 충사忠死를 감내했다.

몇 년 전 영국에서 유쾌한 장례식이 유행하고 있다는 보도가 있었다. '어떻게 살 것인가' 못지않게 '어떻게 죽을 것인가'도 중요하다. 요사夭死가 아니라면 삶의 모습과 죽음의 모습이 둘은 아닐 것이다.

《가곡원류歌曲源流》 334

《가례家禮》 243

《가림세고嘉林世稿》 74

〈간서치전看書痴傳〉 328

《간이집簡易集》 200

〈감찰청벽기監察廳壁記〉 178

《개벽》 198

《거가필용居家必用》 122

《거란국지契丹國志》 343

《건연집巾衍集》 75

《격몽요결擊蒙要訣》 313, 376, 377

《경국대전經國大典》 168, 174, 205, 217,
    243, 292, 293, 447, 476
    〈고과考課〉 446
    〈내명부內命婦〉 154
    〈예전禮典〉 178, 412
    〈이전吏典〉 174, 272, 412
    〈형전刑典〉 430
    〈호전戶典〉 169, 176

《경세유표經世遺表》 105
    〈정전제에 대한 의논井田議〉 145

《경연일기經筵日記》 286

《경종실록景宗實錄》 130, 370, 371, 488

《경행기經行記》 43

《계곡만필谿谷漫筆》 304

《계산기정薊山紀程》 393

《계원필경桂苑筆耕》 382

〈고故 통제사 이공李公의 유사遺事〉 88

《고금주古今註》 240, 420

《고기古記》 114

《고려도경高麗圖經》 439
    〈거마車馬〉 457

《고려사高麗史》 80, 87, 99, 202, 234,
    265, 403, 440
    〈김방경金方慶 열전〉 80
    〈서필徐弼 열전〉 234
    〈예禮〉 447

《고려사절요高麗史節要》 23, 272, 279,
    339, 490

《고사기古記記》〈응신應神 천황〉 472

《고조선 사라진 역사》 67

〈고종 황제와 우당 선생〉 94

〈공고직장도설公孤職掌圖說〉 276

《공자가어孔子家語》 427

　〈관주觀周〉 314

《공자개제고孔子改制考》 68

〈과거의 폐단을 논하다論科擧之弊〉 372

《과문초집科文抄集》 372, 373

〈과시科詩〉 372

《과정록過庭錄》 176, 459

〈과표科表〉 372

《관전여유지남寬甸旅遊指南》 91

《관전현지寬甸縣志》 91

《괄지지括地志》 274

《광률廣律》 367

〈광무 황제 금옹金瓮 12통筒 순금 저장

　사실〉 94

《광해군일기光海君日記》 119, 206

《구당서舊唐書》 14, 40, 232, 405, 422

　〈고선지高仙芝 열전〉 232

　〈고종 본기〉 232

　〈두위 열전〉 339

　〈토번吐蕃 열전〉 40

　〈효우孝友 열전〉 404

《구삼국사舊三國史》 113

《구소수간歐蘇手簡》 326

《국로담원國老談苑》 289

《국사國史》 114

《국조보감國朝寶鑑》 332, 337, 380, 416,

　467

　〈성종成宗〉 348

　〈태종〉 256

《군국 일본의 흥망軍國日本の興亡》 57

《규합총서閨閤叢書》 473

《극원유고展園遺稿》 296

《근사록近思錄》 373

《금계일기錦溪日記》 262

《금릉집金陵集》 221

《금사金史》 〈본기本紀 세기世紀〉 116

　〈장호張浩 열전〉 21

《금양잡록衿陽雜錄》 456

〈금오칠언禁五七言〉 372

《금조십수琴操十首》 420

《기년편고紀年便攷》 138

《기묘록보유己卯錄補遺》 429

《기언記言》 255

〈기유록奇遊錄〉 182

〈나의 정치백서〉 496, 497, 498

《난설헌집蘭雪軒集》 74

《난중잡록亂中雜錄》 136, 393, 407, 480

〈남행록南行錄〉 277

〈남행월일기南行月日記〉 18

〈내가 걸어온 길〉 496

《노걸대老乞大》 311

《녹주전綠珠傳》 238

《논어論語》 〈선진先進〉 314

　〈술이述而〉 68, 122, 380

　〈옹야雍也〉 314, 450

〈위령공衛靈公〉 315

〈위정爲政〉 286, 450

〈자한子罕〉 361, 452

《논형論衡》 333

〈예증藝增〉 189

《농상집요農桑輯要》 34

《당률唐律》 212, 476

《당률소의唐律疏議》 217, 476

《당본 십칠 첩 진자 번주唐本十七帖眞字翻註》 304

《당삼장唐三藏》 83

《당서唐書》 156

〈진자앙陳子昻 열전〉 392

《당의통략黨議通略》 125, 162, 261, 501

《대동여지도大東輿地圖》 89

《대동칠십일갑사大東七十一甲史》 94

《대명률大明律》 174, 217, 437, 476

〈모살인謀殺人〉 212

〈실화〉 128

〈인명人命〉 212

〈존류양친存留養親〉 213

〈형률刑律〉 436

《대명률직해大明律直解》 476

《대한민국사》〈식화지食貨志〉 363

《도덕경道德經》 314

《동경몽화록東京夢華錄》 183

《동국여지승람東國輿地勝覽》 393

〈수안군 산천山川〉 53

《동국이상국집東國李相國集》 380

《동국정운東國正韻》 191, 375

《동명왕편東明王篇》 22, 113

《동문선東文選》 335

《동사강목東史綱目》 104

〈조선명호朝鮮名號〉 31

《동사록東槎錄》 442

《동사만록東槎漫錄》 443

《동사일기東槎日記》 442

《동의보감東醫寶鑑》 206

《동헌필록東軒筆錄》 381

《두양잡편杜陽雜編》 316

《르 비앙디에Le Viandier》 398

《마루마루친분團團珍聞》 160

《만기요람萬機要覽》 99, 136

〈백두산 정계〉 99

〈중강개시〉 136~137, 137

《만주원류고滿洲源流考》 343

《매성유시집서梅聖兪詩集序》 322

《매월당집梅月堂集》〈유적수보遺蹟搜補〉 253

《매천야록梅泉野錄》 198, 455

《맹자孟子》〈고자장구告子章句〉 204

〈등문공滕文公〉 255, 278

〈양梁 혜왕惠王〉 147

〈양梁 혜왕 하惠王下〉 287

〈이루離婁〉 68

〈진심盡心〉 284, 285

《맹자주소孟子注疏》〈만장萬章〉 236

〈이루장구하離婁章句下〉 49

《명사明史》〈사걸謝杰 열전〉 145

《명심보감明心寶鑑》 274, 312, 377

《명종실록明宗實錄》 124, 197, 425, 467

《몽구蒙求》 285

《몽어노걸대蒙語老乞大》 105

《무원록無寃錄》 217

《문소만록聞韶漫錄》 167, 231

《미수 허 선생 연보眉叟許先生年譜》 500

《미수기언眉叟記言》〈빙산기氷山記〉 225

〈미수시眉叟詩〉 291

《미암일기眉巖日記》 161

《박통사朴通事》 311

《반야심경般若心經》 438

《발해고渤海考》 102, 109

〈백두산 근참기覲參記〉 116~117

《백제기百濟紀》 114

《백제본기百濟本紀》 114

《백제신찬百濟新撰》 114

《백호전서白湖全書》〈만필漫筆〉 167

《백호통白虎通》 69

〈범려〉 478

《별건곤別乾坤》 353

〈병화사瓶花史〉 211

《부계기문涪溪記聞》 225

《부상록扶桑錄》 268, 422

《부상일록扶桑日錄》 442

《북사北史》 117

〈고종 문성제高宗文成帝〉 55

〈물길勿吉 열전〉 104, 117

〈실위室韋 열전〉 104

《분서焚書》 425

《불본행집경佛本行集經》 366

〈빌립보서〉 391

《사고전서四庫全書》 382

《사기史記》 14, 19, 38, 39, 54, 62, 86, 236, 470

〈공자 세가〉 68

〈노주공魯周公 세가世家〉 254

〈몽념蒙恬 열전〉 58

〈삼황 본기〉 38

〈송미자宋微子 세가〉 150

〈연燕 소공召公 세가世家〉 258

〈오복〉 150

〈오제五帝 본기本紀〉 323

〈은殷 본기〉 236

〈이사李斯 열전〉 365

〈자객刺客 열전〉 320~321

〈전담田儋 열전〉 240

〈제태공齊太公 세가世家〉 236, 364

〈진시황 본기〉 59, 454

〈평원군平原君 우경虞卿 열전〉 258

〈하夏 본기本紀〉 52

〈항우項羽 본기〉 49

〈효무孝武 본기〉 470

〈흉노匈奴 열전〉 86

《사기색은史記索隱》 68, 86, 470

《사기정의史記正義》 38

《사기집해史記集解》 150

《사서四書》 311

《사소절士小節》 328

　　〈성행性行〉 473

《사암 선생 연보俟菴先生年譜》 500

《사외비사史外秘史 : 덕수궁의 비밀》 94

《사원辭源》 68, 263

《사학잡지史學雜誌》 52

《산림경제山林經濟》 206, 224, 398

　　〈양우養牛〉 457

　　〈치약治藥〉 122

《산해경山海經》〈대황북경大荒北經〉 116

《삼국사기三國史記》 15, 20, 31, 44, 45,
　　76, 77, 79, 84, 85, 90, 97, 111, 112,
　　114, 146, 403, 456, 462

　　〈고구려 시조 동명성왕〉 113

　　〈관창 열전〉 140

　　〈대무신왕〉 91

　　〈동명성왕東明聖王〉 26

　　〈동명성왕 본기〉 78

　　〈동명왕〉 22

〈박제상朴堤上 열전〉 432

〈백제 본기〉 77

〈법흥왕 본기〉 76

〈사론史論〉 250

〈신라 문무왕〉 20

〈악지樂志〉 69

〈원효 열전〉 194

〈최치원崔致遠 열전〉 440

《삼국유사三國遺事》 108, 117, 432

　　〈고조선〉 458

　　〈연오랑延烏郎 세오녀細烏女〉 22

　　〈처용랑處容郎과 망해사望海寺〉 462

　　〈황룡사 9층탑〉 82

《삼국지三國志》 62

　　〈고구려 열전〉 69

　　〈동이 열전〉 343

　　〈삼한三韓〉 472

　　〈여몽 열전〉 340

　　〈위서魏書〉 130, 131

　　〈위지 동이전 고구려〉 34

　　〈위서 동이전 한〉 63

　　〈위서魏書 왕숙王肅 열전〉 344

　　〈제갈량諸葛亮 열전〉 257

《삼국지연의三國志演義》 371

《삼봉집三峰集》 226

《삼십육계三十六計》 418

《삼천리》 352, 353

〈상헌수필橡軒隨筆〉 411

《생활의 발견The Importance of Living》 312

《서결書訣》 435

《서경書經》〈강고康誥〉 147

　〈고요모皐陶謨〉 276

　〈상서商書〉 287

　〈주서周書〉 338

《서기書記》 114

《서애 선생 연보西厓先生年譜》 407, 500

《서애 유성룡 연보》 481

《서운관지書雲觀志》 17

《석림연어石林燕語》 470

〈석문石問〉 290

《선교사The Missionary》 192

《선인문選人門》 254

《선조수정실록宣祖修正實錄》 80, 465

《선조실록宣祖實錄》 81, 207, 208, 209,
　406, 480, 481

《설문해자說文解字》 360, 361

《설부說郛》〈울루鬱壘〉 184

《설원說苑》 264, 266

《성소부부고》 410

《성수시화惺叟詩話》 414

《성종실록成宗實錄》 252, 437, 444

《성호사설星湖僿說》 403

　〈거주연좌〉 279

　〈남행〉 378

　〈봉사무역奉使貿易〉 210

　〈왕희지의 글씨羲之書〉 304

　〈자격과 전형資格銓衡〉 278

《세설신어世說新語》〈덕행德行〉 362

〈언어言語〉 159

《세조실록世祖實錄》 23, 274, 488

《세종실록世宗實錄》 118, 180, 250, 251,
　326, 348, 374, 461

《세종실록지리지世宗實錄地理志》 225

《소문쇄록謏聞鎖錄》 444, 445

《소학小學》 243, 312, 373, 377

　〈가언嘉言〉 312, 313, 355

　〈선행善行〉 312

〈소학의 고금古今 이학二學에 관한
　변증설〉 376

《소화사昭和史》 56

《송사宋史》〈선거지選擧志〉 279

　〈악비 열전〉 46

　〈이강李綱 열전〉 344

　〈천문지天文志〉 456

《송서宋書》〈심경지沈慶之 열전〉 281

《송와잡설松窩雜說》 144

《송창몽어松牕夢語》 145

《송포기松圃記》 452

《쇄미록瑣尾錄》 206

《수경주水經注》 59

《수서隋書》 156

　〈고구려 열전〉 84, 96

　〈고려 열전〉 14

　〈경적지經籍志〉 362

　〈하조何稠 열전〉 84

《숙종실록肅宗實錄》 408

《승가라찰소집경僧伽羅刹所集經》 366

《승정원일기承政院日記》434

《시경詩經》〈대아大雅〉189, 314

　〈소남召南〉284

　〈소아小雅〉147, 417, 461

《시장諡狀》139

《신당서新唐書》232, 422

　〈동이東夷·북적北狄 열전〉14

　〈회골 열전〉73

　〈흑수말갈 열전〉117

《신오대사新五代史》〈당육신전唐六臣傳〉252

《신증동국여지승람新增東國輿地勝覽》307,
　384

　〈평안도 강계부 황제묘皇帝墓〉112

　〈평양平壤〉338

《신증유합新增類合》376

《신집新集》114, 115

《신편 일본사연표 新編日本史年表》102

《심리록審理錄》241

《심전고心田稿》105

《십송률十誦律》367

《아리랑》356, 357

〈아암장공탑명兒菴藏公塔銘〉306

《악원어樂元語》69

《안중근》303

《암서집巖栖集》382

《양반》422

《양서梁書》422

《양촌집陽村集》17

《어우야담於于野談》358

《여씨춘추呂氏春秋》〈개립介立〉144

《여유당전서與猶堂全書》383

《역옹패설櫟翁稗說》479

《연감유함淵鑑類函》〈청우請雨〉147

《연기燕記》402

《연려실기술燃藜室記述》118, 167, 220,
　492

　〈관직전고官職典故〉178

《연보年譜》(퇴계 이황) 500

《연산군일기燕山君日記》368, 408, 409

《연암집燕巖集》〈필세설筆洗說〉305

《연원직지燕轅直指》448

《열하일기熱河日記》318

　〈도강록渡江錄〉89

　〈막북행정록漠北行程錄〉318

　〈피서록避暑錄〉74

《영조대왕 행장英祖大王行狀》410

《영조실록英祖實錄》132, 244, 273, 401

〈영회고적詠懷古迹〉433

《예기禮記》217, 288

　〈곡례曲禮〉154, 194

　〈곡례 상曲禮上〉458

　〈단궁檀弓〉241, 300

　〈예운禮運〉188, 227

　〈왕제王制〉205

　〈월령月令〉224

　〈제통祭統〉464

《예기주소禮記注疏》〈예운禮運〉 360

《오등회원五燈會元》 438

　〈조주趙州〉 439

《오월춘추吳越春秋》 419

《오주연문장전산고五洲衍文長箋散稿》 282

　〈아편연 변증설鴉片煙辨證說〉 448

《오한기지敖漢旗志》 108

《옥봉집玉峰集》 74

〈왕기공행정록王沂公行程錄〉 343

《요사遼史》〈지리지 삼한현三韓縣〉 441

〈요한복음〉 391

《용재총화慵齋叢話》 166, 170, 220, 301,
　394

《우곡일기愚谷日記》 207

《우등불》 106, 107

《우서迂書》 282, 283

《우하량牛河梁 유지遺址》 360

《월사 선생집月沙先生集》 367

〈위략魏略〉 62

《위서魏書》 29, 458

　〈고조高肇 열전〉 28

　〈문소文昭황후 고씨 열전〉 26

　〈예지禮志〉 30

　〈오락후烏洛侯 열전〉 30

〈유관잡록留館雜錄〉 319

《유기留記》 114

《유몽영幽夢影》 312

《유양잡조酉陽雜俎》 347

《유한고취幽閒鼓吹》 394

《유합類合》 376

《유행경遊行經》 366

《육신전六臣傳》 252, 253

〈육정육사六正六邪〉 267

《율학변의律學辨疑》 217

《율학해이律學解頤》 174

《음관세보蔭官世譜》 378

《의산문답醫山問答》 403

《의암義菴 손병희 선생 전기》 92

《의주군지義州郡誌》 199

《이 충무공 난중일기초李忠武公亂中日記草》
　406

《이 충무공 행록李忠武公行錄》 138, 406,
　480

《이 충무공 행장》 139

《이물지異物志》 263

〈이사야〉 390

《이아주소爾雅註疏》 417

《이향견문록里鄕見聞錄》 297

〈이화영李和英의 졸기〉 118

〈인서록人瑞錄〉 397

《인정人政》 295

　〈선인문選人門〉 251

《인조실록仁祖實錄》 487

〈일득록日得錄〉 132, 133, 317, 328, 329,
　347, 431

《일본서기日本書紀》 17, 50, 60, 61, 114

　〈추고 천황推古天皇〉 42

〈일본 외교 문서〉 482~483

《일성록日省錄》 198, 434

《임하필기林下筆記》 449

《입당구법순례행기入唐求法巡禮行記》 463

《자산어보玆山魚譜》 148

《자치통감資治通鑑》〈당기唐紀〉 20

《잡보장경제일雜寶藏經第一》 35

《장리안臟吏案》 437

《장아함경長阿含經》 366

《장안臟案》 437

《장오인녹안臟汚人錄案》 298, 437

《장자莊子》〈소요유逍遙遊〉 396

　　〈인간세人間世〉 222, 399

　　〈제물론齊物論〉 350

　　〈천하天下〉 345

　　〈추수秋水〉 350, 351

《전국책戰國策》〈연책燕策〉 395

　　〈진책秦策〉 135

《전등록傳燈錄》 500

《전한기前漢紀》 418

《정조실록正祖實錄》 70, 131, 260, 327

《정종실록定宗實錄》 72, 294

《조선 민족설화의 연구》〈효자전孝子傳〉
　35

《조선사朝鮮史》 115

《조선상고사朝鮮上古史》 84

《조선상식문답朝鮮常識問答》 484

《조선왕조실록朝鮮王朝實錄》 382, 383, 403

《조선의 마지막 황태자 영친왕》 95

〈조선잡기朝鮮雜記〉 374

《조선총독부 관보官報》 92

〈조의제문弔義帝文〉 252

《종요의 대서사시 천자문 역해譯解》 376

《좌옹 윤치호 선생 약전佐翁尹致昊先生略傳》
　192

《주례주소周禮注疏》 154

《주례周禮》〈춘관 소종백관春官小宗伯〉 202

《주역周易》 83, 93, 143, 290, 306, 384,
　421

　　〈건괘乾卦〉 360

　　〈둔괘屯卦〉 143, 255

　　〈상전象傳〉 400

《주역본의周易本義》 307

《주역주周易注》 143

《죽창한화竹窓閑話》 142, 359

《중국 조선민족사 연구》 21

《중국 후비능묘后妃陵墓》 27

《중국역사지도집中國歷史地圖集》 53, 58,
　440

《중국의 붉은 별Red Star Over China》 356

《중봉집重峯集》 293, 373

《중종실록中宗實錄》 214, 474

《증보문헌비고增補文獻備考》 72

《지봉유설芝峰類說》 179

　　〈음덕陰德〉 457

《직지심체요절直指心體要節》 32, 33

《진서晉書》 341

〈육기陸機 열전〉 159

〈장한張翰 열전〉 158

《집고록集古錄》 320

《징비록懲毖錄》 139, 278, 407, 492

ㅊ

〈천문지天文志〉 156

《천자문千字文》 376

《천주실의天主實義》 450

《철운장귀鐵云藏龜》 48

《청장관전서青莊館全書》〈사소절士小節〉 359

《청조야사대관清朝野史大觀》 401

《초집抄集》 372

《초학기初學記》〈피서음避暑飲〉 346

　　〈효자전孝子傳〉 416

〈추회부秋懷賦〉 330

《춘명일사春明逸史》〈대관은 상피하지 않

　　는다大官無相避〉 273

《춘추春秋》 68, 311, 402

《춘추좌전春秋左傳》 280

《칠정산내편七政算內篇》 446

《침구경험방鍼灸經驗方》 206

《침중서枕中書》 451

ㅌ

《태조실록太祖實錄》 64, 72

《태종실록太宗實錄》 118, 154, 270, 301,

　　468

《태평어람太平御覽》 316, 324, 417

《택리지擇里志》 388

《통문관지通文館志》 98, 310

《통전通典》 43, 69

《퇴계집退溪集》 202

ㅍ

《프랑스 미식 기행》 398

《필원잡기筆苑雜記》 170, 358, 445

ㅎ

《한객건연집韓客巾衍集》 75

《한국 7대 불가사의》 62

《한국교회사》 193

《한국문집총간韓國文集叢刊》 382, 383

《한국사》 103

《한국인명 자호사전》 5

《한무고사漢武故事》 397

〈한사잠閑邪箴〉 291

《한서漢書》 14, 31, 62, 71, 628

　　〈가의賈誼 열전〉 275

　　〈강충江充 열전〉 454

　　〈공수龔遂 열전〉 284

　　〈김일제金日磾 열전〉 86

　　〈동이東夷 열전〉 62

　　〈사마천司馬遷 열전〉 50

　　〈아관兒寬 열전〉 324

　　〈왕공량공포王貢兩龔鮑 열전〉 194

　　〈위현韋賢 열전〉 239

　　〈정숭 열전〉 301

511

〈주운 열전〉 300

〈표기驃騎 열전〉 86

〈한왕 신韓王信 열전〉 418

〈효무孝武 이 부인 열전〉 415

〈흉노匈奴 열전〉 418, 432

《한석봉 천자문韓石峯千字文》 434

《한시외전韓詩外傳》 289

《한정록閑中錄》 347, 399

《해동고승전海東高僧傳》 77

《해동악부海東樂府》 142

《해동야언海東野言》 259

《향보香譜》 210

《헌종실록憲宗實錄》 448

《혁명가들의 항일 회상》 356

《호산외기壺山外記》 297

《혼정편록混定編錄》 186

《혼의昏義》 154

《홍길동전》 74, 410

《홍재전서弘齋全書》〈일득록〉 → 〈일득록〉

《화양국지華陽國志》 392

《화하만필花下漫筆》 25

《회남자淮南子》〈시측훈時則訓〉 54

《효경孝經》 454

《후한서後漢書》 31

〈동이 열전 한韓〉 63

〈부여夫餘〉 262, 472

〈왕충王充 열전〉 333

〈유현劉玄 열전〉 369

《훈민정음訓民正音》 190

《훈민정음 해례본》 190, 191

《희정당주차熙政堂奏劄》 123